국제사회와 법

- 국제법과 인권, 통상, 환경 -

본서는 2012년 정부재원(교육과학기술부 인문사회과학역량 강화사업비)으로 한국연구재단의 지원을 받아 출간되었습니다.
[NRF 2010-330-Boo247/기후변화에 대한 각국의 입법 및 정책의 국제통상법적 쟁점 연구]

국제사회와 법

- 국제법과 인권, 통상, 환경 -

橫田洋三 編 / 박덕영 옮김

연세대학교 출판문화원

국제사회와 법

편저자 横田洋三
옮긴이 박덕영
발 행 연세대학교 출판문화원
주 소 서울특별시 서대문구 연세로 50
전 화 02)2123-3380~2
팩 스 02)2123-8673
http://www.yonsei.ac.kr/press
ysup@yonsei.ac.kr
등 록 1955년 10월 13일 제9-60호
인 쇄 (주)동국문화

2013년 3월 15일 1판 1쇄 2025년 9월 29일 1판 8쇄
ISBN 978-89-6850-022-0 (93360)

정가 30,000원

머리말

PREFACE

본서는 「국제사회의 법」인 국제법을 일반인이 알기 쉽게 해설하는 개설서이자 입문서다. 지금까지 국제법은 외교관이나 국제적 업무에 종사하는 변호사 등 소수의 전문가만이 알면 되는 특수한 법률분야로 생각되어 왔다. 물론 전통적인 국제사회에서는 국가만이 행위주체였고 국제법은 이러한 국가의 상호관계를 규율하는 법이었다. 따라서 국제사회에 있어 국제법은 국가의 권리나 의무에 관한 문제를 다루는 외교관이나 변호사, 비즈니스맨, 저널리스트 등만이 알고 있으면 되는 전문영역으로 일반시민에게는 그다지 관계가 없는 법 분야로 여겨졌다.

그러나 최근 들어 국제화, 글로벌화가 급속하게 진행되면서 국제법은 우리 생활과 보다 밀접해지고 있다. 어떤 보석상은 점포에 들어온 외국인 저널리스트를 강도단의 일원으로 오해하여 점포 밖으로 나가라고 요구하는 바람에 인종차별철폐협약 위반으로 고액의 배상금을 지불하라는 판결을 받았다. 어떤 목욕탕 업주는 목욕탕조합간의 합의에 따라 외국인의 입욕을 거부한 이유로 제소되어 역시 인종차별철폐협약 위반으로 배상금을 지불하게 되었다. 보통 국제법과는 관계없는 생활을 하고 있던 일반시민이라도 국제교류가 활발해지면 생각지도 못하게 국제법의 적용 하에 법적인 책임을 지게 되는 것이다.

또한, 외국의 외교관에게 주택을 임대하였음에도 임대료를 받지 못하자 법원에 제소하여 체납하고 있는 임대료의 지불을 요구하였지만, 국제법상 외교관에게는 법원의 관할권이 미치지 않는다는 이유로 아무런 구제를 받지 못한 사례도 있다. 외국의 대사관이나 UN관계기구에 고용된 직원이 근로자로서의 권리를 침해받았다고 법원에 구제를 구하였으나 대사관이나 UN기구에는 법원의 관할이 미치지 않는다고 하여 이를 각하한 사례도 있다. 통상적인 국내사건이라면 당연히 법원에 의해 권리를 회복할 길이 열려 있지만, 국제법의 규정에 의해 일본 법원이 이에 관하여 판결을 내릴 수 없는 경우도 있는 것이다.

이렇게 세계화가 우리 생활에 밀접하게 영향을 미치고 있는 오늘날, 「국제사회의 법」인 국제법에 관한 기본적인 정보는 일반인이라고 해도 알아두면 좋은, 아니 오히려 알아두어야만 하는 것이 되었다. 지금까지 대학의 법학부나 법과대학원 등 법률을 전문으로 하는 학부나 대학원에서만 국제법을 가르쳐 왔었지만, 최근에는 교양학부나 국제학부 등 법률을 전문으로 하지 않는 곳에서도 국제법을 수업과목으로 삼고 있다. 국제법이 일반교양의 일부로서 다루어지고 있다고 해도 과언이 아니다. 특히 시민생활에 깊은 관계가 있는 분야로서 인권과 경제활동에 관한 국제법이 있다.

본서를 집필하면서 일상생활과 밀접한 관계를 갖게 된 국제법에 대하여 일반인이 읽어도 쉽게 이해할 수 있도록 특별히 노력을 기울였다. 국제법의 특수용어나 특수개념에 대해서는 최대한 알기 쉽게 기술하고 설명을 붙이도록 하였다. 또한, 사례나 설명문을 관련 기사를 들어 추상적인 설명만이 아니라 구체적인 사건에 기초하여 해설하려고 노력하였다. 각 장은 국제법 중에서도 특히 그 분야를 전문으로 하는 연구자가 집필하였고, 편저자는 전체 내용과 표기에 대해서 통일성과 일관성을 확보할 수 있도록 하였다.

본서는 집필자들이 수차례 모여서 내용과 표현방법에 관하여 논의한 다음, 최종적으로 이를 한권으로 정리하여 책으로 완성한 것이다. 이 점에서 본서는 집필자 전원의 공동작업의 산물이다. 개개의 내용과 표기에 대해서는 가급적 만전을 기하였지만 아직 불비하거나 부정확한 기술이 있다고 생각된다. 이는 전적으로 편저자의 부족한 작업의 결과이다.

마지막으로 과거 2년에 걸친 편집 및 집필 작업에서 판례와 조문의 확인, 색인 작성 등의 작업을 끈기 있게 계속해주고, 내용에 관해서도 적절한 조언으로 본서의 완성도를 높이는데 큰 역할을 해준 有斐閣 서적편집 제1부의 斉木雄 씨에게 마음 깊이 감사의 뜻을 표하고 싶다.

집필자 일동을 대표하여
편저자 横田洋三

차 례

CONTENTS

제 1 장

국제법의 기본문제

오늘날 국제법이라고 불리는 법은 16, 17세기의 유럽에서 형성되어 그 후 유럽 각국의 활동이 확대됨과 더불어 전 세계로 퍼져 나간 것이다. 본 장에서는 이러한 국제법의 형성에서부터 지금에 이르기까지의 역사를 개관한다. 국제법의 법적 성질과 국내법과의 관계, 법으로서의 존재 형태나 국제법의 주체에 대해서는 논쟁이 계속되어 왔다. 국제법 전반에 공통되는 이러한 이론상의 문제에 대해서도 검토하도록 한다.

I. 국제법의 형성과 발전

■ 국제법의 형성기 (16, 17세기)

국제법은 일본법, 한국법, 미국법 등의 각국의 법, 즉 국내법을 넘어서 널리 국제사회에 적용되는 법이다. 중앙권력 하에서 제정(입법), 집행(행정), 적용(사법)이 집중적으로 이루어지는 국내법과 달리, 복수의 주권국가가 상호적으로 권리의무를 서로 인정하는 병렬적인 관계 속에서 기능한다는 점이 특징이다. 이와 같은 중앙권력의 존재를 전제로 하지 않은 법은 고대 이집트, 그리스, 로마, 중국, 인도 등에서도 원시적인 형태로 존재하였지만, 이들은 오늘날 국제법으로서 체계화되어 있는 것과 직접적인 법적 연관성이 없어 국제법의 기원이라고 할 수 없다.

현대 국제법의 직접적인 역사적 기원은 16~17세기의 유럽으로 거슬러 올라간다. 국제법을 가장 먼저 체계화한 학자는 네덜란드의 그로티우스(Hugo Grotius)라고 알려져 있다. 그가 1625년에 간행한 『전쟁과 평화의 법』은 1618년에 시작된 종교전쟁(30년전쟁)을 법의 규율 하에 둘 것을 체계적으로 논한 서적으로, 당시 전쟁을 수행하고 있던 군주들에게 널리 읽혔고, 이들을 1648년의 웨스트팔리아조약 체결로 이끄는 데 큰 영향을 주었다고 한다. 이 때문에 그로티우스는 흔히 「국제법의 아버지」라고 불리고, 웨스트팔리아조약이 체결된 1648년은 일반적으로 국제법 제도가 확립된 시기로 간주된다.

그러나 그로티우스 이전에도 16세기부터 17세기까지 스페인의 비토리아나 수아레즈, 이탈리아의 젠틸리와 같은 신학자나 법률학자가 국제법에 관계된 논의를 전개하기도 하였다. 비토리아는 스페인 국왕의 질문에 대하여 신대륙(아메리카)의 원주민도 스페인 국민과 마찬가지로 「공통의 법」, 즉 국제법에 의해 보호되고 있다고 답하였다. 또한 수아레즈는 전쟁을 「부정(不正)에 대한 형벌」로서 이론화하였다. 젠틸리는 외교관계나 전쟁을 규율하는 법에 관한 서적을 저술하여 그로티우스와 같은 학자에게 논리적 영향을 주었다고 한다.

또한 그로티우스와 동시대 학자로는 그와 해양논쟁을 전개한 영국의 셀든이 있다. 그로티우스는 1609년에 『자유해론(*Mare Liberum*)』이라는 저서에서 모국 네덜란드의 인도양 통상로를 옹호하기 위한 해양자유론을 전개하여 셀든의 폐쇄해론(*Mare Clausum*)과 대립하였다.

이들 학자들의 활약에 의해 국제법의 기본적 체계가 16, 17세기의 유럽사회에 형성되었다. 이 형성기 국제법의 특징은 중세 기독교신학의 영향을 받은 자연법적 사고방식이 지배적이었다는 것이다. 그러나 이들의 주장 속에서, 예를 들어 그로티우스의 예에서 볼 수 있듯이, 역사적 사실이나 국가의 관행에 대해서 언급하는, 이후에 지배적인 견해가 되는 실증적 방법론(추상적 이론보다는 사실을 기초로 논증하려 하는 방법론)을 이미 엿볼 수 있다.

■ 국제법의 발전기 (18, 19세기)

18세기부터 19세기에 걸쳐서 유럽에서는 학문 분야에서 과학적 사고방식이 강해졌고, 산업혁명과 시민혁명에 의해 생산규모가 확대됨과 동시에 사람과 물자의 국경 간 이동이 활성화되는 사회현상이 나타났다. 이런 움직임의 영향을 받아 국제법의 형성기에 유력하였던 자연법적 논조가 후퇴하고 과학적 · 실증적 국제법이 발전하였다. 예를 들어 네덜란드의 바인케르후크는 초기 국제법학자들이 취하였던 자연법적 · 초월법적인 방법론을 부정하고, 국가관행이나 실제로 국가 간에 체결된 조약에 기초를 두는 국제법 이론을 전개하였다. 그는 영해의 범위(폭)를 영토를 지배하는 자의 힘이 미치는 범위, 즉 육지로부터 대포 탄환이 닿을 수 있는 범위라고 주장한 사람으로 알려져 있다(영해의 육지로부터의 거리에 관한 착탄거리설).

바인케르후크보다 조금 뒤에 등장한 당대 대표적인 국제법 학자로는 스위스의 외교관 바텔(Emerich de Vattel)이 있다. 그는 외교관으로서 실무경험에 기초한 실천적 · 체계적인 국제법 개론서를 간행하여, 그 시대는 물론이고 이후의 국제법학자나 외교실무가들에게 큰 영향을 미쳤다. 그의 국제법 이론은 주권개념을 중심에 둔 것으로, 여기에서 파생된 「자결권」이나 「국내문제불간섭원칙」에 관한 주장은 미국독립전쟁에 이론적 근거를 제공하였다.

발전기의 국제법에 있어 잊어서는 안 되는 학자로 독일의 마르텐스가 있다. 그는 『실정 유럽 국제법의 존재와 국제법학의 효용을 논함』, 혹은 『유럽 근대국제법 개설』 등의 저서를 통해 조약이나 선례에 기초한 실증적인 국제법학의 체계화를 꾀하였다. 특히 주목해야 하는 것은 『마르텐스 조약집』의 간행으로 실증적 국제법 발전의 기틀을 마련한 것이다.

국제법은 18, 19세기에 이르러 유럽 국가들의 해외진출을 통하여 유럽중심의 국제법에서 터키, 중국, 일본 등 아시아 및 라틴 아메리카 등을 포함한 전 세계를 대상으로 하는 법으로 발전하였다. 또한 이러한 움직임과 관련하여 해양법, 조약법, 외교관계법, 전쟁법, 통상법, 영역획정에 관한 여러 원칙 등이 형성기에 비해 내용적으로 한층 더 충실히 발전하였다.

■ 국제법의 변용기 (20세기)

19세기부터 20세기에 걸쳐서 국제법은 변용기에 들어갔다. 여기에는 발전기에 시작된 시민혁명과 산업혁명의 효과가 이 시기에 나타나기 시작하여, 과학기술이 발전하고 국제교류와 통상이 활성화되면서 국제사회가 조직화 · 보편화되었다는 배경이 있다.

18세기 후반 영국에서 시작된 산업혁명은 유럽 각지에서 아메리카로 급속히 전파되어 생산규모의 확대와 경제활동의 국제화가 급속히 진행되었다. 19세기 중반에 미국, 영국, 프랑스, 네덜란드, 러시아 등의 강대국이 활동범위를 중국이나 일본까지 넓혀가게 된 것도 이런 현상의 일환이었다.

19세기 후반이 되자 유럽에서는 교통 · 통신수단의 발전이 더욱 가속화되어 국경간 사람과 물자의 이동이 이례적인 규모로 확대되었다. 이에 수반하여 우편, 통신, 도량형 등에 관한 국제협력을 도모하기 위해 다자간 회의가 정기적으로 열리게 되었고, 이러한 회의의 설립이나 관리 · 운영을 위한 상설사무국이 설립되었다. 이렇게 정기적으로 개최되는 국제회의와 이를 돕는 상설사무국을 합쳐서 국제행정연합이라고 부르게 되었다. 이러한 종류의 국제적 조직체로 만국전신연합(1865년), 일반우편연합(1974년), 국제도량형총회(1875년), 공업소유권보호동맹(1883년), 국제저작권동맹(1886년), 국제철도운송연합(1890년) 등이 차례로 설립되었다.

20세기에 들어 국가를 초월한 상설기구를 통하여 이루어지는 국제협력이 더욱 진화하였다. 우선 제1차 세계대전을 종결시킨 베르사유조약(1919년)에 의하여 국제연맹과 국제노동기구(ILO)라는 2개의 국제기구가 설립되었다. 이들 국제기구는 내부에 총회 · 이사회 등의 심의기관을 두는 등, 19세기 후반에 설립된 국제행정연합을 보다 체계적으로 발전시킨 것이다. 또한 제2차 세계대전 후인 1945년에는 국제연맹을 대신하여 국제연합(UN)이 창설되었고, 또 UN과 제휴관계를 갖는 다수의 전문기관과 UN과 협력하는 지역적 국제기구가 차례차례 설립되어 국제관계에서 중요한 역할을 수행하게 되었다. 이러한 국제기구의 출현과 역할증대 현상을 일러 「국제사회의 조직화」라고 부른다.

조직화 시대의 초기에 해당하는 19세기 말부터 20세기 전반에 활약한 저명한 국제법학자로는 영국의 오펜하임이나 이탈리아의 안질로티, 오스트리아의 트리펠을 들 수 있다. 이들은 국제법의 다양한 분야에서 큰 업적을 세웠는데, 이들 3인의 공통적인 국제법적 견해에는 국제법과 국내법의 관계에 관한 이원론이 있다. 이들에 의하면 국제법과 국내법은 차원을 달리하는 완전 별개의 법체계이므로 상호 저촉되거나 상하(上下)관계가 될 수 없다고 한다. 이에 대해서 오스트리아의 켈젠(H. Kelsen)은 법의 세계와 현실의 세계를 준별하는 「순수법학」의 입장에 서서 국제법과 국내법의 관계를 이론적으로 밝히고 국제법과 국내법이 동일한 법체계에 포함된다는 일원론을 주장하였다.

안질로티처럼 이원론을 취하는 학자는 국제법이 국가 간의 법 관계를 규율한다는 입장에서 개인이나 국제기구의 국제법 주체성이 인정될 수 없다는 주장을 전개하였는데, 이에 대해서 프랑스의 죠르쥬 셀은 국가의 국제법 주체성을 부정하고 개인만이 국제법 주체라는 특이한 이론을 전개하여 주목을 받았다. 그러나 그의 주장은 현실에서 국제법이 국가의 권리의무를 규정하고 있다는 사실을 설명하지 못하여 설득력을 잃었다. 그런데 제2차 세계대전 후, 국제기구나 개인의 국제법 주체성을 인정하는 국가관행이나 조약규정이 나타나, 죠르쥬 셀의 「개인의 국제법 주체성」을 인정하는 견해가 일부 부활하였다.

II. 국제법의 법으로서의 성질

■ 국제법의 법적 성질 부정론

국제법의 법으로서의 성질을 부정하는 견해와 긍정하는 견해는 오랜 기간 동안 대립하여 왔다. 국제법의 법적 성질을 부인하는 주장을 전개한 학자로는 오래 전 독일의 푸펜도르프나 영국의 오스틴이 있는데, 이렇게 생각하는 학자들의 수는 오늘날에도 결코 적지 않다. 특히 일본의 국제정치학자나 국내법학자 중에는 지금도 국제법을 법으로 인정하지 않고, 단지 국제적 도의규범 내지는 국제적 관례로 보는 사람이 적은 수이기는 하지만 존재한다.

국제법의 법적 성질을 부정하는 논의는 다양한 어조의 차이가 있지만 크게 다음과 같이 정리할 수 있다. 즉, 「법이 법이기 위해서는 위반자에 대하여 중앙권력에 의한 효과적인 벌칙이 가해져야 하는데, 국제법에는 국가 위에 서는 중앙권력은 물론 위반을 효과적으로 제재하는 장치가 없기 때문에 법이라 할 수 없다」. 그리고 「실제로 국제법은 지켜지지 않는 경우가 많고, 위반상태가 방치되고 있다」는 점도 지적된다.

대다수의 국제정치학자가 국제정치학의 연구나 논의에 있어서 국제법을 언급하는 일이 드문 것은 이와 같은 견해를 반영한 것으로 보인다. 일본 국내법학자들의 인식도 여기에 가깝다. 예를 들어 일본의 헌법학자가 인권을 논하는 경우에는 헌법상 인권규정의 틀 안에 머무르고, 경제적 · 사회적 및 문화적 권리에 관한 국제규약이나 시민적 · 정치적 권리에 관한 국제규약 등 국제인권규약이나 인종차별철폐협약, 아동권리협약, 여성차별철폐협약 등의 국제법 인권규정을 언급하는 일이 거의 없다. 마찬가지로 노동법학자가 국내의 노동법에 관한 논문이나 학회 논의에서 국제노동기구(ILO)에서 채택된 일련의 조약(ILO조약)을 다루는 일은 극히 드물다.

■ 국제법의 법적 성질 긍정론

위와 같은 국제법의 법적 성질 부인론에 대하여 여러 국제법학자가 다양한 이유를 들어 반론하고 있다. 예를 들어 켈젠은 「국제법에 있어서도 중앙권력에 의한 제재가 아니라 공동체 전체에 의한 분산된 형태의 제재(예를 들어 외교관계 단절 등)가 기능하는 경우가 있는데, 이런 의미에서는 국제법에도 전쟁과 복구(reprisal), 혹은 대항조치(countermeasure)라는 형식의 분산된 제재가 존재하므로 법으로서 인정될 수 있다」고 주장하였다.

또한 다바타 시게지로(田畑茂二郎)나 영국의 에이크허스트는 「국제법은 강제력이 없으므로 준수될 수 없다고 하지만, 가끔 정치적으로 중대한 국제법 위반사례가 미디어 등에 크게 보도되기 때문에 눈에 띄는 것일 뿐이고, 대부분의 국제법 규정은 실제로 잘 준수되고 있다」라고 하여 국제법의 법적 성질을 긍정한다. 또한 「국내법 체계에서도 독재정권 하에서 권력자가 법을 무시하여도 처벌받지 않는 등 그 제재적 기능을 수행하지 못하는 경우가 있을 수 있는데, 위반자에게 효과적인 제재가 가해지지 않는다고 해서 국내법의 법적 성질을 부정한다는 것은 이상하다」라고 주장하는 학자도 있다.

■ 오늘날 국제법학의 통설적 입장

그렇다면 오늘날 국제법의 법적 성질에 관한 학설은 어떠할까. 오늘날의 국제법학계는 예외 없이 긍정설을 택하고 있다. 그 근거는 아래의 4가지로 정리할 수 있다.

첫째, 켈젠이 주장한 근거로서 내용은 다음과 같다. 법의 본질은 강제력에 있고, 따라서 국제법이 법이기 위해서는 강제력이 있어야 한다. 그러나 그 강제력은 반드시 중앙권력에 의한 집중적 제재일 필요는 없고, 미개사회나 부락공동체에서 볼 수 있을 법한 분산된 형태여도 상관없다. 국제법에는 그러한 분산된 형태의 제재로 전쟁, 복구(reprisal), 대항조치(countermeasure) 등이 있고, 실제 이들이 기능하여 국제법을 준수하게 되는 일도 적지 않다. 따라서 국제법도 법이다.

둘째, 오늘날 UN헌장 하에서 전쟁이나 군사적 복구(reprisal)는 UN헌장 제2조 4항 등에서 볼 수 있듯이 원칙적으로 금지되어 있기 때문에 상기의 논의는 설득력을 잃어가고 있다. 하지만 UN헌장은 전쟁이나 군사적 복구 등을 대신하여 UN체제 하에 통일적 제재장치를 마련하였다. 예를 들어 헌장을 위반하여 무력을 사용한 회원국에 대해서는 안전보장이사회 결의에 기초한 경제적 제재(UN헌장 제41조)나 군사적 제재(제42조)가 가해진다. 또한 국제법을 위반한 국가에 대하여 사안별로 UN총회나 경제사회이사회, 인권이사회 등이 비난결의를 채택하여 위반국에 정치적 압력을 가하기도 한다. ILO나 UN교육과학문화기구(UNESCO) 등의 국제기구도 자신이 다루는 문제에 관련된 국제법 위반에 대해서는 마찬가지로 비난 결의를 채택할 수 있다. 국제기구에 따라서는 권리정지나 제명 등의 조치를 취하는 것으로 위반행위에 대항할 수도 있다. 이렇게 오늘날 UN을 중심으로 하는 국제기구의 발달에 의하여, 즉 국제사회의 조직화가 진전되면서, 국제법은 보다 체계적인 강제력을 갖추게 된 것이다. 이런 의미에서 국제법을 법이라고 할 수 있다.

셋째, 오늘날 국제법은 UN관련기관 등에 의해 실제로 법으로서 인정되어 준수·적용되고 있다는 것을 지적할 수 있다. 예를 들어 UN헌장은 전문에서 「정의와 조약 및 기타 국제법 연원에서 발생하는 의무의 존중이 계속 유지될 수 있는 조건을 확립」하는 것을 UN설립의 의의로 지적한다. 게다가 UN헌장 제13조 1항(a)는 「국제법의 점진적 발전 및 그 법전화를 장려하는 것」을 총회의 목적의 하나로서 제시하고, 이 의무를 위해 전문가에 의한 국제법위원회(ILC)를 총회의 보조기관으로 설치하고 있다. 또한, 동 제33조는 회원국이 선택하는 분쟁의 평화적 해결수단으로 「중재재판·사법적 해결」을 제시하여 국제법의 존중에 의한 평화의 실현을 요구한다. 나아가 UN헌장은 제92조에서 국제사법재판소(ICJ)라는 「주요한 사법기관」을 설치하여, 재판소는 「재판소에 회부된 분쟁을 국제법에 따라 재판할 것을 임무로」 하고 있다(ICJ 규정 제38조 1항). 그리고 UN회원국은 「ICJ의 결정에 따를 것을 약속함(UN헌장 제94조 1항)」과 동시에, 판결에 따르지 않은 회원국에 대하여 「안전보장이사회는…… 판결을 집행하기 위해 권고하거나 취하여야 할 조치를 결정할 수 있다(동조 제2항)」고 한다. 국세법이 법이라는 것을 전제로 한 이들 UN헌장 규정을 고려하면, UN을 전제로 하는 한 국제법의 법적 성질을 부정하는 입장을 취할 수는 없을 것이다.

마지막으로 각 국가들의 헌법이나 재판소가 국제법을 법으로 인식하여, 국제관계에서는 물론이고 국내관계에서도 이를 법으로서 적용하는 관행이 성립되어 있다는 것이 지적된다. 세계 각국의 헌법에는 거의 예외 없이 국제법의 법적 성질을 인정하는 규정이 존재한다. 예를 들어 미연방헌법 제6조 2항은 「모든 조약은 국가의 최고법이다」라고 규정하여 국제법의 법적 성질을 명확히 인정하고 있다. 일본 헌법 제98조 2항도 「일본국이 체결한 조약 및 확립된 국제법규는 이것을 성실히 준수할 것을 요한다」라고 규정하여 국제법을 법으로 인정한다.[1] 그리고 실제로 법원도 조약이나 국제관습법을 구체적 사건에 법으로서 적용하고 있다.

1) 대한민국 헌법 제6조 1항은 "헌법에 의하여 체결·공포된 조약(은) … 국내법과 같은 효력을 지닌다"고 규정하고 있다.

이처럼 국제법이 법으로서 존재한다는 것이 부정할 수 없는 사실이라는 점에 대해서는 오늘날 국제법학자들 간에 의견이 일치된 것으로 보인다.

III. 국제법과 국내법의 관계

국제법이 법이라는 것에 대하여는 국제법학자들 간에 견해차가 없지만, 국제법과 국내법의 관계에 관하여는 국제법학자들 사이에서 의견대립이 있다. 그 주요한 입장은 크게 국내법 우위의 일원론, 국제법 우위의 일원론, 이원론의 3개로 나누어진다. 또한 최근에는 대립중인 이 3개의 입장을 극복한 제4의 학설이 유력하게 등장하고 있다.

■ 국내법 우위의 일원론

국내법 우위의 일원론(국내법 우위론)은 국제법과 국내법이 동일체계 속에 위치하고, 그 상호관계에 대하여는 국내법이 상위에 있다고 보는 입장이다. 이 견해는 국제법규, 특히 조약이 헌법 규정에 따라 체결되고, 또한 헌법은 모든 법의 상위에서는 최고규범이라는 점을 근거로 하고 있다.

일본이 체결한 조약에 대해서 헌법 제73조 3호는 내각에 조약을 체결할 권한이 있다고 규정하는데, 이 경우 「사전에, 상황에 따라서는 사후에 국회의 승인을 받을 것을 필요로 한다」고 한다.[2] 따라서 「국회의 승인」을 받지 않은 조약은 이 규정에 의해 무효가 된다.

---

2) 대한민국 헌법 제60조에 의하면 "국회는 상호원조 또는 안전보장에 관한 조약, 중요한 국제조직에 관한 조약, 우호통상항해조약, 주권의 제약에 관한 조약, 강화조약, 국가나 국민에게 중대한 재정적 부담을 지우는 조약, 또는 입법사항에 관한 조약의 체결·비준에 대한 동의권을 가진다."

또한 헌법 제98조 1항은 「이 헌법은 국가의 최고법규이며, 헌법에 반하는 법률, 명령, 규칙 및 국무에 관한 그 외의 행위 전부 혹은 일부는 그 효력을 가지지 않는다」[3]고 규정하여, 헌법의 최고규범으로서의 성격을 명확히 하고 있다. 여기서는 헌법 규정에 반하는 법규, 명령, 규칙 그 외의 행위는 무효로 하고 있지만, 여기에 열거되어 있는 것에 조약 등의 국제법은 포함되어 있지 않다. 이를 근거로 조약 등의 국제법은 헌법에 반해도 무효가 아니라는 해석론이 성립할 수 있다. 그러나 헌법학계의 통설은 동 규범이 헌법의 최고규범성을 규정하고 있는 이상, 헌법규정에 반하는 조약 등의 국제법은 동조에서 명시적으로 언급되어 있지 않아도 무효가 된다고 한다. 이 경우, 조약 등의 국제법은 동조에서 말하는 「국무에 관한 그 외의 행위」에 포함된다.

이처럼 조약 등의 국제법이 헌법규정에 근거하여 체결되고, 헌법규정에 반하는 경우 무효가 되는 이상 헌법의 하위에 있는 법으로 볼 수밖에 없고, 국제법과 국내법의 관계에 관한 논의에 있어서는 국내법이 우위에 있다고 하는 것이 국내법 우위의 일원론이다.

■ 국제법 우위의 일원론

국제법과 국내법을 동일 법체계에 속하는 2개의 법으로 보는 점에서는 국내법우위론과 같은 입장에 서지만, 그 상호간의 상하관계에 대해서는 정반대의 결론에 도달하는 것이 국제법 우위의 일원론, 또는 국제법 우위론이다. 즉, 이 입장은 국제법

3) 대한민국 헌법 제6조 제1항은 "헌법에 의하여 체결·공포된 조약(은) … 국내법과 같은 효력을 지닌다"고 규정하고 있다. 따라서 헌법도 국내법이므로 조약이 헌법과 동일한 효력을 가지거나 심지어 조약이 헌법보다 우위에 있다는 해석도 있을 수 있다. 그러나 대한민국 헌법 부칙 제5조는 "이 헌법 시행 당시의 법령과 조약은 이 헌법에 위배되지 않는 한 그 효력을 지속한다"고 규정하여 법령과 조약보다 헌법이 우위에 있음을 인정하고 있다. 다만 헌법부칙 제5조에서 말하는 효력은 조약의 국내적 효력이고, 국제적 효력에는 이 규정이 영향을 미치지 못한다. 조약의 국제적 효력은 국제법에 의하여 판단되어야 하기 때문이다.

과 국내법이 같은 사항에 관하여 다른 규정을 가지는 경우 국제법이 우선한다고 주장한다. 그 근거는 크게 다음의 3가지로 정리된다.

첫 번째 근거는 국내법 우위론은 복수(複數) 국가의 관계를 법적으로 규율하는 국제법이 그 중 한 국가의 헌법질서의 하위에 위치한다는 것이므로 이론적으로 성립할 수 없다는 것이다. 즉, 국내법 체계 하에 국제법을 둘 경우, 각각의 국내법의 차이에 따라 국제법이 좌우되어 일관된 내용을 갖는 국제법의 존재를 상정할 수 없게 된다는 것이다. 게다가 이 입장에 의하면 국내법이 변경될 때마다 이와는 다른 하위 국제법 규정은 무효가 되어 수정해야 한다. 결국, 국내법 우위설은 국제법 부정론과 같은 것이므로 인정될 수 없다는 근거이다.

두 번째 근거는 예컨대 한 국가의 헌법질서가 무너졌다고 해도 그 국가를 구속하는 조약 등의 국제법이 영향을 받지 않고 효력을 계속 유지한다는 사실을 국내법 우위론으로는 설명할 수 없다는 것이다.

세 번째 근거는 조약법에 관한 국제법 규정을 기초로 하고 있다. 즉, 조약의 체결절차나 효력, 구속력, 해석 등에 관하여 규정한 국제법인 조약법의 규정에 의하면 「조약의 불이행에 대한 정당화의 방법으로 그 국내법을 원용해서는 아니 된다」(조약법에 관한 비엔나협약[조약법협약] 제27조). 바꿔 말하면 「자국의 국내법」 규정의 사정에 관계없이 조약은 유효하다는 것이고, 국제법은 국내법에 종속되지 않는 것이다.

■ 이원론

위에서 본 국내법 우위론, 국제법 우위론은 각기 장단점이 있다. 따라서 이들 2개의 입장을 전제로 하는 일원론을 떠나, 국제법과 국내법을 차원을 전혀 달리 하는 2개의 법체계로 보는 이원론이 부상하였다.

이원론은 오래 전부터 존재한 견해로 오펜하임, 안질로티, 트리펠 등이 주장하였다. 이들에 의하면 국제법과 국내법은 그 성립기반 · 규율대상 · 적용형태를 전혀 달리하므로 같은 평면상의 법체계로 볼 수 없다고 한다. 즉, 국제법은 복수 국가의 의사합치에 의해 성립하는 것임에 반하여 국내법은 한 국가의 의사에 의해 성립하므로 양자는 전혀 다른 성립기반 위에 서 있다. 게다가 국제법은 국가를 규율대상으로 하는 것임에 반해 국내법은 개인의 상호관계 혹은 개인과 국가의 관계를 규율하는 법이므로 양자는 규율대상에 있어서도 겹치는 부분이 없다. 또한 국내법은 국가가 국가권력을 바탕으로 상하의 명령·지배의 관계 하에 적용되는 것임에 반하여 국제법은 평등한 복수 국가 간의 수평적 관계에 적용되는 것이므로 양자는 적용형태에 있어서도 큰 차이가 있다. 이처럼 성립기반도 규율대상도 또한 적용형태도 다른 2개의 법을 동일법체계에 있다고 생각하는 일원론을 도저히 용인할 수 없다고 하는 것이 이원론의 입장이다.

이원론은 19세기 말까지의 국제법 발전기에는 국제관계와 국제법의 실태에 부합하는 견해로서 가장 유력한 견해였다. 또한 국내법 우위론, 국제법 우위론이라는 2개의 일원론은 이론적으로나 현실적으로 약점이 있다. 그렇기 때문에 국제법학자 중에는 이원론의 지지자가 적지 않다. 그러나 20세기 이후의 변용기에 이르자, 국제관계는 국가 간의 관계에 머무르지 않고 국제기구나 개인에게도 일정 주체성이 인정되는 복잡한 관계로 변화하였다. 이와 더불어 국제법도 국가 간 관계뿐만 아니라 국제기구나 개인에 관한 규정을 포함하게 되어, 이원론이 전제로 하고 있던 「국가 간의 관계를 규율하는 국제법」이라는 현실은 더 이상 타당하지 않게 되었다. 그리고 예를 들어 인권이나 경제관계에 관하여 국제법이 직접 개인이나 기업에 관한 규정을 두게 되자 국제법과 국내법 규정이 겹치거나 저촉·충돌하는 경우가 실제로 발생하여 국제법과 국내법이 전혀 차원이 다른 법체계라는 이원론의 전제가 무너지게 되었다. 이원론에도 극복해야 할 문제가 생긴 것이다.

■ 새로운 이론의 출현

위에서 검토한 것처럼 국제법과 국내법의 관계에 관하여는 국내법 우위론, 국제법 우위론, 이원론의 3가지 견해가 대립하고 있고, 각각 장단점이 있다. 이 상황을 극복하기 위하여 최근 새로운 견해가 주장되고 있다. 이 이론은 신(新)이원론, 대립이론, 융화론 등으로 명칭은 각기 다르지만 주장하고 있는 내용이 대체로 공통된다.

새로운 이론은 고전적인 이원론과는 달리 국제법과 국내법이 동일사항을 동시에 규정하는 특성이 있다고 하여 오늘날의 국제법과 국내법 규정의 존재형식의 실태를 그대로 인정하는 것에서 시작한다. 즉, 인권에 관한 국제법(조약) 규정과 헌법상 인권규정이 중복되는 현실을 우선 용인한다. 이 의미에서는 일원론의 입장과 같은 견해를 취한다. 나아가 이원론처럼 국내법 관계와 국제법 관계를 나누어 검토하여, 국내법 관계에서는 국내법 규정(특히 헌법의 최고규범성)을 그대로 인정하여 국내법을 우선으로 하고, 국제법 관계에서는 국제법 규정(「국내법은 국제법의 유효성을 부정할 수 없다」는 원칙)을 그대로 인정하여 국제법을 우위로 한다는 것이다. 국제법 관계와 국내법 관계를 나누어 생각한다는 것은 이원론의 견해를 승계하는 것이지만, 국제법과 국내법이 동일사항을 동시에 규정하는 점이 있다는 것을 인정한다는 점에서 고전적 이원론과는 다른 것이므로 신(新)이원론이라고 부르는 것이다. 또한 이 입장은 국제법, 국내법을 수직적 관계로서가 아니라 동등하게 다룬다는 의미에서 등위이론이라고도 불린다. 또한 지금까지 대립해 온 국내법 우위론, 국제법 우위론, 이원론 모두를 그 안에 담을 수 있는 견해라는 의미에서 융화론이라고도 불린다.

신(新)이론의 입장에 의하면, 예를 들어 한 국가 내에서 헌법상의 인권규정과 그 국가가 체결한 인권조약규정이 다른 경우 헌법규정이 우선하게 된다. 그러나 이에 의해 국제법 하에서의 그 국가의 조약상 의무가 무효가 되거나 변경되는 것은 아니다. 국제법 관계에서는 국제조약의 인권규정이 여전히 그 국가에 대해 유효하다. 그리고 헌법상의 규정과 조약상의 규정이 충돌하는 문제는 최종적으로 해석론에 의해 조화시키거나, 헌법의 규정을 개정 혹은 조약의 규정을 개정하거나, 최후의 수단으로서 조약을 파기하는 정책상의 선택을 촉구하는 문제가 된다.

Ⅳ. 국제법의 존재형태 (法源)

■ 국제법의 법원 논쟁

학자들 사이에서 의견이 대립해온 쟁점의 하나로서 국제법의 법원은 무엇인가 하는 문제가 있다. 법원이란 「법(法)의 원(源)」, 즉 무엇이 법인가라는 것이 논의될 때 최종적으로 도달하게 되는 존재형태에 관한 것이다.

일본에는 「국제법의 법원에 관한 요코다(橫田) – 다오카(田岡) 논쟁」이라는 유명한 견해대립이 있었다. 요코다 키사부로(橫田喜三郞)가 국제법의 법원에 관하여 「조약과 관습법에 한한다」라는 입장을 취한 것에 대하여, 다오카 료이치(田岡良一)는 「조약, 관습법에 더하여 법의 일반원칙을 법원으로 한다」고 주장하였다.

요코다의 견해는 전통적인 국제법학사의 입장을 답습한 것으로 국가주권을 기초로 하는 국제법 체계의 이론에서 도출된다. 즉, 요코다에 의하면 국가는 주권을 가지고 있고 그 주권은 국가 스스로의 의사에 의해서만 제한이 가능하다고 한다. 따라서 국제법이 국가를 구속하는 것은 주권을 가진 국가가 자신의 의사로 국제법에 따른다고 동의하기 때문이다. 또한 그 동의는 통상 복수의 국가에 의해 부여되므로 국제법의 기초는 「복수 국가의 의사합치」에 있다. 그런데 국가의사의 합치는 일반적으로 명시적으로 혹은 묵시적으로 이루어진다. 명시적인 국가의사의 합치는 조약이고, 묵시적인 국가의사의 합치가 관습법이다. 그렇기에 요코다는 국제법의 법원은 조약과 관습법뿐이라고 주장한다.

이에 대하여 법이 법으로서 기능할 때의 재판소의 역할을 중시하는 다오카는 ICJ 규정 제38조 1항에 주목한다. 동 규정은 「재판소는 재판소에 회부된 분쟁을 국제법에 따라 재판하는 것을 임무로 한다」고 한 다음, 기준으로 삼아야 하는 것으로서 조약, 관습법과 더불어 「(문명국에 의하여 인정된) 법의 일반원칙」을 들고 있다. 그 결과 다오카는 ICJ가 준거하는 재판준칙으로 「법의 일반원칙」을 들고 있는 이상, 「법의 일반원칙」 또한 국제법의 법원으로 보아야 한다고 주장한다.

이 다오카의 논의에 대하여 요코다는 다음과 같이 반론한다. 「문명국(civilized nations)」이 인정한 법의 일반원칙이란 한 국가에 한정된 「법의 일반원칙」으로는 불충분하고, 다수의 국가들에 의해 인정된 「법의 일반원칙」만이 ICJ의 판단기준이 될 수 있다. 요코다는 다수의 국가에 의해 인정된 「법의 일반원칙」은 곧 「관습법」이므로 그 경우의 「법의 일반원칙」은 관습법의 범주에 속하고, 「법의 일반원칙」을 독립된 법원으로 할 이유는 존재하지 않는다고 주장한다. 이 요코다의 반론은 일견 설득력이 있는 것처럼 보이지만, 이것만으로는 왜 ICJ규정 제38조 제1항이 「법의 일반원칙」을 관습법과는 별개의 독립된 재판기준으로 들고 있는지에 대하여 의문이 생긴다. 요코다는 이 질문에는 정면으로 대답하고 있지 않다.

오늘날의 국제법 학계는 국가주권을 핵심에 두는 전통적인 국제법 이론에 따라 국제법의 구속력의 기초를 「국가의 합의」에서 구한다. 그리고 〈명시적인 합의 = 조약〉, 〈묵시적인 합의 = 관습법〉의 2가지를 국제법의 법원으로 보는 견해가 일반적이다. 이 경우 ICJ규정 제38조 제1항에서 규정하고 있는 「법의 일반원칙」은 동 재판소의 재판준칙이고, 국제법의 법원이 일반적으로 「법의 일반원칙」이 포함한다고까지 의미하는 것은 아니라고 이해된다.

■ 동요하는 법원론

국제법의 법원에 관하여는 전통적인 국제법의 견해인 조약과 관습법에 한정된다는 입장이 오늘날에도 학계의 다수설이다. 명시적으로 언급하고 있지는 않지만 ICJ도 대체로 이러한 견해를 전제로 판결을 내리고 있는 것으로 보인다. 일본헌법 제98조 제2항도 「일본이 체결한 조약 및 확립된 국제법규」를 성실히 준수할 것을 규정하여, 조약과 관습법만을 국제법의 법원으로 간주하는 것으로 보인다.[4)]

4) 한국 헌법 제6조 제1항도 "헌법에 의하여 체결·공포된 조약과 일반적으로 승인된 국제법규는 국내법과 같은 효력을 가진다"고 하여 '조약'과 국제관습법('일반적으로 승인된 국제법규')만을 법원으로 인정하는 것으로 보인다.

그런데 조직화가 진전되고 있는 오늘날 국제사회의 현실에 있어서는 조약이나 관습법 이외에도 국가를 법적으로 구속하는 규범이 실제로 존재하며 기능하고 있다. 예를 들어 UN 안전보장이사회의 결정, 특히 UN헌장 7장에 근거한 결정은 UN헌장 제25조의 규정(UN회원국은 안전보장이사회의 결정을 이 헌장에 따라 수락하고 또한 이행할 것에 동의한다)에 기초하여 회원국을 구속하는 것으로 이해된다. UN헌장이라는 조약(국제법)의 규정에 직접 기초한 것이라 해도, 안전보장이사회의 결정은 국가를 법적으로 구속하는 것이다. 그렇다면 조약이나 국제관습법이 아닌 안전보장이사회의 결정도 독립된 국제법의 법원으로 생각할 필요가 있는 것은 아닌가 하는 의문도 제기된다.

또한 UN총회 결의의 법적 성질은 권고에 머무르고, 회원국을 법적으로 구속하는 것은 아니라고 이해되고 있지만, 총회 결의 중에는 UN헌장 제17조 2항에 기초한 UN경비의 국가별 할당액(분담금)에 관한 의결이나 동 제6조에 기초한 헌장상의 의무를 집요하게 위반하는 회원국에 대한 제명 결의처럼 회원국을 구속하는 것이 있다. 이들 총회 결의도 회원국을 법적으로 구속하는 것인 이상 국제법의 법원에 포함되어야 하는 것은 아닌가 하는 의문이 생긴다.

일부의 주장과 같이 안전보장이사회나 총회의 결의는 UN헌장이라는 조약에 구속력의 근거규정이 있으므로, 국제법 그 자체는 아니라고 해도 「국제법에서 파생되는 구속력」이고, 이와 같은 이른바 「파생법」은 「넓게는 국제법, 즉 UN헌장이라는 조약의 구속력 틀 안에서 끌어낼 수 있다」고 하는 견해도 성립할 수 없는 것은 아니다.

그러나 비엔나조약법협약 제2조(a)가 규정하는 「조약」은 「국가 간에 문서의 형식으로 체결된 국제법에 의해 규율되는 국제적인 합의」이고, 이 「조약」 속에 UN결의와 같은 「파생법」이 포함된다는 것은 아니다. 또한 일반적인 국제법 교과서에서도 「조약」의 개념 속에 「UN결의 같은 파생법」이 포함된다는 내용을 전혀 찾을 수 없다. 그런 의미에서 UN결의나 더 나아가 같은 구속력을 가지는 「국제기구 결의 일반」을 조약 속에 포섭시켜서 독자적인 법원으로 파악하지 않는 오늘날의 통설은 흔들리고 있다고 생각할 수 있다.

또한 UN결의 등을 조약의 범주로 파악하면 현실적인 문제도 발생한다. 예를 들어 일본 헌법이 제98조 2항에서 「성실히 준수할 것」을 명하고 있는 것은 「일본이 체결한 조약 및 확립된 국제법규」, 즉 조약과 국제관습법에 한정된다. 여기서 생기는 의문은 구속력이 있는 UN결의 등은 헌법이 규정하는 「성실히 준수」해야 하는 「조약」에 포함되는가 하는 헌법해석상의 문제다. 헌법학자 중에 헌법 제98조 2항에 규정된 「일본국이 체결한 조약」에 「UN결의 등」이 포함된다는 해석론을 전개하고 있는 학자는 전무하다. 그렇다면 「구속력을 가지는 UN결의 등을 조약규정에서 파생되는 조약의 개념에 포함되는 법문서」로 보기에는 적어도 일본 헌법 해석상의 문제가 있다고 하지 않을 수 없다.

■ 강행규범과의 관계

국제법에는 강행규범(*jus cogens*)이라는 개념이 있다. 강행규범이란 국가 간의 명시적인 의사, 즉 조약으로는 그 내용을 변경할 수 없는 강행적인 국제법 규정이다. 무엇이 강행규범인가에 대해서는 학자들 사이에 일치된 견해가 형성되어 있다고 할 수 없다. 그러나 비교적 많은 국제법학자가 강행규범으로 들고 있는 것으로는 침략전쟁의 금지, 집단살해(genocide)의 금지, 노예제 및 노예매매의 금지, 기본적 인권의 존중, 인민의 자결권 등이 있다.

이 강행규범의 개념 자체는 오늘날 실정국제법에 명확히 자리 잡고 있다. 예를 들어 조약법협약 제53조는 「조약은 그 체결 당시에 일반국제법의 강행규범과 충돌하는 경우에 무효이다」라고 규정하고 있다. 동 조는 나아가 「강행규범」을 다음과 같이 정의하고 있다. 「이 협약의 목적상 일반국제법의 강행규범은 그 이탈이 허용되지 아니하며 또한 동일한 성질을 가진 일반국제법의 추후의 규범에 의해서만 변경될 수 있는 규범으로 전체로서의(as a whole) 국제공동사회가 수락하며 또한 인정하는 규범이다.」 이는 국가 간의 단순한 합의에 의해서는 변경할 수 없는 보다 높은 차원의 규범이 존재하는 것을 전제로 하고 있음이 분명하다. 즉 강행규범이란 「이탈이 허용되지 않는」, 「전체로서의 국제공동사회가 수락하며 또한 인정하는 규범」인 것이며, 그것은 국가 간의 합의를 요건으로 하는 종래의 조약이나 관습법의 틀을 넘어선 법규범을 의미한다. 그렇다면 이와 같이 국가에 대하여 이른바 초월법적 그리고 자연법적으로 부여된 국제법규범이 존재한다는 사실을 실정국제법상 인정할 수밖에 없다. 이는 국가의사주의에 기초하여 국제법의 법원을 조약과 관습법으로 한정하는 오늘날 국제법의 통설에 대하여 수정을 촉구하는 것이라 할 수 있다.

이처럼 국제법의 법원을 조약과 관습으로 한정하는 통설적 입장이 흔들리고 있기는 하지만, 아직 새로운 견해가 주류가 될 정도는 아니다.

V. 국제법의 주체

■ 국제법에 있어 주체론(主體論)의 의의

국제법은 역사적으로 국가 간의 법으로서 형성되고 발전하여 왔다. 국제법의 주체, 즉 국제법상 권리와 의무의 수범자가 될 수 있는 존재는 국가만으로 한정되어 왔다. 바꾸어 말하면 국제법은 전통적으로 국가에 의해 만들어지고, 국가에 의해 준수되고, 국가에 의해 강제되는, 국가를 위한 법이었다. 그런데 19세기 말부터 20세기에 걸쳐 국제사회의 조직화가 급속히 진행되자, 그 과정에서 설립된 국제기구의 존재와 활동을 무시할 수 없게 되었다. 특히 제2차 세계대전 후 UN을 중심으로 하는 여러 국제기구가 출현하고, 이들의 활동이 중요해지면서 국제기구의 국제법상 지위를 명확히 할 필요가 있게 되었다.

또한 UN 설립 이후 발달한 국제인권법은 개인의 권리를 직접 국제법에 규정하려는 시도를 계속해 왔다. 또한 제2차 세계대전 전범을 재판하는 뉘른베르크와 도쿄의 국제군사법정은 개인의 국제법상 의무(책임)를 직접 추궁하는 선례가 되었고, 그 후 구 유고슬라비아와 르완다의 국제형사법정, 나아가 국제형사재판소(ICC)의 설립으로 이어져 개인의 국제법상 의무를 인정하는 견해를 국제법상 확립하려는 움직임의 기초가 되었다. 나아가 국제경제활동의 확대로 인하여 기업의 국제화 · 다국적화가 촉진되어, 국제기업에 대하여 국제법적 지위를 부여하는 것도 중요한 국제법의 과제가 되었다.

즉, 국제법의 주체를 국가로 한정하는 전통적 국제법의 견해는 이미 유지될 수 없으며, 국제기구나 개인, 기업 등의 비국가 행위주체도 국제법의 주체로 인정하자는 새로운 주체론이 모색되기 시작한 것이다.

■ 국제기구의 국제법 주체성

국제기구의 국제법 주체성과 관련하여 초기의 국제기구인 국제연맹이나 ILO의 시대에는 국제법의 주체를 국가로 한정하는 전통적 국제법의 영향이 강하게 남아 있었기 때문에, 국제기구에 회원국에서 분리된 독자적인 법주체성을 인정하는 견해는 유력하지 않았다. UN에 대해서도 그 설립 당시에는 국제법 주체성 부정론이 여전히 유력하였지만, 1949년 ICJ의 베르나도테 백작 살해사건에 관한 권고적 의견(*Reparation for Injuries Suffered in the Service of the UN* [제7장 Case ⑤])에 의해 목적 실현에 필요한 권한이라는 의미에서 UN의 국제법 주체성을 용인하는 판단이 내려져, 학설상의 큰 전환이 되었다.

1948년 제1차 중동전쟁 중에 UN이 조정관으로 현지에 파견한 스웨덴 국적의 베르나도테 백작이 임무수행 중 살해된 것이 이 사건의 발단이었다. UN은 UN의 임무를 수행하고 있던 인물이 살해당한 책임을 해당 지역을 지배하고 있던 이스라엘에 추궁하여 손해배상을 청구하였다. 이에 대하여 이스라엘은 UN이 국가에 대한 국제법상의 책임을 추궁하거나 손해배상을 청구할 국제법상의 주체성을 갖추고 있지 않다고 하여 청구에 응할 것을 거부하였다. 그러자 UN은 이 점에 대하여 ICJ의 판단을 요청하게 되었다. 재판소는 UN에 목적 실현에 필요한 국제법인격이 인정된다는 획기적인 판단을 내렸다.

이 사건을 계기로 UN을 비롯한 국제기구에 국제법상의 법인격이 존재한다고 주장하는 학자가 점점 늘어났고 오늘날에는 통설적 지위를 점하게 되었다.

국제기구의 국제법적 주체성에 관하여는 단순히 국제법의 권리 · 의무의 수범자로서의 수동적 주체성만이 아니라, 조약을 교섭하고 체결하는 능동적 주체성도 겸비하고 있다는 점에 주목할 필요가 있다. *Reparation* 사건이 문제된 때 ICJ는 이 점까지 파고들어 판결하지는 않았다. 그러나 재판소는 UN의 법인격을 검토함에 있어 UN헌장상의 조약체결에 관한 규정인 UN의 강제행동에 대한 협력과 관련된 세부 내용을 정하기 위하여 UN이 회원국과 체결하는 특별협정에 관한 제43조나 UN이 전문기구와 체결하는 제휴협정에 관한 제57조, 나아가 UN의 특권 및 면제를 정하는 조약에 관한 제105조 등을 검토하고 있고, UN이 조약체결의 권한을 가진다는 것을 당연한 전제로 하고 있다.

또한 비엔나 조약법협약은 국가 간에 체결되는 조약만을 다루고 있지만, 제3조에서 국제기구와 같은 국가 이외의 주체에 의한 조약체결에 대해서도 언급하고 있으므로 국제기구가 조약체결의 권한을 갖는 것은 말할 것도 없이 분명하다. 실제로 UN 국제법위원회(ILC)는 국가 간 조약에 관한 비엔나협약에 이어서 국제기구의 조약체결에 관한 조약안을 기초하였다.

이와 같이 오늘날에는 UN 등의 국제기구에 수동적 주체성은 물론 능동적 주체성도 인정된다는 견해가 국제법학계의 주된 견해가 되었다.

■ 개인의 국제법 주체성

최근에는 국가나 국제기구와 더불어 개인이나 기업의 국제법 주체성도 일정 정도 인정된다. 죠르쥬 셀은 1920년대에 국가의 국제법 주체성을 부정하고 국제법의 주체는 개인이라고 하는 상당히 특수한 견해를 주장하였는데, 많은 실정국제법규범이 국가의 권리와 의무를 명확히 규정하고 있는 현실과 맞지 않았기 때문에 이 견해에 대한 지지자는 많지 않았다.

그러나 제2차 세계대전 후의 전쟁범죄인을 재판하는 법정에서는 개인의 국제법상의 책임이 직접 추궁되었고, 실제로 사형을 포함한 형벌이 부과되었다. 개인의 국제형사책임을 추궁한다고 하는 이러한 견해는 1948년 UN총회가 채택한 집단살해방지 및 처벌에 관한 조약(제노사이드협약) 제4조의 「(집단살해의 죄를 범한 개인은) 헌법상의 책임 있는 통치자나 공무원 혹은 사인인지를 불문하고 처벌한다」고 하는 규정 속에 명확히 나타나 있다. 그리고 그 후 이 견해에 따라 구 유고슬라비아 및 르완다의 국제형사법정에서도 개인의 형사책임이 추궁되고 있다. 또한 1998년에 로마에서 채택된 규정에 의해 2002년에 설립된 국제형사재판소(ICC)도 집단살해죄, 인도에 대한 죄, 전쟁범죄 등의 국제범죄를 범한 개인을 직접 재판에 회부하여 처벌할 권한을 가지고 있다. 이처럼 개인의 국제책임을 추궁하는 규범과 절차는 제2차 세계대전 후 점차 확립되고 있다.

한편 개인의 권리에 관하여도 제2차 세계대전 후 UN을 중심으로 인권을 보장하는 조약들이 기초되었고, 또한 그 이행상황을 감시하는 메커니즘도 충실하게 갖추어져 왔다. 1948년 12월 10일에 UN총회가 채택한 세계인권선언을 시작으로, 같은 해 채택된 제노사이드협약, 1951년의 난민협약, 1965년의 인종차별철폐협약, 1966년의 국제인권규약(경제적 · 사회적 및 문화적 권리에 관한 국제규약과 시민적 및 정치적 권리에 관한 국제규약의 2개로 구성됨), 1979년의 여성차별철폐협약, 1984년의 고문방지협약, 1989년의 아동권리협약 등 많은 인권조약이 UN을 중심으로 기초되어 발효하고 있다. 일본은 이들 인권조약 중 제노사이드협약을 제외한 모든 조약을 비준하고 있다.[5] 이들 조약은 개인의 기본적 권리를 직접 그리고 구체적으로 규정하고 있고, 일본의 재판소도 「국내법으로서 법률에 우위하는 직접적 효력을 가진다」(도쿠시마 지방법원 판결, 1996년 3월 15일)고 판시하고 있다. 또한 이들 조약 중 제노사이드협약 및 난민협약을 제외한 모든 조약에는 각각 개인 자격의 전문가로 구성되는 조약기관(전문가위원회) 이 설치되어 있고, 각 조약의 체약국에 의한 실시상황을 정

5) 한국은 제시된 모든 인권조약을 비준하고 있다.

기적 보고의 심사나 조약에 따라서는 국가통보제도(수락선언을 한 국가에게만 적용), 개인통보제도(선택의정서 비준국 또는 선언국에만 적용) 등의 절차를 통해 감시하는 메커니즘이 준비되어 있다.

이처럼 오늘날에는 국제법이 개인의 권리의무를 직접 규정하여 경우에 따라서는 개인의 책임을 직접 추궁하거나 개인의 권리를 보호하는 활동을 하고 있다. 바꾸어 말하면 현행 국제법은 개인의 국제법 주체성을 일정 정도 확립하고 있다. 국제법학계의 통설도 이와 같은 입장을 지지한다.

그런데 국가나 국제기구의 주체성과는 달리 개인의 국제법 주체성의 경우 조약을 체결하는 등으로 국제법을 정립할 수 있는 지위인 능동적 주체성은 인정되지 않는다. 개인의 국제법 주체성은 수동적 주체성에 한정되고, 또한 인권조약이나 국제형사재판소규정(ICC규정 또는 로마규정) 등 특정 조약에 따라 그 권리나 지위가 명확히 규정되어 있는 경우에만 인정된다는 의미에서 한정적이다.

■ 기업의 국제법 주체성

경제활동이 국제화, 다국적화되는 최근의 경향을 반영하여 기업을 국제적으로 보호하거나 혹은 기업의 활동을 국제적으로 규제하는 움직임이 보이게 되었다. 그러나 국제법은 1950년대까지 기업의 국제법 주체성에 관하여 회의적이었다.

예를 들어 ICJ는 1952년에 *Anglo-Iranian Oil Company* 사건 판결(제12장 Case ①)에서 동 석유회사의 고유한 국제법 주체성을 부정하는 판결을 내렸다. 이 사건은 1951년에 이란이 영국 기업인 앵글로-이라니안 석유회사를 일방적으로 국유화한 것을 발단으로 시작되었다. 영국은 이 국유화 조치가 이란정부와 동 석유회사 사이의 석유채굴에 관한 양허계약에 위반하였다고 하여 ICJ에 제소하였다. 그러나 재판소는 한 기업과 외국정부가 체결한 양허계약의 국제적 성격을 인정하지 않아 영국의 제소를 기각하였다. 이 사건에서 재판소는 기업의 국제법상 고유의 주체성을 인정하지 않은 것이다.

그러나 그 후, 신흥 독립국가들에 의해 구 식민지의 본국이나 선진국 기업이 국유화되는 사례가 다발하여 심각한 국제문제로 비화될 조짐이 보이기 시작하였다. 그러자 세계은행(World Bank)이 중심이 되어 이런 종류의 투자분쟁을 해결하기 위한 중재재판제도를 만들었다. 1965년에 설립된 국제투자분쟁해결센터(ICSID)가 그것으로, 이 기관의 설립기초가 된 투자분쟁해결협약은 양허계약 같은 기업과 외국정부 사이에 체결되는 협정의 국제적 성격을 인정하고, 여기에서 발생하는 분쟁에 관하여 중재(또는 조정)를 제기할 권리를 주장하는 기업의 조약상 지위와 권리를 규정하였다.

또한 많은 국가 사이에서 체결되고 있는 양국간 우호통상항해조약에서는 개인과 함께 기업이나 법인의 권리나 의무를 직접 규정하는 경우가 많아졌다. 예를 들어 일미통상항해조약 제6조 1항은 「어느 일방 체약국의 국민 및 회사의 재산도 타방 체약국의 영역 내에서 계속적인 보호 및 보장을 받는 것으로 한다」고 규정하여,[6] 회사의 조약상 지위와 권리를 명확히 인정하고 있다.

이처럼 오늘날에는 기업에 대해서도 국제기구나 개인에 비하여 제한적이긴 하지만 일정한 권리의무의 수범자로서의 국제법 주체성이 인정되고 있다. 그러나 이는 수동적 주체성만이고, 능동적 주체성까지 인정되는 것은 아니다.

■ NGO의 국제법 주체성

최근에는 NGO, 민간단체, 비정부조직, 비정부기구, 시민단체, 시민사회 등, 여러 호칭으로 불리우는 민간국제협력단체가 인권, 환경, 개발, 군축 등 다양한 분야에서 국제적으로 활동하게 되었다. 이에 수반하여 이들 NGO의 국제법상 지위도 문제가 되고 있다.

UN헌장 제71조는 「경제사회이사회는 그 권한 내에 있는 사항에 관련이 있는 비정부간기구와의 협의를 위하여 적절한 약정을 체결할 수 있다」고 규정하여 NGO와

6) 한미우호통상항해조약 제6조 제1항도 "일방 체약국의 국민과 회사의 재산은 타방 체약국의 영역 내에서 부단(不斷)의 보호 및 보장을 받는다"고 규정하고 있다.

의 협력관계를 상정하고 있다. 실제로 이들 NGO는 UN의 다양한 분야에서 조약안의 작성, 국제적 의무이행상황의 감시, 인도적 활동의 실시 등과 같은 중요한 역할을 수행하고 있다. 이들 NGO의 국제법 주체성은 NGO의 정의가 명확한 형태로 존재하지 않는 것과 법적 성격이 단체에 따라 크게 달라지는 점으로 볼 때 이를 인정하는 국제법 관행은 물론 학설도 아직 존재하지 않는다고 볼 수 있다. 그러나 UN의 경우 UN과 협의관계에 있는 NGO가 관계되는 회의에 출석하여 발언하거나, 상황에 따라서는 의제를 제안할 수 있는 권리가 인정되고 있어 적어도 「UN의 법체계의 틀 안」에서는 법주체성이 확립되어 있다고 할 수 있다. 다만 이로부터 국제법상 법주체성이 인정되었다고 할 수 있는지 묻는다면 현재 단계에서의 답은 '아니오'에 가까울 것이다.

제 2 장

국제법의 연원(淵源)

국제법에는 조약과 국제관습법(관습법)이라는 2개의 존재형태(法源)가 있는데, 이번 장에서는 이들 국제법이 어떻게 형성되는지에 대해 살펴본다. 국내사회와 비교하여 분권적인 국제사회에는 국회와 같은 입법기관이 존재하지 않는다. 그렇기 때문에 통상 「입법」이라는 용어는 사용할 수 없고, 조약의 체결 또는 관습법의 형성을 통한 국제법의 입법과정을 국제법의 「성립」이라고 한다.

조약이 문서화된 법인 성문법(成文法)임에 반해, 관습법은 불문법(不文法)이다. 또한 조약은 국가의 명시적인 동의에 기초하여 당사국(체약국)만을 구속하는 특별법인 것에 반해, 관습법은 일반법이며 보편적으로 적용된다고 생각된다. 이처럼 조약과 관습 사이에는 차이가 있긴 하지만 관습법이 조약으로서 성문화(법전화)되거나 조약이 관습법화되는 현상이 나타나기도 하는 등 상호 동태적으로 발전하고 있다.

또한 최근 조약의 체결과정에 개인이나 NGO 등이 관여하는 상황도 찾아볼 수 있게 되어, 종래 국가만이(예외적으로 국가기구도) 행하여 왔던 국제법 성립과정도 변화하고 있다.

나아가 국제법 주체의 행동은 국제법에 의해서만 규율되는 것은 아니고, 국제기구가 제정한 법이나 아직 법규범으로서 성숙하지 않은 행위규범(연성법, soft law)으로 규율되는 경우도 있으므로, 이와 같은 규범의 형성에 관하여도 생각해 보기로 한다.

Ⅰ. 조약의 체결

조약체결절차나 해석 등에 관한 국제법 원칙은 일반적으로 조약법으로 총칭된다. 조약법은 종래 관습법으로서 발전해왔는데, UN총회의 보조기관인 국제법위원회(ILC)에 의해 법전화작업이 진행되어, 그 결과 1969년 5월 23일에 「조약법에 관한 비엔나협약」(이하 '조약법협약')이 채택되었다. 이 협약은 1980년 1월 27일에 발효하여, 2013년 7월 1일 현재 113국이 가입하고 있다. 아래에서는 이 조약법협약의 규정에 기초하여 조약체결절차에 대하여 살펴보기로 한다.

■ 조약의 정의

조약이란 아래의 3가지 요건을 충족하는 국제법 주체 간의 합의이다.

첫째, 조약은 국제법 주체 간에 체결된다.

조약법협약 제2조에서는 조약이「국가 간에」체결된다고 규정하여, 국가 간의 조약만을 대상으로 하고 있다. 그러나 실제로는 국가에 필적하는 국제법 주체인 국제기구도 많은 조약을 체결하고 있고, 조약법협약 제3조도「국가와 국제법의 다른 주체 간 또는 국제법의 그러한 다른 주체 간에」조약이 체결된다는 것을 인정하고 있다. 국제기구가 체결하는 조약(국제기구체결조약)에 대하여는 아직 발효되지 않았긴 하지만「국가와 국제기구 간 또는 국제기구 상호간의 조약법에 관한 비엔나협약」(국제기구조약법협약)(1986년 3월 21일 채택)[1]도 존재한다. 따라서 조약이란 국가 및 국제기구라는 국제법 주체 간에 체결되는 것이다.

둘째, 조약은 문서의 형식으로 체결된 것이다. 이 문서는 단일문서일 수도 있고 교환문서 등의 복수의 문서라도 상관없다.

조약법협약 제2조는 명확한 증거가치가 될 수 있는가의 시각에서 문서에 의한 합의만을 조약으로 인정하고 있다. 그러나 이는 국제적 구두(口頭) 합의의 존재를 부정하지 않는다. 또한 ILC도 구두에 의한 합의의 국제법상 법적 효력을 부정하는 것은 아니라고 확인하고 있다. 그러나 대다수의 조약은 문서의 형식으로 체결되고 있다.

셋째, 조약은 국제법에 의해 규율되는 국제적인 합의이다.

따라서 국가와 외국기업 간의 천연자원개발에 관한 컨세션(Concession, 양허)계약 등은 조약으로 볼 수 없다. 왜냐하면 이와 같은 계약은 국제적인 요소를 가지고 있지만, 국제법에 의해 규율되는 것이 아니라 원칙적으로 당사국의 국내법에 준거하여 규율되는 계약이기 때문이다.

---

1) 일본은 1987년 4월 24일에 서명, 한국도 1987년 서명하였다.

국제법의 법원으로서의 「조약」이라는 명칭은 국제법주체간의 문서의 형식에 의한 국제적 합의의 총칭으로, 이와 같은 문서의 개별명칭은 조약(treaty) 협약(convention), 협정(agreement), 헌장(charter), 규약(covenant), 규정(statute), 약정(arrangement), 의정서(protocol), 선언(declaration), 교환문서(exchange of notes) 등 여러 가지가 있으나 조약으로서의 법적 성질에는 변함이 없다.

■ 조약의 분류

이상의 세 요건을 충족하는 조약은 여러 가지가 있고, 이를 몇 가지로 구분할 수 있다.

조약 당사국의 수에 주목하면 「양자조약」과 「다자조약」으로 분류할 수 있다. 또한 가입국 이외에 제3국의 참가가 인정되지 않는 「폐쇄조약」과 불특정다수의 국가에게 참여가 인정되는 「개방조약」으로 나눌 수도 있다. 그리고 조약의 내용에 주목하여 일방당사국의 권리에 대한 타방당사국의 의무를 규정하는 「계약적 조약」, 국제사회전체에 공통하는 이익인 국제공익을 지키기 위해 모든 국가가 준수해야 하는 공통의 행위규범을 정하는 「입법부적 조약」, 관습법을 성문화하는 「법전화 조약」, 국내적인 조치를 필요로 하지 않고 그대로 국내에서 실시 · 적용할 수 있는 「자기집행적 조약」, 또한 영토할양과 같이 특정한 목적을 가지고 당해행위의 종료와 함께 목적을 달성하고 그 결과에 대해 효력을 가지는 「처분적 조약」 등의 종류가 있다. 마지막으로 조약체결절차의 차이에 주목하여 각국의 최종적인 동의표명(비준, 수락, 승인, 가입) 을 필요로 하는 정식의 조약인 「정식조약」과 그와 같은 절차를 필요로 하지 않는 서명발효조약이나 행정조약 같은 「약식조약」으로도 나눌 수 있다.

■ 조약체결절차

조약은 교섭, 조약문의 채택, 조약문의 확정, 조약에 구속되는 것에 대한 동의의 표명(서명, 비준, 수락, 승인, 가입), 기탁, 발효, 등록, 공표라는 과정을 거쳐 체결된다.

발효 → 등록 → 공표 【약식조약】
↗
교섭 → 조약문의 채택 → 조약문의 확정(서명) → 동의의 표명(서명, 비준, 수락, 승인) → 기탁 → 발효 → 등록 → 공표 【정식조약】
↑
가입

국가를 대표해서 조약체결교섭을 일반적으로 행하는 것은 국가원수, 정부수반, 외무부장관 및 국가의 대표임을 나타내는 전권위임장을 소지한 자이다. 그러나 통상적으로는 외교사절단 및 조약체결을 위한 국제회의 혹은 국제기구의 회의에 파견된 국가대표가 조약체결을 위한 교섭을 수행한다.

조약문은 원칙적으로 모든 국가의 동의에 의해 채택되지만, 국제회의에서 채택된 조약의 경우는 원칙적으로 출석하여 투표한 국가의 3분의 2 다수결로 채택된다(조약법협약 제9조). 이 경우 반대하거나 기권한 국가가 있어도 조약문이 확정된다.

채택된 조약문은 통상적으로 조약문의 작성에 참가한 국가의 대표자가 행한 서명에 의해 「정본으로 또한 최종적인 것」(제10조)으로 확정된다. 다자조약에서는 국제회의의 의장이나 회의를 주최한 국제기구의 사무국장이 서명함으로써 확정되기도 한다.

각국은 채택된 조약에 동의하는 경우 ① 서명, ② 조약을 구성하는 문서의 교환(교환공문인 경우), ③ 비준(수락 또는 승인), ④ 가입(조약교섭에 참가하지 않았거나, 서명을 행하지 않은 경우) 등의 행위를 통하여 당해 조약에 구속되는 것에 대해 동의를 표명할 수 있다(제11조).

대다수의 국가는 행정부가 조약을 비준함에 있어 먼저 입법부의 승인을 받을 것을 조건으로 하는 경우가 많다. 외교에 대한 민주적 통제라는 관점에서 조약체결이라고 하는 행정부의 행위를 입법부가 확인할 필요가 있기 때문이다. 또한 조약상 의무를 이행하기 위하여 일정한 예산조치나 국내입법이 필요한 경우도 있어서 입법부의 협력이 필요하게 되기도 한다. 이 때문에 당해조약을 국내에서 실시할 경우 이를 이행하지 못하게 되는 사태를 피하고, 나아가 조약내용을 국민에게 널리 알리기 위하여 입법부의 승인이 필요한 것이다. 일본에서도 헌법 제73조 3호에 근거하여 조약체결은 내각의 직무이지만 「사전에, 경우에 따라서는 사후에 국회의 승인을 받을 것」을 필요로 하고 있다.[2)]

하지만 조약 수의 증가 및 신속한 조약체결의 필요성 때문에 실제로는 국회의 승인을 필요로 하지 않는 조약이 늘어나, 최근에는 90% 이상이 약식조약으로 체결된다. 국회의 승인을 필요로 하는 조약은 대개 ① 법률사항을 포함하는 조약, ② 재정사항을 포함하는 조약, ③ 정치적으로 중요한 조약이다. 다자조약에서는 국회승인조약이 대부분을 점하고 있다. 조약에 구속되는 것에 대한 동의는 비준서(수락서, 승인서, 가입서)의 교환 또는 기탁을 행함에 의해 확정적인 것으로 된다.

국가는 서명 또는 동의를 표명한 경우 조약이 발효할 때까지 조약의 취지 및 목적을 해하는 행위를 해서는 안 된다(제18조).

조약은 당해조약이 정하는 발효요건이 충족된 때 또는 모든 교섭국이 조약에 구속될 것에 동의하여 그것이 확정된 때에 효력이 발생, 즉 발효된다. 다만 서명발효조약과 같이 서명에 의해 발효한다고 규정되어 있는 조약이나, 행정부협정 같이 입법부의 승인을 필요로 하지 않고 행정부의 권한 내에서 체결할 수 있는 조약 등의 약식조약은 서명에 의해 발효하기도 한다.

조약은 발효 후 UN사무국에 등록되고(UN헌장 제102조) 공표된다.

2) 대한민국 헌법 제60조 제1항도 조약 체결 · 비준에 대한 국회의 동의권을 규정하고 있다.

〈Column 조약작성에 대한 비(非)국가주체의 관여〉

조약은 국제법주체 간의 국제적 합의이므로 이전에는 국제법주체 이외의 자가 조약작성에 관여하는 사례를 볼 수 없었다. 그러나 근래 들어 대인지뢰금지조약이나 클러스터폭탄금지조약에서와 같이 개인이나 NGO 등의 비국가주체가 조약작성의 발의, 교섭 등에 관여하는 사례도 찾아볼 수 있게 되었다. 다만 이와 같은 개인이나 NGO 등의 관여는 국가대표를 설득하여 조약을 체결하도록 이끄는 간접적이고 한정적인 역할에 머무르고 있다. 그러나 간접적이라고는 해도 국가가 중심이 되는 국제법주체 간 관계를 기본으로 하는 조약작성에 비국가주체가 관여하는 것은 새로운 현상이다.

■ 유보 (reservation)

인권조약처럼 보편적인 법익에 관한 다자조약의 경우, 가능한 한 다수 국가가 참가하는 것이 바람직하다. 이 점에서 조약전체의 취지 및 목적에는 찬동하지만 당해 조약규정의 일부에 대하여 불만이 있는 국가를 조약에 참가시키는 방법으로 유보(reservation)라는 제도가 있다.

유보란 국가가 조약의 특정규정이 자국에 적용되지 않도록 배제하거나 변경하기 위해 조약에 대한 서명, 비준, 수락, 승인 또는 가입 시에 단독으로 행하는 의사표시를 말한다(제2조 1항(d)).

그러나 유보가 남용될 경우 당사국마다 조약상의 의무가 다르게 된다거나 조약 본래의 목적을 달성할 수 없게 되는 등의 문제가 발생할 가능성이 있다. 실제로 「집단살해범죄방지 및 처벌에 관한 조약」(제노사이드협약)에 대하여 구(舊) 소련권 국가들이 유보를 한 것이 문제되기도 하였다(*Reservations to the Convention on Genocide* 사건 [본장 Case ①]). 이 사건에 대하여 ICJ는 유보가 그 내용과 조약의 취지 및 목적과 "양립(compatible)" 하는 경우에만 인정될 수 있다는 「양립성 기준」을 제시하였다.

조약법협약 제19조에서는 (a) 조약이 해당유보를 금지하고 있는 경우, (b) 해당유보 이외의 유보만이 인정되고 있는 경우, (c) 해당유보가 조약의 취지 및 목적과 양립하지 않는 것인 경우를 제외하면 어떤 국가라 해도 유보를 할 수 있다고 규정하여 「양립성 기준」을 채택하고 있다.

한 국가가 유보를 한 경우, 다른 체약국은 원칙적으로 그 유보를 수락할 수도 있고 이의신청을 할 수도 있다. 다만 유보를 통고한 때부터 일정한 기간 내에 이의신청을 하지 않은 경우 그 유보를 수락한 것으로 본다. 이와 같이 ① 유보국과 그 유보를 수락한 국가 간에는 유보한 규정은 유보의 한도에서 그 법적 효과가 변경된다, ② 유보국과 그 유보에 이의를 제기한 국가 간에는 유보한 규정은 적용되지 않는다, ③ 다른 체약국 간에는 조약규정이 변경되지 않는 형식으로 조약이 적용된다.

또한 만약 특정 유보가 ICJ에 의해 당해 조약의 목적과 양립하지 않는다고 판단되었다면 그 유보는 무효로 된다.

Case ① *Reservations to the Convention on Genocide* 사건

(ICJ 권고적 의견, 1951년 5월 28일)

1948년에 UN총회에서 채택된 「집단살해범죄의 방지 및 처벌에 관한 조약」(제노사이드협약)에는 유보규정이 없었다. 그러나 동 조약의 비준, 가입 시에 구소련 등의 8개국이 ICJ에 분쟁해결에 관한 조항(제노사이드협약 제9조)을 중심으로 유보를 하였고, 이에 대해 일부 서명국이 이의를 제기하였다. UN사무총장은 총회에 이와 같은 유보를 조건으로 한 서명에 대하여 어떠한 법적 효과를 부여해야 하는지 의견을 구하였고 이에 총회는 ICJ에 권고적 의견을 요청하였다. ICJ는 유보국은 유보를 유지한 채로 조약의 당사국인 것으로 볼 수 있지만, 유보가 조약의 내용, 조약의 취지 및 목적과 양립(compatible)할 수 있어야 한다는 유보의 허용성에 관한 「양립성의 기준」을 제시하였다. 그 후 이 기준이 유보의 일반원칙으로 받아들여져서 조약법협약 제19조(c) 규정이 되었다. ICJ는 유보에 대하여 이의신청을 행한 국가의 경우 당해 유보국을 조약당사국이 아니라고 간주할 수 있고, 당해유보를 수락한 국가의 경우 당해 유보국을 조약당사국으로 간주할 수 있다고 판단하였다.

■ 조약의 효력 및 적용범위

국제법상의 「조약은 준수되어야 한다(*pacta sunt servanda*)」라는 법원칙에 따라 국제적 합의인 조약은 당사국을 구속하고 당사국은 당해 조약을 성실히 이행하여야 한다(제26조). 원칙적으로 조약은 그 효력이 당사국에 대하여 발생하는 날 이후부터 적용되며, 소급적 효력은 없다(제28조, 조약의 시간적 적용범위). 따라서 조약은 그 효력이 당사국에 대하여 발생하는 날 이전에 행한 행위 · 사실 · 사태에는 적용되지 않는다. 또한 조약은 원칙적으로 체약국의 전 영역에 대하여 적용된다(제29조, 조약의 지리적 적용범위).

조약이 국내법상 어떤 지위를 부여받는가에 대하여는 각국의 국내법에서 규정하고 있다. 예를 들어 영국처럼 조약은 그 자체로는 국내적 효력을 갖지 못하고 의회가 조약적용을 위한 국내법을 제정하는 국가도 있고(변형이론), 일본이나 한국처럼 조약을 그대로 국내에 적용할 수 있는 법으로서 수용하는 국가도 있다(수용이론).

또한 조약이 국내법상 어떤 효력을 가지는가에 대하여는, 예를 들어 미국은 연방헌법에서 조약이 연방법과 동등한 효력을 갖는 「국가의 최고법규」라고 규정하고 있다. 일본의 경우, 헌법 제98조에서 「이 헌법은 국가의 최고법규」(제1항)라고 하는 한편, 「일본국이 체결한 조약 및 확립된 국제법규는 이를 성실히 준수한다」(제2항)라고 규정하여, 조약의 일본 국내법상 형식효력을 해석상 헌법보다는 하위, 법률보다는 상위에 두고 있다. 따라서 헌법에 저촉하는 조약의무는 일본국내에서 이행할 수 없다.[3)]

---

3) 앞서 살펴본 바와 같이 한국의 경우 헌법 제6조 1항과 헌법부칙 제5조를 종합하여 해석하면 조약의 국내법적 지위를 헌법보다 하위, 법률과 동등한 것으로 볼 수 있다. 자세한 내용은 제1장 각주 3) 참조.

다만 국제법상 조약의 불이행을 정당화하는 근거로서 헌법을 포함한 자국의 국내법을 원용하는 것은 불가능하다(제27조). 따라서 국내법상 헌법에 저촉되는 조약이라고 하여도 국제법상 헌법규범을 이유로 조약의 불이행을 정당화할 수는 없다.

또한 조약에서 국내 사인의 권리의무를 상세히 규정하고 있기 때문에, 그 이상의 국내적 조치를 취할 필요 없이 직접적으로 국내법관계에 적용할 수 있는 조약은 자기집행적 조약이라 하여 별도의 국내적 입법 없이도 국내에 적용될 수 있다.

■ 조약의 제3국에 대한 효력

조약은 기본적으로 당사국만을 구속하는 것이므로 제3국은 구속하지 않는다(제34조). 이는 「합의는 제3자를 이롭게 하지도 해롭게 하지도 않는다(*pacta tertiis nec nocent prosunt*)」라는 로마법에서 유래한 법원칙에 근거하고 있다.

따라서 조약이 제3국에 대하여 구속력을 갖기 위해서는 당해 국가의 동의가 필요하다. 특히 제3국에 의무를 부과하는 경우에는 조약의 당사국이 제3국에 의무를 부과할 것을 의도하고 있고 또한 당해 제3국이 서면에 의해 당해 의무를 명시적으로 받아들이는 경우에만 제3국에게 의무를 부과할 수 있다(제35조).

한편 제3국에게 권리를 부여하는 경우에는 조약 당사국이 제3국에 권리를 부여할 것을 의도하고 있고, 또한 그 제3국이 동의하는 경우에 제3국이 권리를 취득하는데, 이 경우 그 제3국의 동의가 서면에 의한 명시적인 것이어야 할 필요는 없다. 제3국이 당해 권리취득에 동의하지 않는다는 취지의 의사표시를 하지 않는 한 동의가 존재하는 것으로 추정된다(제36조).

이처럼 조약의 효력은 원칙적으로 당사국에 대해서만 미치지만, 제3국도 당해 조약상의 권리를 명시적인 동의 없이 취득할 수 있고 또한 서면에 의한 명시적인 동의가 있는 경우에는 당해 제3국에게도 조약상의 의무가 부과될 수 있는 것이다.

또한 조약에 규정되어 있는 규칙이 관습법인 규칙이라고 인정되는 경우에는 관습법으로서 제3국에게도 당해 규칙의 효력이 미친다. 1969년의 *North Sea Continental*

Shelf 사건(본장 Case ②)에 관한 판결에서 ICJ는 비록 상당한 장기간의 시간이 경과하지 않았다고 하여도, 특별히 영향을 받는 국가를 포함한 국가들의 관행이 광범위하면서도 사실상 획일적(both extensive and virtually uniform) 혹은 그 국가관행의 형성에 특별히 영향받는 국가들(specially affected states)이 조약에 참가하게 되면 조약규정을 일반규칙이 된 것으로 간주할 수 있는 가능성(조약규정의 관습법화)이 있다고 지적하고 있다.

한편으로 관습법을 법전화한 조약도 있다. 이 경우에는 관습법으로서 제3국에도 효력이 미친다. 그러나 법전화조약 중에는 국제법의 점진적 발전(progressive development)[4]에 해당하는 규칙을 포함하는 경우도 있어, 당해 규칙에 대하여는 제3국에 효력이 미치지 않는다고 생각된다. 그러나 실제로 양자를 구별하는 것은 결코 쉽지 않다.

■ 조약의 해석

조약은 「조약문의 문맥 및 조약의 대상과 목적으로 보아 그 조약의 용어에 부여되는 통상적인 의미에 따라 성실하게」 해석될 필요가 있다(제31조). 문맥에 의해 해석한다는 것은 전문 및 부속서를 포함한 조약문 외에 조약의 체결시 당해 국가 간에 행해진 합의나 관계 문서를 고려하여 해석한다는 것이다. 또한, 조약규정의 해석 또는 적용에 관하여는 당해 국가 간에 이루어진 추후의 합의나 관행 등도 고려할 수 있다. 나아가 해석의 보충적 수단으로써 조약의 준비작업 및 조약의 체결사정이 고려되는 경우도 있다(제32조).

조약은 통상 양자조약의 경우에는 당해 2개 국어로, 또한 다자조약의 경우에는 복수의 언어에 의해 작성된다. 이 경우 원칙적으로 각각의 언어에 의한 조문이 대등한 정본(正本)이 된다. 각 정본은 동일한 의미를 가진다고 추정되지만, 각 정본 간에

4) 관습법상 확립되어 있지 않은 규칙을 조약으로서 입법화하는 것

차이가 있는 경우에는 조약의 취지 및 목적을 고려한 다음「최선으로 조약문과 조화되는 의미를 채택」한다고 해석된다(제33조).

조약의 규정이나 문언이 복수의 해석을 허용하고 있는 경우, 국가가 복수의 해석 중에서 자국에게 가장 유리한 해석을 채택하여 선언하는 경우가 있다. 이를 해석선언이라 한다. 해석선언은 당해 규정이나 문언의 배제 또는 변경을 수반하는 것이 아니므로 유보와 구별된다. 그러나 조약이 유보를 금지하고 있는 경우에 해석선언이 이루어지는 일이 많아서 유보와 마찬가지의 문제가 발생하기도 하였다.

또한 국제기구설립조약의 해석에 관하여는 용어의 통상적인 의미에 따른 법해석만이 아니라, 당해 국제기구의 목적 및 기능을 중시하는 목적론적 해석이 이루어진다. 예를 들어 1949년의 *Reparation for Injuries Suffered in the Service of the UN* 사건(제7장 Case ⑤)에 관한 권고적 의견에서 ICJ는 국제평화와 안전의 유지라는 UN에 목적에 비추어 UN이 그 직원을 보호할 기능적 보호권을 가진다고 해석하여 UN의 국제청구권을 인정하였다. 또한 1962년의 *Certain Expenses of the UN* 사건(제7장 Case ②)에 관한 ICJ의 권고적 의견에서는 마찬가지로 UN헌장 상 명문의 근거규정이 없는 UN평화유지활동(PKO)을 UN의 기능적 목적수행을 위한 활동이라고 해석하여, PKO의 경비를 UN의 경비로 인정하여 회원국에게 그 경비를 분담할 의무가 있다고 보았다.

다만 국제기구를 설립하는 조약이라고 해도 국가주권을 제한하는 국제기구의 권한과 관련된 것에 대해서는 일반적으로 엄격히 해석해야 한다고 이해되고 있다.

■ 조약의 개정 및 수정

조약은 당사국간의 합의에 의해 개정(amendment)될 수 있다(제39조). 개정에 동의하지 않는 국가는 개정 후의 조약에 의해 구속받지 않는다. 따라서 당해 국가에는 개정 전의 조약이 적용되고, 개정 전의 조약과 개정 후의 조약이 병존하게 된다.

다만 국제기구 설립조약의 경우 이처럼 복잡한 조약관계가 존재하면 운영상 지장을 초래하기 때문에, UN헌장 제108조가 규정하고 있듯이 일정한 수의 회원국의 지지를 얻어 개정된 조약이 발효하면 해당 개정에 동의하지 않은 회원국을 포함한 모든 회원국을 구속한다.

개정이 조약 그 자체를 변경하는 것을 의미함에 반하여, 수정(modification)은 일부 당사국 간의 합의에 의해 해당 당사국간에 조약내용을 변경하는 것을 의미한다. 수정은 당해 조약 전체의 취지 및 목적과 양립하는 것이어야 하고, 다른 당사국의 법적 지위에 영향을 주지 않는 경우에만 인정된다(제41조).

■ 조약의 무효사유

조약의 유효성 및 조약에 구속되는 것에 관한 당사국의 동의는 특정한 경우 부인되어 무효가 된다. 통상적으로 조약의 무효사유에는 조약자체의 효력을 부정하는 무효사유(절대적 무효사유)와 당사국의 동의의 효력을 부정하는 무효사유(상대적 무효사유)가 있다.

국가대표에 대한 위협을 통한 강박에 의해 강제적으로 표명된 동의에 기초한 조약(제51조), UN헌장에 규정된 무력사용금지원칙에 위반하는 무력에 의한 위협(威脅) 또는 무력의 행사의 결과 체결된 조약(제52조), 그리고 체결 당시에 일반국제법의 강행규범(peremptory norms of international law, *jus cogens*)과 충돌하는 조약(제53조)은 조약 자체가 무효로 된다(절대적 무효사유).

한편 ① 조약체결권에 관한 국내법 규정에 명백하게 위반하여 표명된 동의에 기초한 조약(제46조 1항 단서), ② 국가의 동의를 표명하는 대표자의 권한이 제한되어 있음에도 불구하고 그 제한을 넘어 표명된 동의에 기초한 조약(제47조), ③ 구속적 동의에 본질적 기초를 구성하는 사실 또는 사태에 대한 중대한 착오에 기초하여 체결된 조약(제48조), ④ 다른 교섭국의 기만적 행위에 의해 체결된 조약(제49조), ⑤ 국가대표에 대한 상대국의 직·간접적인 매수를 통하여 표명된 동의에 기초한 조약(제50조)에 대해서는 당해국의 동의의 효력이 부인된다(상대적 무효사유). 그 결과,

양자조약의 경우 합의가 성립하지 않고 조약이 무효가 되지만, 다자조약의 경우 당해 국가의 동의만이 무효가 될 뿐이고 조약 자체는 유효한 것으로서 존속한다.

강제적으로 표명된 동의에 기초한 조약과 관련하여 1910년의 한일병합조약이 문제된다. 한국은 대표자에 대한 강박이 있었으므로 이 조약은 처음부터 무효였다고 주장한다. 여기에 대하여 일본은 동 조약이 유효하게 성립되었지만, 1945년 한국의 독립에 의해 실효되었다는 입장이다. 이 문제는 1965년 한일기본관계조약 제2조에서 한일병합조약 등이 「이제는 무효라는 것이 확인되었다」고 규정되는 형태로 종결되었다. 즉 어느 시점에서 무효인가를 명확히 하지 않은 것이다.[5)]

■ 조약의 종료 및 운용정지, 그리고 조약으로부터의 탈퇴

조약은 조약내용에 규정되어 있는 경우 또는 모든 당사국이 합의한 경우에 종료, 운용정지 또는 당사국의 탈퇴가 인정된다. 조약의 종료란 조약 자체의 존재가 소멸하는 것이다. 예를 들어 영토경계획정조약 등에서는 목적인 영역이 획정될 때에 조약이 종료한다(다만, 그 내용의 구속력은 계속된다). 한편 운용정지란 조약 자체의 존재는 소멸하지 않지만, 당사국의 특정한 권리행사나 의무이행이 면제되는 것이다.

조약법협약에서는 ① 조약당사국에 의한 중대한 위반이 있는 경우(제60조), ② 조약의 이행불능이 그 조약의 시행에 불가결한 대상의 영구적 소멸 또는 파괴로 인

5) 이에 대하여 한국학중앙연구원이 2010년 출간한 『한국민족문화대백과』에는 다음과 같은 내용이 있다. "한일합병조약은 처음부터 불법이며, 원래부터 무효의 것이었다. 왜냐하면 첫째 1905년 11월에 체결된 을사5조약이 황제의 승인과 비준을 받지 못했기 때문에 그 뒤 일제의 통감 및 통감부가 주체가 된 정책과 조약은 모두 효력을 상실하는 게 마땅하다. 둘째 이 한일합병조약이 한국측과 한국 황제 및 정부의 자발적 의사로 이루어지지 않고, 일제의 군사적 점령과 강제하에서 강요되어 체결된 것이기 때문이다." "이 한일합병조약은 1965년 한일기본조약(대한민국과 일본국 간의 기본 관계에 관한 조약) 체결 때 그 제2조에서 '1910년 8월 22일 또는 그 이전에 대한제국과 일본제국 간에 체결된 모든 조약 및 협정이 이미 무효임을 확인한다.'고 규정, 무효임을 재확인하였다." http://encykorea.aks.ac.kr 참조, 2012년 8월 20일 검색.

한 경우(제61조), ③ 조약의 체결 당시에 존재한 사정에 관하여 발생하였으며 또한 당사국에 의하여 예견되지 아니한 사정의 근본적인 변화가 있는 경우(제62조), ④ 외교관계 또는 영사관계의 존재가 조약의 적용에 불가결함에도 외교관계 또는 영사관계가 단절된 경우(제63조), ⑤ 일반국제법에 새로운 강행규범이 성립한 경우에 당해 강행규범에 저촉되는 조약인 경우(제64조)에는 조약이 종료되거나 당사국이 운용(시행)정지 또는 탈퇴의 근거로서 원용할 수 있다고 규정하고 있다.

중대한 위반(material breach)이란 조약법협약에 의하여 원용되지 아니하는 조약의 이행거부, 또는 조약의 대상과 목적의 달성에 본질적인 규정의 위반을 의미한다(제60조 제3항).

또한 국제법상 사정의 근본적 변경에 관해서는 「사정변경의 원칙」이 인정되어 왔다. 그러나 이 원칙이 남용된다면 조약의 법적 안정성을 해치게 된다. 따라서 조약법협약은 사정의 근본적인 변경이 조약의 종료 또는 조약에서의 탈퇴의 근거로서 원용되기 위해서는 ① 당해 사정의 존재가 그 조약에 대한 당사국의 구속적 동의의 본질적 기초를 구성하고, ② 그 조약에 따라 계속 이행되어야 할 의무의 범위를 그 변경의 효과가 근본적으로 변경(transform)시킬 것을 조건으로 한다고 규정한다(제62조 1항).

한편 조약이 국경을 획정하는 경우, 또는 사정의 근본적인 변화가 이를 원용하는 당사국에 의한 조약의무의 위반 또는 다른 당사국에 대하여 부담하고 있는 기타 국제조약상 의무위반의 결과 발생하는 것인 경우에는 사정의 근본적인 변경을 조약의 종료 또는 조약으로부터 탈퇴하는 근거로서 원용할 수 없다(동조 제2항).

II. 관습법의 형성

조약이 명시적 동의를 표명한 당사국만을 구속하는 특별법임에 반하여, 국제법의 제2의 존재형태(법원)인 관습법은 특별한 명시적인 동의를 필요로 하지 않고 널리 국가를 구속하는 일반법으로 이해된다. 관습법은 ICJ 규정에 「법으로 수락된 일반관행의 증거로서의 국제관습」(ICJ규정 제38조 1항(b))이라고 규정되어 있다. 그렇다면 관습법은 어떻게 형성되는 것일까.

■ 관습법의 성립요건

관습법이 성립하기 위해서는 객관적 요건과 주관적 요건의 2가지를 필요로 한다.

객관적 요건으로서는 일반성을 갖는 국가관행의 계속 · 반복이라는 일반관행(practice)의 확립이 필요하다.

국가관행에는 ① 외교서한, ② 국가원수 · 수상 · 외교부장관 등의 성명(聲明), ③ 국제회의 · 국제기구에서의 발언이나 투표, ④ 국내법령, ⑤ 행정행위, ⑥ 국내판결, ⑦ 비준된 조약 등이 포함된다. 국가관행이 일반적인 것으로 되기 위해서는 「계속적이고 통일적 관행(constant and uniform usage)」(*Asylum* 사건[제8장 Case ③] 에 대한 ICJ 판결)일 필요가 있고, 특별이해관계국의 관행을 포함한 국제관행이 광범위하면서도 사실상 획일적(both extensive and uniform)이어야 한다(*North Sea Continental Shelf* 사건[본장 Case ②]). 관행이 이러한 요건을 충족한다면 일반관행이 확립될 때까지의 시간적 요소가 반드시 중시되지는 않는다. 대륙붕제도나 우주법 등 단기간에 성립한 관습법도 존재한다.

일반관행은 주관적 요건으로 법적 확신(legal conviction, *opinio juris*)을 수반하여야 한다. 법적 확신이란 국가관행이 법의 규정에 근거하여 행하여진다는 것이다.

그러나 특정한 관습법이 형성되기 이전부터 일관되게 반대하고 있는 국가(persistent objector)가 존재하는 경우, 당해 국가에 대하여는 그 관습법이 구속력을 갖지 못하지만, 관습법의 형성 그 자체는 영향을 받지 않는다고 이해되고 있다(*Fisheries Jurisdiction* 사건(UK v. Norway) 에 관한 ICJ 판결).

또한 예외적으로 일반관습뿐만 아니라 적용범위가 한정적인 양자관습이나 지역관습의 존재도 인정되고 있다.

Case ② *North Sea Continental Shelf* 사건

(ICJ 판결, 1969년 2월 20일)

ICJ는 1969년에 당시의 북부 독일과 덴마크 및 네덜란드 사이의 북해 대륙붕 경계획정에 관한 분쟁에 대하여 판결을 내렸다. 이 판결에서 ICJ는 등거리방식을 규정한 1958년의 대륙붕협약 제6조 제2항이 그 후 국가관행을 통하여 관습법화되었는지 여부를 검토하던 중 관습법의 성립요건에 대하여 논하였다. 판결은 ① 국가의 일반관행과 ② 법적 확신의 존재라는 2가지 요건을 관습법의 성립요건으로 들고 있다.

관습법형성의 시간적 요소에 대해서는 짧은 기간에 조약상의 규칙이 관습법화될 수는 있지만, 국가의 일반관행에 관하여는 국가의 이익이 특히 영향을 받는 국가를 포함한 모든 국가의 관행이 광범위하면서도 일관될 것이 필요하다고 하였다. 나아가 이 관행이 법적 확신에 의해 뒷받침되는 것이 필요하다고 하였다.

■ 국제기구에 있어 관습법의 형성

법적 확신의 유무를 입증하는 것은 상당히 어렵지만, 국제기구나 국제회의에서의 각국의 발언이나 행동에서 법적 확신의 존재를 추론하는 것이 가능하다. 1986년 *Nicaragua* 사건(제13장 Case)에 대한 ICJ 판결에서는 무력사용금지원칙을 관습법으로 인정하였는데, 이 때 이 원칙에 대한 당사국과 다른 여러 국가의 법적 확신은 UN 결의, 특히 우호관계원칙선언이라는 총회결의로부터 연역되었다고 판단하였다.

UN은 보편적 권위를 가지는 국제기구로 여겨지므로, 이와 같이 UN총회결의로서 법원칙을 확인하는 결의가 반복적으로 채택된 경우 이를 국가의 법적 확신의 주요한 징표로서 파악할 수 있고, 국가가 이와 같이 채택된 결의에 따르는 행동을 취하는 경우에는 국가관행이 확립되어 있다고 생각할 수도 있다. 따라서 UN총회결의는 일반적으로 법적 구속력을 가지지 않는다고 간주되고 있지만, 총회결의에 따라서는 관습법 형성의 한 요소가 되기도 하는 것이다.

예를 들어 민족자결의 원칙은 UN헌장 제1조 2항과 제55조에 규정되어 있는데, 이 규정에 근거하여 UN총회는 식민지독립부여선언을 1960년에 채택하고 그 속에서 인민의 자결권에 대해 언급하였다. 이후 총회가 반복하여 같은 취지의 결의를 채택한 것에 의해 동 권리는 국제법상의 원칙으로서 확립되어, 1971년 *South West Africa* 사건(제12장 Case ⑦)에 관한 권고적 의견에서 ICJ는 인민의 자결권이 관습법화 되었음을 인정하였다. 이처럼 인민의 자결권은 처음에는 국제법상 확립된 원칙이 아니었지만 UN의 활동영역에서 새로이 형성되어 그 후 UN의 활동과 국가관행에 의해 지지를 획득하여 온 결과 관습법이 되었다.

III. 조약과 관습법의 상호관계

■ 관습법의 법전화 (불문법의 성문법화)

관습법은 그 성립시기 및 내용이 명확하지 않으므로 법적 엄밀성이 결여되었다는 지적을 받아 왔다. 이에 관하여 관습법을 조약으로 성문화(법전화)함으로써 당해 관습법의 내용 및 그 구체적 권리의무를 명확하게 하려는 시도가 계속되어 왔다.

UN에서는 UN헌장 제13조 1항(a)에 규정된 국제법의 점진적 발달과 법전화의 장려를 위하여 총회의 보조기관인 국제법위원회(ILC)가 관습법의 법전화작업을 진행하여 왔다. 법전화란 관습법을 성문화하는 것이다. 또한 국제법의 점진적 발달이란 법이 충분히 발달하지 않은 영역에서 새로운 규범을 조문화하는 새로운 법 정립을 의미한다. 그러나 법전화의 과정에서도 관습법을 보충하기 위한 새로운 법 정립이 이루어지고 있으므로, 실제로 법전화와 점진적 발달은 명확하게 구별하는 것은 어렵다. UN에서는 ILC 이외에 우주평화이용위원회(Committee on the Peaceful Use of

Outer Space)나 인권관련위원회 등에서도 법전화작업을 진행하고 있다.

■ 조약의 관습법화 (특별법의 일반법화)

관습법과 조약과의 상호연관은 관습법이 조약으로서 법전화되는 것에만 한정되지 않는다. 예를 들어 조약규칙이 관습법화되어 일반국제법으로서 제3국을 구속하게 되는 경우도 있다.

또한 조약과 관습법 양자의 법적 가치는 동등하다. 따라서 양자 간에 상호 충돌하는 내용이 발생하는 경우 법의 일반원칙에 따라 특별법이 일반법보다 우위에 있고 신법이 구법보다 우위에 있다는 형식으로 조정하기도 한다.

이처럼 국제법의 법원에는 조약과 관습법 두 가지가 있지만, 이들은 결코 개별·독립적으로 존재하는 것이 아니라 상호 동태적으로 관련지어 발전하여 왔다는 것을 알 수 있다. 그 결과 국내사회에 비해 분권적인 국제사회에도 일반국제법이 존재하는 것을 확인할 수 있고, 그 배경에는 공통된 이익의 존재를 전제로 하는 국제공동체의 개념을 엿볼 수 있다. 국제법의 정립도 개별국가의 의사(국가의사주의)에 기초한 합의법에서 시작하여 보다 목적지향적이고 집합적인 것으로 발전하여 왔다고 할 수 있다.

Ⅳ. 조약 및 관습법 이외의 행위규범

지금까지 국제법의 법원인 조약 및 관습법의 정립에 관하여 살펴보았다. 그러나 국제사회 전체의 이익(국제사회 공공의 이익) 을 지키기 위하여 여러 국가들의 통일적인 행동이 요구되자, 국가 및 국제기구가 국제법 이외의 법규범, 또는 아직 법규범으로서 성립되지 않았지만 준수해야 하는 일정한 행위규범에 따라 행동할 것이 요구되는 경우가 발생하였다. 이처럼 준수할 것이 요구되는 일정한 행위규범에는 법

(hard law)과 법이 아닌 것의 중간에 위치하는 '연성법(soft law)'이 일정한 행위규범으로서 효과를 가진다고 한다. 여기서는 이와 같은 국제법 이외의 법규범 또는 행위규범과 그 형성에 대하여 살펴보기로 한다.

■ 국제기구가 정립하는 행위규범

UN을 필두로 하는 국제기구는 그 설립조약을 기초로 독자적인 법체계를 가지고 있다. 예를 들어 내부기관이 채택하는 결의에 기초하여 정해지는 내부기관의 의사절차규칙, 국제기구 직원의 행위를 규율하는 직원규칙, 국제기구의 활동을 규율하는 지침(guideline, manual) 등이 있다. 이는 국제기구가 일방적으로 정립하고 있는 당해 국제기구 고유의 법(국제기구법)이다. 당해 국제기구의 회원국인 국가는 이들 국제기구의 법에 따라 행동할 것이 요구된다.

예를 들어 2009년 5월 25일에 있었던 북한에 의한 핵무기실험 사태에 대하여 안전보장이사회는 결의 1874(2009년)에 따라 이를 강하게 비난하였고, UN헌장 제41조에 근거하여 북한에 대한 경제적 제재를 결정하였다.

국제기구 내부기관의 결의는 국제법과는 다르므로 통상 국가를 법적으로 구속하는 것으로 간주되지 않는다. 그러나 UN 안전보장이사회의 「결정」은 헌장 제25조에 근거하여 국가를 법적으로 구속한다(UN헌장이라는 「국제법에서 파생되는 구속력」).

따라서 안보리결의 1874에 근거하여 북한은 탄도미사일계획에 관련되는 모든 활동을 정지하고(제3항), 핵무기 및 기존의 핵계획의 포기 및 관련 활동을 즉시 정지해야 한다(제8항). 또한 다른 국가는 북한에 대한 무기금수(武器禁輸)조치를 강화해야 한다(제10항).

한편 결정 이외의 안보리결의는 국가에 대한 권고에 해당되므로 수출입 금지품목으로 의심받는 화물에 대한 검사요청은 국가를 국제법적으로 구속하지는 않는다. 그러나 국제사회의 평화와 안전의 유지라는 국제공익을 지키기 위해 채택된 안보리결의는 회원국을 법적으로 구속하지 않지만 이를 준수할 것이 기대되고 있고, 실제로 많은 회원국이 안보리결의에 따르는 행동을 취한다.

이 같은 국제기구의 내부기관이 채택한 결의는 국제법이 아니지만 국제법에서 파생하는 법(국제기구법)이며, 법규범으로서 회원국을 구속하고 있다. 이처럼 국제기구도 회원국을 구속하는 법규범을 정립하고 있다.

또한 유럽연합(EU)을 국제기구의 특수한 형태로 파악하는 경우, 마찬가지로 유럽연합조약(EU조약)에 근거하여 회원국 주권을 제한하는 초국가적 법질서가 EU 내부에 존재한다. EU법은 회원국의 법에 대하여 우선하며 EU회원국 자체 및 그 국민에 대해서도 직접 적용된다.

■ 국제판례

국제사법재판소(ICJ)는 국가 간 분쟁을 해결하기 위하여 판결을 내리고, 또한 UN을 중심으로 한 국제기구로부터 요청받은 법률문제에 대하여 권고적 의견을 부여한다.

ICJ의 판결은 당사자 간에서만, 그리고 그 특정 사건에 관하여만 구속력을 가지므로(ICJ규정 제59조) 당해 사건의 당사국은 당연히 판결에 구속되며 판결을 이행하는 행동을 취하여야 한다. 그러나 이 규정을 반대해석하면 판결은 제3국을 구속하지 않는다.

이처럼 ICJ규정 제59조가 선례구속성을 명확히 부정하고 있음에도 불구하고 ICJ는 실제로 규정 제38조 제1항 (d)의 「법규 결정을 위한 보조수단으로서의 사법부 판결」을 이용하여 그 후의 사건에 대해서도 선례에 따른 판결을 내려오고 있다. 그 결과 사실상 일종의 판례법이 형성되어 있다. 또한 앞서 서술한 *Reservation to the Convention on Genocide* 사건(본장 Case ①)에 대한 ICJ판결에서는 유보의 허용성 기준으로 조약의 대상 및 목적과의 양립성이라는 이론이 제시되었는데, 이 이론은 그 후 비엔나 조약법협약에 채택되어 국제법규범이 되었다.

또한 ICJ의 권고적 의견도 마찬가지로 그 후의 국제법이론에 크게 영향을 미치고 있다. 예를 들어 ICJ는 1949년 UN의 직무 중에 입은 손해의 배상사건(제9장 Case ⑤)에 대한 권고적 의견에서 UN의 국제법인격을 인정하여 UN에 국제법상 손해배상 청구권을 인정하였다. 이 사례에 의해 국제기구도 국제법상의 권리·의무를 가질 수 있는 국제법 주체라는 것이 확인되어, 그 후의 국제법 주체에 관한 논의에서 국가만이 아니라 국제기구도 언급되기 시작하였다.

ICJ의 판결 및 권고적 의견에 더하여 유럽사법재판소나 유럽인권재판소 등의 국제재판소의 국제판례가 축적됨에 따라 일정한 국제법적 해석·적용에 관한 이론이 축적되어 조약규정의 해석이나 기초에 영향을 주거나 관습법이 형성되는 현상도 발생한다.

■ 조약 감시기관의 견해

인권조약 등에서는 조약별로 전문가위원회를 설치하여 조약의 체약국내 이행을 감시하고 있다. 이 때 당해 위원회가 조약의 해석, 적용에 관한 견해를 발표하기도 한다. 이와 같은 위원회의 견해는 법적 구속력이 없지만 전문가로 구성된 권위 있는 기관의 견해로서 체약국이 이를 존중하여야 한다.

예를 들어 시민적 및 정치적 권리에 관한 국제규약의 위원회(시민적 및 정치적 권리에 관한 국제규약 인권위원회, 보통 인권이사회(Human Rights Committee)라고 불린다)는 체약국이 제출한 국가보고서를 심사하여 그 결과를 최종소견(concluding observations)으로 공표한다. 체약국이 이 최종소견에서 지적된 국내실시에 관한 과제를 성실히 수행해야 한다는 점에서, 이 최종소견도 일정한 행위규범이 된다.

또한 시민적 및 정치적 권리에 관한 국제규약 인권위원회는 시민적 및 정치적 권리에 관한 국제규약에 규정된 문제에 대해 일반논평(general comments)을 채택하여, 시민적 및 정치적 권리에 관한 국제규약의 해석에 권위 있는 지침을 제시하고 있다.

이와 같은 최종소견이나 일반적 의견도 법적 구속력이 없긴 하지만 체약국에 일정한 행동을 촉구한다는 점에서는 일종의 행위규범을 형성한다.

■ 정치적 (비법률적) 합의

국가간 합의에는 법적 구속력이 없는 정치적 합의가 있다.

예를 들어 유럽안보협력회의(CSCE, 현재의 유럽안보협력기구(OSCE))가 1975년 채택한 헬싱키 최종의정서가 있다. 이는 유럽의 안전보장이나 경제, 환경, 인권 등의 분야에 있어 협력을 규정한 국제문서이다. 그러나 조약의 형식을 취하면 비준이 지연되거나 개정이 곤란할 수 있다는 우려가 제기되었기 때문에, 그 후의 동·서 긴장완화(데탕트, détente) 프로세스를 중시하여 조약이 아닌 정치적인 국제적 합의문서로서 채택되었다.

또한 2002년 당시 고이즈미 총리의 평양방문시에 발표된 조일평양선언도 조약이 아니라 정치적 합의로 간주된다.[6)]

이러한 정치적 합의는 국제법으로서의 법적 구속력을 가지지 않지만 국가가 정치적·도의적으로 이 합의에 근거한 행동을 취할 것이 기대되는 일정한 행위규범이다.

■ 미발효의 다자조약, 미비준 조약

미발효의 다자조약은 아직 국가를 법적으로 구속하는 국제법은 아니다. 그러나 만약 조약에 구속되는 것에 대하여 국가가 동의를 표명한 경우에는 조약법협약 제18조에 근거하여 그 동의를 표명한 때부터 조약이 효력을 발생할 때까지 조약의 취지 및 목적을 저해하는 행위를 삼갈 의무를 부담한다.

---

6) 1991년 12월 12일 남북한이 제5차 고위급 회담에서 채택한 "남북 사이의 화해와 불가침 및 교류·협력에 관한 문서"도 조약이 아니라 법적 구속력이 없는 공동성명이나 신사협정에 준한다고 이해되고 있다. 자세한 논의는 김대순, 『國際法論』, 제16판(서울:삼영사, 2011), 63쪽 참조.

마찬가지로 당사국은 아직 비준되지 않은 조약이라 하여도 당해 조약을 서명하거나 조약을 구성하는 문서를 교환한 때부터 당해 조약의 당사국이 되지 않을 의도를 명백히 하는 때까지 조약의 취지 및 목적을 저해하는 행위를 하여서는 안 된다.

따라서 미발효의 조약이나 미비준의 조약이라 하여도, 조약법협약의 관련규정에 근거하여 국가에 대하여 일정한 행동의 제약이 부과된다.

또한 국제노동기구(ILO)는 ILO총회가 채택한 각 노동조건의 미비준국에 대하여 이를 비준하지 않는 이유와 실제 국내에서 조약규정의 어느 내용이 어느 정도로 이행되고 있는지 등에 관하여 보고할 것을 의무로 하고 있다. UN도 각 인권조약의 비준상황을 발표하여 미비준국에 대하여 신속히 비준하도록 압력을 가하고 있다. 이와 같은 국제기구의 활동이 국가가 조약을 비준하도록 촉진함으로써 국제법 질서가 형성되고 있는 것이다.

이상과 같이 국가나 국제기구는 조약 및 관습법이라는 국제법 이외에도 국제기구법, 국제판례, 조약 감시기관의 소견이나 의견, 정치적 합의, 미발효 · 미비준조약 등의 행위규범에 의해 규율되고 있다.

국제사회는 향후 점점 더 많은 행위주체에 의한 통일적인 행동을 필요로 하게 될 것이다. 국제사회의 구성원으로서 국가 및 국제기구뿐만 아니라 개인 · 기업 · 시민단체의 역할도 중요해지고 있다. 따라서 국제법 주체를 규율하는 국제법이나 그 외의 다양한 규범과 이들의 정립과정을 이해하는 것은 향후 국제사회의 구조를 이해하는데 있어 불가결한 것이다.

제3장

국제법상 국가

전통적인 국제법은 물론이고 오늘날의 국제법에 있어서도 주권국가가 기본적인 국제법 주체인 것에는 변함이 없다. 오늘날의 국제법이 국제기구나 개인에 일정한 국제법 주체성을 인정하고 있는 것은 분명하지만, 국제법의 정립과 집행에 있어 중심적인 역할을 수행하고 있는 것은 여전히 국가이다. 그럼, 국가란 무엇인가. 본장에서는 국제법상 국가 그 자체의 법적 위치를 개관하려고 한다.

I. 국가란 무엇인가

1. 국가의 요건(요소)

사회에는 다양한 단체가 존재하는데, 그 중 국가란 「영속적 주민, 명확한 영역, 정부, 타국과 관계를 맺는 능력(외교능력)」의 4가지 요건을 갖춘 단체이다(1933년 국가의 권리 및 의무에 관한 몬테비데오 협약 제1조). 일정한 영역과 그곳에 거주하는 주민을 배타적으로 지배하는 단체가 국가이다. 나아가 국가는 다른 국가와의 관계에서 국제법을 통하여 권리 및 의무관계를 가진다. 이처럼 국가 상호의 관계를 기축으로 하는 국제사회는 1648년의 웨스트팔리아 조약에 근거한 유럽의 국가체제인 웨스트팔리아 체제를 기초로 한다.

국가는 조약을 통하여 다른 국가와 결합하는 경우가 있다. 이전에는 보호나 부용(附庸)이라는 종속적인 결합형태도 존재하였지만, 오늘날에는 연방(연합국가)과 국가연합만을 찾아 볼 수 있다. 연방이란 1787년의 미국헌법과 같이 국가가 조약을 통하여 중요한 국가기능을 연방에 이양하여 연방 그 자체가 새로운 국가가 되고 국가 스스로는 지방(州)이 되어 국제법주체성을 갖지 않는 형태이다. 이에 반하여 국가연합의 경우는 국가기능의 일부(특히 외교능력)를 스스로의 손에 남기는 것이다. 그 결과 국가연합과 그 구성국은 양쪽 다 한정적인 국제법주체가 된다. 역사적으로 보면 국가연합은 1778년부터 1787년까지의 미국이나 18세기 독일 및 스위스처럼 연방

형성의 과도기에서 자주 찾아볼 수 있지만, 2003년부터 2006년까지의 세르비아－몬테네그로처럼 연방의 분열과정에서도 찾아볼 수 있는 형태이다. 오늘날의 유럽연합(EU)도 국가연합으로서의 성격을 가진다고 볼 수 있다.

2. 국가의 영역

■ 서설

국가주권이 미치는 공간적 범위를 영역이라 한다. 국가의 영역은 영토 · 영수 · 영공으로 구성된다. 전통적 국제법 하에서 국가는 영역에 대하여 배타적인 통치권한을 갖는 것으로 이해되어 왔다. 그러나 초국경적 경제활동이 활성화되고 다양한 분야에서 과학기술이 발전하며 나아가 환경문제와 같이 국가를 단위로 하여서는 충분한 조치가 불가능한 문제들이 출현함으로써 지구상의 공간을 각국의 관할 하에 있는 영역과 그 이외의 영역(공해로 대표되는 공역)으로 단순히 이분하는 것이 더 이상 합리적이지 않게 되었다. 최근에는 국가영역 내에서의 통치 작용이나 공역에서의 국가 및 사인의 활동에 대하여 조약 등을 통한 다양한 규제가 이루어지고 있다.

■ 영토 (領土)

영토란 영역 중에서 육지부분과 이에 포함된 하천 · 호수 · 운하 등의 수역을 가리킨다. 영토를 가지지 않는 국가는 존재하지 않는다.

남극에 대하여는 20세기 이후 영국, 아르헨티나 등의 여러 국가가 영유권을 주장하게 되었다. 그러나 1959년에 서명된 남극조약(1961년 발효)에 의해 영토권은 동결되었고(제4조), 평화적 이용(군사적 이용의 금지)의 의무가 규정되었다(제1조 등). 또한 남극에서의 해양생물자원보호에 관하여는 1980년에 남극해생물자원보존조약(1982년 발효)과 1991년에 환경보호에 관한 남극조약의정서(1998년 발효)가 작성되었다.

■ 영수 (領水)

국가주권이 미치는 수역을 영수라고 한다. 영수는 내수(만, 내해, 항구 등)와 영해(영토로부터 일정범위까지의 해역)로 구성된다. 1982년의 UN해양법협약 제3조는 영해의 폭을 최대 12해리까지 할 수 있다고 규정하였다. 영해보다 밖의 해양부분은 공해로 전통적으로는 해적이나 노예매매계약과 같은 예외를 제외하면 어느 국가의 주권도 미치지 않는 공간으로 두고 있었다(공해 · 영해 이분론). 다만 오늘날에는 행정상의 목적이나 해양자원의 이용 · 보전의 관점에서 조약에 근거하여 국가에 일정한 권한행사가 인정되는 경우가 있다(접속수역이나 배타적 경제수역).

국가의 주권은 영해와 그 상공, 해저 및 그 아래에 미친다(UN해양법협약 제2조 제1항 · 제2항). 단, 국제관습법에 근거하여 영해 내에서의 무해통항권을 외국선박에게 인정하는 경우를 감안하면 영토에 대한 국가주권만큼 배타적인 것은 아니다.

■ 영공 (領空)

영토와 영수의 상공부분이 영공으로 국가의 배타적인 주권이 인정된다(1944년 국제민간항공협약 제1조). 영해의 폭의 한계에 대하여는 명확한 규정이 있지만, 영공의 한계가 고도 몇 킬로미터인가에 대하여는 명확한 규정이 확립되어 있지 않다. 우주공간에 대한 영역권의 주장이 부정되고 있는 것(1967년 우주조약 제2조)을 감안하면 인공위성이 주회할 수 있는 최저고도의 바로 아래까지를 영공으로 볼 수 있다.

영해에서는 외국선박의 무해통항권이 인정되지만, 영공에서는 외국항공기에 대한 동종의 권리는 인정되지 않아 영공에 대한 국가의 주권은 배타적인 성질을 가진다(1919년 국제항공협약, 1944년 국제민간항공협약). 오늘날의 국제민간항공은 이와 같은 영공의 법적 지위를 전제로 국제민간항공협약 등의 다자조약과 2개국 간의 항공협정을 통하여 항공서비스를 제공하고 있다.

〈Column 일본의 영토문제〉[1)]

일본은 사방이 바다로 둘러싸여 있기 때문에 영토상의 국경선을 둘러싼 문제가 일어나기는 어렵다. 또한 배타적 경제수역의 한계를 둘러싼 문제는 있지만, 이것도 UN해양법협약 하에서의 특수한 문제이다. 다른 한편으로는 러시아, 중국, 한국과의 사이에 섬의 귀속을 둘러싼 분쟁이 존재하며 이들 모두 해결되지 않은 상태로 남아 있다.

(1) 북방영토

1945년 포츠담 선언 및 1951년 샌프란시스코 평화조약에서 일본이 영유를 포기한 북방영토의 범위를 둘러싼 문제이다. 일본은 하보마이(歯舞), 시코탄(色丹)과 더불어 에토로후(択捉), 구나시리(国後)도 일본의 고유한 영토로서 러시아(예전의 소련)에 반환을 요구하고 있다.

(2) 독도

한국과 일본은 울릉도와 시마네현 앞바다 사이에 있는 독도(일본명 다케시마)의 귀속을 둘러싸고 긴 세월 동안 분쟁상태에 있다. 그 배경에는 독도에 인접하는 울릉도에 대한 지배를 둘러싼 인식의 차이가 존재한다. 일본은 1951년의 샌프란시스코 평화주약에 따라 울릉도에 대한 지배를 포기하였지만, 그 포기에 독도는 포함되지 않았다는 입장을 취하고 있다. 한국은 이를 인정하지 않는 입장이다.

(3) 센카쿠열도(尖閣列島)

오키나와・야에야마 열도의 북쪽에 위치하는 센카쿠열도(중국명 钓鱼台列嶼)는 1895년 일본의 영토로 편입되었다(그 이전에는 무주지(terra nullius)였고, 이를 뒤엎을 증거는 없다). 그러나 1970년 이후 동 제도 부근에 석유자원이 존재한다는 조사결과가 나오자 중국 및 대만이 센카쿠열도의 귀속을 주장하게 된 것이다.

일본이 안고 있는 영토문제는 제2차 세계대전의 전후처리를 포함한 역사적인 문제임과 동시에 어업자원의 확보나 해저자원 개발의 문제를 포함하고 있어, 이들 모두를 완전히 해결하는 데는 시간이 필요할 것으로 생각된다.

1) 한국의 영토 문제와 관련하여 ① 독도 문제에 대해서는 최장근, "일본의 주변3국과의 영토분쟁의 특성", 대한일어일문학회, 『일어일문학』 제35호, 2007, 383~401쪽 및 김영구, "독도 영유권

3. 국가영역의 취득과 상실

특정한 영역에 대한 주권행사의 근거가 되는 사실을 영역권원(領域權原)이라고 한다. 전통적으로는 선점, 첨부, 할양, 병합, 정복, (취득)시효의 6가지가 영역권원으로서 인정되어 왔다. 이들은 다시 크게 두 가지로 분류된다. 하나는 어느 국가에게도 귀속되지 않는 영역을 자국영역으로 하는 근거, 즉 원시취득으로서의 선점과 첨부이다. 다른 하나는 타국 영역의 일부 또는 전부를 자국영역으로 하는 근거, 즉 승계취득으로서의 할양, 병합, 정복, 시효이다.

■ 원시취득

(1) 선점 (occupation)

선점이란 무주지에 대하여 국가가 의사를 가지고 실효적으로 지배하는 것이다. 이는 역사적으로 18세기 이후의 유럽 국가들에 의한 식민지 획득경쟁 속에서 인정된 법원칙이다. 따라서 현지에 일정한 통치기구가 존재하고 있는 경우라고 하여도 유럽에 준하는 소위 '문명국'이 아니라면 무주지(*terra nullius*) 로 간주되고 있었다.

다만 19세기 말까지 현지주민에 의한 일정한 통치가 성립해 있었다면 당해 지역을 무주지로 간주하지 않는 관행이 성립하고 있었다는 ICJ의 권고적 의견(*Western Sahara* 사건(1975)[본장 Case ①])도 있다. 이 견해에 의하면 유럽 국가들과 현지의 지배자 사이에 체결된 「조약」을 통한 식민지배는 선점이 아니라 이후에 설명할 할양이나 병합에 의한 것으로 이해된다. 그러나 현지의 통치기구가 엄밀한 의미에서 국제법주체가 아니라는 점을 고려하면 여전히 국제법적으로는 선점을 근거로 설명할 여지가 있다고 할 수 있다.

에 관한 법적 논리의 완비성을 위한 제언", 한국법학원, 『저스티스』 124집, 2011, 419~439쪽 참조. ② 북방한계선과 관련해서는 이재민, "북방한계선(NLL)과 관련된 국제법적 문제의 재검토", 『서울국제법연구』 제15권 제1호, 2008, 46~67쪽 참조.

(2) **첨부** (accretion)

기존의 국가영역에 자연현상이나 인공적인 공사에 의하여 새로운 토지가 덧붙여지는 것이 첨부이다. 이는 로마법의 부합이론을 국제법에 유추적용 한 것이다. 하안(河岸)에 인공적인 공사를 하여 토지를 덧붙이는 경우에는 해안을 마주하고 있는 국가의 동의가 필요하다. 단, 네덜란드의 조이델 해(海) 매립과 같은 해안의 첨부의 경우는 필요하지 않다.

Case ① *Western Sahara* 사건

(ICJ 권고적 의견, 1975년 10월 16일)

스페인의 식민지였던 서부 사하라의 탈식민지화를 둘러싸고 모로코, 모리타니아 및 스페인 사이에서 분쟁이 발생하자 1974년 UN총회는 ICJ에 권고적 의견을 요청하였다. 그 논점 중 하나는 스페인에 의해 식민지화된 시점에 서부 사하라가 무주지였는가 하는 것이었다.

ICJ는 1975년 10월 16일의 권고적 의견에서 1884년 스페인은 서부 사하라의 식민지 수장과의 합의에 근거하여 동 지역을 식민지화한 것으로, 당시 이와 같은 지역을 무주지로는 볼 수 없다는 국가관행이 성립해 있었다고 판결하였다.

■ **승계취득**

(1) **할양** (cession)

조약을 통해 국가영토의 일부를 타국에 이양하는 것을 할양이라고 한다. 예전에는 1871년 보불전쟁의 평화조약에 의한 알자스 및 로렌스 지방의 할양, 1895년 시모노세키 조약에 의한 대만의 할양 등과 같이 전쟁의 결과로서 영토를 할양하는 것도 인정되었다. 그러나 오늘날에는 UN헌장 제2조 4항(무력사용금지원칙)이나 조약법협약 제52조(무력적 강제에 의한 조약의 무효)의 규정에 의해 무력행사의 결과로서 영토를 할양하는 것은 인정되지 않는다(우호관계선언 및 헬싱키 최종의정서).

(2) 병합 (annexation)

조약을 통해 한 국가의 영역 전부를 타국에 이전하는 경우를 병합이라고 한다. 다음 내용인 정복과의 관계에 대하여는 학설상의 대립이 있지만 일반적으로는 무력의 행사를 수반하지 않고 이루어지는 것을 병합이라고 부르고, 그렇지 않은 것을 정복이라고 한다. 병합된 국가(피병합국)는 국가로서는 완전히 소멸하기 때문에 국민의 피병합국국적은 소멸하고, 병합한 국가(병합국)의 국적을 취득한다.

개념상 병합국과 피병합국 사이에 병합조약이 평화롭게 체결되는 경우가 없는 것은 아니다. 그러나 역사적으로는 병합을 함에 있어 피병합국에 대해 어떤 형태로든 강제가 가해지는 경우가 적지 않았다. 오늘날에는 할양의 경우와 마찬가지로 무력에 의한 위협이나 무력행사가 있는 경우 및 피병합국의 대표자에 대하여 강박을 가한 결과로서 병합조약이 체결된 경우 무효가 된다(조약법협약 제51조).

(3) 정복 (conquest)

무력행사의 결과로서 타국을 강제적으로 흡수하는 것을 정복이라고 한다. 무력사용금지원칙이 확립된 오늘날, 정복은 말할 것도 없이 합법적인 영역취득권원으로 인정되지 않는다. 예를 들어 자위권에 근거하여 합법적인 무력행사를 한 경우라 하여도 일시적인 군사점령이라면 모르지만 항구적인 정복은 인정되지 않는다.

(4) (취득)시효 (acquisitive prescription)

로마법이나 국내사법에서의 시효취득을 국제법에 유추하여, 타국영토를 일정기간 계속적으로 평온 및 공연하게 지배한 경우 당해 영역에 대한 영유권이 인정되기도 한다. 그러나 국내사법과는 달리 시효를 둘러싼 상세한 규칙이 없는 국제사회에서는 시효를 독립된 영역권원으로 보는 것에 대한 비판도 있다. 영토분쟁을 둘러싼 국제재판에서 분쟁당사국이 시효를 원용한 사례도 있지만, 시효를 이유로 영역취득을 인정한 판결의 예는 없다(*Island of Palmas* 사건, *Kasikili/Sedudu Island* 사건 등).

■ 자결권 - 식민지의 독립 및 분리독립

제2차 세계대전 후 신국가가 다수 성립하였는데 그 계기가 된 것이 식민지 독립이다. UN헌장 제1조 제2항의 「인민의 평등권 및 자결원칙의 존중」의 규정은 유럽국가들의 지배하에 있던 식민지가 잇달아 독립하는 기초가 되었다. 식민지 지배의 금지가 국제관습법화된 것은 1960년의 「식민지독립부여선언, UN총회결의 1541(XV)」에 의해 확인되었다.

오늘날 신국가의 성립으로는 기존국가의 일부영역이 분리하는 경우가 있다. 이를 민족자결권의 결과로서 나타난 분리권으로서 긍정적으로 보는 견해도 존재한다. 사실로서의 분리 그 자체를 금지하는 국제법 규칙은 존재하지 않지만, 분리권을 인정하면 국제질서가 불안정하게 된다는 관점에서 신중히 생각해야 한다는 설도 유력하다. 다민족국가의 특정 민족이나 선주민족이 이주하여 그들이 분리독립을 희망하는 경우라 해도 어디까지나 자치권을 부여하는 것에 그쳐야 한다는 견해도 있다. 아무튼 분리에 의해 신국가가 성립하는 경우, 당해 신국가의 영역권원취득에 관한 문제가 되는 것이 아니라, 기존국가가 국가승인(본장 III)을 통하여 당해 분리독립을 인정할 것인지의 문제로 다루게 된다.

II. 국가의 기본적 권리와 의무

국가는 국제법주체로서 국제법에 근거한 권리 및 의무를 갖는다. 또한 그 구체적

내용은 각 국가가 어떤 조약의 당사국인지에 따라 달라진다. 한편, 국가가 국가인 이상 공통적으로 가지게 되는 일련의 권리 및 의무가 있다. 이것이 국가의 기본적인 권리·의무라고 부르는 것이다.

1. 국가주권

■ 국가주권이란 무엇인가

국가의 기본적 권리의무의 중추가 되는 것은 국가주권(sovereignty)이다. 주권은 역사적으로는 국가(국왕)의 절대적이고 영구적인 권력을 의미하는 것으로서, 16세기 프랑스의 정치사상가 보댕(J. Bodin)에 의해 이론화되었다. 그가 주창한 주권은 국내에서 봉건영주들의 세력을 제압하는 것을 전제로 ① 한 국왕에 의한 국가의 통일(대내적 최고성)과 ② 로마교황이나 로마황제 등 외부세력 간섭의 배제(대외적 독립)라는 두 가지 측면을 가지고 있었다. 이와 같은 이론적 역사적 배경으로부터도 분명하게 알 수 있듯이 주권개념과 국제법은 상호 모순되는 것이 아니다. 오히려 주권자인 국왕도 법 아래에 있다는 것이 당연한 것으로 받아들여지고 있었다. 또한 18세기 후반 시민혁명기의 인민주권론도 절대왕정을 부정하며 법에 근거한 지배를 주장하였으므로 주권과 법은 역시 양립하는 것으로 파악할 수 있었다. 그러나 19세기에 들어서자 주권개념에 대한 과도한 강조가 이루어져(절대주권론), 국제법이 가지는 법적 구속력을 부정하는 듯한 견해도 찾아볼 수 있게 되었다.

20세기 초에 들어서는 1923년 *Wimbledon*호 사건에 관한 상설국제사법재판소(PCIJ) 판결에서 볼 수 있는 것처럼, 주권의 존재와 조약체결에 근거한 의무의 존재의 양립성이 확인되었다. 한편 국가주권의 명분 아래 이루어진 전쟁이 커다란 희생을 초래하여 국가주권 그 자체에 대한 의문도 제기되었다. UN헌장은 제2조 1항에서 UN회원국 간의 주권평등을 재확인함과 동시에 무력사용금지원칙을 확인함으로써 국가주권과 무력행사(전쟁)의 관계에서 균형을 꾀하였다.

주권개념은 역사적으로 변천하여 왔지만, 오늘날에 있어서도 국제사회에서 국가의 중핵적 기능을 의미하는 개념으로서 그 유효성을 유지하고 있다. 즉, 주권은 대외적인 측면에서의 독립권과 대내적인 측면에서의 영역권(통치권)의 총칭이다. 또한 20세기에 들어서자 UN을 필두로 여러 국제기구가 등장하였고, 이들은 수적인 측면은 물론 활동분야에 있어서도 급격한 성장을 이루었다. 국제기구의 권한이 확대됨에 따라 국가에 의한 자유재량의 여지는 좁아졌지만, 이것이 반드시 주권 그 자체의 포기·부정으로 이어지지는 않는다. 왜냐하면 국가는 스스로의 주권행사의 결과로서 국제기구를 설립하여 일정한 권리를 국제기구에 부여하고 그 활동에 협력하고 있기 때문이다.

■ 주권평등원칙

각 국가가 각자 주권을 가지는 것의 이론적 귀결로서 국가 상호간의 관계는 평등한 것으로 생각되어 왔다. 타국과의 관계에서 평등하지 않는 국가의 존재는 주권개념의 중추로서의 대외적 독립과 모순되기 때문이다. 여기서 말하는 평등에는 국제법의 정립에 있어서의 평등과 국제법의 적용에 있어서의 평등이라는 두 가지 측면이 있다(형식적 평등). 바꿔 말하면 전자는 국가의 대소를 불문하고 주권국가는 평등한 입장에서 국제법의 작성에 관여하고, 이에 구속된다고 스스로 동의하지 않는 한 의무를 부담하는 일이 없다는 것을 의미한다. 또한 후자는 일단 작성된 국제법은 국가의 대소를 불문하고 평등하게 적용된다는 것을 의미한다.

그런데 19세기 말까지의 국제사회에서 주권평등원칙이 적용되는 것은 유럽 국가들을 중심으로 한 「문명국」 상호의 관계로 한정되어 있었다는 것에 주의할 필요가 있다. 이 이외의 비문명국과의 관계에서는 구체적인 권리의무의 내용에 현저한 차이가 있는 조약(불평등조약)이 체결되거나, 조약을 통한 실질적인 식민지화가 이루어졌다. 문명국개념이 소멸한 오늘날에 와서도 핵확산금지조약과 같이 조약의 목적에 따라서는 당사국간의 권리의무관계에 불평등성이 엿보이는 것도 있다. 주권평등이라고 해도 각국이 부담해야 하는 의무의 내용이 평등할 것까지 요구되지는 않고, 국제법의 작성과정에 평등하게 관여하였다면 구체적인 문제상황별로 유연하게 의무를 설정할 수 있는 것이다.

또한 국제기구의 등장에 의해 형식적 평등과는 다른 상황이 국가 간에 발생하고 있다는 사실도 놓쳐서는 안 된다. 예를 들어 UN안전보장이사회의 상임이사국에는 이른바 거부권(veto)이라는 것이 인정되고 있어, 이들은 다른 비상임이사국이나 회원국 일반과 비교하여 특권적인 지위에 있다(UN헌장 제23조 1항 · 제27조 3항). 또한 국제부흥개발은행(IBRD)이나 국제통화기금(IMF) 등의 국제금융기관의 경우 의사결정절차에서 출자액에 비례하여 투표권 수가 할당되도록 제도화되어 있다. 이는 형식적 평등 하에서의 일국일표제와는 전혀 다른 것이며, 국제기구마다의 운영이나 목적달성에 있어서의 효율화라고 하는 요청에 근거한 것으로서 기능적 평등이라고 한다. 나아가 오늘날에는 국제환경법 분야를 중심으로 국가별 경제력이나 기술력에 따라 부담해야 하는 책임의 내용에 차이를 두어서 개발도상국을 향한 기술원조를 하도록 하는 「공통의 그러나 차별적인 책임」이라는 견해를 취하여, 전통적인 주권평등원칙에 일정한 수정을 가하여 국가 간의 실질적인 격차를 배려하는 움직임도 있다.

2. 국내문제불간섭원칙

국가에 주권이 인정되고 주권평등이 국가 간 관계의 기본적 규범이라는 것의 귀결로서 국가는 타국의 국내문제에 대한 간섭을 삼갈 의무를 진다. 이를 국내문제불간섭원칙이라고 한다. 그런데 구체적으로 무엇이 국내문제인가에 대하여는 국제법상 견해 대립이 있다(*Nationality Decrees issued in Tunis and Morocco* 사건 [본장 Case ②]). 국제연맹규약 제15조 8항에서는 국내문제를 「국제법상 전적으로 당해 국가의 관할에 속하는 사항」으로 규정하였다. 이에 반해 UN헌장 제2조 7항은 「본질상 어느 국가의 국내관할권 내에 있는 사항」을 국내문제라고 하여 다소 표현의 차이가 있음을 알 수 있다. 무력을 통한 명령적 · 강제적인 간섭은 종래부터 위법한 것으로 생각되어왔지만, 오늘날에는 무력사용금지원칙(UN헌장 제2조 4항)이 확립되어 있기 때문에 인도적 간섭이라고 일컬어지는 행위를 제외하면 무력에 의한 간섭의 적법성을 개별적으로 논할 의의는 없다.

애당초 국내문제불간섭원칙은 국가 상호 간의 간섭을 금지하는 것이었지만, 국제연맹의 설립 이후에는 국제기구의 회원국에 대한 국내문제불간섭의 문제가 발생하였다. UN헌장 제2조 7항의 문언을 보면 국내관할권 내에 있는 상황인지의 여부를 결정할 권한이 누구에게 있는지가 명확하지 않아 심지어는 각 회원국이 결정할 수 있다는 해석도 가능하다. 식민지 독립에 관한 문제나 인종격리정책(apartheid) 같은 중대한 인권침해에 대하여 관계당사국은 인권문제는 자국의 국내문제이며 UN이 다룰 것은 아니라고 주장한다. 그러나 UN측은 중대한 인권침해 등은 UN의 목적이나 원칙에 비추어 보면 국제관심사항에 해당한다고 판단한다. 오늘날에는 각 사항별로 권한을 갖는 주요기관이 국내문제인지의 여부를 판단한다는 관행이 확립되었다. 인권분야에서는 1993년 세계인권회의에서 채택된「비엔나 인권선언 및 행동강령」에서「모든 인권의 촉진 및 보호는 국제공동체의 정당한 관심사항」이라는 것을 확인하였다.

Case ② *Nationality Decrees issued in Tunis and Morocco* 사건

(PCIJ 권고적 의견, 1923년 2월 7일)

1921년 프랑스가 당시 프랑스의 피보호국이었던 튀니지와 모로코 주민에게 프랑스 국적을 부여하여 병역의무를 부과하는 국적법을 공표하였다. 그런데 이 국적법이 그 지역에 거주하는 주로 말타인으로 구성된 영국 국민에게도 적용될 가능성이 발생하였기 때문에 영국이 국제연맹이사회에 본건을 회부하였다. 그러나 프랑스가 이를 국내문제라고 하였기 때문에 동 이사회가 상설국제사법재판소(PCIJ)에 권고적 의견을 요청한 것이다.

PCIJ는 본건이 국내문제가 아님을 지적하면서, 무엇이 국내문제에 해당하는지는 국제법의 발전에 의존하는 상대적인 문제이며, 국적과 같이 종래 국내문제로 간주되어온 사항이라 하여도 타국과의 조약에 근거한 의무가 관련된 경우에는 더 이상 국내문제가 아니게 된다고 지적하였다.

3. 국가관할권

■ 국가관할권의 의의

국제법상 각 국가는 주권에 근거하여 배타적인 통치를 행할 수 있다. 이를 구체적으로 실시하는 권능이 국가관할권이다. 국가관할권은 법률을 제정하는 권능인 ① 입법관할권, 이를 구체적으로 집행·강제하는 권능인 ② 집행관할권, 재판을 통하여 법을 적용하는 권능인 ③ 사법관할권으로 분류할 수 있다. 국제법은 무엇을 국가 관할권의 근거로 삼을 것인가, 또한 관할권의 경합이 일어난 때에 이를 어떻게 조정해야 하는가를 결정한다.

■ 국가관할권의 기준

(1) 속지주의

국가가 자국영역 내에서 발생한 사항에 대하여 관할권을 행사하는 것은 국가가 영토단체라는 점에서 당연한 귀결이다. 또한 어떤 행위가 자국에서 개시된 경우를 주관적 속지주의, 역으로 어떤 행위가 자국 내에서 완성된 경우를 객관적 속지주의라 한다. 또한 행위 그 자체는 일관되게 영역 외에서 이루어졌음에도 불구하고 그 행위의 결과가 자국영역 내에 미치는 경우 속지주의에 근거한 관할권의 행사를 인정하는 견해를 효과이론이라고 한다. 미국의 반(反)독점법(anti-trust law)이 대표적인

데, 효과이론에 근거한 관할권행사가 국제법상 인정되는지 여부에 대해서는 의견이 대립한다.[2)]

(2) 속인주의

자국영역 외에 있는 자국민에 대하여 관할권을 행사하는 경우를 속인주의라고 한다. 이 경우, 국가와 개인을 결부하는 유대(紐帶)인 국적이 기준이 된다. 공해상의 자국선박이나 공해의 상공에 있는 항공기에 대하여 관할권을 행사할 때도 개인과 마찬가지로 등록국의 국적을 기준으로 결부하게 되므로 속인주의는 국적주의라고도 한다.

속인주의에 근거하여 자국민에 대해 관할권을 행사하는 대표적인 예로서 형법상의 국외범처벌규정이 있다. 무엇보다 국외에 있는 자국민에게 광범위하게 형법을 적용하는 것은 자국민이 소재하는 외국국가의 관할권을 침해하는 것이 되므로, 일본형법 제3조에서는 살인 등의 중대한 범죄에 한정하여 일본국민에 의한 국외범죄처벌규정을 두고 있다.[3)]

(3) 수동적 속인주의

국외에 있는 자국민이 피해나 손해를 입은 경우에 자국이 관할권을 행사하는 경우가 있다. 이것이 수동적 속인주의이다. 수동적 속인주의도 속인주의와 마찬가지로 속지주의에 기초한 외국의 관할권과 충돌할 가능성이 높아 한정적인 범위에서 허용된다. 일본도 2003년에 형법 제3조의 2를 추가하여, 일본국민에 대한 일본국민이 아닌 자의 일정한 범죄에 관하여 수동적 속인주의에 근거한 관할권을 설정하였는데, 그 범위(대상범죄)는 일본국민에 의한 국외범 처벌규정보다 제한적이다.[4)]

---

2) 우리나라 독점금지법 제2조의2에서도 효과이론에 근거한 역외적용을 규정하고 있다.

3) 대한민국 형법 제3조도 동일한 내용을 규정하고 있다. 형법 제2조 [내국인의 국외범] 본법은 대한민국 영역외에서 죄를 범한 내국인에게 적용된다.

4) 대한민국 형법 제6조 참조. [대한민국과 대한민국국민에 대한 국외범] 본법은 대한민국 영역외

(4) 보호주의

특정 범죄는 착수에서 완성에 이르기까지 국외에 있는 외국인에 의하여 일관되게 실행되었다 해도 자국에 심각한 영향을 미칠 가능성이 있다. 예를 들면 내란, 통화나 공문서·공인장의 위조 및 행사 등이 이에 해당한다. 이와 같은 국가의 사활적인 이익에 관한 범죄에 대하여는 행위자의 국적이나 실행지에 관계없이 피해국의 관할권 행사가 인정된다(한국의 경우, 형법 제5조[5], 제6조). 보호주의에 근거한 관할권 행사가 허용되는 것은 실행자의 국적국이나 실행지국에 있어서는 처벌할 실익이 거의 없다는 이유 때문이다.

(5) 보편주의

보호주의가 특정한 국가의 사활적 이익을 침해한 경우를 상정하고 있는데 반해, 국제사회 전체의 기본적 이익이 침해되는 경우에는 모든 국가에게 관할권을 인정하기도 한다. 이를 보편주의라고 한다. 전통적인 예로서 공해상의 해적에 대하여는 이를 체포한 모든 국가에게 집행관할권행사가 허용되고 있다(UN해양법협약 제105조).

최근 제노사이드나 중대한 전쟁에 관하여 보편주의에 근거한 처벌규정을 두는 국내법을 제정하자는 움직임이 있지만, 이와 같은 규정의 국제법상 합법성에 대해서는 의문도 제기되고 있다.

에서 대한민국 또는 대한민국국민에 대하여 전조에 기재한 이외의 죄를 범한 외국인에게 적용한다. 단 행위지의 법률에 의하여 범죄를 구성하지 아니하거나 소추 또는 형의 집행을 면제할 경우에는 예외로 한다.

5) 대한민국 형법 제5조 [외국인의 국외범] 본법은 대한민국영역외에서 다음에 기재한 죄를 범한 외국인에게 적용한다.

1. 내란의 죄
2. 외환의 죄
3. 국기에 관한 죄
4. 통화에 관한 죄
5. 유가증권, 우표와 인지에 관한 죄(이하 생략)

4. 주권면제 (국가면제)

국가 간 주권평등의 귀결로서 국가는 외국에서의 국내재판에서 응소할 의무를 지지 않는다. 이를 주권면제 혹은 재판권면제라고 부른다.

종래에는 외국(법정지국)에 소재하는 부동산관계의 소송 등을 제외하면, 널리 재판권면제를 인정하는 입장인 절대적 면제가 일반적이었다. 그러나 국가 자신도 사인 및 사기업과 마찬가지로 경제활동주체가 되는 현상이 증대하고 있고, 사회주의국가에서와 같이 무역활동을 국가가 독점하는 경우도 나타났다. 이와 같은 상황에서 절대적 면제이론을 유지하는 것은 경제활동의 상대방인 사인을 보호하는 데 지장을 초래하게 된다. 이 점에서 국가의 행위 중 면제의 대상이 되는 행위를 제한하려는 움직임이 20세기 초부터 나타나게 되었다. 이 같은 입장을 제한적 면제이론이라고 한다.

한편 어떤 기준에 근거하여 면제를 인정할 것인가, 혹은 제한할 것인가에 대해서는 많은 논의가 있다. 대표적으로 국가 아니면 할 수 없는 행위(주권적 행위, 권력행위)와 사인이라도 할 수 있는 행위를 국가가 행한 경우(직무행위, 상업적 행위)를 분류하여, 전자에만 주권면제가 인정된다는 입장이 존재한다. 그러나 행위를 기준으로 하는 경우에도 행위의 목적에 주목할 것인지 아니면 행위의 성질에 주목할 것인지에 따라 판단이 달라지는 경우도 있다.

종래 주권면제는 국제관습법과 각국의 판례에 의해 규율되어 왔다. 그러던 중 2004년에 「국가 및 국가재산의 관할권면제에 관한 협약」(UN주권면제협약)이 채택되었다. 동 조약은 제한적 면제이론을 채택한 것이지만 세부사항에 있어서는 여전히 각국의 법령 내지는 판례를 통하여 명확히 해야 할 부분이 있다.

일본은 1928년 12월 28일의 최고재판소 결정 이래 오랜 기간 동안 절대적 면제이론을 채택하여 왔지만, 2006년 7월 21일의 대금청구사건 판결에서 주권적 행위 이외의 「사법적(私法的) 내지 업무관리적인 행위에 관하여는 일본에 의한 민사재판권의 행사가 당해 외국국가의 주권을 침해할 우려가 있는 등 특단의 사정이 없는 한, 우리나라의 민사재판권에서 면제되지 않는다」는 취지로 판시하여 제한적 면제이론

으로 전환하였다.[6)]

III. 국가승인과 정부승인

1. 국가승인

■ 국가승인의 의의와 방식

신국가의 성립에 대하여 기존의 국가는 일방적 행위로써 승인을 부여한다. 이는 승인을 부여하는 국가와의 관계에서 신국가가 국제법주체라는 것을 확인하는 의의를 갖는다. 역사적으로 보면 국제법은 유럽 국제체계를 배경으로 탄생 · 발전하여 온 것으로, 국가승인은 유럽 이외의 영역에서 성립한 신국가가 유럽 국가들 수준으로 발전하였는지를 판단하는 성질을 가지는 것이었다. 따라서 국가승인을 부여하는 기준으로는 신국가가 이미 국가의 요건을 충족하였는가에 관한 객관적 측면과 더불어 기독교 포교의 자유를 포함한 국내제도가 유럽 국가 수준인가에 관한 주관적 측면도 중시되었다.

신국가가 국가의 성립요건을 충족하고 있다는 것은 국가승인의 전제가 된다. 이러한 전제를 흠결한 단계에서의 승인은 「시기상조의 승인」으로서 위법한 것이 된다. 신국가의 성립에 이르러 기존국가측이 국가승인을 할 것인지 여부와 이를 하는 경우의 기준에 대하여 국제회의 등을 통하여 정책조정을 행하는 경우도 있다(1991년의

6) 1994년 6월 22일 서울 민사지방법원 제15부는 대림기업과 미국정부 사이의 분쟁을 국내 최초로 제한적 면제이론에 기초하여 해결하였다(1994. 6. 22. 선고, 90가합4223 판결). 한국 대법원은 1975년 절대적 면제이론을 지지한 바 있으나(1975. 5. 23. 선고, 74마281 판결), 1998년 12월 17일 제한적 면제이론을 수용하였다(97다39216 판결). 김대순,『國際法論』, 제16판(서울:삼영사, 2011), 477쪽 참조.

구 유고슬라비아 해체). 그러나 국가승인은 어디까지나 승인국과 피승인국 사이에서 이루어지는 것이고, 승인할지 여부는 기존국가의 개별적 재량에 맡겨져 있다.

승인은 구두 또는 서면에 의해 승인의 의사를 명시하는 경우(명시적 승인)와 승인할 것을 전제로 하는 일정한 국가행위를 통하여 승인의 의사가 추정되는 경우(묵시적 승인)가 있고, 두 가지 모두 그 법적 효과에 차이는 없다. 어느 방식을 택하는가는 승인국의 재량에 맡겨져 있는데, 예를 들어 일본의 경우에는 명시적 승인이 일반적이다(2001년 동티모르 독립이나 2008년 코소보 독립의 사례). 명시적 승인은 국가원수나 외무부 장관에 의한 선언이나 서신, 축하전문의 발송, 담화발표, 독립기념식에 참가하는 정부대표를 통한 구두전달에 의하는 것이 일반적이다. 묵시적 승인은 우호통상항해조약 등 중요한 양자조약 체결이나 외교사절의 파견·접수로 이루어진다.

■ 국가승인의 법적 효과

국가승인은 기존국가의 개별적·일방적 행위이며, 그 법적 효과도 승인국·피승인국 사이에서만 발생한다. 그러나 역사적으로는 그 법적 효과를 둘러싸고 창설적 효과설과 선언적 효과설이 첨예하게 대립하여 왔다. 창설적 효과설이란 신국가는 기존국가로부터 승인을 받는 것에 의해 비로소 국제법상의 존재가 된다는 견해이다. 한편 선언적 효과설은 신국가는 승인의 유무에 관계없이 독립선언 등을 행한 단계에서 국제법 주체성을 획득하고, 국가승인은 이를 확인함에 그친다는 견해이다.

국가승인이 유럽 이외의 지역에 성립한 국가적 실체가 유럽 국제사회로의 가입을 승인받는 것이라는 성질을 지니고 있던 19세기 후반까지는 창설적 효과설이 통설의 지위를 점하고 있었다. 이에 반하여 20세기에 들어 국제법에 의하여 규율되는 공간이 넓어지고 국제사회의 지리적 범위가 유럽에 한정되지 않게 되자, 점차 선언적 효과설에 대한 지지가 확대되었다. 특히 UN설립 후 인민자결원칙(권)에 근거하여 식민지가 잇달아 독립을 달성하게 되자, 본국이 일정기간 후에 독립을 인정한 식민지에 대하여 일정한 국제법 주체성을 인정하였다. 이처럼 식민지가 정식으로 독립을 달성한 순간에 국제법상 지위를 잃는다는 결론이 불합리하다는 이유에서 이후 선언적 효과설이 통설이 되었다.

창설적 효과설에 의하면 승인되지 않은 국가는 국제법상의 존재가 아니게 된다. 그러나 그렇다고 해도 이를 기존 국가측에서 무주지로 취급하거나, 미승인국측의 국제법위반행위(예를 들어 UN헌장위반인 무력행사)가 허용된다고 생각하는 것은 현실적이지 않다. 이를 고려하면 오늘날에는 선언적 효과설이 설득력 있다고 생각된다.

■ 국가승인과 다자조약·국제기구 가입

다자조약이 증가함에 따라 국가가 자신이 승인하지 않은 국가와 함께 동일한 다자조약의 당사국이 되는 경우가 발생하게 되었다. 이 경우 동일한 다자조약에 참가하고 있는 것이 곧 미승인국가를 국가승인하는 것이 되지는 않는다. 또한 미승인국가와의 관계에서는 조약의 효력이 발생하지도 않는다(일본과 북한 간의 「1971년 문화적 및 예술적 저작물의 보호에 관한 베른협약」에 근거한 권리의무관계의 부존재에 대한 지적재산권고등법원 판결, 2008년 12월 24일)」.

마찬가지로 신국가가 국제기구에 가입신청을 하는 경우, 이에 대하여 찬성표를 던지는 것이 묵시적 승인에 해당하는지가 문제된다. 특히 이 문제는 UN과 같은 보편적이고 일반적인 국제기구의 경우에 더욱 문제가 된다. 이 점에 대하여 UN(사무국)은 UN 가입과 개별국가에 의한 국가승인은 별개라는 견해를 일관되게 표명하고 있다. 다만 기존국가(기존 가입국)측은 가입승인을 묵시적 승인으로 다루는 경우도 있다(1961년 몽골의 UN가입에 대한 일본정부의 국회답변). 가입승인이 신국가의 국제기구에서의 지위에 관한 집단적인 결정임에 반하여 국가승인은 어디까지나 기존국가와 신국가 사이의 개별적인 문제이며, 양자는 별개의 문제로서 다루어지고 있다. 따라서 역으로 국가승인을 부여한 국가가 국제기구에 가입할 때에는 반대표를 던지는 사태도 발생할 수 있다.

또한 신국가가 성립할 때 UN측에서 회원국에 국가승인을 삼가도록 요청한 사례가 있다. 예를 들어 1965년 남 로디지아(현 짐바브웨)에서의 백인 소수파에 의한 독립이나, 1976년에 남아프리카공화국에 설립된 트란스카이 괴뢰정부에 대하여 안보리는 UN회원국들에 국가승인을 부여하지 말 것을 요청하였다. 이는 인민자결권이나 아파르트헤이트금지 등 오늘날 국제법의 기본원칙에 반하는 국가성립을 인정하지 않는다는 UN의 입장을 반영한 것이지 모든 신국가 성립에 대하여 UN이 그 정당성을 판단한다는 것은 아니다. 또한 안보리의 요청이 권고에 머무르는 한 회원국에 불승인의 법적 의무가 부과되는 것은 아니고, 기존 회원국에게 정책상으로 최대한 배려를 요구하는 효과를 가지는 것에 지나지 않는다.

2. 정부승인

■ 정부승인의 의의와 방식

정부는 국가를 대표하는 존재이며, 그것이 어떤 형식으로 교체되는가는 본래 국제법의 문제가 아니다. 정부의 교체는 국가 그 자체의 존재(국가성)에 영향을 미치지 않기 때문이다. 그러나 혁명이나 쿠데타 등 비합법적인 수단으로 교체된 경우에 한하여, 다른 국가들은 새롭게 성립한 정부의 대표성을 인정할 것인가에 관한 판단을 행한다. 이것이 정부승인이다. 정부승인을 하는 기준은 당해 신정부가 주민과 영역에 대하여 일반적인 실효적 지배를 확립하고 있는가 여부이며, 그 이전의 단계에서의 승인은 「시기상조의 승인」이 된다.

정부승인의 방식도 국가승인과 마찬가지로 명시적 승인과 묵시적 승인이 있다. 둘 중 어느 방식에 의할 것인가는 승인하는 국가의 재량에 맡겨져 있지만, 외교관계의 존속을 통한 묵시적 승인이 일반적이다.

■ 정부승인 폐지론

정부승인은 어디까지나 비합법적인 수단에 의해 성립한 신정부를 해당국의 대표로서 인정할 것인가에 관하여 판단하는 것에 불과하다. 그러나 정부승인을 부여하는 것이 당해 신정부의 정책 또한 승인·지지하고 있는 듯한 오해를 불러오는 경우가 있다. 예를 들어 1979년 캄보디아에서 헨 삼린 정권이 수립된 이후에도 영국은 계속하여 폴 포트 정권을 정통정부로 승인하였다. 그러나 이후 폴 포트 정권에 의한 주민학살이 명백히 드러나자, 그와 같은 정권을 승인하고 있었던 영국도 비난을 받았다. 영국은 이와 같은 오해를 피하기 위하여 1980년대에 정부승인을 폐지하였다. 마찬가지로 미국이나 프랑스 등의 국가들도 1970년 이후 원칙적으로 정부승인을 행하지 않을 것을 표명하고 있다. 일본은 아직 정부승인제도를 유지하고 있다.

국가승인을 폐지해도 신정부와의 관계가 유지되고 있는지를 보면 신정부를 어떻게 평가하고 있는지를 알아낼 수 있다. 따라서 표면적으로 정부승인 폐지론과 묵시적 정부승인을 구별하는 것은 어렵다. 한편, 국내적 무력분쟁의 결과로서 신정부가 성립하였음에도 구정부가 여전히 일정지역에 대한 실효적 지배를 계속하고 있는 경우도 있다. 이 같은 경우, 두 정부 모두에 대하여 정부승인을 하지 않는다면 필요에 따라 신정부는 물론 구정부와도 실무적인 관계를 구축·유지할 수 있다는 이점이 있다.

3. 미승인국가(정부)와 국내재판

본래 국가승인은 신국가가 국제법상의 존재인지에 대하여 판단하는 제도이다. 또한 정부승인은 비합법적으로 성립한 신정부를 당해 국가의 대표로서 다루어야 하는지를 판단하는 제도이다. 두 가지 모두 국제법상의 제도이며, 국가 간 관계가 어떻게 처리되어야 하는가를 일차적인 문제로 보고 있다. 한편 타 국가(정부)의 존재나 행위, 나아가 법령을 자국의 국내재판에서 어떻게 평가할 것인지의 문제가 발생하기도 한다. 이 때 당해 외국국가(정부)가 미승인국가(정부)인 경우, 국제법상의 제도인 국가(정부)승인의 효과를 국내법상 어떻게 다루어야 하는지가 문제되는 사태가 발생한다.

종래 미국이나 영국의 사법부는 국가(정부)승인에 관한 행정부의 판단을 존중하는 경향이 있었다. 그러나 오늘날에는 국가(정부)승인의 유무를 불문하고, 국내 법원이 다루는 사건의 성질에 따라 미승인국의 국가성을 전제로 판단이 내려지고 있다. 일본도 이전부터 국가(정부)승인의 유무와 미승인국가(정부)의 국내재판상의 지위를 나누어 고려하는 경향이 있다. 예를 들어 *Limbin Hteik Tin Lat v. Union of Burma* 사건에서는 버마에 대한 국가승인은 행하여지지 않았지만, 버마가 재판권면제의 대상이 된다는 것을 전제로 판결이 내려졌다(동경지법, 판결, 1954년 6월 9일). 또한 외국국적 사인의 신분관계에 관하여 미승인국가(정부)의 관계법령을 적용한 판결이 있나(예를 들어 「土京香 대 王金山 이혼등청구사건」 동경지법 판결, 1956년 7월 7일).

IV. 국가승계 (State Succession)

일단 국가가 성립한 후 타국과 합병한다거나 영토의 일부가 타국에 병합 혹은 복수의 국가로 분열되는 경우가 있다. 이 경우 국제법은 전통적으로 국내사법에서의 상속개념을 유추하는 형식으로 영역주권의 이전에 관한 문제를 처리하여 왔다. 그러나 국가의 승계와 사인 간의 상속은 다르므로 선행국(전임국가, predecessor state)이 없어지지 않고 존재하는 경우도 있으며, 국제정치적 배경이 국가의 성립·소멸에 반영되기도 한다. 이 때문에 UN은 1960년대에 들어 국제법위원회에서 국가승계문제를 의제로 채택하였다. 그 결과가 1978년의 「조약에 대한 국가승계에 관한 비엔나협약」(조약에 관한 국가승계협약)과 1983년의 「국가재산·국가문서 및 국가부채에 대한 국가승계에 관한 비엔나협약」(국가의 재산 등에 관한 국가승계협약)이다. 다만 후자의 조약은 아직 발효되지 않은 상태이고, 전자에 대하여도 당사국 수는 21개국에 그치고 있어 국가승계는 여전히 국제관습법에 의해 규율되고 있는 부분이 많다.

1. 조약의 승계

■ 기본원칙

한 국가 일부의 영역주권이 타국에 이전하는 경우, 선행국(predecessor state)이 당사국인 조약은 이전의 대상이 되는 지역에 대해 효력을 잃고, 이전된 지역에는 승계국(successor state)이 체결한 조약들이 적용된다(조약에 대한 국가승계에 관한 비엔나협약 제15조). 복수의 국가가 결합하여 단일한 국가가 되는 경우나 역으로 1개 또는 2개 이상의 국가로 분리될 때에는 선행국이 체결한 조약의 효력은 승계국에 있어서도 계속되는 것이 원칙이다(제31조 · 제34조 1항(a)). 이를 「계속성의 원칙」이라고 한다. 다만 승계국과 다른 조약당사국이 별개의 합의를 한 때나 조약을 계속하는 것이 조약의 취지 및 목적과 양립하지 않는 경우, 조약의 운용을 위해 조약들을 근본적으로 수정해야 함이 명백한 경우에는 예외로 한다(동조 1항(a) · (b)). 특히 조약에 관한 국가승계조약 제34조 1항(a)가 문제되는 복수국가로의 분리의 경우 조약의 규정과는 다른 조치가 빈번하게 취해진다.

1990년의 동서 독일의 통일에 있어서는 서독이 체결한 조약이 구(舊) 동독지역에도 효력을 미치게 된 반면, 구동독이 당사국이었던 조약 대부분의 효력은 종료하게 되었다. 즉 조약에 관한 국가승계조약 제15조에 가까운 형태로 처리된 것이다.

■ 신생독립의 경우

식민지독립과 같이 새로운 국가가 탄생한 경우, 당해 국가는 선행국이 당사국인 조약들의 권리의무를 승계할 의무는 지지 않는다(조약에 대한 국가승계에 관한 비엔나 협약 제16조). 이를 「백지출발원칙(Clean Slate 원칙)」이라 하며 이는 신생독립국이 법적으로 백지인 상태에서(with a clean slate) 출발한다는 것을 의미한다. 이 원칙에 근거하여 신생독립국은 스스로의 의사에 근거하여 선행국이 당사국이었던 다자조약의 당사국으로서의 지위를 승계한다고 통고할 수 있다(제17조 1항). 다만 승계하는 것이 조약의 취지 및 목적과 양립할 수 없거나, 조약의 운용을 위하여 조약들을 근본적으로 수정해야 함이 명백한 경우에는 예외로 한다(동조 제2항).

나아가 백지출발원칙에는 몇 가지 예외가 있다. 우선 조약의 내용이 국제관습법이 된 경우, 신생국은 조약 그 자체를 승계하지 않아도 그 내용을 국제관습법상의 의무로서 부담하게 된다(조약에 대한 국가승계에 관한 비엔나협약 제5조). 또한 국경획정이나 이에 근거한 권리 · 의무는 국가승계에 의하여 영향을 받지 않는다(제11조). 나아가 신생국 영역의 사용이나 사용제한에 관하여 당해 영토에 부착된(attached to) 것으로 간주되는 권리 · 의무도 영향을 받지 않는다(제12조). 구체적으로는 비무장지대나 지역권(servitude)이 이에 해당하지만, 군사기지는 포함되지 않는다(동조 제3항).

2. 국가재산 등의 승계

「국가재산 · 국가문서 및 국가부채에 대한 국가승계에 관한 비엔나 협약」도 영역의 이전, 국가의 결합 · 분리 · 분열, 신생독립의 경우로 나누어 규정을 두고 있다. 복수국가가 결합하여 단일국가를 형성하는 경우, 승계국이 재산, 문서, 부채를 포괄적으로 승계하게 되는 것은 당연하다. 한편 분리나 분열의 경우에는 선행국과 승계국 또는 승계국 간의 합의에 기초하여 배분된다. 이 경우 승계국에 소재하는 선행국의 동산 및 부동산은 승계국으로 이전된다. 외국에 있는 부동산의 경우 선행국이 소멸하는 경우 승계국 간에 평등하게 분배된다(국가재산 · 국가문서 및 국가부채에 대한 국가승계에 관한 비엔나협약 제14조 · 제17조 · 제18조 등).

신생독립의 경우, 선행국의 부동산, 신생독립국의 영역에서의 선행국의 활동에 관한 동산이 승계의 대상이 된다(제15조). 또한 공문서도 원칙적으로 승계국에 승계된다(제27조 · 제28조). 단, 국가부채에 대해서는 별개의 합의가 이루어지지 않는 한 승계국에 승계되지 않는다(제38조).

Case ③ 광화기숙사(光華寮) 사건

(일본 최고재판소 판결, 2007년 3월 27일)

광화기숙사란 1961년 당시 중화민국 정부가 자국의 유학생을 위하여 건립한 학생기숙사로서 중화민국 정부가 소유권을 취득하였다. 그 후 동 정부는 중화인민공화국을 지지하는 학생을 퇴거시킬 목적으로 명도청구를 하였다. 그러나 소송이 계속 중이던 1972년, 일본이 일중공동성명을 통하여 중화민국 정부와 단교하였기 때문에, 광화기숙사의 소유권자 또는 소송당사자가 대만당국인지, 중화인민공화국인지 또는 국가로서의 중국인지가 문제되었다. 1987년의 환송판결 후 오사카 고등법원 판결(1987년 2월 26일)은 광화기숙사가 일중공동성명에 의해 정부승인이 단절된 것에 수반한 승계재산으로 인정되지 않는다고 하여 대만당국에 계속하여 그 소유권을 인정하였다.

이 판결은 그 후 약 20년에 걸쳐 최고재판소 판결로 계속되어 일중 간의 외교문제로 비화하였다. 2007년 3월 최고재판소 제3소법정은 정부승인 등의 국제법상 논점에는 깊이 파고들지 않고 일중공동성명에 의해 중국을 대표할 자격은 종전의 중화민국 정부로부터 중화인민공화국 정부로 교체되었다고 하여, 그 시점 이후 본건소송의 원고가 되어야 하는 것은 중화인민공화국 정부라는 취지의 판시를 하여 제1심으로 환송하였다.

제 4 장

국가책임

국가책임은 국가가 행한 국제법상의 의무위반에 관한 규칙으로, 국내법 용어로는 민사상 책임에 속한다. 국가책임 영역은 전통적으로 외국에서의 자국민의 신체나 재산의 보호를 둘러싼 국가 간 문제로 간주되어 왔다. 국가책임은 피해를 입은 국가가 의무위반을 행한 국가에 대하여 구하는 것으로, 책임을 추궁하는 판단은 피해국에 의해 행하여진다. 책임 추궁의 목적은 피해국이 입은 위법한 상황을 합법적인 상황으로 되돌리는 것(원상회복)과 피해에 대응하는 것이다. 국제법상의 주된 주체는 국가이고, 국제기구나 사인의 국제법상의 책임(국제책임)은 한정적인 범위에서만 인정되고 있다. 여기서는 주로 국가의 책임에 관하여 설명한다.

I. 국가책임의 개요

1. 책임을 지는 주체는 누구인가

「약속은 지켜져야 한다(pacta sunt servanda)」라는 규범에 근거하여 국가는 국제법에 따라 행동하여야 한다. 국가가 국제법상의 의무에 위반한 행위를 하는 경우에 국가책임이 발생한다. 누구에 의한 어떤 행위가 국제법 위반이 되는지 또는 위법행위를 행한 국가(가해국)나 피해를 입은 국가(피해국)가 어떠한 조치를 취하는지의 문제에 대하여 국제법상의 규칙이나 절차를 정하는 것이 국가책임에 관련된 규칙이고, 이는 국제관습법으로 확립되어 왔다.

국가책임에 관하여 국제법상 문제가 되는 것은 국가의 권리나 의무를 정하는 규칙(제1차 규칙)보다도 위법행위의 성립이나 그 결과에 관한 규칙(제2차 규칙)이다. 국가책임의 추궁은 자동적으로 이루어지는 것이 아니라, 피해국이 그 추궁 여부를 결정하는 것이므로 추궁되지 않는 경우도 있다.

2. 국가책임에 관한 법

국가책임은 전통적으로는 외국에 있는 자국민의 처우문제였다. 타국의 영역에서 자국민이 피해를 입은 경우에 국가는 외교적 보호권을 행사하여 자국민의 이익침해에 관하여 가해국에 대하여 책임을 추궁하여 왔다. 18세기 후반 이후 아시아, 아프리카, 라틴 아메리카 등에 구미 국가들이 진출하면서 국민의 신체나 재산을 보호하는 법이 발전하였다. 그것이 국가 간의 국제의무 위반을 일반적으로 다루는 국가책임론으로 발전한 것이다.

1930년의 헤이그 국제법 편찬회의에서 국가책임에 관한 법전화가 시도되었다. 국가는 그 영역에 있는 외국인의 신체나 재산에 대하여 손해를 발생시키지 않도록 상당한 주의(due diligence)를 기울일 의무가 있다. 이 '상당한 주의 의무'에 대하여는 그 기준이 문제가 되어 국제표준주의와 국내표준주의의 견해가 대립하여 왔다. 구미 국가들이 국제적으로 통일된 기준의 적용을 구하는 국제표준주의를 주장한 반면, 라틴 아메리카 등 다른 국가들은 각국의 상황을 반영한 상이한 기준을 사용하자는 국내표준주의를 주장하였다. 이 대립 때문에 법전화작업은 성공하지 못하였다.

국가책임의 논의는 제2차 세계대전 후에 UN의 국제법위원회(ILC)에서 계속되었다. ILC는 국제법의 점진적 발달과 법전화를 목적으로 조약안을 작성하는 것이 임무였는데, 1956년부터는 국가책임에 관한 법전화작업을 개시하였다. 쿠바 출신의 가르시아 아마도르, 이탈리아의 아고, 네덜란드의 리프하겐, 이탈리아의 아랑디오 루이스, 호주의 제임스 크로포드로 구성된 역대 특별보고자에 의한 보고를 기초로 심의가 이루어졌고, 2001년에 UN총회에서 「국제위법행위에 대한 국가책임에 관한 규정초안」(이하 '국가책임초안')이 채택되었다. 이 초안은 정식조약은 아니지만 국가책임에 대한 일정한 기준과 지침을 정하고 있다. ILC는 법전화 작업을 통하여 학설이나 국제판례를 참조하며 이 초안을 작성하고 국가책임법의 내용을 확인하여 왔다. ILC의 법전화작업은 국제법의 학설, 판례에 대해서도 영향을 미쳐 왔다. 본 장에서도 주로 국가책임초안을 참고하기로 한다. 또한 개개의 조약에 국제위법행위에 대처하는 방법이 규정되어 있는 경우도 있으므로 이에 대해서도 언급하기로 한다.

3. 국제위법행위(internationally wrongful act)

국가에 의한 국제법위반행위는 작위(행동하는 것) 또는 부작위(행동하지 않는 것)에서 발생하는 국가의 행위가 국제법상 특정한 국가에 귀속할 것, 그리고 그 행위가 그 국가의 국제의무 위반을 구성할 것, 즉 「국가로의 행위의 귀속」과 「국제위법행위의 존재」라는 2개의 요건을 충족하는 경우에 성립한다. 국가행위의 합법성, 위법성은 국제법에 의하여 규율된다. 가령 어떤 행위가 해당 국가의 국내법상으로 합법이라 하더라도 국제법상 위법한 행위가 되는 경우가 있다. 또한 국가는 자국의 국내법을 원용하여 국제법상의 위법행위를 면할 수 없다(국가책임초안 제3조).

II. 국가책임의 성립요건

1. 국제위법행위의 발생

■ 행위의 귀속 - 누구의 행위인가

국가책임은 문제되는 행위가 ① 국제법상 국가에 귀속하고 그것이 ② 국가의 국제의무위반을 구성할 때 존재한다. 이 경우 국가에 의한 위법한 행위가 누구의 행위인지가 문제된다. 국가의 행위는 국회의원(입법기관), 공무원(행정기관), 판사(사법기관) 등 국가기관의 지위에 있는 사람이 행한 행위이다. 이 경우 조직 내에서의 지위나 중앙/지방정부인지의 여부를 불문한다. 또한 국내법에 근거하여 이런 지위에 있는 모든 사람과 단체가 문제된다.

국가의 기관으로서의 지위에 있지 않은 개인, 민간단체나 기업의 행위가 국가의 행위가 되는 경우도 있다. 이 경우 국내법률에 의하여 통치권한을 부여받아 그러한 자격에서 한 행위는 국가의 행위로 간주된다. 또한 국가기관이나 통치권한을 부여받은 자의 행위는 그 권한을 일탈한 행위라고 해도 국가의 행위로 파악된다. 사인의 행위는 원칙적으로 국가에 귀속되지 않으므로 국가가 그 행위에 대하여 국제법상의 책임을 묻는 일은 없다. 단, 사인의 행위에 관하여는 국가기관의 행동이 문제된다. 국가는 외국인의 권리나 재산에 손해가 발생하지 않게 할 상당한 주의의무를 부담하며, 이 의무를 위반한 경우에는 국가책임이 발생한다. 나아가 국가가 지휘하고 명령한 사람이나 집단의 행위는 국가의 행위로 간주된다. 이란의 수도 테헤란에서 발생한 폭도에 의한 미국대사관 점거 및 인질의 억류에 관하여 ICJ는 1980년의 판결에서 이란지도자가 폭도의 행위를 묵인한 것은 그 행위를 국가의 행위로 전환시킨 것이라 하여 사인에 의한 이 사건 행위가 국가의 행위라고 판단하였다(*United States Diplomatic and Consular Staff in Tehran* 사건[제5장 Case ①]).

또한 국가에 정규기관이 존재하지 않거나 기능하고 있지 않은 경우에는 통치권능을 사실상 행사하고 있는 사람이나 집단의 행위도 국가의 행위로 간주하는 경우가 있다. 나아가 원칙적으로 정부는 반란단체나 그 밖의 단체에 대하여 책임을 지지 않지만, 그 단체가 나중에 국가의 신(新)정부가 되는 경우 그 행위는 국가의 행위로 간주된다. 반란단체가 국가영역의 일부 또는 실질적 지배를 행하는 영역에서 신정부 수립에 성공한 경우에도 그 행위는 신정부의 행위로 간주된다.

개인의 행위에도 국가의 책임을 묻는 경우가 있다. 「달과 기타 천체를 포함한 외기권의 탐색과 이용에서의 국가활동을 규율하는 원칙에 관한 조약」은 우주공간에서의 국가활동에 관하여 그것이 정부기관 또는 그 이외의 단체에 의하여 행하여지는지의 여부를 불문하고, 국가는 국제적인 책임을 부담하며 또한 조약규정에 따라 활동할 것을 확보할 책임을 지닌다고 규정하고 있다(동 조약 제6조).

■ 국제의무위반의 존재

국가의 행위가 국제법상의 의무에 따라 당해 국가에 요구되는 것에 합치하지 않는 경우에는 그 의무의 연원(즉 국제관습법, 조약, 법의 일반원칙)에 상관없이 국가의 국제의무위반이 존재한다. 그리고 국가의 행위가 국제의무에 의하여 요구되는 바와 일치되지 않을 때 국제의무 위반이 존재하게 된다(국가책임초안 제12조). 즉 행위 발생당시 국가가 그 의무에 구속되지 않았다면 국제법상의 의무위반에 해당하지 않는다. 국가에 의한 의무위반행위의 양태로는 계속되는 행위(대사관 등 공관의 점거, 대사관원의 인질)와 즉시 완료되는 행위(대사관원에 대한 신체적 폭력, 공관의 파괴) 등이 있고, 이들 모두 국가책임을 발생시킨다.

2. 과실책임주의와 객관책임주의

국가의 의무위반행위에 더하여 국가의 고의(*dolus*) 또는 과실(*culpa*)이 있어야 국가책임이 발생하는지(과실책임주의), 아니면 오직 국가의 의무위반에 의해서만 국가책임이 발생하는지(객관책임주의)에 대하여 학설상 대립이 있다. 과실책임주의는 국가의 의무위반과 국가의 고의 · 과실이라고 하는 주관적 요소를 발생요건으로 하는 입장으로 국제법의 전통적인 견해이다. 이에 반하여 객관책임주의는 주관적 요소를 불문하고 국가의 의무위반이 있기만 하면 국가책임이 발생한다는 견해이다. 이 입장은 일반적으로 사람에 적용되는 고의 · 과실이라는 원칙을 국가기관에 적용하는 것에 의문을 제기한다. 국가책임초안은 주관적 요소를 국가책임의 발생요건으로 하지는 않고 객관책임주의를 채택하고 있다(국가책임초안 제2조). 또한 과실의 유무는 국제법상의 구체적인 규정이 없는 한 국가책임의 발생요건이 되지 않는다(「우주물체에 의하여 발생한 손해에 대한 국제책임에 관한 조약」(1972) 제3조는 과실책임에 대하여 규정하고 있다).

3. 손해발생의 유무

어떤 행위가 국가책임을 구성하기 위해서는 구체적인 손해의 발생이 필요한가? 손해의 발생은 국제법위반이 되는 제1차 규칙에 관련되는 것으로, 통설에서는 국제위법행위의 요건으로 고려하지 않는다. 따라서 구체적인 손해의 발생은 국가책임의 구성요건이 아니라고 생각된다. 국가책임초안도 손해의 발생에 관하여는 특별히 규정하고 있지 않지만, 위법행위로부터 발생하는 피해의 회복에 대하여 규정하는 등 손해 관련 규정을 포함하고 있다.

통상 국가책임을 추궁할 수 있는 주체는 피해국이다. 또한 피해국 이외의 국가도 다음의 경우 책임을 추궁할 수 있다. 즉 ① 위반된 의무가 그 국가를 포함한 국가의 집단에 대한 것이고 집단의 이익보호를 위해 만들어진 것인 경우, 그리고 ② 위반된 의무가 국제사회 전체에 대한 것인 경우이다. 또한 피해국은 책임을 지는 국가에 대하여 ① 국제위법행위의 중지와 재발방지의 보증, ② 피해국 및 위반의무의 영향을 받는 국가의 이익을 위하여 국가책임초안에 규정된 회복의무의 이행을 청구할 수 있다.

따라서 국제적인 의무에 위반하지 않는 행위로부터 손해가 발생한 경우에는 책임추궁이 불가능할 수도 있다. 그래서 최근에는 국경을 넘어 이루어지는 활동 중 국제법상 금지되어 있지 않은 행위에 의해 유해한 결과가 초래된 경우의 책임에 관한 문제도 논의하게 되었다. 예를 들어 「원자력선운항자의 책임에 관한 조약(1962년)」은 원자력선의 운항을 허가한 국가가 선박이 어떠한 장소에서 일으킨 사고로부터 발생한 손해에 대해서라도 일정한 손해배상용 기금을 제공할 의무를 부담한다고 규정하고 있다. 또한 「해양법에 관한 UN협약」은 어떠한 국가라 하여도 그 관할 하의 사람에 의한 해양환경의 오염에 의해 발생한 손해에 관하여 자국의 법제도에 따라 신속하고 적절한 보상 등 구제수단을 확보할 것을 규정하고 있다. 즉 오늘날의 국제법 하에서는 적법한 행위로 인하여 발생한 손해에 대해서도 일정한 상황에서는 국가가 책임을 지는 경우가 있다고 정리할 수 있다.

4. 위법성 조각사유

위법성 조각사유(circumstances precluding wrongfulness)란 본래는 국제법상 위법한 국가행위이지만 일정한 조건 하에 그 위법성이 해제되어 의무의 불이행에 근거한 책임을 물을 수 없게 되는 것을 말한다. 이 경우 국가책임이 발생하지 않는다. 국가행위의 위법성이 조각되는 사유로는 상대방의 유효한 동의(valid consent), 자위(self-defence), 대항조치(countermeasures), 불가항력(force *majeure*), 조난(distress), 긴급피난(필요성, necessity) 등을 들 수 있다. 동의, 자위, 대항조치는 다른 국가로부터의 행위에 대처하는 것이며 불가항력, 조난, 긴급피난은 객관적으로 발생한 사태에 대응하는 것이다.

우선 국가가 타국에 의한 특정한 행위에 대하여 유효한 동의를 하면 당해 타국의 행위는 동의의 범위 내에 있는 한 위법성이 조각된다. 이 경우 동의는 강제에 의한 것이 아니어야 한다.

또한 어떤 국가의 행위가 자위를 위한 조치인 경우에도 위법성이 조각된다. 국가는 개별적 또는 집단적 자위의 고유한 권리를 갖는다(UN헌장 제51조). 자위권을 행사한 경우에는 당해 국가는 UN안전보장이사회에 즉시 보고하여야 한다. 나아가 어떤 국가의 행위가 타국에 대한 대항조치인 경우에도 국제법상의 위법성이 조각된다(대항조치에 대하여는 후술).

불가항력(force *majeure*)이란 의무의 이행을 물리적으로 불가능하게 하는, 국가의 통제를 넘어서는 저항할 수 없는 힘이나 예견할 수 없는 외적 사정(예를 들어 대규모의 자연재해)을 말하는 것이며, 국가의 행위가 이런 사정에 의해 국제의무에 위반된 경우에는 위법성이 조각된다. 단, 불가항력의 상황이 "단독으로 또는 다른 요인과 결부되어" 이를 원용하는 국가의 행위에 기초한 경우, 또는 그 국가가 당해 상황의 발생위험을 처음부터 알고 있었음에도 유효한 예방조치를 취하지 않은 경우에는 적용되지 않는다.

행위자가 조난상황에서 자기의 생명 또는 자신에게 보호를 부탁한 다른 자의 생명을 지키기 위한 행위를 하였고 그 밖의 합리적인 방법이 없었던 경우에도 국가행위의 위법성이 조각된다. 1990년의 *Rainbow Warrior* 호 사건(본장 Case ①)에서 프랑스는 뉴질랜드와의 합의 하에 군시설에 격리하고 있던 프랑스인을 건강상태를 이유로 뉴질랜드의 동의 없이 자국에 이송한 것에 대하여 위법성 조각사유로서 조난을 원용하였다.

Case ① *Rainbow Warrior* 호 사건

(UN사무총장 중재 , 1986년 7월 6일, 뉴질랜드 · 프랑스 중재재판소 판정, 1990년 4월 30일)

프랑스의 핵실험에 항의하여 환경단체 그린피스가 파견한 선박 Rainbow Warrior 호가 뉴질랜드의 항만에 정박 중 폭파되었다. 뉴질랜드 고등법원은 범행에 가담한 2명의 프랑스인에 대하여 징역 10년의 판결을 언도하였다. 또한 선박의 파괴에 대하여 프랑스 정부는 사건에 대한 관여를 정식으로 인정하였다. 범행을 행한 2명의 처우에 대해서는 UN사무총장의 판단에 회부되었다. 사무총장은 프랑스에 대하여 뉴질랜드에 대한 사죄(만족, satisfaction), 금전배상, 행위자를 프랑스령 폴리네시아의 아오 섬에 격리할 것을 명하였다. 그런데 프랑스가 뉴질랜드의 합의를 얻지 않고 이들을 본국 프랑스로 이송하였기 때문에 양국이 합의한 중재절차에 따라 분쟁해결을 청구하게 되었다. 중재재판소는 건강상의 이유가 있는 1명에 대해서는 사유 중 '조난'에 해당하여 그 위법성이 조각된다고 하였다.

국가는 다음의 경우에 긴급피난을 위법성조각의 근거로서 원용할 수 있다. ① 그 행위가 중대하고 급박한 위험으로부터 근본적 이익(essential interests)을 지키기 위해 당사국이 선택한 유일한 방법일 것, ② 그 행위가 의무의 상대국 또는 국제사회 전체의 근본적 이익을 크게 해하는 것이 아닐 것이다. 1967년 라이베리아 선박인 유조선 Torrey Canyon 호가 영국 근해에 좌초하였을 때, 영국은 유조선에서 유출된 원유가 환경에 영향을 미쳤기 때문에 이 유조선을 폭파하였는데, 이 행위는 긴급피난으로서 인정되었다(Torrey Canyon 호 사건). 한편 긴급피난을 원용할 수 없는 경우로는 ① 국가의 국제의무가 긴급피난을 원용할 가능성을 배제하는 경우, 또는 ② 국가가 긴급피난 상태의 발생에 기여한 경우가 있다.

위법성조각사유에 관하여는 아래와 같은 점에서 주의가 필요하다. 우선 위법성조각사유의 원용은 그것을 주장하는 국가에 의해 이루어진다. 또한 일반국제법상의 강행규정 하에서 발생한 의무와 합치하지 않는 국가행위의 위법성을 조각하는 것이 아니기 때문에 강행규범은 항상 준수되어야 한다. 강행규범의 중대한 위반으로는 집단살해(genocide), 침략(aggression), 인종격리(apartheid), 식민지배 등이 있다. 나아가 위법성 조각사유가 존재하지 않는 경우에는 의무가 준수되어야 한다. 또한 위법성조각사유를 원용하는 국가의 행위에 의해 물적 손해가 발생한 경우에는 금전배상이 요구되는 경우도 있다.

III. 국가책임의 추궁수단

1. 국가책임의 추궁

■ 행위의 중지, 재발방지의 보증 그리고 배상

국제위법행위를 행한 위반국에 대하여 피해국은 다음의 경우 국가의 책임을 추궁할 권리를 갖는다. 첫째는 어떤 국가가 타국에 대하여 개별적으로 지고 있는 국제의무를 위반한 경우로서 이 때 피해국은 국제책임을 물을 수 있다. 둘째는 특정 의무의 이행이 피해국을 포함한 국가의 집단(a group of states)이나 국제공동체 전체(international community as a whole)에 대한 의무를 위반하는 행위인 경우이다. 이 경우는 다시 두 가지로 나누어진다. ① 그 의무위반으로 인하여 '특별히 영향을 받은(specially affected)' 국가는 피해국으로서 국제책임을 물을 수 있다. ② 이 의무위반의 성격이 의무의 계속적인 이행과 관련하여 다른 모든 국가의 입장을 근본적으로 변경(radically change)하는 성격의 것인 경우 다른 모든 국가들은 각기 피해국으로서 국제책임을 물을 수 있다.

피해를 입은 국가는 가해국에 대하여 청구를 통고한다. 통고의 내용은 위법행위가 계속되고 있는 경우에는 그것을 중지하기 위한 책임을 지는 국가가 취해야 할 행위, 또는 국제책임의 내용의 규정에 따라 취해야 할 회복의 방법으로 구성된다. 다만 다음과 같은 경우 피해국은 가해국의 책임을 추궁할 수 없다. 우선 그 청구가 국적에 관하여 적용되는 규칙에 따르지 않은 경우, 또는 그 청구에 국내구제완료의 원칙이 적용되는 것으로 이용가능하고 실효적인 국내적 구제를 다하지 않은 경우가 있다(국가책임초안 제44조). 나아가 피해국이 청구를 포기한 경우나 피해국이 청구의 실효를 묵인한 것으로 간주되는 경우에는 책임을 추궁할 권리를 상실한 것으로 간주되어 가해국의 책임을 추궁할 수 없다(제45조).

한편 국제위법행위에 대해 책임을 지는 가해국은 우선 행위가 계속되고 있는 경우 그 행위를 중지하여야 한다. 또한 위법행위를 반복하지 않을 것을 약속하여야 한다. 나아가 국제위법행위에 의해 발생한 피해를 원래 상태로 되돌려야 한다(원상회복, restitution). 피해는 물질적인지 정신적인지를 불문하고 국가의 국제위법행위에 의해 발생한 모든 손해를 포함한다. 피해자의 사망처럼 원상회복이 실제로 불가능한 경우나 물질적 · 정신적 피해에 대해서는 금전배상을 지불하여야 한다.

■ 대항조치 (countermeasures)

피해국의 가해국에 대한 책임 추궁은 교섭 · 중개 · 조정 · 재판 등 평화적인 해결수단에 의하여 이루어진다. 그러나 가해국이 위법행위를 인정하지 않는 경우나 배상 등에 응하지 않는 경우 피해국은 가해국에 대하여 행위의 중지나 구제를 요구하기 위해 대항조치를 취할 수 있다. 대항조치는 복구(reprisals)라고도 하며, 전통적으로는 무력을 수반하는 조치도 포함되었다. 그러나 UN헌장에서 무력행사가 금지된 오늘날 무력을 동반한 복구는 인정되지 않는다.

피해국은 국제위법행위의 책임국에 대하여 오직 국가의 국제책임에 근거한 의무이행을 확보하기 위해서만 대항조치를 취할 수 있다. 대항조치는 책임을 지는 국가에 대하여 조치를 취하는 당해 국가가 국제의무를 일시적으로 불이행하는 것에 한정된다. 또한 대항조치는 의무이행의 재개를 가능하게 하는 방법으로 취해져야 한다.

피해국이 가해국에 대하여 대항조치를 취하는 경우에는 다음의 의무에 영향을 주어서는 안된다. 이는 ① UN헌장 상의 무력에 의한 위협 또는 무력의 행사를 삼갈 의무, ② 기본적 인권을 보호할 의무, ③ 복구를 금지하는 인도적 성질을 가지는 규범이나 조약규정을 지킬 의무, ④ 일반국제법의 강행규정에 근거한 그 밖의 의무이다(국가책임초안 제50조). 또한 피해국은 가해국과의 사이에서 적용되는 모든 분쟁해결절차나 외교관, 영사관, 외국공관이나 공문서·서류의 불가침성을 존중한다는 의무이행에서 벗어날 수 없다. 그리고 대항조치는 피해와 균형을 이루는 것이어야 한다(균형성의 원칙).

대항조치를 취하기 전에 피해국은 우선 책임을 지는 국가에 대하여 국제책임의 의무이행을 요구하여야 한다. 또한 대항조치를 취한다는 결정을 가해국에 통고하고, 교섭을 신청하여야 한다. 단, 통고나 교섭의 신청과 상관없이 피해국은 권리보전을 위해 필요하다고 생각되는 긴급한 대항조치를 취할 수 있다.

국가는 국제위법행위가 중지된 경우나 분쟁이 당사국을 구속하는 결정을 행할 권한을 가지는 재판소나 재정기관에 회부되어 있는 경우에는 대항조치를 취해서는 안 되고, 만약 조치를 취하고 있는 경우에는 즉시 정지해야 한다.

Case ② *Gabčíkobo - Nagymaros Project* 사건

(ICJ 판결, 1997년 9월 25일)

헝가리와 슬로바키아는 도나우 강의 개발과 하천관리에 관한 조약을 체결하였다. 이 조약에는 각 영역에서의 댐 및 발전소·항행시설의 건설계획이 포함되어 있었다. 헝가리는 이 계획이 환경상 긴급사태를 초래할 것을 우려하여 공사를 정지·포기하였다. 이에 대하여 슬로바키아는 조약상의 계획을 일방적으로 변경하여 자국 영역 내에 인공운하와 댐을 건설하고, 이 행위를 대항조치로 정당화할 수 있다고 주장하였다. 이 분쟁에 대하여 ICJ는 긴급피난(necessity)을 국제관습법상의 규칙으로 인정하고, 국가책임초안에 근거하여 긴급사태가 위법성 조각사유로서 채택되기 위해서는 그 행위가 ① 국가의 불가결한 이익에 기인할 것, ② 중대하고 긴박한 위협에 의해 위협받을 것 ③ 이익 보호를 위한 유일한 수단일 것, ④ 상대국의 불가결한 이익을 중대하게 침해하는 것이 아닐 것, ⑤ 원용국가가 긴급사태의 발생에 기여하지 않았을 것이라는 다섯 가지 조건을 충족할 필요가 있다고 하였다. 그러나 헝가리의 행위가 이들 모두를 충족하는 것은 아니라고 하여 그 주장을 기각하였다. 또한 슬로바키아가 취한 행위가 대항소치인가 하는 주장에 대하여 그 위법성조각사유가 인정되기 위한 요건으로 ① 상대국의 위법행위의 존재, ② 위법행위의 정지나 구제 요청의 유무, ③ 대항조치로서의 행위와 선행하는 위법행위에 의한 피해 사이의 균형성의 존재를 들어, 슬로바키아의 행위에 대하여 ③의 요건을 충족하지 못한 것으로 대항조치로서의 적법성을 인정하지 않았다.

2. 개인의 피해에 대한 외교적 보호권 (diplomatic protection)

외교적 보호권은 자국민이 타국에서 입은 신체, 재산에 대한 손해에 관하여 본국이 행사하는 권리이다. 외교적 보호는 피해자의 권리를 대리하는 것이 아닌 국가의 고유한 권리이며, 국가는 적절하다고 생각되는 수단과 방법에 의해 외교적 보호권을 행사할 수 있다(*Mavrommatis Palestine Concessions* 사건, *Barcelona Traction Company* 사건[제12장 Case ⑧]). 또한 이 권리를 행사할 것인가는 국가의 재량에 의한다. 국가가 외교적 보호권을 행사할 때에는 국적계속의 원칙과 국내적 구제완료의 원칙의 2가지 요건을 충족할 것을 조건으로 한다. ILC는 외교적 보호와 관련하여 외교보호초안의 법전화작업을 수행하고 있다.

■ 청구국적계속의 원칙

국적계속의 원칙이란 피해를 입은 사람이 손해를 입은 때로부터 외교적 보호권 청구시까지 청구국의 국적을 계속 유지해야 한다는 원칙이다. 또한 국적이 국제적인 효과를 가지기 위해서는 사람과 국가 사이에 "진정한 관련(genuine link)"이 요구된다. 리히텐슈타인 국적을 가진 노테봄이 생활의 본거지였던 과테말라 정부에 의해 재산을 몰수당한 것에 대하여 리히텐슈타인이 과테말라를 상대로 하여 ICJ에 제소한 사건이 있다. ICJ는 노테봄과 리히텐슈타인 사이에는 진정한 결합관계가 인정되지 않는다고 판단하였다(*Nottebohm* 사건[제8장 Case ②]). 또한 ICJ는 법인(기업)에 관한 외교적 보호권의 행사에 대하여 주주의 국적국이 아니라, 기업의 설립준거법지이고 소재지인 국가가 행사할 수 있다고 확인하였다(*Barcelona Traction Company* 사건 [제12장 Case ⑧]).

■ 국내구제완료의 원칙

국내구제완료의 원칙은 국가책임을 추궁하기 전에 피해가 발생한 국가 내의 구제제도(재판제도 등)에 따라, 이용가능한 모든 절차(일반적으로 3심, 헌법소원이 가능한 경우 헌법소원도 포함)를 시도해야 한다는 원칙이다. 이 원칙은 국제관습법으로 확립되어 있다(*Interhandel Company* 사건).

■ 칼보조항 (Calvo clause)

칼보조항이란 국가와 외국인 사이에 체결한 계약에서 발생한 분쟁에 관하여 외국인이 자국정부의 외교적 보호를 요청하지 않을 것을 약속하는 조항의 일반적 호칭이다. 이는 아르헨티나의 국제법학자 칼보의 이름에서 유래하였다. 라틴 아메리카 국가들과 구미 기업들 사이에서 체결된 계약상의 분쟁에 대하여 구미 국가들이 외교적 보호를 주장하며 정치적으로 개입한 사건에서, 칼보조항은 이와 같은 행동을 배제하기 위하여 기업과 국가 사이의 계약에 규정되어 왔다. 1926년의 *North American Dredging Company* 사건(미국-멕시코 일반청구권위원회)은 한 미국기업과 멕시코정부가 계약을 체결하여 멕시코 항만의 준설공사를 도급받은 것과 관련하여 미국이 멕시코정부의 계약위반에 의해 피해를 입었다며 제기한 소송이다. 일반청구권위원회는 당해 계약에 규정되어 있던 칼보조항의 효력을 일정한 범위에서 인정하였다. 다만, 외교적 보호권은 국가의 권리이고, 개인(기업)이 일방적으로 포기하는 것은 불가능하다는 유력한 비판도 있다. 현재는 칼보조항에 의해서 국가의 외교적 보호권이 포기되지 않는다는 것이 통설이다.

3. 국가책임의 해제방식

국제위법행위에 책임을 지는 국가는 행위가 존속하고 있는 경우에는 우선 그것을 정지하고, 나아가 필요한 경우에는 재발방지를 약속하고 보증해야 한다. 또한 국제위법행위에 의해 발생한 피해에 대해서는 책임해제를 위하여 일정한 행위가 요구된다. 책임해제를 위해서는 원상회복, 금전배상, 만족(사죄) 등이 단독으로 또는 결합되어 이용된다.

■ 원상회복 (restitution)

원상회복이란 위법행위가 행하여지기 전에 존재한 상태를 회복하는 것으로 국제위법행위에 책임을 지는 국가가 그 의무를 부담한다. 상설국제사법재판소(PCIJ)는 원상회복이 다른 조치에 우선한다고 하였다(*Chorzow Factory* 사건). 이 경우에 원상회복은 ① 물리적으로 불가능하지 않을 것, 또한 ② 금전배상 대신 원상회복으로 발생하는 이익과 현저히 균형을 잃은 부담을 수반하지 않을 것을 조건으로 한다.

■ **금전배상** (compensation)

손해가 원상회복에 의해 충분히 회복되지 않는 경우, 국제법위반행위에 대하여 책임을 지는 국가는 손해에 대하여 금전배상을 행할 의무를 부담한다. 금전배상은 금전상 평가가능한 모든 손해를 대상으로 하고, 입증되는 경우에는 일실이익을 포함한다.

■ **만족** (**사죄**, satisfaction)

국제위법행위에 책임을 지는 국가는 피해가 원상회복 또는 금전배상으로는 충분히 회복되지 않는 경우에는 위법행위에 의해 발생한 피해에 대한 만족(사죄, satisfaction)을 부여할 의무를 부담한다. 만족은 위반의 인정 · 유감의사의 표명 · 공식적인 사죄 등에 의해 이루어진다. 만족은 피해와 균형을 잃는 것이어서는 안 되고, 책임을 지는 국가를 모욕하는 형식을 취해서는 안 된다. *Rainbow Warrior* 호 사건(본장 Case ①)에서는 중재판정부에 의해 이루어진 프랑스의 의무위반을 인정하는 선언과 재판의 공표가 뉴질랜드가 입은 법적 및 정신적 손해를 충분히 만족시켰다. 이 점에 관하여 미국에서 체포되어 처형된 독일인 형제의 처우가 쟁점이 된 *LaGrand* 사건에서 ICJ는 미국이 독일에 대하여 행한 사죄만으로는 불충분하다고 하여 재발방지조치를 명하였다. 2001년 2월 하와이의 오아프 섬 근해에서 에히메현(愛媛県) 우와지마(宇和島) 수산고등학교의 연습선「에히메마루」가 미국의 원자력 잠수함「그린빌」에 충돌하여 침몰하였다. 이로 인하여 고교생을 포함한 9명이 실종된 사건에서 미국정부는 일본정부에 사죄하고 모든 책임을 인정하였다. 침몰한 선체는 미국해군이 인양하여 선내의 탐색 및 회복작업을 하였고 회수한 물품을 일본에 반환하였다.

나아가 아이치 현에 대하여 보상금이 지불되었다.

Case ③ *심양(瀋陽) 일본영사관* 사건

2002년 중국 심양의 일본총영사관 부지 내에 북한에서 탈출한 망명 희망자 5명이 들어오자, 경비를 서고 있던 중국경관이 총영사관 내에 정식 허가 없이 들어와서 그 5명을 연행하였다. 일본정부는 중국정부에 대하여 그 행위가 영사관계에 관한 비엔나협약에 위반한 것이라고 항의하였고, 또한 관계자의 인도와 사태의 상세한 설명, 나아가 중국측의 사죄와 재발방지를 요구하였다. 이에 대하여 중국정부는 자국이 비엔나협약을 준수하고 있다는 것 및 그 조치는 총영사관의 안전확보를 위하여 취한 조치였다고 주장하여, 양자의 의견이 대립하였다. 결국 국가책임을 추궁하지 못하였고, 또한 망명희망자는 이후 제3국을 경유하여 한국에 이송되었다.

Case ④ *Palestinian Wall* 사건

(ICJ 권고적 의견, 2004년 7월 9일)

이 사건은 팔레스타인 점령지를 지배하고 있던 이스라엘에 의한 분단장벽 건설의 법적 효력에 관하여 UN총회가 ICJ에 권고적 의견을 요청한 것이다. ICJ는 이스라엘의 분리장벽 건설이 국제법상 의무위반이라고 판시하여, 그 행위가 자위권 행사는 물론 긴급피난에도 해당하지 않는다고 판단하였다. 나아가 이스라엘은 국제의무위반인 장벽건설을 중지하여야 하고, 손해에 대하여 보상을 행할 의무가 있으며, 원상회복이 불가능한 경우에는 손해를 입은 자에 대하여 금전배상을 지불할 의무가 있다고 하였다. 또한 ICJ는 이스라엘의 행동을 대세적(對世的) 의무에 대한 위반이라고 판단하였다. 나아가 다른 국가들에는 장벽건설로 발생한 위법한 상황을 승인하지 않을 의무가 있다고 하였고, UN안보리와 총회에 대해서는 장벽건설에서 발생한 위법한 상황을 종결시키기 위한 행동을 검토해야 한다고 판시하였다.

Ⅳ. 국제사회에 대한 의무위반

1. 국제범죄개념을 둘러싼 논의

국가책임은 원칙적으로는 국제법상의 의무를 위반한 가해국과 그 결과 손해를 입은 피해국 사이에서 발생하는 법률적인 문제이다. 그런데 국제사회 전체가 지켜야 하는 규범에 대한 인식이 서서히 나타나면서 ILC에서는 국가의 국제법상 의무위반을 「국제불법행위」와 「국제범죄」로 구별하여 전자는 가해국과 피해국의 직접적 관계, 후자는 가해국과 국제사회 전체의 관계로 파악하자는 논의가 있었다. 후자는 국가의 국제위법행위 중에서 국제사회의 근본적 이익을 위해 불가결하고 위반시에 국제사회 전체에 대한 범죄로 인정되는 국제의무를 위반함으로써 발생한 것을 국제범죄로 보아, 침략 · 식민지배 · 노예제도 · 제노사이드 · 인종격리(apartheid) · 환경오염 등을 예시하였다. 이것은 1980년에 ILC가 채택한 국가책임에 관한 잠정초안에 포함되었다.

그러나 범죄는 국내법상 사람에 귀속되는 행위이기 때문에 「국가의 범죄」라는 견해가 국제사회에 있어 성립하는지에 대해서는 국제법상 논란이 있다. 또한 가해국과 피해국 사이의 직접적인 관계가 아닌 국제사회 전체에 대한 범죄의 경우에는 그 범위나 내용 등이 명확하지 않으므로 가령 국제범죄가 인정된다고 하여도 그것이 누구에 의한 어떤 행위인지 확실치 않다는 점, 또 그 청구나 해제가 충분히 확인되지 않았다는 점 등 ILC에서도 의견의 차이가 있어, 국제범죄에 관한 규정은 UN총회가 2001년에 채택한 국가책임초안에서는 배제되었다. 그리고 그 대신 일반국제법의 강행규범에 근거하는 의무의 중대한 위반에 대한 규정을 두게 되었다. 즉, 국가가 일반 국제법상의 강행규범에 근거하여 발생하는 의무에 대하여 중대한 위반을 하여 이에 수반하는 국가책임이 발생하는 경우, 책임을 지는 국가가 그 의무를 심각하게 또는 체계적으로 불이행하는 경우 중대한 위반이 된다고 규정되었다. 또한 모든 국가는 이와 같은 중대한 위반을 합법적인 수단에 의하여 종료시키기 위해서 협력할 것, 중대한 위반에 의해 초래된 사태를 합법적인 것으로서 승인해서는 안 된다는 것, 나아가 그 상태를 유지하기 위한 지원과 원조를 해서는 안 된다는 것도 규정되었다(국가책임초안 제3장).

2. 새로운 책임의 문제

우주활동이나 원자력 발전 등 사회적 이익을 가져오면서도 고도로 위험한 활동에 관련하여, 그것에서 발생하는 손해를 어떻게 다룰 것인지가 문제된다. 위에서 서술한 것처럼 위법하지 않은 행위로부터 발생한 책임에 관하여 바다나 우주 등 특정한 분야는 개별 조약에서 규정하고 있다. 고도로 위험한 활동의 종류가 많아지면서 피해를 입는 국가나 사람을 보다 일반적으로 보호할 필요가 발생하자, ILC는 피해발생의 방지나 피해에 대한 구제에 주목하여「국제법상 금지되어 있지 않은 행위로부터 발생하는 유해한 결과에 대한 책임(liability)」의 법전화 작업을 수행하고 있다.

또한 국제법은 국제기구나 사람의 행위에 의해 발생하는 의무위반에 대하여도 규율하고 있다. ILC는 2002년부터 국제기구의 국제책임에 대한 법전화작업을 진행하고 있다. 사람의 국제법상 책임에 대해서는 특정한 국내법위반행위에 대한 국가간의 사법공조나 국가들의 공통이익을 해하는 마약매매 · 해적 · 인신매매 등의 범죄에 관한 조약의 체결과 더불어, 제노사이드나 인도에 대한 죄 등 국제인도법상의 위반행위를 국제적 형사재판소에 직접 소추하는 절차가 생성되어 왔다. 구유고슬라비아 국제재판소 등의 여러 임시(ad hoc) 재판정은 국제법에 근거하여 개인의 범죄행위를 소추하고 형을 확정하는 활동을 하고 있다.

제 5 장

외교관계법

국가는 외교사절단이나 영사관계를 통하여 다른 국가와 국제적인 관계를 유지한다. 이와 같은 외교사절단이나 영사기관의 파견, 접수, 특권 및 면제 등에 관한 국제법의 규칙들을 널리 외교관계법이라 한다.

외교사절단과 영사기관은 국가 간의 합의에 의해 상호 파견된다는 점에서 유사하다. 그러나 외교사절단이 파견국을 대표하여 접수국과의 교섭을 행하는 데 반하여, 영사기관은 파견국을 대표할 자격을 갖지 못하고 파견국과 그 국민의 이익보호를 목적으로 행정적인 기능만을 담당한다는 점에서 차이가 있다. 또한 국가 간에 외교관계의 단절이 합의된 경우에도 반드시 영사관계가 단절되는 것은 아니다. 외교관계 단절 후에도 자국민이 접수국 내에 머무르는 경우도 있으므로, 대개 영사기관은 계속하여 자국민 보호 등의 임무를 수행한다.

또한 외교사절단과 영사기관 둘 다 접수국 내에서는 일정한 특권 및 면제를 향유하지만 그 범위는 각각의 기능에 따라 다르다.

본 장에서는 국가의 외교관계, 영사관계 및 기타 국가기관의 외국에서의 지위, 특권 · 면제에 대하여 보기로 한다.

I. 국가의 외교관계

국가는 우호관계 발전이나 분쟁해결을 위하여 타국과의 사이에 외교관계를 개설하고 외교사절단(상주사절단)을 상호 교환한다. 외교관계의 개설이나 외교사절단의 파견은 파견국과 접수국 사이의 합의에 근거하여 이루어지고, 서로 간에 동등한 내용의 권리의무를 보장하는 상호주의를 원칙으로 하고 있다. 다만, 외교관계의 단절은 한 국가의 일방적 행위에 의하여 이루어진다.

국가승인을 하는 경우 통상적으로는 승인국과 피승인국 사이에 외교관계도 개설되지만, 제도적으로 양자는 별개이다. 또한 외교관계가 개설되었다고 해서 반드시 외교사절단이 설치되어야 하는 것은 아니고, 제3국에 있는 자국의 외교사절단이 당해 국가와의 외교관계 유지 임무를 겸하는 경우도 있다.

국가의 외교관계는 13세기 이후 긴 시간에 걸쳐 확립된 국제관습법에 의하여 규율되어왔는데, 이 국제관습법은 UN국제법위원회(ILC)에 의해 1961년의 「외교관계에 관한 비엔나협약」(외교관계협약)과 1969년의 「영사관계협약」으로 법전화되었다.

외교관계협약은 실체법으로서 외교사절단에게 부여되어야 하는 편의나 특권·면제 등 파견국과 접수국의 권리의무를 포괄적으로 규정하고 있다. 또한 동시에 외교관의 위법행위에 대하여 접수국이 당해 외교관을 「기피인물(*persona non grata*)」로 통고하는 것에 의해 당해 외교관을 사절단의 구성원으로 인정하지 않을 수 있다고 규정하고 있다. 따라서 당해 외교관은 외교관으로서의 지위가 부정되고 특권·면제를 상실하게 되므로 접수국은 강제퇴거(추방) 등의 조치를 취할 수도 있게 된다. 또한 최후로 외교관계의 단절이라는 수단도 있다. 이처럼 외교관계법은 실체법만이 아니라 필요한 구제조치도 규정하고 있으므로, ICJ는 *United States Diplomatic and Consular Staff in Tehran* 사건(본장 Case ①) 판결에서 이를 「자기완비적 체제(self-contained regime)」라고 지적하고 있다.

■ 외교사절단의 분류

외교사절단으로는 특정한 임무를 위해 임시적으로 파견된 특별외교사절단과 접수국에 상시 파견되는 상주외교사절단이 있다. 특별사절로는 순회사절, 외교회의대표, 특별사절 등이 있고, 이들 특별사절에 관하여는 「특별사절단에 관한 협약」이 있다. 여기서는 주로 「외교관계협약」에 근거하여 상주외교사절단에 대하여 보기로 한다.

외교사절단은 사절단의 장(통상적으로는 대사) 및 사절단의 직원으로 구성된다. 사절단의 직원으로는 외교직원(참사관, 일등서기관 등 외교관의 신분을 가지는 자), 사무직원, 기술직원, 역무직원이 있다(외교관계협약 제1조 (a)~(g)).

사절단의 장의 계급은 ① 국가원수에 의하여 파견된 대사, ② 국가원수에 의하여 파견된 공사, ③ 외교부장관에 의하여 파견된 공사의 3계급으로 나누어진다(제14조 1항). 어떤 계급의 사절을 파견할 것인가는 상호 합의에 의한다. 역사적으로는 대국

간에서는 대사가, 중소국 간에서는 공사가 파견되고 있었다. 일반적으로는 대사를 파견하고 있고 공사는 대사의 아래에 있는 외교관인 경우가 많다. 사절단의 장은 접수국과 조약체결을 할 때 조약문의 채택에 관하여 전권위임장을 제시하지 않아도 파견국을 대표하는 자로 인정된다(조약법협약 제7조 2항(b)). 또한 영연방(Commonwealth) 구성국 간에 교환되는 사절을 고등판무관이라고 하는데 실제적으로 대사나 공사와 다른 점이 없고 완전한 외교특권 · 면제를 향유하고 있다.

■ 외교사절단의 임무

외교사절단의 임무는 ① 접수국에서 파견국을 대표할 것, ② 접수국에서 국제법이 인정하는 범위 내에서 파견국 및 그 국민의 이익을 보호할 것, ③ 접수국의 정부와 교섭할 것, ④ 접수국의 사정을 적절한 수단으로 확인하고 파견국 정부에 보고할 것, ⑤ 접수국과의 우호관계를 촉진하고 양국의 경제적, 문화적 및 과학적 관계를 발전시킬 것 등이다(제3조 1항).

국가 및 자국민의 이익을 보호함에 있어서는 「국제법이 인정하는 범위 내에서」라는 제약이 있다. 따라서 파견국은 자국민을 보호할 때 접수국의 국내문제에 개입해서는 안 되고, 외교적 보호권을 행사하는 경우에는 관련 일반국제법의 규칙에 따라야 한다.

마찬가지로 접수국의 정보수집은 「적절한 수단에 의해」 이루어져야 하고 스파이 행위를 하거나 국내문제에 간섭해서는 안 된다. 그러나 *United States Diplomatic and Consular Staff in Tehran* 사건(본장 Case ①)에서 ICJ가 지적한 것처럼 실제로 외교활동이 스파이 활동이나 국내문제에 대한 간섭 등의 행위에 해당하는가를 판단하는 것은 매우 어렵다.

Case ① *United States Diplomatic and Consular Staff in Tehran* 사건

(ICJ 판결, 1980년 5월 24일)

1979년 11월 4일 이란의 수도 테헤란에 위치한 미국대사관에 과격파 학생이 침입하여 대사관원 및 미국 국민을 인질로 잡는 사건이 발생하였다. 미국은 11월 29일, 외교관계협약, 영사관계협약, 외교관등보호조약 등에 근거하여 인질의 석방, 손해배상 및 실행자의 처벌을 요구하며 이란을 ICJ에 제소하였다.

ICJ는 이란이 미국대사관 및 영사관, 관원, 공문서 및 통신수단을 보호하고 관원의 이동의 자유를 확보하는 등 적절한 조치를 취하여야 할 의무를 부담함에도 불구하고 필요한 조치를 취하지 않은 것은 명백하고 중대한 의무위반에 해당한다고 판단하였다. 또한 ICJ는 이와 같은 이란의 의무는 외교관계협약 및 영사관계협약 상의 계약적인 의무일 뿐만 아니라 일반국제법상의 의무(대세적 의무)이기도 하다고 지적하였다.

이란은 미국이 25년 이상에 걸쳐 스파이 활동을 행하여 국내문제에 개입하여 왔다고 주장하였지만, ICJ는 설령 미국의 스파이활동이 인정된다고 해도 이란의 행위가 정당화된다고 할 수 없다고 판단하였다. 왜냐하면 외교관계법 자체가 외교사절단에 의한 위법행위에 대한 방위로써 또는 위법행위에 대한 제재로써 기피인물 제도를 규정하고 있고, 나아가 외교관계의 단절이라는 방법을 취할 수도 있다고 규정하고 있음에도 이란이 우선 그런 조치를 취하지 않았기 때문이다. ICJ는 실체법만이 아니라 필요한 구제조치에 대하여도 규정하고 있는 이러한 외교관계법의 특질을 「자기완비적 제도(self-contained regime)」라고 지적하였다.

■ 임무의 개시와 종료

외교관계의 개설과 상주외교사절단의 설치는 국가 간의 상호 동의에 의한다(제2

조). 파견국은 원칙적으로 사절단의 직원을 자유롭게 임명할 수 있다(제7조). 그러나 사절단의 장을 임명할 때 파견국은 접수국의 아그레망(동의)을 얻어야 한다. 접수국은 이유를 제시하지 않고 아그레망을 거절하거나 취소할 수 있다(제4조). 즉 아그레망을 부여할 것인지 여부는 접수국의 재량에 맡겨져 있다. 파견국은 1인의 사절단의 장 또는 외교직원을 둘 이상의 국가에 파견할 수 있다. 또한 외교사절단은 국제기구에서 파견국의 대표로서 활동할 수 있다(제5조).

접수국은 언제나 이유를 제시하지 않고 사절단의 장 또는 외교직원을 기피인물(*persona non grata*, 위법한 직무의 수행 · 범죄행위 · 특권의 남용 · 기타 외교관에 적절치 않은 행위를 한 인물)이라는 사실, 또는 사절단의 기타 직원이 받아들일 수 없는 자라는 사실을 통고할 수 있다. 이와 같은 통고를 받은 경우에 파견국은 당해 인물을 본국으로 소환하거나 그 임무를 종료시켜야 한다(제9조). 파견국은 사절단의 구성원이나 그 가족 등의 임무 · 도착 · 최종적 출발 · 임무의 종료 등에 관하여 접수국의 외교부에 통고하여야 한다(제10조).

사절단의 임무는 사절단의 장이 자기의 신임장을 접수국에 대하여 제출하였을 때 개시되는 것으로 간주된다(제13조). 여러 국가로부터 온 사절단의 장의 접수국에서의 석차는 대사, 공사, 대리공사라는 3개의 계급별로 임무개시 일시의 순서에 따라 정해진다(제16조).

외교관의 임무는 파견국이 접수국에 대하여 당해 외교관의 임무가 종료하였다는 취지의 통고를 행한 경우 또는 접수국이 당해 외교관을 기피인물로 통고한 경우에 종료한다(제43조). 파견국은 이러한 통고를 받은 경우 당해 외교관을 본국으로 소환하여야 한다. 만약 파견국이 이 의무를 거부하거나 해당 기간 내에 이 의무를 이행하지 않은 경우, 접수국은 그 자를 사절단의 구성원으로 인정하는 것을 거부할 수 있다. 따라서 그 자에 대하여는 외교특권 · 면제를 인정하지 않을 수 있다(제9조 2항). 또한 파견국과 접수국 사이의 외교관계가 단절된 경우에도 외교관의 임무는 종료한다.

II. 국가의 영사관계

국가 간의 영사관계는 접수국 내에 체류하는 파견국 및 기업을 포함한 국민의 이익, 특히 경제적 이익의 보호라는 실무적인 문제를 처리하기 위해 파견국과 접수국의 동의에 근거하여 개설된다.

영사기관은 접수국의 동의가 있는 경우에만 접수국의 영역 내에 설치된다. 영사기관의 소재지, 종류, 관할구역은 파견국이 결정하지만 접수국의 승인을 얻어야 한다. 통상 파견국의 국민이 많이 체류하거나 경제적, 정치적, 사회적인 관계가 깊은 장소에 복수의 영사기관이 설치되는 경우가 많다. 예를 들어 일본은 미국 국내에 뉴욕, 샌프란시스코, 로스앤젤레스, 시카고, 시애틀 등에 총영사관을 설치하고 있다.

영사관계는 종래 영사조약이나 우호통상항해조약 등의 양자조약 또는 각국의 국내법에 의해 규율되어 왔다. 그러나 이들 다수의 양자조약 및 국내법에 공통되는 규칙이 차례로 일반화되어, 1963년에는 「영사관계에 관한 비엔나협약」(영사관계협약 1967년 발효)이 채택되었다. 동 조약은 전문에서 「영사관계가 오래 전부터 국민들 사이에 설정되어 왔다」고 하고, 또한 「이 조약에 의하여 명시적으로 규율되지 않은 문제에 대해서는 계속하여 국제관습법에 의해 규율된다」고 하여, 영사관계에 관한 국제법 규칙이 국제관습법이라는 인식을 나타내고 있다. 한편으로 종래 그대로의 영사관계를 규율하는 양자조약도 존재하고 있기 때문에 영사관계협약 제73조는 「이 조약은 다른 국제약정에 따라 그 체약국 사이의 효력을 가지는 것에 영향을 미치는 것은 아니다」라고 하여, 별개의 조약이 있는 경우에는 당해 조약의 적용을 인정하고 있다. 영사관계에 대한 다자조약과 양자조약 모두 특권·면제에 대하여 유사한 규정을 두고 있는 경우에는 통상 내용적으로 보다 넓은 규정이 적용된다.

아래에서는 영사관계협약에 근거한 영사관계에 관한 국제법 규칙을 보기로 한다.

■ 영사의 종류

영사기관으로는 총영사관, 영사관, 부영사관 또는 대리영사사무소가 있고(영사관계협약 제1조 1항(a)), 영사기관의 장의 계급은 총영사, 영사, 부영사, 대리영사의 4가지 계급으로 나누어진다(제9조). 영사기관의 구성원은 영사관, 사무직원, 기술직원, 역무직원이 있고(제1조 1항(g)), 영사관은 영사임무를 수행하는 자로 영사관의 장과 장 이외의 영사관으로 구성된다. 또한 영사관으로는 전임영사(파견영사, 직무영사)와 명예영사가 있다(제1조 2항). 영사는 영사임무를 전담하기 위하여 파견국에서 파견된 자임에 반해, 명예영사는 통상 접수국의 거주자(접수국민인 경우도 있다) 중에서 임명되며 본업에 종사하면서 동시에 영사임무의 수행을 위촉받은 자이다. 일반적으로 영사라 하면 전임영사를 가리킨다.

■ 영사의 임무

영사의 임무는 ① 접수국에서 국제법이 인정하는 범위 내에서 파견국 및 그 국민의 이익을 보호할 것, ② 파견국과 접수국 간의 발전을 도모하고 양국 간의 우호관계를 촉진할 것, ③ 접수국의 사정을 적절한 수단에 의해 파악하고 파견국 정부에 통고하여 이해관계자에게 정보제공을 할 것, ④ 파견국 국민에게 여권이나 도항문서를 발급하고 파견국으로의 도항희망자에게 사증 등의 문서를 발급할 것, ⑤ 기타 행정사무를 행할 것 등이 있다(영사관계협약 제5조). 이들 영사의 사무는 외교사절단에 의해서 수행되기도 한다(제3조). 외교사절단의 임무와의 본질적 차이는 영사기관은 파견국을 대표하지 않는다는 점이다. 다만 예외적으로 파견국이 외교사절단을 두지 않고 제3국의 외교사절단에 의해서도 대표되고 있지 않은 국가에 대해서는 영사관이 접수국의 동의를 얻어 영사관으로서의 지위에 영향을 받지 않는 한도에서 외교관계를 수행하는 것도 인정된다(제17조).

■ 영사 임무의 개시와 종료

영사관계의 개설은 상호 동의에 의해 이루어진다. 외교관계의 개설에 동의한 국가는 별도의 의사표시가 없는 한 영사관계의 개설에 대해서도 동의한 것으로 이해된다. 그러나 외교관계의 단절 자체는 영사관계의 단절을 가져오는 것은 아니다(제2조 3항).

영사기관의 장은 파견국에 의해 임명되어 접수국에 의해 임무수행을 승인받는다(제10조). 파견국은 원칙적으로 영사기관의 직원을 자유롭게 임명할 수 있다(제19조). 외교관계와는 달리 영사관계는 사전에 접수국의 승낙을 받는 아그레망 제도가 없다. 그러나 영사관이 임무를 개시할 수 있는 시기는 파견국의 위임장이 접수국에 송부되고 접수국이 인가장을 부여하여 임무의 수행을 승인한 때이다(동 제11조·제12조). 다만 현재는 영사기관의 장의 경우를 제외하면 위임장은 거의 부여하지 않게 되었다. 접수국은 인가장의 부여를 거부하는 경우, 파견국에 대하여 거부의 의사를 제시할 필요는 없다(제12조 2항).

접수국에서 영사기관의 장의 석차는 총영사, 영사, 부영사, 대리영사라는 4가지 계급별로 인가장을 부여받은 일자에 따라 정해진다(제16조).

접수국은 언제라도 파견국에 대하여 영사관인 자가 기피인물이라는 사실, 또는 영사기관의 다른 직원인 자가 받아들일 수 없는 자라는 사실을 통고할 수 있다. 파견국이 이 통고를 받은 경우에는 당해 인물을 본국으로 소환하거나 그 임무를 종료시켜야만 한다(제23조). 파견국은 영사기관의 구성국이나 그 가족 등의 임명·도착·출발·임무의 종료 등에 대하여 접수국의 외교부에 통고하여야 한다(제24조).

영사기관의 구성원의 임무는 ① 파견국이 접수국에 대하여 당해 구성원의 임무가 종료하였다는 취지의 통고를 행한 때, ② 접수국의 인가장이 철회되었을 때, ③ 접수국이 파견국에 대하여 당해 구성원을 영사기관의 직원으로서 인정하는 것을 그만두었다는 취지의 통고를 행한 때에 종료한다(제25조). 또한 파견국이 영사관을 기피인물로 통고하여 소환을 요구한 경우에도 영사관의 임무는 종료한다.

영사관계가 단절된 경우, 무력분쟁이 발생한 경우라 하여도 접수국은 영사기관의 공관, 재산, 공문서를 존중하고 보호해야 한다(제27조).

III. 외교특권과 면제

외교사절단 및 영사기관 그 자체와 외교관 및 영사관은 일정한 범위에서 특권 및 면제를 향유한다. 또한 마찬가지로 국가기관인 군대의 관련시설 및 구성원이나 국가가 국제기구에 대하여 파견하고 있는 상주대표부도 일정한 특권과 면제를 가진다.

1. 외교사절단의 특권과 면제

■ 외교특권 · 면제의 근거와 목적

외교사절단 및 외교관에 특권과 면제가 부여되는 근거에 관하여는 ① 위엄설, ② 치외법권설, ③ 국가대표설, ④ 기능적 필요설(기능설)의 4가지 학설이 있다.

위엄설은 외교사절단이 군주의 대표로서 파견되고 있던 시대를 반영하는 것으로, 외교사절단은 군주의 위엄을 나타내므로 군주와 동등한 특권과 면제를 가진다고 보는 학설이다. 이 학설은 그 후 공화국의 증가 및 외교사절단의 역할의 변화로 인해 오늘날에는 지지를 얻지 못하고 있다.

치외법권설은 외교사절단이 접수국의 영역 내에 있긴 하지만, 그 영역을 법적으로 파견국 영역의 연장이라고 보아, 외교사절단에는 접수국의 법령과 관할권이 미치지 않는다고 보는 견해이다. 그러나 외교관계협약은 제41조에서 접수국의 법령준수 의무를 규정하고 있으므로 오늘날 이 학설을 지지하는 학자는 거의 없다.

국가대표설은 외교사절단은 파견국의 주권을 대표하는 자이므로 접수국이 특권과 면제를 인정할 의무를 진다고 보는 학설이다.

기능적 필요설은 외교사절단이 파견국의 기관으로서의 임무를 능률적으로 수행하기 위하여 특권 · 면제가 필요하다고 생각하는 입장이다. 이 학설은 19세기 이래 유력설이 되었다.

외교관계협약 전문은 「특권 및 면제의 목적이, ……국가를 대표하는 외교사절단의 임무의 능률적인 수행을 확보하는 것에 있다」고 규정하여, 기본적으로 기능적 필요설을 채택하면서 대표설도 고려하고 있다. 외교특권 · 면제는 실제로는 영사기관이나 국가기구에 대한 상주대표부의 특권 · 면제보다도 범위가 넓으므로, 기능적 필요설보다는 대표설에 가깝다고 생각된다.

■ 외교특권 및 면제의 내용

외교특권과 면제는 외교사절단 그 자체의 특권 · 면제와 외교관들의 개인적 특권 · 면제로 나누어진다. 외교사절단 그 자체의 특권 · 면제로는 공관의 불가침 · 공관에 대한 과세권면제 · 공문서의 불가침 · 통신의 자유 · 관세와 검사의 면제 등이 있다. 또한 외교관들의 특권 · 면제로는 이동 및 여행의 자유 · 신체의 불가침 · 주거 · 서류 · 통신 및 재산의 불가침 · 재판권의 면제 · 시회보장규정의 면제 · 조세의 면제 · 임무 및 군사상 의무의 면제 · 수하물검사의 면제 등이 있다.

외교사절단의 공관은 불가침이며 접수국의 관리는 사절단의 장이 동의한 경우를 제외하고는 공관에 들어갈 수 없다. 단. 화재 등 긴급한 경우 들어가는 것은 인정된다고 생각된다. 접수국은 사절단의 공관을 보호하기 위하여 적절한 모든 조치를 취할 특별한 의무를 가진다(외교관계협약 제22조).

United States Diplomatic and Consular Staff in Tehran 사건(본장 Case ①)에서 ICJ는 「국가 간 관계에서 외교사절단 및 공관의 불가침만큼 기본적인 필요조건은 없다」고 서술하고 있다. 또한 동 사건에서 과격파 학생이 대사관을 공격하여 인질을 잡은 행위를 이란에 귀속시킬 수는 없지만, 이란은 이와 같은 외교사절단의 불가침

에 대한 침해행위를 방지 내지 저지할 의무를 짐과 동시에 만일 그와 같은 침해가 발생한 때는 그 신속한 종료와 원상회복을 할 의무를 진다. ICJ는 이와 같은 의무는 단순히 외교관계협약상의 계약적인 의무만이 아니라 일반국제법상의 의무이기도 하고, 대사관 등을 보호하는 적절한 조치를 강구해야 할 절대적 의무를 부담하고 있음에도 이란이 필요한 조치를 취하지 않은 것은 명백하고 중대한 의무위반을 구성한다고 판단하였다.

또한 사절단의 공문서 및 서류도 불가침이다(제24조). 접수국은 사절단의 자유로운 통신을 허용해야 한다. 또한 사절단의 공용통신도 불가침이다(제27조 1항 · 2항). 외교행낭은 열거나 유치할 수 없다(동조 제3항). 외교행낭의 X선 검사도 원칙적으로는 인정되지 않는다고 여겨지고 있다. 나아가 공관의 모든 부과금 및 조세는 면제된다(제28조).

외교관의 신체, 주거, 서류, 통신, 재산도 불가침이다(제29조 · 제30조). 외교관은 어떠한 방법에 의해서도 억류 또는 구금될 수 없다. 접수국은 상응하는 경의로 외교관을 대우하며 외교관의 신체, 자유 또는 존엄에 대한 어떠한 침해에 대하여도 이를 방지하기 위한 모든 적절한 조치를 취해야 한다. 단, 외교관에 의한 범죄를 방지하기 위해 접수국의 경찰당국이 그를 단기적으로 구속하는 것은 인정된다. 외교관은 접수국의 영역 내에서 이동의 자유 및 여행의 자유, 통신의 자유를 향유한다(제26조).

외교관은 범죄의 종류, 경중에 상관없이 접수국의 형사재판권의 절대적 면제를 향유한다(제31조). 민사 및 행정재판권의 면제는 다소 제한적으로 ① 개인의 부동산에 관한 소송, ② 개인으로서의 상속에 관한 소송, ③ 공적 임무 외에 행하는 직업 및 상업활동에 관한 소송에 대하여는 면제되지 않는다(제31조 제1항). 또한 외교관은 증인으로서 증언을 행할 의무도 지지 않는다(동조 제2항). 단, 파견국은 외교관의 재판권면제의 포기를 명시적으로 행할 수 있고(제32조), 외교관이 향유하는 접수국의 재판권으로부터의 면제는 당해 외교관을 파견국의 재판권으로부터 면제하는 것은 아니다(제31조 제4항). 이처럼 외교관의 개인적 특권 및 면제라 해도 특권과 면제의 포기를 결정하는 것은 파견국이고 면제를 향유하는 외교관 개인이 아니다. 왜냐하면 외교특권 및 면제는 외교관 개인의 이익을 위한 것이 아니라 외교사절단의 임무를 능률적으로 수행하기 위해 인정되는 것이기 때문이다.

외교관은 동산 또는 부동산에 관하여 모든 부과금 및 조세가 면제된다. 또한 외교관이나 그 가족의 개인적인 사용을 위한 물품의 수입 시에는 모든 관세, 조세 등이 면제되고, 외교관의 수하물은 검사를 면제받는다. 단, 외교행랑이나 외교관의 수하물의 X선 검사는 항공기운항이나 여객의 안전에 위험이 되는 물품의 존재유무를 검사하는 목적으로만 이루어지는 경우 인정된다고 생각된다.

또한 외교관의 가족, 사무 · 기술직원 및 그 가족도 일정한 범위 내에서 외교특권 · 면제를 향유한다(제37조).

이들 특권 · 면제의 향유는 임무의 개시 시기보다도 먼저 외교관이 접수국의 영역에 들어간 때 또는 이미 접수국 내에 있는 경우에는 임명이 외교부에 통고된 때부터 시작한다(제39조). 외교관으로서의 임무가 종료한 경우에는 접수국을 떠날 때 또는 접수국을 떠나기 위해 필요한 상당한 기간을 경과한 때에 특권 · 면제가 종료한다. 그 동안에는 만약 무력분쟁이 발생한 경우라 하더라도 특권 · 면제는 존속하게 된다. 또한 특권 · 면제의 소멸 후에도 사절단의 구성원으로서 임무를 수행함에 있어 행한 행위에 대해서는 재판권의 면제가 계속 존속한다(제39조 2항). 특권과 면제가 종료된 후에 행한 임무의 수행과 무관한 행위에 대해서는 형사재판권을 포함한 면제의 존속이 부정된다고 이해된다.

또한 외교관 등 국제적으로 보호되는 자에 대한 범죄가 이들의 안전을 해하고 정상적인 국제관계의 유지에 대하여 중대한 위협을 발생하게 한다는 우려에서, 1973년에는 「외교관 등 국제적 보호인물에 대한 범죄의 방지 및 처벌에 관한 조약」(국가대표 등에 대한 범죄방지조약)이 채택되었고, 일본도 1987년에 동 조약에 가입하였다.[7)]

7) 한국에 대해서는 1983년 6월 23일 발효.

■ 외교특권 및 면제의 남용과 그에 대한 대응

위와 같은 절대적이고 완전한 외교관의 특권과 면제가 남용되는 경우 접수국 및 그 국민에게 중대한 영향을 미치게 된다. 특히 공무의 수행과 무관계한 사적 행위에까지 특권·면제를 인정하는 경우에는 그 근거인 기능적 필요설과의 관계에서 그 타당성이 문제된다.

외교특권·면제의 남용사례로는 외교행낭을 이용하여 다수의 무기나 마약을 밀수하려고 한 사안이나 대사관이 파견국으로 보낸 외교행낭에서 파견국의 전 대통령이나 제3국의 인물이 발견된 사안 등이 있다. 또한 일본에서도 공관용의 시설이나 외교관의 주거 등을 임대하고 있는 예가 다수 있는데, 이 중에는 임대료의 인상이나 엔고 때문에 지불이 곤란하게 되자 실제로 임대료를 상당액 연체하여 건물주와의 사이에서 문제를 일으키는 사례도 있다. 또한 외교관에 의한 주차위반이나 교통사고의 사례도 적지 않다.

Case ② *재일 파나마대사관 현지직원의 권총밀수* 사건

1988년 8월 5일, 재일 파나마대사관에 「공문서」라는 표시가 붙은 4개의 검은 서류가방이 동 대사 수취의 항공우편으로 우송되었다. 동 대사가 이를 개봉하자 권총이 나와서 이 사실을 일본 외무성에 통보하였다. 외무성은 동 대사관 안으로 경찰이 출입하는 것에 대하여 동 대사의 승낙을 얻었으므로 경시청 검사원이 그곳에 들어갔고 권총 20정, 탄약 866발을 발견하였다. 1989년 5월, 경시청은 재일 파나마대사관에 대사 비서로 근무하였던 일본국적의 용의자를 총포법 및 화약법 위반으로 긴급체포하였다.

Case ③ *재일 대사관 임대료체납* 사건

A국의 재일 대사관 임대료 연체가 12개월분을 넘어서자 건물주는 1991년 3월 말일까지 명도할 것을 요구하였다. 그러나 이 기한을 넘어서도 동 대사관이 퇴거하지 않자 건물주는 4월 20일부터 동 건물을 철거하겠다고 대사관 측에 통고하였다. 일본 외무성은 이 사건이 기본적으로 부동산임대차에 관한 사계약의 문제라고 하였지만, 건물주가 실력행사에 호소한다면 외교관계협약 제22조 2항에 근거하여 접수국으로서 그러한 실력행사를 방지할 의무가 생긴다고 하여 건물주에 대하여 자제를 촉구하고 동 대사관과의 교섭을 계속하도록 요청하였다. 또한 재일 A국대사관 및 재A국 일본대사관을 통하여 A국정부에 대해 임대료를 지급하여 본건을 신속히 해결할 것을 촉구하였다. 동 대사관은 같은 해 7월 새로운 대사관으로 이전하였다.

외교관은 접수국의 법령을 준수할 의무가 있지만, 법령에 위반하였다고 해도 재판권 면제를 받으므로, 피해자가 손해를 배상받을 유효한 수단이 없는 것이 문제된다.

외교관에 의한 교통사고에 관한 손해배상청구소송에 관하여 무조건적으로 민사재판권의 면제를 인정하는 것은 피해자 구제의 관점에서 문제가 있다고 생각된다. 그 점에서 1961년의 외교관계에 관한 비엔나회의에서는 「민사청구에 관한 결의」가 가결되었다. 이에 의해 파견국은 자국 외교사절단의 임무수행이 방해되지 않는 때는 접수국에 있는 사람의 민사청구권에 대하여 자국의 외교사절단의 구성원에 관한 면제를 포기하도록, 또한 면제가 포기되지 않을 때는 동 청구가 정당한 판결을 받을 수 있게 최선의 노력을 다 하도록 권고받는다.

또한 외교특권과 면제는 재판관할권으로부터만 면제되는 것으로, 법적 배상책임으로부터의 면제를 의미하는 것은 아니다. 임무를 수행하는데 있어 행한 행위에 대한 재판관할권으로부터의 면제는 특권 · 면제의 소멸 후에도 계속하여 존속하지만 (제39조 2항), 사적 목적의 운전 중 사고를 낸 경우 접수국에서 당해 외교관의 임무 종료 후에 민사소송을 제기하는 것은 가능하다.

일본에서는 교통사고의 경우를 대비하여 충분한 자동차손해배상책임보험에 가입할 것을 확인한 후 자동차등록번호판을 교부하는 정책을 취하고 있다. 외교차량 번호판은 청색 바탕에 백색 번호이고 왼쪽에 「外」라는 문자가 붙어 있다. 「外」 글자가 ○로 둘러싸여 있으면, 외교사절단의 장(통상적으로는 대사)의 차량이다.

Case ④ *자동차사고에 대한 손해배상* 사건 (*아야토리* 사건)

1964년 2월, 재일 말레이시아 대사관원인 월터 T 아야토리 2등서기관은 음주운전으로 사고를 일으켜 대학생을 사망하게 하였다. 피해자의 유족과 아야토리 서기관은 배상에 대하여 합의에 도달하지 못하였다. 아야토리가 재판권으로부터 면제되어 있었기 때문에 유족은 손해배상 및 위자료를 말레이시아 정부로부터 받아내기 위한 외교교섭을 하도록 희망하는 청원을 외무장관에게 제출하였다. 외무성은 이 청원을 말레이시아 대사관에 전달하였지만, 문제가 해결되지 않은 채 아야토리는 동년 8월에 말레이시아로 귀국하였다. 유족은 같은 해 12월, 외무장관에 대하여 아야토리로부터 손해배상을 받아낼 것을 요구하는 외교행동청구소송을 동경지방법원에 제기하였다. 또한 유족은 국가에 대하여 외교관계협약에 가입한 것에 의해 외교관의 민사, 형사상의 책임청구권을 포기한 것은 중대한 과실이고, 국가는 국민에 대하여 책임을 질 의무가 있다고 하여 손해배상을 청구하는 소송을 제기하였다. 그러나 1966년 8월에 아야토리가 가입하고 있던 자동차손해보험회사로부터 1만 달러의 보험금이 지불되었기 때문에 유족과 국가와의 사이에 화해가 성립하여 모든 소송이 취하되었다.

또한 외교사절단의 공관에 정치범을 포함한 범죄자를 숨겨줄 외교적 비호권이 있는지에 대해서는 오늘날에도 부정설이 유력하다. ICJ는 1950년의 *Asylum* 사건(제10장 Case ③)에 관한 판결에서 대사관이 범죄인에게 비호를 부여하는 것은 접수국의 영역주권의 침해이며 접수국의 국내관할사항에 대한 간섭이 된다고 하였다. 다만, 실제 범죄자가 대사관으로 도망간 경우 대사관 건물은 불가침이므로 접수국의 관헌이 즉시 진입하여 범죄자를 체포할 수 없다. 실제로는 관계국 간의 교섭 등에 의한 해결을 시도하게 된다.

■ 국가원수의 재판권면제

국가를 대표하는 국가원수도 특권과 면제를 향유한다. 재판권면제는 아래와 같다. 첫째, 현직에 있는 원수는 공적 행위인지 사적 행위인지를 불문하고 국제법상 외국의 민·형사재판권으로부터 「인적 면제」를 향유한다. 둘째, 퇴임 후의 국가원수는 임무종료 후의 외교사절단과 마찬가지로 임무의 수행에 있어 행한 행위에 한하여 「물적 면제」를 계속하여 향유하지만, 퇴임 후의 사적 행위에 대해서는 면제를 향유할 수 없다. 셋째, 이 물적 면제에 대해서는 대량학살이나 심각한 인권침해와 같은 국제범죄를 원수가 수행해야 할 국가의 임무라고 할 수는 없으므로 면제를 인정할 수 없다는 의견이 근래 들어 강해지고 있다.

1999년 영국의 국내재판소에서 칠레의 피노체트 전 대통령에 대하여 재직 중에 관여한 고문 및 그 모의(謀議)의 죄에 관한 물적 면제의 문제가 심의되었지만 재판소는 이를 인정하지 않았다(*Pinochet* 사건[제8장 Case ④]). 1998년에 채택되어 2002년에 발효한 국제형사재판소 설립을 위한 로마규정(ICC 규정) 제27조는 「공적 지위에 근거한 어떠한 차별 없이 모든 자에게 평등하게 적용된다」고 하여 「특히 국가원수 또는 정부수반, 정부 또는 의회의 구성원, 선출된 대표자 또는 정부 공무원으로서의 공적 지위는 어떠한 경우에도 그 개인을 이 규정에 따른 형사책임에서 면제시켜 주지 아니하며, 또한 그 자체로서 자동적인 감형사유를 구성하지 아니한다」고 규정하

고 있다. 일본도 2007년부터 동 규정에 가입하고 있다.[8)]

2. 영사기관의 특권과 면제

영사기관의 특권과 면제에 대해서는 관행이 충분히 통일되어있지 않고, 각 국가간 양자조약의 취급도 반드시 일정하지는 않다. 그러나 일반적으로 영사관의 가족이나 영사관 이외의 직원의 특권과 면제는 외교특권과 면제보다 제한적이다. 영사기관의 특권·면제의 근거와 목적은 영사관계협약의 전문에 「임무의 수행에 필요한 범위 내」라고 규정되어 있듯이 기능적 필요설에 근거하고 있다.

■ 영사기관의 특권 및 면제의 내용

영사기관의 특권 및 면제도 영사기관 그 자체의 특권 및 면제와 영사관의 특권 및 면제가 있다.

영사기관의 공관은 불가침이고 영사기관의 장 또는 파견국의 외교사절단의 장이 동의하는 경우를 제외하면 들어갈 수 없다(영사관계협약 제31조). 단, 「화재 기타 급박한 보호조치를 필요로 하는 재해의 경우에는 영사기관의 장의 동의가 있는 것으로 간주한다」고 명기되어 있는 점에서 외교사절단의 특권 및 면제와 차이가 있다. 접수국은 영사기관의 공관에 대한 침입, 손괴, 안녕의 방해로부터 이를 보호하기 위해 모든 적절한 조치를 취할 특별한 의무를 갖는다.

영사기관의 공문서 및 서류는 언제 어느 장소에 있어서도 불가침이다(제33조).

영사관의 신체와 명예는 불가침이고, 접수국은 상응하는 경의로써 영사관을 대우함과 동시에 영사관의 신체, 자유 또는 존엄에 대한 어떠한 침해에 대하여도 이를 방지하기 위한 모든 적절한 조치를 취할 의무를 갖는다(제40조). 또한 영사관은 접

8) 한국은 2000년 3월 8일 국제형사재판소 설립을 위한 로마규정에 서명하고, 2002년 국회의 동의를 얻어 83번째 비준국이 되었다.

수국의 법령에 따르는 것을 조건으로 이동 및 여행의 자유를 향유한다(제34조).

영사관은 재판권으로부터 면제되므로 억류 또는 재판에 회부되기 위하여 구금되지 않는다. 단, 중대한 범죄의 경우에 있어 권한 있는 사법당국의 결정이 있는 때는 면제되지 않는다(제41조). 또한 형사재판권은 임무수행중의 행위인 경우에 한해 전면적으로 면제되지만, 임무와 무관한 사적인 행위에 대해서는 면제되지 않는다(제43조 2항). 이처럼 절대적인 면제를 향유하는 외교관의 특권 · 면제와는 달리 영사관의 특권 · 면제는 제한적이다.

나아가 영사기관 및 영사관은 모든 부과금 및 조세를 면제받고(제32조 · 제49조), 영사기관은 통신의 자유를 향유하며, 공용통신이나 영사행낭은 불가침이다(제35조).

영사기관에 대해 특징적인 것은 파견국의 국민에 관한 영사임무의 수행을 용이하게 하기 위해 영사관이 파견국의 국민과 자유로이 통신하고 면접할 수 있다는 점이다. 마찬가지로 파견국의 국민도 파견국의 영사관과 통신하고 면접할 수 있다(제36조). 또한 파견국의 국민이 체포, 유치, 구류, 구금된 경우에 당해 파견국민의 요청이 있을 때 접수국은 그 취지를 지체 없이 당해 영사기관에 통보해야 하고, 당해 파견국민의 영사관에 통보할 권리에 대하여 지체 없이 당해 파견국민에게 고지할 의무를 갖는다.

이 점과 관련하여 독일국민이 미국에서 강도 · 살인사건을 일으켜 사형이 집행된 사례가 있다. 독일은 미국을 상대로 ICJ에 제소하였다(*LaGrand* 사건). 2001년의 판결에서 ICJ는 미국이 피고인 LaGrand 형제에 영사원조를 받을 권리를 고지하지 않았고, 또한 독일 영사에 대해 통보도 하지 않았다는 이유로 미국에 의한 영사관계협약 제36조 1항(b) 위반을 인정하였다. 또한 ICJ는 동 조항이 파견국 국민의 개인적 권리를 창설하고 있다고 지적하였다.

한편 파견국은 서면에 의해 명시적으로 영사기관의 특권과 면제를 포기할 수 있다.

2002년에 심양 일본총영사관에 북한주민으로 추정되는 사람이 도망해 온 사건이 발생하였지만, 외교사절단과 마찬가지로 영사기관의 외교적 비호권도 인정되지 않는다(제4장 Case ③).

3. 기타

■ 군대, 군함, 군용기의 특권과 면제

국가기관인 군대, 군함, 군용항공기 및 군대구성원은 타국 영역 내에 있는 때는 일반적으로 영역주권에서 면제된다. 외국에 주둔하는 군대의 법적 지위나 취급에 대해서 확립된 국제관습법은 없고, 통상 파견국과 주둔국 사이의 조약에 의해 규율된다.

통상 외국군대의 주둔지역(기지)은 불가침이다. 외국군대가 행한 공무상의 행위에 대하여는 파견국이 우선적 재판권을 가지는 경우가 많다. 2002년의 요코다기지 야간비행금지등 청구사건에서 일본 최고재판소는 요코다기지에서의 미군항공기 야간이·착륙은 공무상의 행위이며 주권적 행위임이 명백하므로, 국제관습법상 민사재판권이 면제된다고 판결하였다.

공무상의 행위에 대하여 민사관할권은 영역국이 제1차적 관할권을 가지고 형사관할권은 조약으로 파견국과 주둔국이 전속적 재판권의 대상에 관하여 상세한 규정을 두어 재판권이 경합하는 경우에 어느 쪽이 우선적인 재판권을 갖는가를 정하는 경우가 많다.

1952년의 *고베 영국수병* 사건에서 일본 재판소는 공무 외적으로 강도행위를 행한 영국군함 승무원에 대하여 특별한 조약상의 약정이 없는 경우 영역국에 형사재판권이 있다는 것이 국제법상 인정된다고 판단하였다.

미국 군대의 시설 및 구역의 사용과 일본에 있어 미국군대의 지위에 대해서는 1960년의 「일본국과 미합중국 사이의 상호협력 및 안정보장조약 제6조에 근거한 시설 및 구역과 일본국에 있어 합중국군대의 지위에 관한 협정(일미군대지위협정)」이 규정하고 있다.[9] 동 협정에서는 형사재판권은 미국과 일본의 쌍방이 재판권을 가진다고 하고, 제17조에서 각각이 가지는 전속적 재판권을 확인하고 있다. 양국의 관할권이 경합하는 경우에는 공무집행중의 작위 및 부작위에 대해서는 미국이 재판권을 행사할 제1차적 권리를 가지는 것으로 하고 있다(제17조 3항(a)(ii)).

1957년에 주일 미군병사가 군마현 연습장에서 실탄사격연습 중에 출입금지경고를 무시하고 연습장에 들어온 일본인여성을 사격하여 사망하게 한 지라드 사건에서는 당해 병사의 행위가 공무집행중의 행위인지가 쟁점이 되었다. 미군당국은 공무집행중의 죄이므로 미국에 제1차 재판권이 있지만, 미국은 형사재판권을 행사하지 않겠다고 일본에 통고하였다.

또한 범죄인이 귀영(歸營)한 경우, 주둔지역은 불가침이기 때문에 영역국의 관헌은 사령관의 동의 없이 영사(營舍), 주둔지역 등에 들어가 피의자를 체포할 수 없지만, 사령관은 범죄인의 인도를 거부할 수 없다. 일미군대지위협정 제17조 5항(a)도 일미 쌍방 모두 범죄인의 인도에 대하여 상호 원조하여야 한다고 규정하고 있다.

■ 국제기구에 대한 회원국의 상주대표부

국가는 UN 등의 국제기구의 회의에 참가하기 위해 통상적으로 국제기구 본부 소재국의 동의 하에 당해 국제기구에 대한 상주대표부를 설치하기도 한다. 예를 들어 일본은 UN(뉴욕), 재제네바국제기구, 군축회의(제네바), 재(在)비엔나국제기구, 경제협력개발기구(파리), 유럽연합(브뤼셀) 등에 정부대표부를 설치하고 있다. UN대표부와 같이 복수의 대사(제1대사, 제2대사)가 파견되는 경우도 있다. 이들 대표부의 직원은 UN의 특권 및 면제에 관한 협약이나 전문기관의 특권 및 면제에 관한 협약에 근거하여 특권 · 면제를 향유하고 있다. 이들의 특권 및 면제는 외교특권 및 면제

9) 미국 군대의 시설 및 구역의 사용과 한국에서 미국군대의 지위에 대해서는 「1966년의 대한민국과 아메리카합중국간의 상호방위조약 제4조에 근거한 시설과 구역 및 대한민국에서의 합중국군대의 지위에 관한 협정」(SOFA)이 정하고 있다.

에 준하지만 이는 회원국의 대표자로서 이들 국제기구에 관련되는 자기의 임무를 독립하여 수행하기 위해 필요한 특권과 면제로서, 외교특권 및 면제에 비하여 기능적으로는 약간 제한되어 있다.

제6장

해양법

현대 국제사회의 진전 중에 전통적인 「해양의 자유」는 큰 제약에 직면하였다고 할 수 있다. 연안국의 주권이 미치는 영해의 폭이 일반적으로 12해리가 되었고, 영해의 외측에는 연안국의 주권적 권리가 미치는 대륙붕 및 배타적 경제수역도 존재한다. 그 결과, 국가의 영역적인 관할권이 미치지 않고 선박에 대하여 원칙적으로 그 기국만이 관할권을 가지는 공해의 범위는 상대적으로 축소되어 왔다. 나아가 공해에 대해서도 해양자원의 보호나 해양환경의 보호를 목적으로 하는 조약에 의해 점차 규율이 진행되고 있다. 이러한 현대 해양의 이용은 「해양의 자유에서 해양의 관리로」라고 일컬어진다. 본 장에서는 이러한 오늘날 해양법의 기본적인 구조에 대하여 개략적으로 서술한다.

I. 해양법의 역사와 발전

■ 전통적 해양법질서의 형성

15세기 말, 신항로 개척에 성공한 스페인과 포르투갈은 세계 해양의 분할과 영유를 주장하며 통상을 독점하였다. 그러나 이는 후발 해양국가들의 반발을 불러왔다. 영국의 튜더 왕조는 양국에 대항하여 해양자유정책을 택하였고, 아시아에서 포르투갈에 대항하고 있던 네덜란드도 그로티우스가 1609년에 저술한 『자유해론(*Mare Liberium*)』을 근거로 해양의 자유를 제창하였다. 그런데 17세기에 들어 영국의 스튜어트 왕조는 자국의 근해를 「영국의 바다」로서 영유를 주장하였다. 영국의 셀든은 1625년에 영국의 이러한 입장을 옹호하는 『폐쇄해론』을 저술하였다. 이들로 대표되는 당시의 해양영유와 자유를 둘러싼 주장의 대립을 해양논쟁이라 한다.

그 후 통상의 자유에 대한 요청 등에 의해 광대한 해양영유의 주장은 쇠퇴하고, 18세기 이후 해양의 자유가 확립됨과 더불어 국가들은 그 실력(實力)이 미치는 연안해역의 영유를 주장하게 되었다. 19세기 초에는 영해의 폭을 3해리(1해리는 약 1.8킬로미터)로 하는 국가관행이 일반화 되었다. 이렇게 연안국의 영역주권이 미치는

「좁은 영해」와 그 밖의 자유로운 「넓은 공해」라고 하는 이원적 구조를 가진 전통적 질서가 형성되어 20세기 전반까지 타당한 것으로 여겨져 왔다.

■ 해양관할권의 확대와 UN해양법협약

1922년 미국은 밀수단속을 위해 해안선부터 12해리 이내에서 국내법 위반을 단속하는 법령(관세법)을 제정하였다. 영해 외측의 일정한 수역에서 연안국의 권한을 인정하는 접속수역의 주장은 그 후 차례로 국가들에게 받아들여지게 되어, 1930년의 헤이그 국제법 편찬회의에서도 논의되었지만 합의에 이르지는 못하였다. 또한 제2차 세계대전 직후 1945년 미국의 트루먼 대통령에 의한 대륙붕선언 및 어업보존수역선언을 계기로 국가들은 영해 밖의 해양에 대한 권한 확대를 주장하기 시작하였다.

이와 같은 상황에 대처하기 위해 개최된 1958년의 제1차 UN해양법회의에서는 제네바 해양법 4개 협약, 즉 영해·접속수역조약, 공해조약, 공해생물자원보호조약 및 대륙붕조약이 채택되었다. 그러나 여기에서는 영해의 폭에 대한 합의에 도달하지 못하였고, 1960년의 제2차 UN해양법회의에서도 결론을 얻지 못하였다.

개발도상국들은 이들 조약에 만족하지 못하여 60년대 이후 200해리의 어업수역 등을 주장하였다. 또한 개발도상국을 중심으로 대륙붕보다 더 나아가 심해저(deep seabed)가 선진국의 독점적인 자원개발에 처할 우려가 있다고 하여, 몰타 정부대표인 팔도(Pardo)는 1967년 UN총회에서 대륙붕보다 깊은 심해저를 「인류의 공동유산」으로서 새로운 국제제도 하에 둘 것을 주창하였다. UN은 심해저평화이용위원회를 설치하여 이 구상의 검토를 개시하였다. 이와 같은 움직임을 배경으로 지금까지의 해양법의 재검토와 개편을 위하여 1973년부터 제3차 UN해양법회의가 개최되어 10년 후인 1982년에 UN해양법협약이 채택되었다.

협약은 종래부터 조약으로 규율되어 왔던 영해·접속수역, 공해, 대륙붕에서 한 발 더 나아가 국제해협의 통과통항, 군도수역, 배타적 경제수역, 심해저, 해양환경의 보전, 과학조사, 강제적인 분쟁해결절차라는 새로운 제도를 규정하고 있다. 심해저를 인류의 공동유산으로 하는 구상은 협약 제11부의 심해저제도로 결실을 맺었지만, 이 제도에 대해서는 민간기업 등에 의한 심해저 개발을 희망하는 선진국의 불만이 강하여 협약의 발효를 촉진하는 관점에서 재검토가 이루어져 선진국 측의 주장에 가까운 UN해양법협약 제11부 실시협정이 작성되었다. 이에 의해 UN해양법협약은 동 협정과 더불어 1994년에 발효하였다. 일본은 동 협약을 1996년에 비준하였고[1], 체약국 수도 2012년 1월 현재 162개국에 달한다. 현대의 해양법을 체계화하는 동 협약에는 기존의 국제관습법을 확인하는 부분과 새로운 국제법규범을 창설하는 부분이 모두 있다. 이하에서는 UN해양법협약의 구조를 가늠하며 오늘날의 해양법질서를 개관한다(본장의 조문번호의 기재는 특별한 단서가 없는 한 UN해양법협약의 조문을 가리킨다).

■ 해양법질서의 기본구조

해양법질서는 국가의 속지적인 연안국관할권과 속인적인 기국관할권의 두 가지 측면으로 구성된다. 우선 국가는 연안국관할권의 관점에서 해안에 대하여 일정한 영역관할권을 갖고, 이는 해양을 해안 근해 방향으로 나누어 세 부분으로 구분한다. 첫 번째 부분은 연안국(costal states)의 주권(sovereignty)이 미치는 영토, 내수, 군도수역과 영해 및 그 상공과 해저이다(제2조). 외측 두 번째 부분으로 연안국의 주권적 권리(sovereign right)가 미치는 대륙붕 및 주권적 권리와 관할권이 미치는 배타적 경제수역이 있다. 한편 해상의 선박에 대해서는 연안국 관할권과는 별도로 선박의 기국(flag states, 등록국)이 속인적 관할권을 갖는다(기국주의). 해양에서는 성질이 다른 연안국 관할권과 기국관할권이 각각 기능하지만, 양자는 때와 장소에 따라 동시에 존재할 수 있다. 해양법질서는 이들 관할권의 한계와 국가 간의 경합을 조정한다.

---

1) 한국도 1996년 비준하였다.

II. 국가영역으로서의 해양

■ 기선 (baseline)

기선이란 영해나 배타적 경제수역 등의 해역의 폭을 측정할 때에 기점이 되는 선을 말한다. 또한 기선은 그 육지 측의 수역인 내수와 외측인 영해를 구분하는 역할을 한다. 기선에는 통상기선과 직선기선의 2종류가 있다.

통상기선(normal baseline)은 연안국이 공인한 대축척해도에 기재되어 있는 해안의 저조선으로 정의된다(제5조). 저조선이란 간조시의 바닷가의 선을 말한다. 하구는 하천 양안 저조선상의 점을 연결한 직선을 기선으로 한다(제9조). 또한 만에 대해서는 만 입구의 폭이 24해리까지라면 만 입구면 측 저조선상의 점을 연결한 직선이 기선이 되고, 24해리를 넘을 때는 만 안쪽의 저조선상의 두 점을 연결한 24해리의 직선으로 그 내측의 면적이 최대가 되도록 연결한 선이 기선이 된다(제10조 4-5항).

직선기선(straight basclinc)이린 한국의 남해안처럼 해안선에 현저한 굴곡이 있거나 해안을 따라 가까운 거리에 일련의 섬이 있는 경우에 적당한 점을 직선으로 연결하여 잇는 것이 가능한 기선을 말한다(제7조 1항). 단, 직선기선은 해안의 전반적인 방향으로부터 현저히 벗어나게 그을 수 없고, 또한 그 내측의 수역은 내수로서의 규제를 받기 때문에 육지와 충분히 밀접한 관련성을 가지고 있어야 한다(동조 3항). 기선의 결정은 국가의 일방적 행위이지만, 국제법상 유효하여야 한다. 1951년 ICJ는 *Fisheries Jurisdiction(UK v. Norway)* 사건에서 노르웨이가 피요르드 해안에 그은 직선기선을 국제법상 긍정하였다. 그 후 직선기선의 개념은 영해 · 접속수역조약 및

日本의 直線基線

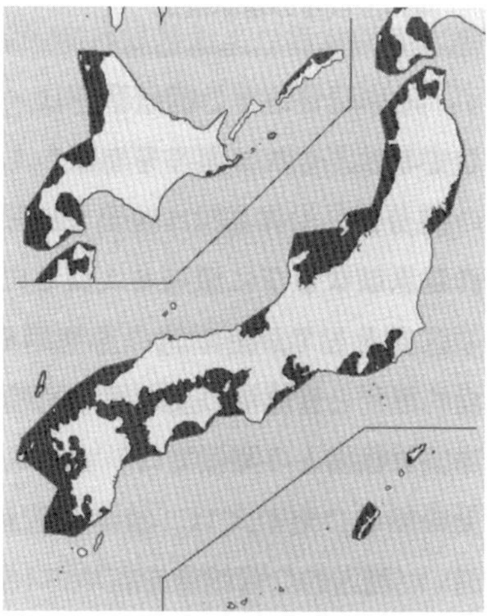

출처: 일본 海上保安庁海洋情報部

UN해양법협약에 채택되었다. 직선기선은 간조노출지(저조시에만 해면 위에 나타나는 해저구조) 사이에 그어서는 안 되지만, 등대와 같은 항구적인 시설이 해면 위에 존재하는 경우 및 일반적인 국제적 승인을 받고 있는 경우에는 예외로 한다(동조 제4항). 직선기선의 내측은 내수이지만, 직선기선에 의해 새로이 내수가 된 수역에는 무해통항권이 인정된다(제8조 2항). 일본은 1996년에 「영해 및 접속수역에 관한 법률」을 개정하여 해당하는 수역에 직선기선을 채용하였다(동법 제2조).[2)]

Case ① *대동호* 사건

(히로시마 고등법원 마츠카와 지부 판결, 1998년 9월 11일)〉

1997년 1월 일본은 영해 및 접속수역에 관한 법률을 개정하여 직선기선을 실시하였는데, 같은 해 6월 한국어선 제909 대동호가 직선기선의 채택으로 새로이 일본의 영해가 된 수역에서 조업하여 붕장어 6.25kg을 잡아 선장이 외국인어업규제법 위반으로 기소되었다. 1심은 한일어업협정이 개정영해법에 우선함을 근거로 한일어업협정에 규정된 연안 12해리인 배타적 어업수역의 외측인 신영역 내에서의 조업에는 일본의 단속권이 미치지 않는다고 하여 공소를 기각하였다(판결, 1997년 8월 15일). 그러나 2심은 동 협정의 어업수역이 규제대상으로 하는 것은 공해이고 주권이 미치는 영해가 아닌 것을 전제로, 어업수역설정 후에 영해가 지금까지보다 확대된 경우 그 확대가 국제법상 적법인 한, 어업수역은 영해 속에 포함되고 존재 의의를 잃어 소멸한다고 판시하여 원판결을 파기하고 원심으로 환송하였다.

2) 한국은 2011년 일부 개정한 영해 및 접속수역법 제2조에서 직선기선을 규정하고 있다.

■ **내수** (internal waters)

내수란 기선의 육지 측 수역을 가리키며(제8조 1항), 육지 내의 호수나 하천 외에 만, 항, 하구 등을 포함한다. 만이란 만 입구의 거리를 직경으로 하는 반원 이상의 면적을 갖는 것을 말하며, 그 해안이 단일한 국가에 속하고 만입구의 거리가 24해리 이하인 경우에는 만 전체가 내수가 된다(제10조 1항 · 2항 · 4항). 이와 별도로 오랜 기간의 관행을 통하여 내수의 지위가 인정되어 온 수역을 역사적 수역이라고 부르고, 이에는 역사적 만이나 내수 등이 있다. 역사적 만의 예로는 중앙아메리카의 엘살바도르 · 온두라스 · 니카라과 3국이 공유하는 폰세카만이 있다(단, 이 만 안에서는 무해통항권이 인정되고 있다). 구(舊) 소련이 1957년 행한 연해주의 피요르드대제(大帝)만(만 입구 115해리)의 내수화 선언에 대해서는 일본, 미국, 영국 등이 역사적 만이라는 것을 인정하지 않고 있다. 일본에서는 세토내해(瀨戸內海)가 역사적 수역에 해당한다. 기이수도(紀伊水道)의 세토내해에서 라이베리아 선적의 텍사스 호와 일본선적의 유조선 긴코마루(銀光丸)가 충돌하여 일본이 텍사스 호의 항해사에 대한 형사책임을 물을 수 있는지가 다투어진 사건에서, 법원은 역사적 수역의 법리를 이용하여 세토내해가 내수라고 판결하였다(오사카 고등법원 판결, 1976년 11월 19일).

내수에는 영토와 동일한 영역주권이 미친다. 이 때문에 연안국은 내수에서 경찰권 · 재판권을 가지며, 긴급시를 제외하고 타국선박이 내수나 항구에 들어가는 것을

만의 개념도

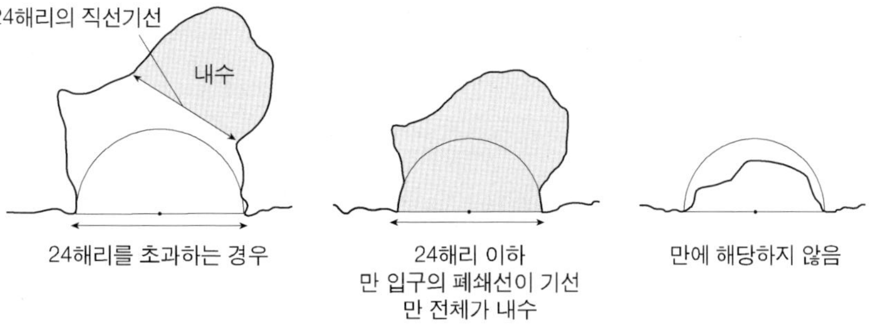

인정할 의무를 부담하지 않는다. 또한 내수에서의 무해통항권도 인정되지 않는다. 연안국은 입항중인 외국 민간선박에 대하여 재판권을 갖지만, 선박 내부문제이고 「항구의 평온」을 해하지 않는 행위에 대하여는 연안국의 재판권이 미치지 않는다(프랑스주의). 한편 입항중인 군함 및 비상업정부선박은 연안국의 재판권이 면제된다.

해양오염방지 등의 목적에서 입항국에 입항중인 민간선박이 선박의 안전기준이나 선내의 노동기준 등에 관한 일정한 국제기준을 충족하는지 여부를 검사·감독할 권한을 인정하는 조약이 있다(1973년의 선박에 의한 오염방지를 위한 국제조약에 관한 1978년의 의정서(통칭 MARPOR 73/78조약) 제5조 2항). 입항국은 조약의 기준을 충족하지 못하는 선박에 대하여 항행의 정지나 수리시설로의 회항 등의 조치를 취할 수 있다. 이 조약은 항만국 통제(port state control)로 불리는 기국관할권과 더불어 체약국인 입항국에도 선박의 조약상 의무의 준수를 확보하기 위한 권한을 부여하고 있는 점이 특징이다.

■ 영해 (territorial sea)

연안국은 영해를 기선에서 12해리 이내의 폭으로 정할 수 있다(제3조). 일본은 1977년에 영해의 폭을 개정하여, 그때까지의 3해리를 12해리로 확대하였다(영해 및 접속수역에 관한 법률 제1조).[3] 연안국의 영역주권은 영해와 그 상공 및 해저와 그 아래에 미친다(제2조). 한편 외국선박에는 영해의 무해통항권(right of innocent passage)이 인정된다(제17조). 무해통항권이란 연안국의 평화·질서 또는 안전을 해함이 없이(無害), 통과 또는 내수로 오가기 위하여 타국의 영해를 계속해서 그리고 신속하게 항행(通航)할 수 있는 권리이다(제18조·제19조 1항). 무해통항을 할 때, 잠수함은 해면 위로 항행하며 등록국의 국기를 게양해야 한다(제20조). 무해하지 않은 통항은 UN해양법협약에 제시되어 있다.(제19조 2항)

3) 1978년 4월 30일 처음 시행되고 두 번의 일부개정을 거친 대한민국 영해 및 접속수역법 제1조는 일정 수역을 제외하고는 12해리를 영해의 폭으로 정하고 있다.

협약에 따르면 무력에 의한 위협이나 무력의 행사, 무기를 이용한 훈련이나 연습, 연안국의 방위나 안전에 관련되는 정보수집이나 선전행위, 항공기나 군사기구의 착함이나 선적(船積), 연안국의 법령을 위반하는 물품·통화 또는 사람의 선적이나 화물을 싣고 내리는 것, 고의·중대한 오염행위, 어업활동·조사활동 또는 측량활동, 연안국의 통신이나 시설에 대한 방해행위, 통항에 직접 관계되지 않는 그 밖의 활동을 들고 있다(제19조 2항). 무해성의 판단기준은 선박의 통항 양태(통항양태별 규제)만인가, 아니면 선박의 종류·성질(선종별 규제) 등도 포함되는가에 대하여 서로 다른 입장이 존재한다. 이 때문에 군함이나 위험성이 높은 유해물질을 적재한 선박이 무해통항권을 가지는가에 대해서는 국가관행이 일치하지 않고 있다.

연안국은 영해에서 외국선박의 무해통항을 방해해서는 안 되고, 자국이 인지하고 있는 영해 내의 위험을 공표하여야 한다(제24조). 그러나 한편으로 연안국은 무해통항에 관한 법령제정권을 가지며, 선박기인 오염의 방지·경감 및 규제를 위한 법령이나 통항의 안전 및 영해교통의 규칙을 제정하여 선박에 그 준수를 구하거나, 자국이 설정한 항로대나 분리통항대를 사용할 것을 요구할 수 있다(제21조 1-3항·제22조). 무해통항중인 선박은 연안국이 정한 법령이나 해상의 충돌예방에 관한 국제법규칙을 준수할 의무를 진다(제21조 4항). 연안국은 무해하지 않은 통항의 방지조치를 취할 수 있고, 또한 자국의 안전을 보호하기 위해 불가결한 경우에는 특정한 수역에서 무해통항을 일시적으로 정지할 수 있다(제25조). 다만, 군함이 연안국의 법령을 위반한 경우에는 연안국은 당해 군함에 대하여 영해로부터 즉시 퇴거할 것을 요구함에 그친다(제30조). 해양오염에 관한 집행권한에 대하여 보면, 연안국은 선박에 기인한 오염의 방지·경감 및 규제를 위하여 이 조약에 따라 연안국의 법령 또는 국제규칙에 위반하였다고 믿기에 족한 명백한 이유가 있는 경우에는 통항선박의 물리적 검사를 실시할 수 있고, 또한 증거에 따라 정당화되는 경우에는 선박의 억류를 포함한 국내절차를 개시할 수 있다(제220조 2항). 또한 무해통항중인 민간선박(상선)에 대한 연안국의 형사 및 민사재판권은 제한되어 있다(제27조·제28조). 다만 군함 및 비상업정부선박은 재판권에서 면제된다.

■ 접속수역 (contiguous zone)

연안국은 영해에 접속하는 지역으로 기선에서 24해리 이내의 수역에 접속수역(contiguous zone)을 정할 수 있다. 일본도 24해리의 접속수역을 두고 있다(영해 및 접속수역에 관한 법률 제4조 제2항).[4] 이 수역에서 연안국은 자국의 영토와 영해에 있어서의 관세, 재정, 출입국관리 또는 위생상의 법령위반을 방지하고 처벌하는 데 필요한 규제를 행할 수 있다(제33조). 접속수역은 위에서 기술한 분야의 국내법령을 집행하는 데 관해서만 영해 밖 해역에 연안국의 특별한 관할권을 인정하여, 연안국에 의한 접속수역 내에서의 외국 민간선박의 임검, 진로변경조치, 나포, 승조원의 체포 등을 가능케 하고 있다. 접속수역은 영해 밖(공해)에서 타국의 정당한 이익을 해하지 않으면서 연안국의 이익을 보호하는 제도로 자리잡고 있다.

■ 국제해협[5]

UN해양법협약은 국제항행에 이용되고 있는 해협, 즉 국제해협에 대한 제도를 두고 있다. 공해(또는 배타적 경제수역)와 공해(또는 배타적 경제수역) 사이를 연결하는 통로가 되는 국제해협의 중앙부에 공해(또는 배타적 경제수역) 부분이 남아 있는

4) 대한민국 영해 및 접속수역법 제3조의 2(접속수역의 범위) 대한민국의 접속수역은 기선으로부터 측정하여 그 바깥쪽 24해리의 선까지에 이르는 수역에서 대한민국의 영해를 제외한 수역으로 한다. 다만, 대통령령으로 정하는 바에 따라 일정 수역의 경우에는 기선으로부터 24해리 이내에서 접속수역의 범위를 따로 정할 수 있다.

5) 한국은 국제항행에 이용되는 대한해협에 대하여 영해 및 접속수역법 및 그 시행령에 따라 약3해리의 직선기선을 시행하고 있다. 일본도 마찬가지이다. 따라서 현행대로 한일 양국이 대한해협 영해 폭을 3해리로 유지하는 경우에는 약17해리 가량 양국의 배타적 경제수역이 존재하여 선박의 자유로운 통항을 보장할 수 있다. 특히 UN 해양법협약 제36조는 국제해협 안에 공해통과항로나 배타적 경제수역 통과항로가 있는 경우 국제해협에 관한 협약 규정을 그 해협에 적용하지 않는다고 규정한다. 따라서 현재 대한해협에는 협약상 해협에 관한 규정이 적용되지 않고 선박의 자유로운 통항이 보장된다.

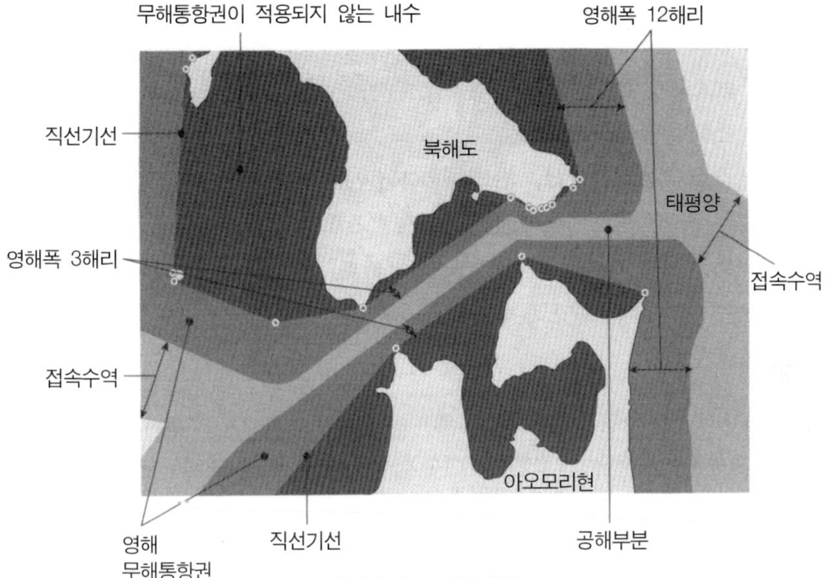

국제해협-쓰가루해협

출처: 일본 海上保安庁海洋情報部

경우, 통과선박은 그 부분을 자유로이 통항할 수 있다. 그러나 영해가 12해리로 일반화됨에 따라 모든 국제해협이 연안국의 영해 내에 포함되자, 통과선박은 무해통항권을 향유함에 그치고 항공기의 상공비행이나 잠수함의 잠수항행이 인정되지 않게 되었다. 그러자 UN해양법협약에서는 외국선박 및 항공기에 의한 보다 자유로운 국제해협(영해)의 통과를 보장하는 것을 목적으로 하는 통과통항권 제도를 두게 되었다.

「통과통항권(right of transit passage)」이란 국제해협의 계속적이고 신속한 통과를 위해서만 행사되는 통항 및 상공비행의 자유를 지칭한다(제37조 · 제38조 제2항). 통과통항권 제도는 자유통항에는 못 미치지만 무해통항권의 수준을 넘는 통항권을 선박에 부여하고 있다. 이 통과통항권은 무해통항권과는 달리 통항의 무해성이라는 연안국의 이익이 중시되고 있지 않은 점이 특징이다. 해협연안국은 통과통항권을 방해하지 않을 의무 및 통과통항을 정지시키지 않을 의무를 진다(제44조). 또한 국제해협의 연안국은 국제적인 규칙에 적합한 통로대나 분리통항대를 설정하거나 이를 위하여 국내법령이나 해양오염에 관한 국제규칙을 실시하기 위한 국내법령을 제정할 수 있다(제41조 · 제42조 1-3항). 한편 통과통항중인 선박은 지체 없이 통과해야 하며, 또한 해상의 안전을 위해 국제적인 규칙 및 해양오염에 관한 국제적인 규칙을 준수할 의무 및 연안국에 의해 통과통항에 관하여 제정된 법령을 준수할 의무를 진다(제39조 1-2항 · 제42조 4항). 통과통항중인 선박이 이들 규칙에 위반한 경우에 해협연안국이 그 선박의 통과통항권을 배제하거나 통과통항을 정지할 수 있는지에 대해서는 다툼이 있다. 단, 해협연안국은 선박이 법령에 위반하여 해협의 해양환경에 현저한 손해를 초래하였다거나 그러한 우려가 있는 경우에는 적절한 집행조치를 취할 수 있다. 통과통항권은 민간과 군용의 모든 선박과 항공기를 대상으로 한다(제38조 1항). 또한 통과통항시에 잠수함의 잠수항행이 허용되는지에 관하여는 해석이 분분하다.

일본은 소야(宗谷)해협, 쓰가루(律軽)해협, 쓰시마(対馬)해협 동쪽수로, 쓰시마(対馬)해협 서쪽수로, 오스미(大隅)해협의 5개의 국제해협(특정해협)에 관하여 영해의 폭을 예전의 3해리로 하여 해협의 중앙부에 공해부분을 남겨서 외국선박의 자유로운 통항을 인정하고 있다(영해 및 접속수역에관한법률, 부칙 제2항). 이와 같은 조치의 배경에는 통과통항권이 인정되는 국제해협에서는 핵무기 탑재함을 포함한 모든 외국의 군함과 민간선박에 대하여 영해 내의 통항을 인정해야만 한다는 것, 또한 해협의 전역, 특히 연안의 극히 가까운 곳에서도 무해통항권의 수준을 넘는 상공비행마저 포함되는 통과통항권이 인정되어버린다는 사정이 있다.

또한 UN해양법협약은 연안국의 본토와 섬으로 구성된 국제해협에서 섬의 외측에 마찬가지로 편리한 공해 상의 항로가 존재하는 경우 외국선박에 정지되지 않는 무해통항권을 인정한다(제45조). 그 밖에 특별조약으로 통항제도를 두고 있는 국제해협으로는 터키 해협, 덴마크 해협, 마젤란 해협 등이 존재한다.

Case ② *Corfu Channel* 사건

(ICJ 본안판결, 1949년 4월 9일)

제2차 세계대전 직후에 연안국 알바니아 영해 내에 위치한 본토와 코르푸 섬 사이의 국제항행에 사용되고 있는 코르푸 해협에서, 해협을 통과중인 영국군함이 기뢰에 접촉하여 사상자가 나오는 피해를 입자 영국이 알바니아의 국가책임을 추궁하였다. 1949년 ICJ는 국가는 평시에 군함을 국제해협에서 무해통항시킬 권리를 가지고 있다는 것, 영국군함의 해협통과에는 국제법상 위법한 점이 없다는 것, 또한 기뢰부설자는 알 수 없지만 알바니아에게 들키지 않고 부설된 것은 아니라는 것을 서술한 다음, 인도주의에 대한 본질적인 고려, 해상교통자유의 원칙 및 타국의 권리에 반하는 행동을 위해 자국의 영역이 사용되는 것을 알면 이를 허용하지 않아야 할 국가들의 의무를 근거로 알바니아에 위험을 경고할 의무가 존재한다고 판단하여 불이행에 의한 손해의 발생에 대한 보상을 인정하였다.

■ **군도수역** (archipelagic waters)

인도네시아나 필리핀 같은 다수의 섬들로 구성된 군도국은 군도의 외측 주위를 잇는 복수의 직선으로 구성되는 군도기선을 그을 수 있다(제46조 · 제47조 1항). 군도기선의 내측은 군도수역이며, 군도국은 군도수역과 그 상공 · 해저 · 지하에서 주권을 갖는다(제49조 1-2항). 군도기선은 그 내측의 수역면적과 육지 · 환초의 면적 비율이 1대1에서 9대1 사이여야 하고, 군도기선의 길이는 100해리까지(기선총수의 3%까지는 최장 125해리까지)로 한다(제47조 1-2항). 군도수역에서는 인접국의 전통적인 어획의 권리나 외국선박의 무해통항권이 인정된다(제51조 · 제52조). 또한 군도수역과 관련하여 군도항로대 통항권(right of archipelagic sea lanes passage) 제도가

영해·접속수역·배타적 경제수역(일본의 주장)

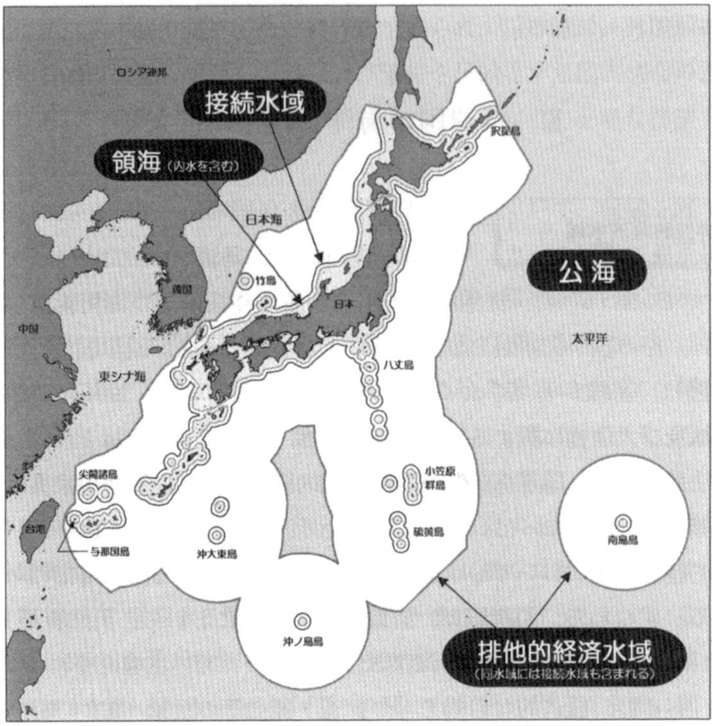

있다. 군도국은 외국선박·항공기의 계속적이고 신속한 통항을 위해, 군도수역을 관통하는 항로대 및 항공로를 지정할 수 있다.

모든 선박과 항공기는 이 군도항로대에서 공해와 공해 사이의 군도수역을 통상의 형태로 항행·상공통행할 권리를 계속적이고 신속하고 방해받지 않는 통과를 위해서만 행사할 수 있다. 따라서 군도항로대 통항권에서는 영해의 무해통항권에 비해 보다 폭넓은 통항이 확보된다. 또한 군도항로대가 지정되지 않은 경우에 군도항로통항권은 통상적으로 국제항행에 사용되고 있는 항로에서 행사할 수 있다(제53조). 군도수역의 성질은 해역·내수와 다르다. 이는 군도국의 영해는 군도기선에서 외측을 향하여 설정되고, 또한 군도국은 각 섬들의 하구·만·항구에 내수의 경계획정을 위한 폐쇄선을 긋는 것이 가능하여, 내수가 별도로 존재하기 때문이다(제48조·제50조).

III. 연안국의 해양관할권의 확대

■ 배타적 경제수역 (exclusive economic zone, EEZ)

배타적 경제수역은 영해부분을 제외한 기선에서 200해리까지의 수역을 가리킨다(제55조 · 제57조). 배타적 경제수역에 근거한 연안국의 권리의무가 발생하기 위해서는 연안국이 동 수역을 설정할 필요가 있다. 연안국이 행하는 수역설정의 범위는 기선에서 200해리 이내에서 허용된다. 일본은 1996년의 「배타적 경제수역 및 대륙붕에 관한 법률」에 근거하여 배타적 경제수역을 설정하고 있다.[6] 국제사법재판소는 UN해양법협약의 배타적 경제수역 제도가 국가관행에 의해 국제관습법의 일부가 되었다고 서술한다(*Libya/Malta Continental Shelf* 사건 판결).

배타적 경제수역에서 연안국에게는 자원이용에 관한 광범위한 권리가 인정된다. 즉, 연안국은 배타적 경제수역에서 천연자원(생물자원과 비생물자원)의 탐사, 개발, 보존 및 관리를 위한 주권적 권리(sovereign rights) 및 경제적인 목적을 갖는 탐사 · 개발 등의 활동(해수 · 해류 · 바람을 이용한 에너지 생산 등)에 관한 주권적 권리를 갖는다. 연안국은 또한 배타적 경제수역에서 ① 인공섬, 시설 및 구축물의 설치와 이용, ② 해양의 과학적 조사, 및 ③ 해양환경의 보호 · 보전에 대한 관할권을 갖는다. 배타적 경제수역에 근거한 연안국의 권리는 해저의 상부수역 및 해저와 그 하부에 미치지만, 해저와 그 하부의 권리는 UN해양법협약의 대륙붕 규정에 의하여 행사된다(제56조). 한편 다른 국가는 항행의 자유, 상공비행의 자유, 해저전선 · 해저 파이프라인 부설의 자유 및 이들과 관련된 UN해양법협약의 규정과 양립하는 국제적으로 적법한 해양의 이용(선박 · 항공기의 통항과 부설물의 운용 등)의 자유를 향유한다. 공해에 관한 규칙들은 협약의 배타적 경제수역의 규정에 반하지 않는 한, 동 수역에 있어서도 적용된다(제58조 1-2항).

---

6) 대한민국은 1996년 제정된 배타적경제수역법(2011년 일부개정)에 근거하여 EEZ를 설정 · 관리하고 있다.

생물자원에 대해서는 연안국에 그 보존과 최적이용을 촉진할 것이 요구된다. 연안국은 배타적 경제수역 내의 어획가능량을 결정하여 자국의 어획능력을 결정함과 동시에 어획가능량의 잉여분이 발생한 경우에는 협정 등을 통하여 타 국가의 어획을 인정할 의무를 진다(제61조 1항 · 제62조 1-2항). 수역 내에서 어획을 행하는 타국민은 연안국의 관련법령을 준수해야 하며, 연안국은 외국선박에 대하여 생물자원의 탐사, 개발, 보존 및 관리를 목적으로 하는 국내법령의 준수를 확보하기 위해 승선, 검사, 나포, 사법상의 절차 등의 필요한 조치를 취할 수 있다(제62조 4항 · 제73조).

외국의 유조선이 연안국의 배타적 경제수역에서 세관을 경유하지 않고 타국어선에 경유를 급유한 것에 대하여 연안국이 동 유조선을 관세법 위반혐의로 나포한 것의 적법성이 다투어진 사건에서, 국제해양법재판소는 UN해양법협약상 연안국은 배타적 경제수역의 인공섬, 시설 및 구조물에서는 관세법 적용의 관할권을 갖지만, 배타적 경제수역의 기타 부분에 대해서는 관세법 적용의 관할권을 갖지 못한다고 하여, 결국 나포를 위법하다고 판단하였다(MV Saiga호 사건(No.2). 다만 급유활동의 관할권에 대해서는 판단하지 않았다).

서로 마주보고 있거나 인접해 있는 해안을 가지는 국가 사이에서의 배타적 경제수역의 경계획정에 대해서, UN해양법협약은 형평한 해결을 달성하기 위해 ICJ규정 제38조에 규정된 국제법에 근거한 합의에 의해 행할 것을 규정하고 있다. 그러나 합의에 이르지 못한 경우에도 잠정적 약정을 체결하기 위하여 노력할 것을 요구하고 있다. 러시아와의 관계에서는 북방영토문제가 미해결상태이기 때문에 일본과 러시아의 배타적 경제수역이 별개로 존재하여 사실상 중복된 상태로 존재하고 있다. 1984년의 일소어업협정은 각각의 200해리 수역에서의 상대편 국가의 어획에 대한 허가와 규제를 규정하고 있다.

Case ③ *우타리 공동* 사건

(일본 최고재판소 결정, 1996년 3월 26일)〉

어업을 운영하는 일본법인인 우타리 공동 주식회사가 1989년에 소련어업성이 발행한 허가증에 근거하여(일소어업협정에 근거한 것이 아님) 시코탄 섬 근해의 소련영해 및 경제수역에서 게잡이를 한 것에 대해, 동 수역에서의 어업을 금지하는 북해도해면어업조정규칙에 위반한 것으로 우타리 공동의 대표이사가 기소되었다. 2심은 본건의 조업은 일본의 영역 및 어업수역에서 이루어진 것으로, 일본의 어업규제가 미치고 또한 외국의 영해 및 경제수역이라고 해도 북해도조정규칙의 속인적 적용에 의해 국외범으로서 처벌의 대상이 된다고 하여, 북해도조정규칙위반을 긍정하였다(삿포로 고등법원 판결, 1992년 4월 16일). 상고심은 속인주의의 입장에 서서 북해도조정규칙에 의해 시코탄 섬 근해에서의 어업조업은 금지되어 있다고 하였다. 이 상고심 판결은 유사한 사안에서 외국의 영해에서 일본국민에 의한 국외범의 행위(북해도조정규칙이 위반)을 처벌하는 것을 긍정한 최고재판소 판결(北島丸사건, 1970년 9월 30일, 제2의 北島丸사건, 1971년 4월 22일)의 연장선상에 위치하고 있다.

섬은 영토임과 동시에 영해나 접속수역, 대륙붕, 배타적 경제수역 등의 설정기점이기도 하다. UN해양법협약은 섬을 만조시에도 수면 위에 떠있는 것으로 정의하고, 또한 인간의 주거 또는 독자적인 경제적 생활을 유지할 수 없는 암석은 배타적 경제수역 또는 대륙붕을 가지지 않는 것으로 하고 있다(제121조). 일본의 오키노토리시마(沖ノ鳥島)는 동경에서 약 1700㎞ 남쪽 해상에 위치하는 환초이고, 만조시에는 2개의 암석이 존재하고 있다. 일본은 1931년에 오키노토리시마의 영유를 선언하고 1996년에 이곳을 기점으로 배타적 경제수역을 설정하였다. 중국은 일본의 배타적 경제수역 내에서 행한 동 국가의 조사선의 활동과 관련하여 오키노토리시마를 암석

이라고 하여 배타적 경제수역을 설정할 수 없다는 견해를 나타내고 있는데, 이에 대하여도 일본의 역사적 사용을 감안하는 것을 전제로 한 해석이 필요하다는 지적이 있다.

■ **대륙붕** (continental shelf)

대륙붕이란 육지에서 근해를 향해 계속되는 해저의 경사가 비교적 완만한 부분을 가리키는 용어이다. 1958년 대륙붕협약은 그 제1조부터 제3조에 「수심 200m」와 「개발가능성」을 기준으로 하는 대륙붕의 정의를 두고, 연안국의 대륙붕에 있는 천연자원에 대한 주권적 권리 및 공해로서의 상부수역과 상공의 법적 지위를 규정하고 있는데, 대륙붕에 관한 이들의 원칙적인 내용은 국제관습법을 형성하고 있다고 이해된다(*North Sea Continental Shelf* 사건 판결[제2장 Case ③]).

그 후 1982년 UN해양법협약에 의한 대륙붕의 정의는 다소 복잡하다. UN해양법협약에서 대륙붕의 기본적인 개념은 영해를 제외한 해저 및 그 아래의 부분으로 영토의 자연적인 연장을 따라 대륙변계(대륙붕, 대륙사면 및 대륙융기로 구성)의 외연에 이르는 부분이라고 되어 있다. 연안국의 대륙붕 범위는 ① 대륙변계의 외연에 이르기까지의 거리가 200해리에 달하지 않은 경우에는 기선에서 200해리까지로 하고, 또한 ② 대륙변계의 외연까지의 거리가 200해리를 넘는 경우에는 ⓐ 퇴적암의 두께가 그 지점에서 대륙사면각부(대륙사면의 부분에서 균배(均配)가 가장 크게 변화하는 점)까지의 최단거리의 1% 이상인 지점까지, 또는 ⓑ 대륙사면각부에서 60해리를 넘지 않는 지점까지로 한다. 이들 ⓐⓑ의 경우에는 대륙붕의 범위에 상한이 설정되어 있어, 기선에서 350해리를 넘거나 심해 2500m의 등심선에서 100해리를 넘어서는 안 된다고 되어 있다(제76조 1-5항).

연안국의 대륙붕에 대한 권리에 관하여 UN해양법협약은 다음과 같이 규정한다. 첫째, 연안국은 대륙붕을 탐사하고 그 천연자원을 개발하기 위한 주권적 권리를 갖는다. 이 권리를 연안국이 행사하지 않는 경우라 해도 연안국의 명시적인 동의 없이

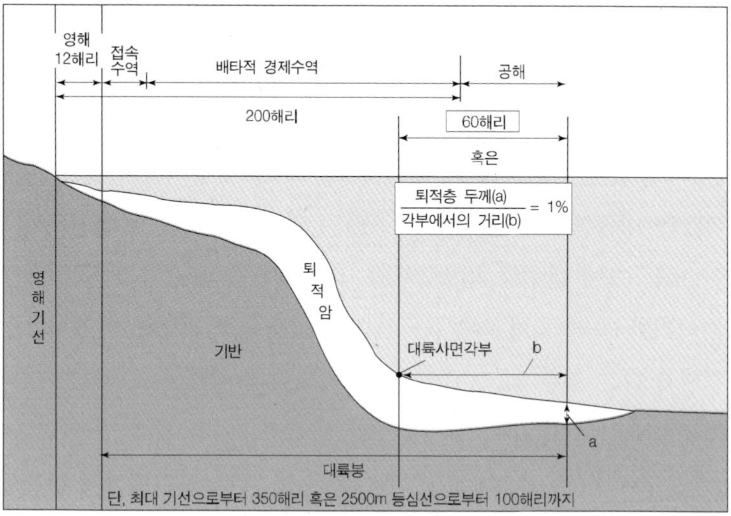

대륙붕이 기선에서 200해리를 초과하여 연장되어 있는 경우

해양법협약상 대륙붕의 정의

출처: 일본 海上保安庁海洋情報部

타국은 이와 같은 활동을 할 수 없다. 이런 의미에서 배타적이다(제77조 1-2항). 둘째, 대륙붕에 대한 연안국의 권리는 실효적 혹은 명목상의 선점 또는 명시적인 선언에 의존하지 않는다(제77조 3항). 이 점에 관하여 ICJ는 1969년 *North Sea Continental Shelf* 사건(제2장 Case ③)에서 대륙붕은 영토의 해양으로의 자연적인 연장을 구성하는 것이며, 이에 관한 연안국의 권리는 육지에 대한 주권을 기초로서 「당초부터 그리고 최초부터」 존재하는 고유한 권리라고 하고 있다. 즉, 대륙붕에 대한 연안국의 권리는 연안국이 처음부터 갖추고 있는 것이며, 이 점에서 설정행위를 요하는 배타적 경제수역과는 성질을 달리 한다. 셋째, 대륙붕에 속하는 천연자원이란 해저 및 그 하부에 있는 광물 등의 배타적 자원 및 해저에 정착하여 생식하는 생물을 가리킨다(제77조 4항). 연안국은 배타적 경제수역과 마찬가지로 대륙붕 위에 인공섬, 시설 및 구축물의 건설, 운용 및 이용에 관한 배타적 권리를 갖는다(제80조). 연안국은 또한 대륙붕의 모든 굴삭을 허가하고 규제할 배타적 권리를 갖는다(제81조). 한편 대륙붕에 대한 연안국의 권리는 상부수역 또는 상공의 법적 지위에 영향을 미치지 않는

것으로 하고, 다른 국가는 항행의 자유, 상공비행의 자유를 향유하는 외에 대륙붕에서의 해저전선 및 해저파이프라인을 부설할 권리가 인정되고 있다(제78조 · 제79조).

일본의 법인에 의하여 굴삭작업을 청부받은 외국법인이 일본의 대륙붕에서 굴삭을 행하여 대가를 얻는 것에 대해, 일본이 과세권을 갖는지가 다투어진 사안에서, 일본의 재판소는 대륙붕에 대한 주권적 권리는 대륙붕에 있는 광물자원의 탐색 · 개발에 필요한 또는 그에 관련한 입법, 행정 및 사법권을 포함하고, 목적에 따라서는 제한되지만 이러한 목적의 범위에서는 완전한 성질을 가지며 포괄적이고 배타적이어서 영역주권과 다른 점은 없고, 주권의 한 측면인 과세권을 포함하는 것이라 하여 과세처분을 긍정하고 있다(오데코 니혼 사건, 동경고등법원 판결, 1984년 3월 14일).

서로 마주보고 있거나 인접해 있는 해안을 갖는 국가 사이에서의 대륙붕 경계획정에 관하여는 UN해양법협약에 배타적 경제수역의 경우와 동일한 내용의 규정을 두어, 국제법에 근거한 합의를 이룰 것과 합의에 이르지 못한 경우 잠정적 약정 체결을 위하여 노력하도록 규정되어 있다(제83조). 1969년의 *North Sea Continental Shelf* 사건(제2장 Case ③)에서 ICJ는 인접해 있는 해안을 갖는 국가 간 대륙붕 경계획정은 대륙붕협약 제6조 2항에 나타나 있는 것처럼 등거리선에 의해야 하는 것이 아니라, 형평원칙에 따라 모든 관련 사정을 고려하여야 한다고 하였다(형평한 원칙/관련 사정의 원칙). 즉 ICJ는 연안국의 영토 중 바다로 자연적인 연장을 구성하는 대륙붕 부분이 타국 영토의 자연적인 연장을 침식하지 않도록, 될 수 있으면 합의를 통하여 경계획정을 해야 한다고 판시하였다. 그러나 ICJ는 1985년 *Libya/Malta Continental Shelf* 사건에서 해안을 서로 마주하고 있는 국가 사이의 사안에 대하여, 형평원칙에 따라 모든 관련 사정을 고려할 것을 그 판단기준으로 하여, 형평한 결과에 이르는 제1단계로서 양 해안의 등거리중간선을 그은 후 등거리중간선에 조정을 가한다는 견해를 취하였다. 이후 대륙붕의 경계획정사건에서는 *Libya/Malta Continental Shelf* 사건 판결과 같은 입장에 의한 판결을 다수 찾아볼 수 있다.

연안국이 대륙붕 범위의 한계를 기선에서 200해리를 넘는 지점에 설정하려는 때에는 대륙붕의 한계에 관한 정보를 대륙붕한계위원회에 제출해야 한다. 제출된 정보에 근거하여 위원회는 당해 연안국에 권고를 행하고, 이 권고에 근거하여 연안국이 설정한 대륙붕의 한계는 최종적인 것으로서 구속력을 갖는다. 단, 위원회의 활동은 서로 마주보거나 인접하는 해안을 갖는 국가 간의 대륙붕 경계획정에는 영향을 미치지 못하고(UN해양법협약 제76조 8항 · 10항 · 부속서II 제9조), 경계획정의 문제는 또한 별도로 당해 국가 사이에서 검토되어야 한다.

일본은 2008년 11월에 대륙붕한계위원회에 혼슈(本州)의 남쪽과 남동쪽에 있는 7개의 해역(큐슈 · 팔라우 해령남부해역, 미나미이오도(南硫黄島)해역, 미나미도리시마(南鳥島)해역, 시케키(茂木)해산해역, 오가사와라해대(小笠原海台)해역, 오키다이토(沖大東)해령남부해역, 시코쿠(四国)해분해역)에 대한 대륙붕한계연장신청을 하였고, 현재 심사절차가 진행 중이다. 일본의 신청에 관하여 미국, 중국, 한국 및 팔라우가 자국의 견해를 제시하는 문서를 제출하고 있다. 대륙붕한계연장을 할 때에 중복이 발생할 가능성이 있는 미국과 팔라우는 이 절차가 대륙붕의 경계획정에 영향을 주지 않을 것을 확인하며 일본의 신청에 반대하지 않고 있다. 일본의 신청에는 하하지마(母島), 미나미이오도(南硫黄島), 오키노토리시마 및 미나미도리시마(南鳥島)를 기점으로 하는 대륙붕이 포함되어 있지만, 중국과 한국은 오키노토리시마에 대해서는 동 섬이 바위(환초)이기 때문에 대륙붕의 기점이 될 수 없다는 입장이다. 단, 적어도 이들 양국과 일본 사이에서는 경계획정이 필요한 대륙붕의 잠재적인 중복은 존재하지 않는다. 배타적 경계수역에 대해서도 마찬가지로 중복이 존재하지 않는다.

IV. 국제공역으로서의 해양

■ 공해 (high seas)

공해란 어떤 국가의 내수 · 영해 · 배타적 경제수역 · 군도수역에도 속하지 않는 해양을 가리킨다. 배타적 경계수역에서 연안국의 천연자원이나 그 탐사 · 개발 등에 관한 주권적 권리 및 기타 관할권에 관련되지 않는 사항에 대해서는 공해의 원칙이 적용된다(제86조). 어떠한 국가도 공해를 스스로의 주권 하에 둘 수 없다(영유금지). 또한 공해는 내륙국을 포함한 모든 국가에게 개방되어 있다(공해자유의 원칙, 제87조 1항).

공해의 자유는 이전부터 국제법의 중요한 원칙으로 인정되어 왔다. UN해양법협약은 공해의 자유의 예시로 여행, 상공비행, 해저전선·해저파이프라인의 부설, 인공섬·해양구축물의 건설, 어업, 과학적 조사의 자유를 들고 있다(제87조 1항). 어업의 경우 각종의 공해어업규제에 관한 조약의 발전에 의하여 그 자유가 좁아지고 있다. 또한 공해의 자유에는 그 자체에 일정한 제약이 존재한다. 즉, 공해의 자유는 공해의 자유를 행사하는 다른 국가의 이익을 적절히 고려하여야 한다(동조 제2항). 이는 동일한 자유를 행사하는 국가 간에 상호 조정을 이루는 것이며, 그러한 의미에서 공해의 자유에 내재하는 제약이다.

공해의 영유는 금지되어 있지만, 영토로부터 굴삭이 진행된 해저터널은 공해의 해저 아래에 존재해도 관습법상 굴삭을 행한 연안국이 점유할 수 있고 그 관할권이 미친다. 대륙붕 제도도 터널의 굴삭에 의해 해저 아래를 개발할 연안국의 권리를 해하지 않는다(제85조). 쓰가루(津軽)해협의 세이칸(青函)터널은 1988년의 개통시부터 공해 부분의 해저 아래를 통하고 있다. 일본은 같은 해 공해 아래의 터널부분을 홋카이도와 아오모리 현의 지방자치단체에 각각 편입시키는 조치를 취하였다.

공해에는 국가의 영역적인 관할권이 미치지 않으므로, 공해에서 국가의 관할권은 속인주의 관할권을 원칙으로 한다. 공해상의 선박은 그 국적국인 기국이 배타적으로 관할권을 행사하고(기국주의), 원칙적으로 기국 이외의 어떠한 권력에도 복종하지 않는다(*Lotus 호* 사건). 따라서 공해상의 선박 내부에서 일어난 사건에 대해서는 기국의 법령이 규율하고 기국의 재판권에 따른다.

어떠한 국가도 선박에 대한 국적을 부여할 권리를 가지며 부여의 조건을 정할 수 있지만, 그 국가와 당해 선박 사이에서는 진정한 관련이 존재하여야 한다(제91조). 그러나 실제로는 선박과 기국과의 관계가 희박한 편의치적선이 다수 존재한다.

편의치적선 문제는 파나마 · 라이베리아 등 일부 국가들이 완화된 요건으로 선박을 자국 국적으로 등록하고 자국 국적을 부여하여 등록료 등의 수입을 얻는 한편, 선박에 대한 기국의 관리를 충분히 하지 않기 때문에 발생한다. 편의치적선은 기국만이 아니라 국적을 부여받은 선주에게도 경제적인 이점이 있기 때문에 그 수가 감소하지 않고 있다. 편의치적선의 기국의 자국선박에 대한 관리능력의 결여는 선박사고나 해양오염의 방지 · 규제의 효과를 상쇄하는 요인이 되고 있다.

공해상에서 외국선박끼리 충돌한 경우의 형사책임에 대하여 1927년 *Lotus 호* 사건에서 상설국제사법재판소(PCIJ)는 속지주의의 관점에서 선박을 영토의 연장으로 파악하여, 가해선박의 기국에 그치지 않고 피해가 발생한 선박의 기국에 대해서도 형사재판권을 긍정하였다. 그러나 복수의 형사재판권이 발생하는 이 입장에 대한 비판이 강하여, 1952년의 충돌사고의 형사재판권에 관한 브뤼셀조약 이래 UN해양법협약까지의 조약들은 속인주의를 채택하고 있다. 유엔해양법협약은 형사상 · 징계상의 책임을 물을 때는 당해 선박의 기국 또는 책임을 져야 하는 선장 · 승조원의 본국만이 형사재판권을 가진다고 한다(제97조).

기국주의의 예외를 이루는 것으로 공해해상경찰권에 근거한 해상범죄의 단속이 있다. 우선 군함은 공해상의 수상한 선박에 대하여 그 선박에 접근해서 국적과 국기를 밝힐 것을 요구할 수 있다(국제관습법상의 근접권). 다음으로 모든 국가의 군함(군용기 및 정당한 권한을 갖는 정부선박 · 항공기를 포함)은 공해상의 해적행위, 노예매매 및 무허가방송을 하는 선박, 무국적선과 국기를 남용하는 자국선박에 대하여 이를 의심할 충분한 근거가 있는 경우 임검을 할 수 있다(제100조). 임검이란 선박에 올라타서 선박서류를 검사하거나 선내를 수색하는 것을 말한다. 나아가 군함은 해적선박이나 해적항공기를 나포하여 그 안에 있는 사람을 체포하거나 재산을 몰수할 수 있고, 나포를 행한 국가는 해적을 자국의 재판소에서 처벌할 수 있다(제105조). 이러한 단속은 배타적 경제수역에서도 공해와 마찬가지로 실시될 수 있다(제58조 2항). 다만 공해상의 군함은 기국 이외의 모든 국가의 관할권에서 완전히 면제되므로 단속의 대상이 되지 않는다(제85조).

■ 해적행위 · 해상폭력행위[7)]

해적행위란 개인 소유의 선박 · 항공기의 승무원이나 승객이 사적 목적을 위해 공해 또는 어떠한 국가의 관할권도 미치지 않는 장소에서 다른 선박 · 항공기 또는 그 안의 사람이나 재산에 대하여 행하는 불법적인 폭력행위 · 억류 또는 약탈행위로(제101조), 해상왕래의 일반적인 안전을 침해하는 범죄이다. 그러나 최근에는 이 해적행위의 개념에 그대로 합치하지 않는 사례가 증가하고 있다. 첫째, 공해상의 선박 · 항공기를 그 내부에 있는 사람이 납치하는 불법탈취(sea-jacking이나 high-jacking)는 동일한 선박 · 항공기 안에서 발생하기 때문에 해적행위에 해당하지 않는다. 이 때문에 단속이나 처벌은 기국에게 맡겨지게 된다. 둘째, 해적행위는 「사적 목적을 위해」 이루어져야 한다. 따라서 교전단체나 민족해방단체의 행위, 순수한 정치적 동기에 기초한 행위 등은 해적행위로 간주되지 않는다. 그러나 정치목적을 내세운 해상테러행위는 문제가 될 수 있다. 또한 일본 조사포경선에 대한 민간환경단체 Sea Shepherd의 방해활동처럼 환경보호단체 등이 선박을 이용하여 타국의 선박에 실력을 행사하는 경우도 있다. 이것이 해적행위에 해당하는지 여부는 실력행사의 내용과 함께 실력행사가 사적 목적 즉 그 단체의 개인적 의견을 주장하기 위한 것인가, 그렇지 않으면 그것을 넘은 정치적, 공적 또는 공공목적을 갖는 것인가의 판단에 의하게

7) 한국에서는 2011년 삼호 주얼리호가 소말리아 해적에 납치된 사건을 계기로 해적행위에 대한 관심이 높아지기 시작하였다. 해적들에 대해서는 해적을 처벌하기 위해 만들어진 형법 제340조의 해상강도죄가 적용될 수 있다. 그 외에도 선박 및 해상구조물에 대한 위해행위의 처벌등에 관한 법률(선박위해행위처벌법) 제6조의 선박납치죄로도 처벌이 가능하다. 한국 해군의 피랍 한국인 구출작전(작전명 '아덴만의 여명') 당시 두목과 부두목을 포함한 8인이 사살되었고 나머지 해적 5명이 한국군에 생포되어 수사기관으로 넘겨졌다. 소말리아 해적의 경우 외국영토에서 한국 국민에 대하여 범죄를 저질렀기 때문에 수동적 속인주의에 따라 형사처벌이 가능하였다. 한국 검찰은 이들에 선박위해법 위반과 해상강도, 살인미수 등 8개 혐의를 적용하여 재판에 넘겼다. 이들에 대해서는 2011년 12월 22일 최저 12년형에서 최대 무기징역형이 선고되었다. 한국과 해적문제에 대한 국제법적 접근에 대해서는 이재민, "해적에 대한 보편주의 관할권 행사와 국내법 규정", 대한국제법학회, 『국제법학회논총』 제121호, 2011, 141~183쪽 참조.

된다. 셋째, 소말리아 근해에서 발생하는 무장강도는 공해상만이 아니라 소말리아의 영해 내에서 발생하기도 한다. 영해 내의 사건은 해적행위에 해당하지 않기 때문에 연안국에 의한 단속과 처벌이 요구되지만, 그것이 효과적으로 이루어지지 않는다는 문제가 있다.

이와 같은 상황에 대처하기 위해 1988년 해양항행불법행위억제협약은 동일선박 내의 사건 및 선박이 영해의 내외를 항해하는 경우에는 영해 내의 사건도 적용대상에 포함시켜, 선박의 불법탈취, 선박 내에서의 폭력행위 및 선박을 파괴 · 손상하는 장치의 설치 등을 국제범죄로 정하고(해양항행불법행위방지조약 제3조 · 제4조, 해상폭력행위), 선박의 기국, 범행이 행하여진 영역(영해)국, 범죄행위자 또는 피해자의 국적국 등이 재판관할권을 가진다고 하였다(제6조). 이 조약은 위에서 기술한 국제범죄에 관한 체약국의 재판관할권을 설정함과 동시에 체약국에 이들 범죄의 범인 또는 용의자를 관계국에 인도하거나 자국에서 소추할 것을 의무로 규정하고 있다(제10조 1항). 따라서 이 조약은 타국 선박에 대한 집행관할권으로서의 공해해상경찰권을 새로이 확대하고 있는 것은 아니라는 점에 주의가 필요하다. 또한 2005년의 동 조약개정협정서는 폭발물 · 대량파괴무기의 선박 내에서의 사용, 선박 밖으로의 방출 및 선박에 의한 수송, 사람의 살상을 위한 선박의 사용 및 테러관련범죄자의 수송을 범죄행위에 포함시키고 있다(개정의정서 제3조의2 · 제3조의3).

한편 일본은 자국 영해 내에서의 이러한 문제에 대하여는 해상보안청법에 의해 대응하여 왔는데, 국내법상 해적행위의 규정이 없었기 때문에 2009년 해적행위 처벌에 관한 법률을 제정하여 해적행위를 정의하고 공해상 및 일본국 영해와 내수 내의 해적행위를 처벌의 대상으로 하였다(동법 제2-4조). 동법을 근거로 해상보안청의 해적행위에 대한 대처 및 자위대의 해적대처활동을 취할 수 있다(제5조 · 제7조). 해상보안관 및 자위관의 무기사용은 경찰관직무집행법이 정하는 무기사용의 규정이 준용된다(제6조 · 제8조).

■ 추적권 (right of hot pursuit)

외국선박이 연안국의 법령을 위반하였다고 믿을 충분한 이유가 있고 연안국이 자국의 해역(내수, 군도수역, 영해, 접속수역, 배타적 경제수역, 대륙붕)에서 외국선박의 추적을 개시한 경우 연안국은 그 추적을 영해를 넘어 공해에서 계속하여 할 수 있다. 이를 추적권이라고 한다(제111조 1항). 접속수역, 배타적 경제수역 또는 대륙붕에서부터의 추적은 그 수역에 적용되는 법령위반이 있는 경우에 개시할 수 있다(제111조 2항). 추적은 외국선박에 대하여 시각적 또는 청각적 정지신호를 발한 후에만 개시할 수 있다(제111조 4항). 추적은 중단되어서는 안 된다(제111조 1항). 또한 추적권은 피추적선박이 기국 또는 제3국의 영해에 들어감과 동시에 소멸한다(제111조 제3항). 격침이나 경고가 없는 실탄발포는 합리적 한도를 넘는 위법한 권리행사로 평가된다. 일본의 순시선이 일본의 배타적 경제수역 내에서 어선의 모습을 한 수상한 선박을 발견하여 정선을 명하였지만 도주하자 동 선박을 중국의 배타적 경제수역까지 계속 추적한 사건이 있다. 순시선은 수상한 선박의 총격을 받아 정당방위를 위해 총격을 하였는데 수상한 선박은 자폭하여 침몰하였다(2001년).

■ 공해상 어업활동과 자원보존

공해의 어업자원의 보존에 관한 초기 조약으로는 1949년 국제포경단속조약, 1952년 북태평양공해어업조약, 1956년 일본-소련어업조약 등이 있다. 그 후의 UN해양법협약은 공해 생물자원의 보존·관리에 관한 규정을 두고 있다. 동 협약은 공해에서의 어획과 생물자원의 보전·관리에 관한 협약의 준수 및 타국과의 교섭을 포함한 협력에 대한 모든 국가의 일반적인 의무를 규정하고 있다(제116-118조). 또한 생물자원의 보존에 대해서는 어떠한 국가도 최선의 과학적 증거에 기초하여 생물학적·환경적 및 경제적 요인을 고려하며 최대지속생산량을 실현시킬 수 있는 수준으로 어획가능량을 결정하고 보존조치를 취하여야 한다(제119조).

배타적 경제수역의 출현에 의해 외국선박의 어장은 공해에 집중하게 되었고, 이는 공해 어업자원의 감소에 박차를 가하였다. 1995년의 UN공해어업실시협정은 경계왕래어족(straddling fish stock, 배타적 경제수역의 내외를 회유하는 어종) 및 고도회유성어족(highly migratory fish stock)의 2종류를 대상으로, 그 장기적인 보존과 지속가능한 이용의 확보를 목적으로 하고 있다(제2조). 이 협정은 어류자원의 보존·관리의 방법으로서 사전주의적 접근방식을 채택하였다. 즉, 모든 국가는 정보가 불확실·부정확 또는 불충분한 경우에도 한층 주의를 더 기울여야 하고, 충분한 과학적 정보가 없다는 이유로 보존·관리조치를 연기해서는 안된다. 또한 사전주의적 접근방식의 실시에는 최선의 과학적 정보의 입수·공유 및 개선된 기술을 통하여, 자원보존·관리의 의사결정을 개선할 것이 요구된다. 협정은 이러한 방법으로 자원의 보존·관리에 적합한 기준치의 설정과 달성을 실현할 것을 목적으로 한다(제5조·제6조). 협정은 또한 보존 및 관리조치의 일관성이라는 개념도 도입하였다. 이는 공해와 배타적 경제수역에 각각 규정되어 있는 보존·관리조치를 일관적으로 만드는 것이다. 연안국과 공해에서 어획활동을 행하는 국가는 다른 해역에서 일관성 있는 조치를 달성하도록 협력할 의무를 진다(제7조).

일본, 오스트레일리아, 뉴질랜드는 남방참다랑어보존조약을 체결하여 공해에서 남방참다랑어자원의 관리를 행하고 있다. 각국이 어획할당량을 결정하는데 난항을 겪던 중, 일본이 조사어획을 행한 것이 판결에서 다투어졌다(*Southern Bluefin Tuna(남방참다랑어)* 사건[제12장 Case ⑤]참조).

■ **심해저** (deep sea-bed)

UN해양법협약은 제11부에 심해저 제도를 두었다. 그러나 이 제도에 대한 선진국측의 불만 때문에 재검토가 이루어져, 1994년에 UN해양법협약 제11부 이행협정이 채택되었다.

심해저와 그 자원은 인류의 공동유산(common heritage of mankind)의 지위를 갖는다(제136조). 심해저와 그 자원에 대해서는 어떠한 국가도 주권 또는 주권적 권리를 주장할 수 없고, 국가나 법인에 의한 소유도 금지된다(제137조 1항). 심해저자원의 모든 권리는 인류전체에 부여되어, 심해저는 오로지 평화적 목적을 위해서만 자유롭게 이용할 수 있도록 개방된다(제137조 2항 · 제141조).

UN해양법협약은 심해저 자원의 관리와 그에 따르는 활동의 조직을 위해 국제심해저기구(ISA)를 설치하고 있다. 기구는 인류전체를 위해 활동한다(제137조 2항). 심해저 개발활동은 국제해저기구의 실시기관인 심해저기업(enterprise)이 하는 경우와 체약국이나 사기업이 기구와 연계하여 하는 경우의 병행개발방식(parallel 방식)이 채택되었다. 국가나 기업이 개발하는 경우에는 상업적 가치가 동등한 2개의 광구를 신청하여, 국가나 기업은 한 쪽 광구의 개발권리를 취득하고, 다른 쪽의 광구(유보광구)는 기구의 사업체에 의해 또는 개발도상국과의 제휴에 의해 개발된다(뱅킹 방식. 조약부속서Ⅲ 제8조). 실시협정에 의하면 사업체는 개발을 합병사업에 의해 진행하여야 한다. 동시에 유보광구를 제공한 계약자는 사업체와 합병사업의 약정을 함에 있어 우선권을 갖는다(이행협정부속서 제2절 제2항 · 제5항).

V. 분쟁해결

■ UN해양법협약의 분쟁해결제도

UN해양법협약은 다음과 같은 분쟁해결절차를 두고 있다. 분쟁당사국은 평화적인 수단에 의해 분쟁을 해결하여야 한다. 평화적인 수단에 의해 해결할 수 없고 당사국 간에서 다른 분쟁해결절차를 배제하지 않은 경우에는 UN해양법협약의 원칙대로 의무적 분쟁해결절차가 적용된다(제279-282조). 분쟁은 분쟁당사국의 요청에 기초해 4개의 재판소, 즉 국제해양법재판소(ITLOS), 국제사법재판소(ICJ), 부속서Ⅶ의 중재재판소, 부속서Ⅷ의 특별중재재판소 중 어느 하나에 회부되어야 한다. 당사국은 이들의 분쟁해결수단을 미리 자유로이 선택할 수 있고, 당사국 간에 동일한 수단이 선택된 경우에는 그 수단에 의하고, 동일한 수단이 선택되지 않은 경우에는 부속서VII의 중재재판소가 강제적인 관할권을 갖는다(제287조). 단, 이 의무적인 분쟁해결절차에는 두 종류의 예외가 존재한다. 하나는 자동적 예외분쟁으로, 배타적 경제수역과 대륙붕의 과학조사에 관한 분쟁과 배타적 경제수역에서의 생물자원에 대한 주권적 권리에 관한 분쟁은 의무적 분쟁해결절차에 따르지 않는다(제297조 2-3항). 다른 하나는 선택적 예외분쟁으로, 해양경계획정 · 역사적 만 · 역사적 권원 · 군사적 활동 및 UN안전보장이사회의 임무에 관한 분쟁은 체약국의 선택에 의해 의무적 분쟁해결절차로부터 배제될 수 있다(제298조).

또한 잠정조치에 대한 규정도 두고 있어, 분쟁이 회부된 재판소는(단, 중재재판소에 관하여는, 그것이 구성되기까지의 사이에 재판소에 대한 합의가 없는 경우에는 국제해양법재판소가) 잠정조치를 정할 수 있다(제290조). *Southern Bluefin Tuna* 사건(제12장 Case ⑤)에서는 분쟁당사국 간에 분쟁해결수단의 선택이 이루어지지 않았기 때문에 중재재판소가 본안을 다루게 되었지만, 그 잠정조치의 심리는 국제해양법재판소가 맡았다.

제 7 장

국제법과 국제기구

전통적으로 국제사회에서는 국가만이 행위주체로서 존재하여 왔다. 그러나 국가 간의 교류가 긴밀해지면서, 국제사회 공통의 목적을 달성하기 위해서는 상호 협력과 특정 사항을 공동으로 처리할 수 있는 기능이 중요하다는 것을 인식하게 되었다. 이 때문에 국가는 조약을 체결하는 등에 의해 국가 간 합의에 기초한 상설 국제기구를 설치하게 되었다. 이것이 국제사회의 조직화 현상이다.

이렇게 국가 간 합의에 기초한 독자적인 조직을 국제기구(international organization)라고 부른다. 개별 국가의 의견이 각기 존재하는 국제회의와는 달리, 국제기구는 개별국가들의 의견과는 또 구별되는 독자적인 의사를 가진다. 국제기구의 존재는 오늘날의 국제사회의 하나의 특징으로 볼 수 있다.

I. 국제기구와 국제기구법

1. 국제기구란 무엇인가

■ 국제기구의 정의

오늘날 일반적으로 「국제기구」라고 부르는 단체에는 「국경없는 의사회」나 「옥스팜(Oxfam)」과 같은 비정부기구(NGO)도 포함되어 있다. 그러나 이들 NGO는 국가 간의 합의에 기초하여 설립된 것이 아니라는 점에서 UN이나 세계은행과 같은 정부간 기구(IGO)와 다르다.

국제법적으로 국제기구를 정의하기 위하여 「조약법에 관한 비엔나협약」 제2조 1항(a)을 보면 「국제기구」란 정부간 기구를 말한다고 규정하고 있다. 즉 국제법상 국제기구는 국가 또는 국가를 대표하는 정부만을 구성원으로 하는 정부간 국제기구를 가리키며 NGO는 포함되지 않는다.

다만 「국가 또는 정부만을 구성원으로 한다」라는 정의에는 예외가 있다. 오늘날에는 사인(私人)에 일정한 대표성을 인정하는 국제기구나, 국제기구에 구성원으로서의 자격을 인정하는 국제기구도 존재한다. 전자의 예로는 국제노동기구(ILO)를 들 수 있으며 총회, 이사회 등에서 3자 구성(정부대표, 사용자대표, 노동자대표)의 조직 형태를 취하고 있다. 후자의 예로는 세계무역기구(WTO)에 유럽연합(EU)이 가지는 지위를 들 수 있다. WTO의 의사결정에 있어 EU는 구성국의 권한을 위임받은 경우 구성국 수의 합계와 동일한 표수를 일괄하여 행사하고 그 표는 이중으로 계산되지 않는다.

국제기구는 국가 간의 합의에 기초하여 설립되는 것이지만, 국제기구설립조약은 국제기구의 기본법이며 일반적으로 다자조약의 형식을 취한다. UN의 경우 UN헌장이, 세계은행의 경우 세계은행협정이 각각 설립조약에 해당한다. 또한 국제기구는 상설적인 기구를 내부에 유지하고 필요한 경우 소집된다. 필요한 때마다 회합을 갖고 심의가 종료되면 해산하는 국제회의와는 이 점에서 크게 다르다.

■ 국제기구의 분류

회원국의 관점에서 국제기구를 분류하면 모든 국가가 회원국이 될 수 있는 보편적 국제기구와 회원자격을 지역적으로 한정한 지역적 국제기구가 존재한다.

보편적 국제기구의 예로는 UN이나 전문기구를 들 수 있다. 가능한 많은 국가의 가입을 실현하기 위하여 그 보편성을 높이는 것을 중요한 과제로 하고 있는 것도 보편적 국제기구의 특징이다.

지역적 국제기구의 경우에는 지리적 조건을 만족하는 국가로 가입자격을 한정하고 있다. 냉전 때문에 안보리가 불완전하게 기능하여 북대서양조약기구(NATO) 등의 지역적 방위기구가 발전하게 된 역사도 있지만, 다른 한편으로는 지역적으로 경제활동이 긴밀화된 것도 지역적 국제기구를 발전시켜온 요인이 되었다. 특히 유럽에서는 유럽석탄철강공동체(ECSC), 유럽경제공동체(EEC), 유럽원자력공동체(Euratom)가 창설되었고 이후에 유럽공동체(EC), 유럽연합(EU)으로 조직적으로 발전하였다. 유럽에는 그 외에 유럽안보협력기구(OSCE)나 유럽평의회(Council of Europe), 미국에는 미주지구(OAS), 아프리카에는 아프리카연합(AU), 아시아에는 동남아시아국가연합(ASEAN)이라는 지역적 국제기구가 존재한다.

경제협력개발기구(OECD)의 경우 회원자격에 지역적 제한이 있지는 않다. OECD는 선진공업국가들이 개발도상국의 원조요청에 대하여 조정을 하는 기구로서의 성격이 강하여 전통적인 의미에서의 지역적 기구의 분류에는 해당하지 않는다.

국제기구를 그 목적에 의해 분류하면 일반적 국제기구와 전문적 국제기구로 나눌 수 있다. 일반적 국제기구란 그 목적이 특정의 분야에 한정되지 않고 포괄적인 목적을 가진 기구이다. 예로서는 UN, 미주기구, 아프리카연합 등을 들 수 있다. 이에 반해 전문적 국제기구란 그 목적과 임무의 범위가 특정 전문분야에 한정된 것이다. UN의 전문기구는 그 전형적인 예이다. UN헌장 제57조에 의하면 전문기구란「정부간의 협정에 의해 설치되고」,「경제, 사회, 문화, 교육, 보건 분야 및 관계분야에서 그 기본문서에 정한대로 광범위한 국제적 책임을 지는 것」으로 UN헌장 제63조의 규정에 기초하여 UN과 협정을 체결하여 제휴관계를 가진 기구이다. 현재 전문기구에는 국제통화기금(IMF), 국제부흥개발은행(IBRD), 국제금융회사(IFC), 국제개발협회(IDA), UN식량농업기구(FAO), 세계보건기구(WHO), UN교육과학문화기구(UNESCO), 국제노동기구(ILO), 국제전기통신연합(ITU), 만국우편연합(UPU), 국제민간항공기구(ICAO), 국제해사기구(IMO), 세계기상기구(WMO), 세계지적재산권기구(WIPO), 국제농업개발기금(IFAD), UN공업개발기구(UNIDO), 세계관광기구(UNWTO) 등의 17개가 있다. 또한 UN 전문기구는 아니지만 국제원자력기구(IAEA)나 세계무역기구(WTO)와 같은 국제기구도 전문적 국제기구의 예이며, 지역개발은행(아시아 개발은행, 미주개발은행, 유럽부흥개발은행 등)도 금융 분야의 전문적 국제기구로 분류할 수 있다.

2. 국제기구법의 성질

■ 국제기구법

국제기구법(Law of International Organization)을 어떻게 정의할 것인가. 뒤에서 상세히 서술하겠지만, 국제기구는 국제법 주체로서의 지위와 국내법 주체로서의 지위의 두 가지 지위를 가지고 활동한다. 「국제기구의 활동을 규율하는 법의 총체」로서 국제기구법을 파악하면, 국제기구는 국제법과 국내법 두 가지 모두로부터 규율받고 있다는 점에서 이들 법의 총체를 국제기구법으로 정의할 필요가 있다.

여기서 말하는 국제법은 국제기구의 활동을 규율하는 조약 및 국제관습법이며, 국내법은 국제기구가 활동하는 영역국의 국제기구에 관련된 국내법을 가리킨다. 그러한 국제법, 국내법을 종합적으로 파악하여 국제기구법을 정의하게 된다.

그러나 법에 의하여 규율되는 수동적인 측면만 있는 것은 아니다. 국제기구는 능동적으로 법을 정립하는 측면도 있고, 그러한 의미에서 「국제기구가 정립하는 법」으로서의 국제기구법도 존재한다. 그 예로서 국제기구가 당사자가 되어 체결하는 국제기구체결조약이나 국제기구의 내부기관이 채택하는 결의나 규칙을 들 수 있다.

따라서 국제기구법을 넓은 의미로 파악하면, 그 내용은 수동적 측면과 능동적 측면 양자를 포함하는 것이 된다.

■ 국제기구의 활동을 규율하는 법

국가들이 특정 목적을 위하여 일정한 기능을 수행하는 국제기구를 창설하는 경우, 대부분은 다자조약인 국제기구설립조약에 의한다. 국제기구설립조약은 국제기구의 기본법이라고 할 수 있다.

설립조약은 국제기구의 내부기관이 갖는 권한을 규율하며 국제기구가 설립조약에 명백히 위반되는 행동을 취하는 경우에 그 행동은 국제법상 위법한 것이 된다.

그러나 설립조약이 국제기구에 관련된 모든 사항을 명문으로 규정하고 있지는 않다. 이 때문에 국제기구의 목적에 비추어 임무수행에 필요하다고 여겨지는 행동은 「묵시적 권한(implied power)의 법리」에 의해 합법화되는 경우가 있다.

설립조약에 대한 유보는 일반적으로 인정되지 않는다. 이는 국제기구로서의 일체성을 확보할 필요성 때문이다. 비엔나 조약법협약 제20조 3항은 「조약이 국제기구의 설립문서인 경우 유보에 대해서는 조약에 별개의 정함이 없는 한 당해 국제기구의 권한 있는 내부기관에 의한 수락을 요한다」라고 규정하고 있다.

UN의 설립조약인 UN헌장의 경우 제103조가 「UN회원국의 헌장상의 의무와 다른 국제협정상의 의무가 상충되는 경우 이 헌장상의 의무가 우선한다」고 규정하여 설립조약이 다른 조약에 우선한다는 취지로 규정하고 있다. 이 점은 오늘날 UN헌장과 인권조약의 관계라는 관점에서 중요한 쟁점을 제기한다.

UN헌장의 개정에 대해서는 제108조가 「이 헌장의 개정은 총회 구성국의 3분의 2의 투표에 의하여 채택되고, 안전보장이사회의 모든 상임이사국을 포함한 UN회원국의 3분의 2에 의해 각자의 헌법상 절차에 따라 비준되었을 때, 모든 UN회원국에 대하여 발효한다」고 규정하여 개정절차가 극히 엄격하다. 이러한 헌장 개정절차의 어려움으로 인하여 안보리 개혁과 같은 이른바 'UN개혁'이 어려워지고, 결과적으로는 구(舊)적국(敵國)조항(제53조, 제107조)이라는 UN의 현재 상황에 맞지 않는 규정의 개정마저 어려워지고 있다는 문제가 지적된다.

설립조약 이외의 조약이나 국제관습법에 의하여 국제기구의 활동이 규율되는 사례도 많이 있다. 예를 들어 국제기구의 면책특권에 대해서는 「UN특권 및 면제협약」이나 「전문기구의 특권 및 면제에 관한 협약」이라는 다자조약이 규율하고 있다. 국제기구에 파견된 회원국대표 등의 법적지위에 관하여는 「보편적 국제조직과의 관계에 있어서 국가대표에 관한 비엔나협약(미발효)」이 채택되어 있고, 또한 국제기구가 체결한 조약으로는 「국가와 국제기구 간 또는 국제기구 상호 간의 조약법에 관한 비엔나협약」(미발효)이 채택되어 있다. 국제관습법에 의하여 국제기구의 활동을 규율한 사례로는 국제인도법상 국제관습법 원칙이 UN의 평화유지활동에 적용되는 예 등이 있다.

■ 국제기구가 정립하는 법

국제기구에 의한 법의 정립으로는 첫 번째로 국제기구체결조약을 들 수 있다. 전문기구에 관한 설명에서 이미 서술한 바 있지만 UN헌장 제63조는 UN과 전문기구 사이에 체결되는 제휴협정을 예정하고 있고, 실제로 UN과 각 전문기구 사이에 제휴협정이 체결되어 있다. EU도 설립조약에 조약체결권한이 명시되어 다른 국제법 주체와 각종 협정을 체결하고 있다.

국제기구에 의한 법의 정립의 두 번째 예로는 국제기구 단독으로 법규범을 채택하는 경우를 들 수 있다. 국제기구는 그 회원국에 대하여 법적 구속력을 가지는데, 절차규칙이나 예산규칙 등 내부사항을 규율하는 법규범을 정립할 수 있다. 나아가 UN의 안전보장이사회에 의한 강제조치의 결정이나 EU에 의한 규칙, 지침 등의 법정립 권능은 내부사항을 규율하는 법규범을 넘어서는 국제기구에 의한 법정립 권능의 사례이다. EU 회원국은 설립조약이나 EU가 제정한 법을 국내에서 실시할 의무를 진다. 유럽사법재판소 판례는 EU법의 직접적 효과(직접적용가능성)와 국내법에 대한 우위를 확립하고 있고, 이 점에서 EU법과 국내법의 관계는 일반적인 국제법과 국내법의 관계와는 다르다.

Case ① *Van Gend en Loos* 사건

〈유럽사법재판소 선결적부탁사건 판결, 1963년 2월 5일)〉

1960년 당시의 유럽경제공동체설립조약(로마조약) 제12조는 회원국에 대하여 관세의 인상이나 신설을 금지하고 있었다. 네덜란드의 Van Gend en Loos 사는 서독에서 수지(樹脂)를 수입하였는데 네덜란드 국세청이 이에 대해 8%의 관세를 부과하였다. 로마조약 발효시의 네덜란드 국내법에 의하면 같은 제품에 대한 관세율은 3%였기 때문에 동사는 분류의 변경에 의한 관세율의 변경이 로마조약에 위반한다고 하여 1961년 네덜란드의 행정재판소에 소를 제기하였다. 1962년에 동 재판소는 유럽사법재판소에 로마조약의 해석에 관한 선결적 판결을 구하였다. 유럽사법재판소는 로마조약 제12조가 관세율 변경을 명백하게 그리고 무조건적으로 금지하고 있고, 이는 회원국의 국내적 조치에 의해 변경되지 않는다며 회원국과 그 국민 간의 법적 관계에 직접적 효과를 발생시킨다는 취지의 판결을 내렸다.

II. 국제기구의 역사적 발전

1. 국제연맹 이전의 국제기구의 발전

■ 국제행정연합의 설립

과학기술 진보와 산업혁명에 의해 사람과 상품의 초국경적 교류가 활발해지면서 한 국가의 노력만으로는 처리할 수 없는 문제가 발생하기 시작하였다. 이러한 상황에서 국가 간 영구적인 협력의 필요성이 제기되었다. 이 같은 전문적 행정 분야에서 발생한 국가 간 기능적 협력의 역사적인 예로서 국제하천에서의 항행을 자유화 · 관리하기 위한 국제하천위원회의 설립을 들 수 있다.

또한 19세기 후반부터 특정 전문분야에 한정하여 조약에 기초한 국제사무국을 설치하고 국제협력을 실행하는 국제행정연합(international administrative unions)이라는 제도가 발전하였다. 만국우편연합(1874년), 국제산업재산권보호동맹(1883년) 등이 그 예다. 이들 국제행정연합의 대다수가 모든 회원국으로 구성된 총회, 일부회원국으로 구성된 관리이사회, 사무국이라는 3개의 내부기관을 설치하고 있었는데,

상설기관은 사무국뿐이었다. 국제행정연합은 현재의 UN 전문기구의 맹아라고 할 수 있다.

■ 보편적 국제기구의 구상

국가 간의 개별분야에서 기능적 협력을 한 예로는 국제행정연합이 있지만, 예로부터 전쟁을 방지하고 평화를 유지하는 보편적 국제기구의 개념은 이론적으로는 이미 존재하고 있었다. 임마누엘 칸트는 「영구평화를 위하여」를 집필하여 각국의 상비군의 폐지 및 전쟁방지를 위한 국가연합의 필요성을 설명하였다. 칸트는 「평화조약은 하나의 전쟁을 끝내게 할 뿐이지만, 평화연합은 모든 전쟁을 영원히 끝내는 것을 목적으로 한다」고 하였으며, 그의 사상은 국제연맹의 창설에 즈음하여 미국의 윌슨 대통령에게 영향을 미쳤다.(그는 대통령이 되기 전에는 정치학자였다)

2. 국제연맹의 설립과 활동

■ 국제연맹의 설립

국제연맹규약은 전문과 26개 조문으로 구성되어 있었다. 연맹을 구성하는 나라는 원회원국과 신규회원국이며 원회원국은 제1차 세계대전 중의 연합국 32개국과 중립국 13개국으로 총 45개국이었다. 새롭게 가입을 희망하는 나라는 국제연맹규약 제1조 2항에 의하여 연맹총회에서 3분의 2의 동의를 얻을 것을 필요로 하였다. 한편 동 제1조 3항은 탈퇴를 가능케 하고 있었고, 제명된 1개국을 포함하여 18개국이 이후에 연맹에서 탈퇴하였다.

국제연맹은 연맹의 목적에 국제평화의 유지와 함께 경제 · 사회면에서의 국제협력도 포함되어 있는 일반적인 국제기구였다. 주요기관은 총회, 이사회, 사무국이며 그 외에 상설국제사법재판소(PCIJ), 국제노동기구(ILO)가 관계기관으로서 존재하였다.

■ 국제연맹의 활동

연맹총회는 각 회원국의 대표로 구성되고, 정기총회는 매년 1회 제네바에서 개최되었다. 총회의 권한으로는 「연맹예산의 결정」, 「신회원국의 승인」, 「상설국제사법재판소의 재판관 선출」, 「세계의 평화에 영향을 미치는 사항의 처리」 등이 있었다. 이 중 국제연맹규약 제3조 3항이 규정하고 있는 「세계의 평화에 영향을 미치는 사항의 처리」에 관한 총회의 권한은 제4조 4항이 이사회에 대해서 규정하고 있는 권한과 전적으로 동일하며, 이 규정에서 평화의 유지에 관한 권한이 총회와 이사회에서 경합하고 있다는 것을 읽어낼 수 있다. 의사결정은 1국 1표주의지만 동 제5조가 규정하는 것처럼 중요사항은 만장일치, 절차사항은 과반수로 결정할 것을 원칙으로 하였다.

연맹이사국은 당초 상임이사국 4개국(영국, 프랑스, 일본, 이탈리아)과 임기 3년의 4개국 대표로 구성되었고, 국제연맹규약 제5조에 기초하여 총회와 거의 같은 결의방식이 취해졌다. 다만 제15조 6항, 7항에서 밝힌 것처럼 특정의 사항에 대해서는 당사국의 투표를 제외한 전원일치가 채택되었다. 상임이사국으로는 이후에 독일, 소련도 추가된 시기가 있었으며, 또한 비상임이사국의 수는 11개국까지 증가하였다. 이사회의 권한으로는 「회원국의 제명」, 「회원국의 안전보장에 대한 필요한 조치」, 「위임통치국이 제출한 연차보고의 심사」 등이 있었다. 앞에서 서술하였듯이 평화의 유지에 관한 권한은 이사회와 총회에 중복되어 있었고, 제11조 2항은 국제평화를 교란할 우려가 있는 사항을 회원국이 총회나 이사회에 회부할 수 있다고 하였으며, 제15조 9항은 이사회도 분쟁을 총회로 이송할 수 있다는 취지의 규정을 하였다.

연맹사무국은 국제연맹규약 연맹본부소재지로 규정한 제네바에 두었고(제7조), 사무국장과 사무관 그리고 소속직원으로 구성되었다(제6조). 연맹의 경비는 총회가 결정하는 비율에 따라 각 회원국이 분담하였다. 또한 회원국이 체결하는 조약은 모두 사무국에 등록되도록 하였다.

국제연맹은 일본이나 독일과 같은 대국이 관여한 분쟁에 대하여는 충분히 대처하지 못하였고, 대국 간의 협력이 무너진 1930년 이후에는 기능을 하지 못하였다. 국제연맹의 실패 원인에 대해서는 미국의 불참이 상징하는 것처럼 대국이 연맹에 협력하여 세계평화를 유지하고 확보하려는 열의가 부족하였다는 점을 들 수 있다. 또한 평화의 유지를 담당해야하는 총회나 이사회의 권한관계가 불명확하였고, 의사결정에서 만장일치를 원칙으로 하였기 때문에 결의채택이 곤란하였다는 점이 지적된다.

III. UN의 설립과 활동

■ UN의 설립

제2차 세계대전 이후의 보편적 국제기구의 설립에 관해서는 1943년의 모스크바 선언에서 언급이 이루어져, 1944년 워싱턴 교외의 덤바튼 오크스(Dumbarton Oaks)에서 이루어진 주요연합국(미, 영, 소, 중)의 회합에서 구체적인 검토가 행하여졌다. 그 결과 일반국제기구의 설립에 관한 덤바튼 오크스제안이 정리되었고 이것이 후에 UN헌장의 기초가 되었다.

1945년 4월부터 샌프란시스코에서 UN헌장 심의를 위한 연합국전체회의가 개최되었으며, 이 회의에는 50개국의 대표가 참가하였고 6월 26일에 UN헌장이 채택되었다.

■ UN의 활동

UN헌장 제1조에서 UN의 목적을 다음과 같이 3가지로 분류하고 있다. 즉, UN의 목적은 ①「국제평화 및 안전의 유지」, ②「경제적, 사회적, 문화적 또는 인도적 성격의 국제문제를 해결하는 것 ... 인권 및 기본적 자유의 존중을 촉진하고 장려함에 있어 국제협력」, ③「인민의 평등권 및 자결의 원칙의 존중에 기초하여 국가 간의 우호관계를 발전시키는 것」이다.

이와 같은 목적을 수행함에 있어 UN은 7가지 원칙에 따라 행동한다. UN헌장 제2조에 의하면 ①「주권평등」, ②「헌장의무의 이행」, ③「국제분쟁의 평화적 해결」, ④「무력에 의한 위협, 무력행사의 금지」, ⑤「UN의 행동에 대한 협력 및 위반국에 대한 원조 중단」, ⑥「비회원국의 UN협력 확보」, ⑦「국내관할사항에 대한 UN의 불간섭」 등이다.

UN헌장 제7조는 UN의 주요기관으로 총회, 안전보장이사회, 경제사회이사회, 신탁통치이사회, 사무국, 국제사법재판소를 규정하고 있다. 국제연맹의 이사회가 1개였던 것에 반해 UN은 역할이 다른 3개의 이사회를 갖고 발족한 것이다. 오늘날「인권이사회」가 설치되어 있지만 이는 UN헌장의 개정에 의한 것이 아니라 총회 결의에 의하여 설치된 것이기 때문에 주요기관에는 포함되지 않는다.

UN헌장 제9조에 의하면 총회는 모든 회원국으로 구성되며, 제10조에서 그 임무권한은「이 헌장의 범위 내에 있는 문제나 사항 또는 헌장에서 규정된 기관의 권한 및 임무에 관한 문제나 사항」을 토의하고 필요한 경우에는 회원국 또는 안보리에 권고를 행하는 것이라고 규정하고 있다. 헌장 제13조는 총회의 국제협력에 관한 임무에 대해서 규정하고 있고 정치적 분야에서의 국제협력의 촉진이나 국제법의 점진적 발달과 법전화의 장려, 경제 · 사회 · 문화 · 교육 및 보건 분야에서의 국제협력의 촉진, 인권 및 기본적 자유의 실현에 관한 원조 등을 내걸고 있다. 이와 같이 넓은 범위에 이르는 총회의 활동을 가능케 하기 위해 제22조는「총회는 그 임무의 수행에 필요하다고 인정하는 보조기관을 설치할 수 있다」고 규정하고 있다. UN기구로서 그 활동이 널리 알려져 있는 UN아동기금(UNICEF), UN난민고등판무관사무소(UNHCR), UN환경계획(UNEP), 세계식량계획(WFP), UN개발계획(UNDP) 등은 모두 총회 결의에 의해 설치된 보조기구이다.

국제평화와 안전의 유지에 관해서는 총회와 안보리의 권한관계가 문제된다. 즉, UN헌장 제24조는 안전보장이사회가 국제평화와 안전의 유지에 관한 주요한 책임을 질 것을 규정하고 있다. 한편, 제10조 · 제11조 · 제12조 · 제14조 등을 보면 총회도 국제평화와 안전의 유지에 관한 분야에서 권한을 갖고 있다. 냉전기에 안보리가 상임이사국의 거부권행사 때문에 그 기능을 다하지 못하였을 때, 총회가 1950년 11월 3일 「평화를 위한 단합결의(Uniting for Peace Resolution)」를 채택하고, 「평화에 대한 위협, 평화의 파괴 또는 침략행위가 있다고 생각되는 경우에 안전보장이사회가 상임이사국의 만장일치를 얻지 못하였기 때문에 국제평화 및 안전의 유지에 관한 주요한 임무를 수행할 수 없을 때, 총회는 국제평화 및 안전을 유지 또는 회복하기 위한 집단적 조치(평화의 파괴 또는 침략행위의 경우에는 필요에 따라 병력을 사용할 것을 포함)를 취하도록 회원국에 대한 적절한 권고를 행하는 목적을 가지고 즉시 그 문제를 심의해야 하는지를 결의한다」고 하였다. UN평화유지활동인 제1차 UN긴급군(UNEF I)은 이 결의에 기초하여 중동에 파견되었다(1956년).

안전보장이사회는 국제평화와 안전을 유지를 맡은 주요기구이며 상임이사국 5개국과 총회에서 선출된 2년 임기의 비상임이사국 10개국의 15개국으로 구성된다. 상임이사국에는 특권적인 지위가 부여된다. 우선 UN헌장 제27조 3항이 「그 외 모든 사항에 관한 안전보장이사회의 결정은 상임이사국의 동의 투표를 포함한 9개 이사국의 찬성투표에 의하여 결정된다」고 규정하고 있으므로, 이른바 「거부권」을 행사할 수 있다. UN헌장에 의하면 「절차사항」은 15개국 중 9개 이사국의 찬성투표로 성립하지만 「그 외 모든 사항」, 즉 「중요(실질)사항」에 대해서는 상임이사국이 거부권을 행사할 수 있다. 여기서 상임이사국의 기권이나 결석이 문제되는데, 오늘날에는 관행에 기초하여 「기권 · 결석은 거부권을 의미하지 않는다」라는 해석이 일반화되어 있다. 또한 동 제47조 2항에 의하면 이른바 「UN군」을 지휘하는 군사참모위원회는 상임이사국의 참모총장 등에 의하여 구성될 것을 예정하고 있다. 제110조 3항은 UN헌장의 개정에서 모든 상임이사국의 비준이 없으면 효력이 발생되지 않는다는 취지를 규정하고 있다.

경제사회이사회는 경제적 · 사회적 · 문화적 · 인도주의적 문제들에 관한 국제협력의 촉진을 담당한다. 54개 이사국이 3년 임기로 매년 18개국씩 총회에 의해 선출되는데, 5대국은 사실상 연속하여 재선되고 있다. 헌장 제67조에 의하면 경제사회이사회에서 투표권은 각 이사국마다 1표이며, 결의는 출석하고 투표하는 이사국의 과반수로 성립한다. UN헌장 제63조는 경제사회이사회와 전문기관과의 제휴관계에 대해서 규정하고 있다. 제68조에 의해 경제사회이사회는「경제적 및 사회적 분야의 위원회, 인권의 신장을 위한 위원회 및 자기의 임무수행에 필요한 그 외의 위원회를 설치」할 수 있고, UN인권위원회는 이에 기초하여 설치되어(1946) 오늘날의 인권이사회로 발전하였다. 또한 1985년에는 결의에 기초하여 경제적 · 사회적 및 문화적 권리에 관한 국제규약의 이행확보기관인 경제적 · 사회적 및 문화적 권리에 관한 국제규약위원회를 설치하였다. 제71조는 경제사회이사회가 그 권한 내에 있는 사항과 관련이 있는 민간단체(NGO)와 협의하기 위하여 적절한 약정을 체결할 수 있다는 취지를 규정하고 있다. 소위 NGO와의 협력은 앞으로 위원회가 다루는 분야에서 점점 중요해질 것으로 생각된다.

신탁통치이사회는 1994년 팔라우의 독립에 의해 모든 신탁통치지역이 독립을 이루어 그 역할을 종료하였다.「비자치지역」으로 남아있는 지역은 존재하지만, 이는 신탁통치이사회가 주관하는 것이 아니다. 현재 이사국은 5대국만으로 구성되어 있으나, 사실상 기능을 정지하고 있다.

UN사무국은 사무총장과 UN직원으로 구성된다. 사무총장은 안보리의 권고에 기초하여 총회가 임명한다. UN헌장 제97조는「사무총장은 기구의 행정직원의 장이다」라고 규정하고 있는데, 사무총장은 행정적인 역할뿐만 아니라 헌장 제99조에 기초하여 국제평화와 안전의 유지에 대한 위협이라고 인정하는 사항에 대해서 안보리의 주의를 촉구할 수 있는 등, 정치적 역할도 수행하고 있다. 헌장 제100조에 의하면 UN직원은 UN에 대하여만 책임을 지고, 그 임무수행을 할 때에는 UN 이외의 어떤 당국으로부터도 훈령을 요구하거나 받아서는 안 된다. UN회원국은 이들 직원에 대해 외교사절과 동일한 면책특권을 인정하여야 한다.

Case ② *Certain Expenses of the UN* 사건

(ICJ 권고적 의견, 1962년 7월 20일)

UN평화유지활동(PKO)에 관하여 PKO 활동의 UN헌장 적합성에 이의를 제기한 회원국이 경비부담에 응하지 않겠다고 하여 UN총회가 ICJ에 대하여 권고적 의견을 구한 사건이다. 재판소는 어떤 경비가 UN의 경비인가 아닌가를 인정하는 기준은 그것이 UN의 목적을 수행하기 위한 것인가 여부라고 하였다. 그리고 1956년의 수에즈사태 시 UN총회 결의에 기초하여 파견된 제1차 UN긴급군(UNEF I) 및 안보리 결의에 기초하여 1960년부터 콩고에 파견된 콩고UN군(ONUC)의 활동은 UN에 귀속되는 합목적적 행위라고 인정하였다.

재판소는 권고적 의견에서 총회와 안보리의 관계에 대해 언급하며, UN헌장 제24조에 기초한 국제평화와 안전의 유지에 관한 안보리의 책임은 주요한 것이지만 배타적인 것은 아니고, 총회가 UN헌장 제10조, 11조, 14조에 기초하여 일정한 권고를 할 권한을 갖고 있다고 하였다. 그리고 제11조 2항에서 말하는 「행동」이란 「강제행동」을 의미하는 것이며, UN평화유지활동은 「강제행동」이 아니기 때문에 총회도 이를 토의하고 권고할 수 있다고 판단하였다.

Ⅳ. 국제기구의 구조와 의사결정

1. 국제기구의 구조

■ 국제기구의 기관구성

국제기구는 「모든 회원국의 대표에 의해 구성된 총회」, 「일부 회원국의 대표에 의해 구성된 이사회」, 「임무를 수행하기 위한 사무국」이라는 기관구성을 취하고 있는 것이 많다.

예로 들면 UN은 그 목적달성을 위하여 필요한 6개의 주요기관으로 총회, 3개의 이사회(안전보장이사회, 경제사회이사회, 신탁통치이사회), 사무국 그리고 국제사법재판소를 두고 있다.

내부기관으로 총회는 모든 국제기구에서 공통적으로 찾아볼 수 있는 기관이다. 명칭으로는 UN처럼 총회(General Assembly)로 불리기도 하고, 국제통화기금(IMF)이나 세계은행에서는 위원총회(Board of Governors)라 부르며, 세계무역기구(WTO)는 각료회의(Council of Ministers)라고 부른다. 국제통화기금이나 세계은행의 경우에는 회원국 정부로부터 임명된 개인적 성격이 강한 위원에 의해 총회가 구성된다. 총회에 해당하는 기관은 일반적으로 설립조약의 개정이나 신규회원국의 승인, 이사회의 선출, 사무국장의 임명, 예산의 승인 등에 대한 결정권한을 갖고 있다.

이사회에 대해서도 많은 국제기구가 이에 해당하는 기관을 두고 있다. 이사회는 일부 회원국의 대표로 구성되는 것이 일반적이지만 예외적으로 세계무역기구의 경우는 일반이사회 외에 상품무역에 관한 이사회, 서비스무역에 관한 이사회, 지적재산권의 무역관련 측면에 관한 이사회의 3가지 분야별 이사회가 있고, 이들 4개의 이사회는 모든 회원국의 대표에 의해 구성된다.

■ 국제기구의 회원국으로서의 지위

국제기구의 회원국으로서의 지위는 원칙적으로 주권국가에 부여된다. 그러나 UN 발족시에 소련을 구성하고 있던 공화국인 우크라이나나 벨라루스에게 회원국 지위를 부여한 사례처럼 예외적인 경우도 있다. 또한 UN헌장에 명문 규정이 없는 옵저버(Observer) 제도를 사용하여 팔레스타인 자치정부와 같은 단체 등에게 참가를 인정하여 온 예와 같이 예외적인 운용도 이루어지고 있다.

가입조건에 대해서는 UN의 경우 UN헌장 제4조에 의하면 ①「헌장에 규정된 의무를 수락」, ②「그리고 이 의무를 이행할 능력 및 의사가 있다고 인정되는」, ③「평화애호국」 이어야 한다. 동조 제1항에 열거된 가입 관련 조건들에 대하여 ICJ는 1948년의 권고적 의견에서 이를 필요충분조건이라 하였고, 냉전 체제에서 문제된 동서양진영의 대립에 기초한「동시가입」의 문제에 대해서는 이와 같은 조약들과는 관계가 없기 때문에 제4조와 양립하지 않는다고 판단하였다.

가입신청에 대해서는 안보리가 우선 이를 심의하고 그 권고에 기초하여 총회가 결정한다. 안보리에서는 UN헌장 제27조 3항에 기초하여 5개의 상임이사국 모두를 포함한 9개국의 찬성을 필요로 하며, 총회에서는 제18조 2항에 기초하여 출석하고 투표한 국가의 3분의 2의 찬성을 필요로 한다.

UN회원국의 탈퇴에 대해서는 UN헌장에 규정이 없다. 그러나 인도네시아가 1965년에 UN을 탈퇴하고 다음 해에 복귀한 예가 있다. 또한 전문기관인 UN교육과학문화기구(UNESCO)에서도 미국과 영국이 그「정치화」를 문제시하여 탈퇴하는 문제가 발생하였지만 나중에 복귀하였다.

UN헌장 제6조는 제명 규정을 두어「이 헌장에 규정된 원칙을 지속적으로 위반하는 UN회원국은 총회가 안전보장이사회의 권고에 따라 이 기구로부터 제명할 수 있다」고 하고 있지만 지금까지 이 규정이 적용된 예는 없다. 또한 동 제5조가「권리정지」에 관하여 규정하고 있지만, 이는 회원국의 권리나 자격을 일시적으로 정지하는 것이며 나중에 이를 회복할 가능성이 남아있다. 또한 동 제19조는「이 기구에 대한 분담금의 지불을 연체한 UN회원국은 그 연체금액이 그때까지의 만 2년간 그 나라가 지불하였어야 할 분담금의 금액과 같거나 또는 이를 초과하는 경우 총회에서 투표권을 갖지 못하다」는 취지로 규정하고 있다.

가입자격의 문제와 관련하여 「대표권」의 문제가 있다. 이는 국제기구에서 복수의 정부가 해당 국가를 대표한다는 취지의 주장을 하는 경우에 어느 정부에게 대표로서의 자격을 인정하는가의 문제이다. 예를 들면 UN에서 1971년까지는 대만의 중화민국정부가 중국으로서의 대표권을 인정받았지만, 그 이후에는 중화민국정부 대신 중화인민국공화국정부에 대표권이 인정되고 있다.

국제기구에서 회원국의 지위의 승계 문제에 대해서는 사안별로 유연한 대응이 이루어지고 있다. 1991년 소련 해체의 경우, 러시아가 UN에서 소련의 회원국으로서의 지위(즉 상임이사국의 지위)를 승계하였고, 이미 회원국으로서의 지위가 인정된 우크라이나와 벨라루스를 제외한 다른 독립한 공화국은 가입을 신청하는 형태를 취하였다. 1991년 이후의 유고슬라비아 해체의 경우에는 신유고(세르비아 및 몬테네그로)에 의한 구유고의 UN가입국으로서의 지위에 대한 승계는 인정되지 않았다. 독립된 4개 공화국(슬로베니아, 크로아티아, 보스니아 · 헤르체고비나, 마케도니아)의 가입신청만이 승인되었으며, 신유고는 신규로 가입신청을 하여 가입을 인정받았다.

Case ③ *Competence of Assembly regarding Admission to the United Nations* 사건

(ICJ 권고적 의견, 1950년 3월 3일)

냉전체제 하의 안보리에서 거부권의 행사에 의해 신규가입절차가 이루어지지 못한 사례가 많았고, 이에 대해 「안보리의 가입권고 없이 총회의 결정만으로 가입승인을 하는 것이 UN헌장 제4조 2항에 합치되는지」가 문제되었다.

ICJ는 권고적 의견에서 UN헌장 제4조 2항의 해석으로서 「안보리의 권고」와 「총회의 결정」의 양자가 가입승인의 요건이라 하였고, 총회는 안보리의 권고가 없는 경우 가입승인을 할 수 없다고 판시하였다.

2. 국제기구의 의사결정

■ 국제기구의 표결제도

국제기구의 표결방식으로는 1국 1표제에 의한 표결방식과 가중투표에 의한 표결방식이 있다. UN총회 등 대다수의 국제기구는 1국 1표제를 채택하고 있다. 이에 반해 세계은행이나 국제통화기금의 국제금융기구는 가중투표제를 이용하고 있다. 이는 국제기구에 대한 재정적 공헌도를 기준으로 표를 분배하는 것이다. 1국 1표제는 국가의 주권평등원칙을 기반으로 하고 있고, 가중투표제는 국제기구에서 실제적인 국가 간 역학관계를 반영한 것이다.

결의 채택에 필요한 표수에 관련해서는 만장일치와 다수결이 존재한다. 이 외에 투표를 하지 않고 특별히 반대가 표명되지 않으면 결의가 채택되는 것으로 보는 컨센서스(consensus)방식도 존재한다. 컨센서스 방식은 만장일치와 다르다. 컨센서스 방식의 경우, 의장이 컨센서스에 의한 채택에 관하여 회의장에서 질문하고, 한 국가라도 반대하면 그 안건을 투표에 붙인다. 이 경우 적극적으로 찬성하지 않았던 회원국은 기권하거나 혹은 반대로 돌아설 가능성이 있다.

UN총회의 경우 UN헌장 제18조 2항 및 3항에 기초하여 「중요문제에 관한 총회의 결정은 출석하여 투표하는 회원국의 3분의 2의 다수로 한다」. 그리고 「기타문제에 관한 결정은 3분의 2의 다수로 결정될 문제의 추가적 부문의 결정을 포함하여 출석하여 투표하는 회원국의 과반수로 한다(가부동수의 경우는 부결)」. 경제사회이사회에 대해서는 UN헌장 제67조 2항에 기초하여 「경제사회이사회의 결정은 출석하여 투표하는 이사국의 과반수에 의한다」. 안전보장이사회에 대해서는 제27조 2항 및

3항에 의해「절차사항에 관한 안전보장이사회의 결정은 9개 이사국의 찬성투표에 의해 이루어진다」. 그리고「그 외의 모든 사항에 관한 안전보장이사회의 결정은 상임이사국의 동의 투표를 포함한 9개 이사국의 찬성투표에 의해 이루어진다」.

국제기구의 의사결정에 있어서는 회의의 정족수를 정하고 있는 경우가 있다. UN 총회의 경우 회의 개최를 위한 정족수는 회원국의 3분의 1이며 의사결정을 위한 정족수는 회원국의 과반수이다.

■ 의사결정의 구속력

국제기구의 결의가 회원국을 법적으로 구속하는 예로는 UN헌장 제7조에 기초한 안보리의 결정을 들 수 있다. 또한 UN의 전문기관이 채택한 규칙 중에 법적구속력이 인정되는 예도 있다. 다만 이 경우 회원국은 적용제외 신청(contract out)을 할 수 있다.

국제기구의 의사결정에 대해서는 국제법상의 구속력이 인정되지 않는 것도 많다. 그 대표적인 예가 UN총회결의이다. 그러나 UN총회의 결의는 실제로는 국가의 행동에 대하여 강한 영향력을 미치고, 또한 국제기구에서는 마치 법적 구속력을 수반하는 것처럼 다루어지기도 한다. 예를 들면 세계인권선언은 UN총회결의로서 채택되었지만 여러 UN기구들에서는 법적 구속력이 있는 규범으로 취급된다. 이와 같은 현상에 대하여 오늘날의 국제법에서는 연성법(soft law)의 개념에 의해 법과 비(非)법의 경계영역에 있는 규범을 설명하려는 시도가 이루어지고 있다.

3. 국제기구의 해산

국제기구설립조약 중에는 해산에 대한 규정이 있는 경우도 있다. 예를 들어 세계은행협정은 제4조 5항에서 해산에 대하여 정하고 있다.

국제기구는 다양한 이유에 의해 그 임무의 수행이 불가능하게 된 경우에 해산하는 경우가 있다. 예를 들면 동남아시아조약기구(SEATO), 중앙조약기구(CENTO), 바르샤바조약기구와 같은 지역적 방위기구는 시대의 변화와 함께 해산하였다.

또한 국제주석기구(International Tin Council)는 주석의 국제가격과 공급량의 안정을 위하여 설립된 국제기구였지만, 1980년 이후 주석의 가격이 하락하고 매입을 위한 자금이 바닥나는 형태로 1985년에 파산하였다.

V. 국제기구와 국내법 그리고 국제법

1. 국제기구의 국내법 주체성

■ 국제기구와 국내법

국제기구는 특정 국가의 영역 내에서 활동하는 경우가 많다. 때문에 국제기구는 일정한 국내법 주체로서의 지위가 필요하다. UN의 경우는 UN헌장 제104조가 「이 기구는 그 임무의 수행과 그 목적의 달성을 위하여 필요한 법적 능력을 각 회원국의 영역 안에서 향유한다」고 규정한다. UN면책특권조약에서는 제1조 1항이 「UN은 법인격을 가지고 다음과 같은 능력을 갖는다. (a) 계약을 체결하는 것, (b) 부동산 및 동산을 취득 및 처분하는 것, (c) 소송을 제기하는 것」이라고 규정한다.

■ 국제기구의 특권과 면제

국제기구는 그 기능을 효율적으로 수행하기 위하여 회원국 내에서 면책특권을 향유하고 있다. UN에 관해서는 UN헌장 제105조에 면책특권에 관한 규정이 있다. 그 규정을 보완하는 것으로서 1946년의 UN면책특권조약이 있고, 또한 전문기관에 관해서는 1947년의 전문기관면책특권조약이 있다. 나아가 UN을 비롯한 많은 국제기구는 소재국과 본부협정을 체결하고 그 안에 구체적인 면책특권을 상세히 규정하고 있다.

UN면책특권조약의 규정에 의하면 당사국인 UN회원국의 영역에서 UN의 재산 및 자산은 원칙적으로 모든 형식의 소송절차에서 면제된다. 또한 UN의 본부나 사무소의 구내는 불가침이며 어떠한 경우에도 수색, 징발, 몰수, 수용의 대상이 되지 않는다. UN의 기록 및 문서는 소재의 여하를 불문하고 불가침이며, UN은 재정상의 관리나 규제를 받지 않고 기금, 금, 통화 등을 유지하고 또한 이들을 국경을 넘어 이동시킬 수 있다. UN은 보유한 통화를 자유롭게 다른 통화로 교환할 수 있고, UN의 자산, 수입, 그 외의 재산은 원칙적으로 직접세나 간접세가 부과되지 않으며 또한 수출입에 관한 금지나 제한도 면제된다. UN의 공용통신은 검열을 받지 않고, 공용통신에 부과되는 요금, 과금 등에 대해서는 외국정부나 외교사절단이 향유하는 대우보다 불리하지 않은 대우를 받으며, UN은 공용통신을 하는 때에 암호를 사용하거나 신서사(Courier)나 봉인봉투를 사용할 수 있다.

Case ④ *UN대학* 사건

(일본 도쿄지방법원 결정, 1977년 9월 21일)

원고인 X는 UN대학에서 비서로서 근무하였고 1976년에 고용계약을 갱신하지 않는다는 취지를 전달받았다. X는 이것이 실질상 해고에 해당하며 정당한 사유에 기초하지 않은 것이고, 해고권의 남용 또는 갱신거절권의 남용으로 무효라 하여 지위보전의 가처분을 구하였다.

본건에서는 UN대학의 국내법인격 유무가 쟁점 중 하나였다. 즉, UN대학은 UN의 보조기관이지만 국내법인격에 관해서는 UN에만 귀속된다고도 해석할 수 있다. 도쿄지방법원은 이 점에 대해서 UN대학은 UN대학헌장에 의해 UN조직 안에서 자치를 향유하는 것이며 특권 및 면제를 향유하고 재산의 취득, 처분 그 외의 다른 법률

행위를 행하며 협정, 계약, 약정을 체결할 수 있다고 인정되며, 또한 UN대학본부협정에서 일본도 UN대학이 일본 내에서 권리의무의 주체로서 활동할 것을 전제로 하고 있다고 볼 수 있기 때문에. UN대학은 일본 내에서 독립된 법인격으로서 소송상의 권리능력을 갖는다고 하였다.

그 후에 UN대학의 소송절차로부터의 면제에 대해서는, UN대학에 대해서 면책특권을 직접 정한 조약은 아니지만 UN면책특권조약의 취지로부터 UN뿐만 아니라 UN의 기관도 면책특권을 향유한다고 해석하는 것이 상당하다고 하여, UN대학은 소송절차로부터 면제를 향유한다고 하였다.

2. 국제기구의 국제법 주체성

■ 국제기구와 국제법

국제기구의 국제법인격에 대해서는 설립조약에 의해 명문화되는 경우도 있지만, 이는 소수의 예일 뿐이다. 이 점에서 국제법인격과 국내법인격을 혼동하지 않도록 주의하는 것이 중요하다. 예를 들어 UN헌장 제104조가 UN에 대하여 국내법인격을 인정하고 있는 등 많은 국제기구설립조약에 국제기구의 국내법인격에 관한 규정이 존재하지만 이는 국제기구의 국제법인격에 대해서 규정한 것이 아니다.

그러나 국제기구의 구체적 기능에서 국제법인격이 시사되는 경우가 있다. 국제기구에 인정되는 국제법상의 구체적 기능으로는 「일정한 외교능력 및 사절권(使節權)」, 「국제법 정립기능」, 「국제청구능력 및 국제책임능력」, 「일정한 영역관리능력」 등을 들 수 있다.

ICJ는 *Reparation* 사건(본장 Case ⑤)에서 UN이 국제법인격을 가지고 있다고 판시하였다. UN헌장에 규정된 목적과 원칙을 달성하려면 국제법인격이 불가결하기 때문이다.

■ 국제기구의 사절권(使節權)

사절권에는 능동적 사절권과 수동적 사절권이 있다. 수동적 사절권은 일반적으로 회원국이 파견하는 대표단, 상주사절단을 국제기구가 받아들이는 형태로 행사된다.

능동적 사절권으로는 EU가 국가나 세계무역기구 등의 국제기구에 대표단을 파견하고 있는 예가 있다. 예를 들면 일본에는 주일EU대표부가 설치되어 있고 EU의 주일대사가 파견되어 있다.

■ 국제기구의 조약체결권

이미 언급한 것처럼 국제기구 자신이 조약의 당사자가 되는 경우가 있다. UN의 경우 UN헌장 스스로 UN에 의한 조약체결을 예정한 규정이 다수 있다. 예를 들면 헌장 제57조 및 제63조의 전문기구와의 제휴협정, 제12장의 신탁통치에 관한 협정, 제43조의 병력제공에 관한 특별협정 등이다. 또한 UN헌장상 명문의 근거규정은 없지만 묵시적 권능에 의한 것으로서 UN은 평화유지활동부대를 파견하기 위한 조건 등을 규정한 주재협정을 받아들이는 국가와의 사이에서 체결하는 것이 있다.

EU운영조약도 조약의 체결에 관한 규정이 있고 개발협력을 위하여 아시아, 카리브해 · 태평양의 여러 나라들과의 사이에서 체결한 로메 협정 등이 국제기구체결조약의 예다.

1986년에 채택된 「국가와 국제기구 간 또는 국제기구 상호간의 조약법에 관한 비엔나협약」은 미발효상태지만 제6조에 국제기구의 조약체결능력에 관한 규정이 있고 「당해 국제기구의 규칙에 의해 규율된다」라고 규정하고 있다. 즉, 국제기구의 조약체결권한에 관련하여 구체적인 권한의 내용이 개별 국제기구에 따라 크게 다른 실태를 반영한 것이다.

■ 국제기구의 국제책임

「국제기구의 책임」은 UN국제법위원회(ILC)가 제54회기(2002년)부터 작업계획에 추가하고 있는 국제법상 중요한 문제이다. 여기에는 국제기구가 국제법상의 청구능력을 가지는가의 문제와 국제기구가 국제법상의 책임을 지는 능력을 가지고 있는가라는 2개의 문제가 있다.

국제기구의 국제청구능력에 대해서는 ICJ가 *Reparation for Injuries Suffered in the Service of the UN* 사건(본장 Case ⑤)에 대한 권고적 의견에서 UN직원의 피해에 대한 UN 자신의 기능적 외교적 보호권 행사를 인정하고 UN의 이스라엘에 대한 국제청구를 인정한 바 있다.

국제기구가 국제법상의 책임을 질 수 있다고 한 사례로는 UN의 평화유지활동의 위법행위에 기초하여 손해배상이 청구된 사례가 존재한다. 또한 우주손해책임조약에서는 제22조 3항이 「국제적인 정부간기구가 손해에 대하여 이 조약에 기초한 책임을 지는 경우에는 당해 정부간기구 및 당해 정부간기구의 회원국인 이 조약의 체약국은 다음에서 정하는 바와 같이 연대하여 책임을 진다. (a) 손해의 배상에 대한 청구는 최초에 당해 정부간기구에 대하여 행해지는 것으로 한다」고 규정하고 있다. 또한 UN해양법협약부속서III 제22조는 국제해저기구(ISA)가 그 임무의 수행을 하면서 발생한 위법한 행위로부터 생긴 손해에 대해서 배상책임을 진다고 규정하고 있다.

세계은행의 경우에는 회원국의 유한책임이 전제되어 있고 회원국은 가진 주식수에 대응한 지출분에 대해서만 부담한다. 「국제주석기구」가 파산한 사례에서는 국제기구와 회원국과의 사이에 책임관계가 문제되었고, 본부가 런던에 존재하였기 때문에 국제주석이사회의 채권자들이 영국의 국내재판소에 국제주석이사회의 회원국의 책임을 추궁하는 방식으로 소송을 제기하기도 하였다.

Case ⑤ *Reparation for Injuries Suffered in the Service of the UN* 사건

(ICJ 권고적 의견, 1949년 4월 11일)〉

1948년 제1차 중동전쟁시 UN은 스웨덴 국적의 베르나도테 백작을 UN조정관으로서 이스라엘이 관할하는 팔레스타인에 파견하였다. 같은 해 베르나도테 백작은 UN조정관으로서의 임무수행 중에 다른 감시원장교와 더불어 살해되었다. 이에 UN총회가 UN이 이스라엘에 대하여 손해배상청구를 할 수 있는지의 문제에 대하여 ICJ에 권고적 의견을 구하였다.

ICJ는 「UN이 국제법인격을 가진다는 결론에 도달한다」고 하였고, 「UN은 국제법의 주체이며 국제적인 권리의무를 보유할 수 있고 국제청구를 제기하여 그 권리를 주장할 능력을 갖는다」고 하였다. UN의 직원 개인 혹은 그 유족 등에 대해서 생긴 손해에 관련하여 UN이 배상청구를 할 수 있는지 여부에 대해서는 「UN은 UN헌장에 명시적으로 규정되어 있지 않더라도 그 필연적인 함의(含意)에 의해 임무수행에 불가결한 것으로서 부여된 권한을 갖는다」고 하였고, 「그 직원의 기능적 보호를 위하여 일정한 조치를 행할 UN의 능력이 UN헌장의 필연적 추론에서 발생한다는 것은 명확하다」고 하였다.

■ 국제기구의 영역관리

국제기구가 특정의 영역에서 일정기간, 관리권을 행사하는 예가 있다.

UN의 경우 UN헌장 제81조는 신탁통치지역의 시정(施政)을 행하는 당국(시정권자)이 「이 기구 자체일 수 있다」고 하여 실제로 1963년의 인도네시아에 대한 공식 시정권 이양까지 서뉴기니아에 대해서 잠정적 통치를 하였다. 이 중 소위 이행단계에서 잠정통치의 형태로 캄보디아의 UN캄보디아 잠정통치기구(UNTAC, 1992~1993년), 크로아티아의 동슬라보니아에서의 UN동슬라보니아(Eastern Slavonia) · 바라니아(Baranja) 및 서서미움(Western Sirmium) 잠정통치 임무(UNTAES, 1996~1998년), 코소보에서의 UN코소보 잠정통치 미션(UNMIK, 1999년~), 동티모르에서 UN동티모르 잠정통치기구(UNTAET, 1999~2002년)의 활동 등이 이루어졌다. EU도 또한 보스니아 · 헤르체고비나, 코소보에서 유사한 활동을 하였다.

이는 국가가 가진 영역주권과는 성질이 다른 것이지만, 국제기구가 특정의 영역에 대해 시정권 등을 행사하는 경우가 있음을 나타낸다.

제 8 장

국제법과 개인

국제법 초기, 16세기의 만민법은 국제법과 국내법을 명확히 구분하지 않은 인류의 공통법으로서 개인도 법주체로 인정하고 있었다. 근대국가의 성립 이후 국가 간 관계를 규율하는 법으로서 전개된 법실증주의를 기초로 하는 국제법에서는 주권국가만이 그 권리 · 의무의 담당자인 국제법의 주체로서 인정되었다. 국제관습법인 해적이나 노예무역의 금지, 외국인의 취급 등 개인을 규율하는 국제법이 있었지만, 이는 국가의 권리 · 의무에서 파생된 간접적인 규율이었고 개인은 국제법의 객체로 간주되었다. 오늘날 국제법은 국가 간 관계만을 규율하는 법에만 그치는 것이 아니라, 국가나 국제기구의 활동 및 이들 간의 관계를 규율하는 법이 되었고, 나아가 국가와 개인 간의 관계를 규율하는 법으로서 변용되어 왔다.

개인의 국제법주체성이 인정된 예는 국제법의 현 상황에서는 아직 한정되어 있지만, 개인도 국제법의 입법이나 집행에서 일정한 역할을 하게 되는 등 국제법상의 지위에 관계없이 실질적인 국제법의 담당자가 되는 경우도 늘고 있다. 본장에서는 이와 같이 존재감이 커진 개인과 국제법의 관계에 대해서 고찰한다.

또한 국제법상 사람은 크게 공인과 사인으로 구별된다. 공인이란 국가원수나 외교사절 등으로 국제법상 국가기관으로서 논의된다. 사인의 경우는 자연인으로서의 개인과 법인을 가리킨다. 본장에서는 주로 사인을 대상으로 하고, 그 중에서도 자연인인 개인에 중점을 두어 논한다.

I. 국적

■ 국적의 결정

국적은 개인과 특정한 국가를 연결하는 법적 자격이며 많은 경우 유일한 법적 유대이다. 국적에 의해 개인은 국가라는 정치적 조직체(political entity)의 구성원이 되고, 그러한 개인의 집합체로서 인민(people)이 존재한다. 국제법상 국가의 정의에 의하면 인민이 없으면 국가의 중요한 요소를 갖추지 못한 것으로 간주되어 국가로 성립될 수 없다. 국가는 국적을 통하여 개인에 대한 속인적 관할권을 인정받고, 국외에 있는 개인에게도 형법 등 국내법적 규제를 할 수 있는 권한을 가지게 된다.

국적의 결정은 국제법상 각 국가의 정책에 맡겨져 있다. 국가는 독자적인 인구정책 · 전통 · 안보 등 다양한 요인을 고려하여 누구에게 국적을 부여할지를 결정한다. 바꾸어 말하자면 국적의 결정은 보편적이고 통일된 국제법규범이 존재하지 않는, 각국의 국내관할권 내에 있는 사항이다. 1930년의 국제연맹에 의한 헤이그 국제법전편찬회의에서 「국적법의 저촉에 관한 조약」(이하 국적법저촉조약)의 제1조와 제2조가 이 원칙을 명확히 하고 있다. 다만 상설국제사법재판소는 국적문제가 원칙적으로 국가관할권내에 있는 문제라고 하면서도 *Nationality Decrees issued in Tunis and Morocco* 사건(제3장 Case ②)의 권고적 의견에서 복수국의 이해가 얽힌 문제나 국가의 국제적 의무가 관련된 문제의 경우 국내관할사항이 되는지 여부는 상대적으로 판단된다고 하였다.

여러 국가들의 국적법상 국적의 결정방법에는 혈통주의와 출생지주의의 2가지가 있다. 혈통주의는 자식의 국적을 부모의 혈통에 따라 부모와 동일하게 하는 주의이며 혈연을 기초로 하는 것이다. 출생지주의는 자식의 국적을 출생지국으로 하는 주의이며 지연(地緣)에 따르는 것이다. 혈통주의를 채택하는 국가로는 독일, 오스트리아, 이탈리아 등의 유럽대륙 국가들이 있고 중국, 한국, 태국, 필리핀 등의 아시아 국가도 다수 있으며, 일본의 국적법도 혈통주의를 취하고 있다. 일본의 국적법은 이전의 부계혈통주의를 취하여 원칙적으로 자식은 아버지가 일본인인 경우에만 일본 국적을 취득할 수 있었다. 그러나 여성차별철폐협약 제9조 2항에서 국적의 취득에 관한 남녀평등이 규정되어 일본은 동 조약의 비준에 즈음하여 1984년에 국적법을 개정하고 부모양계혈통주의로 변화하였다.[1)]

출생지주의는 중세의 봉건국가에서 지연 관계를 중시하는 입장에서 채택되었는데, 오늘날에는 미국이나 호주, 중남미 국가 등의 이민국, 최근의 프랑스 등에서 채

1) 대한민국 역시 부모양계혈통주의를 채택하고 있다. 국적법 제2조 제1항 제1호를 보면 "출생 당시에 부(父) 또는 모(母)가 대한민국 국민인 자"는 출생과 동시에 대한민국 국적을 취득하게 된다.

택되고 있다. 또한 혈통주의를 취하고 있는 일본의 국적법도 제2조 3호에서 자식의 부모 쌍방의 국적이 불명확한 경우 출생에 의해 일본국적을 취득한다고 하여 무국적 자방지의 관점에서 출생지주의를 보완적으로 받아들이고 있다.[2] 1995년의 안데레 사건 판결에서 최고재판소는 동법 제2조 3호에 기초하여 부모의 신원불명에 의해 무국적이 된 안데레의 일본국적을 인정하였다(일본 최고재판소 판결, 1995년 1월 27일). 출생지주의를 취한 브라질, 미국에서도 부모 양쪽이 자국민이며 외국에서 자식이 태어난 경우 재외공관으로 출생신고 등의 조건으로 자국국적의 취득을 인정하는 국내입법의 예가 있다. 이와 같이 최근에는 혈통주의와 출생지주의를 혼용하는 경우가 늘고 있다.

■ 국적의 충돌

국적의 결정이 각국 국내법령에 맡겨져 있어 통일된 국적법이 존재하지 않아서 문제가 생기는 경우가 있다. 출생지주의의 국가에서 혈통주의의 부모로부터 자식이 출생하면 이중국적이라는 국적의 충돌이 생길 수 있다. 국적의 충돌에는 이중국적을 포함한 중복국적의 경우인 적극적 충돌과 무국적의 경우인 소극적 충돌의 경우가 있다. 냉전 후의 구(舊) 사회주의 국가들에서는 국가의 소멸, 새로운 국가의 성립에 의한 국가영역의 재편이나 국외로 피난 간 사람의 자식의 출생 등 다양한 요인에 의해 무국적자의 문제도 발생한다. 이중국적의 경우 개인이 복수 국가로부터 병역의무를 부과 받거나, 부과할 수 없는 경우에 재제를 받는 경우가 있을 수 있다. 무국적의 경우는 어느 국가의 구성원도 아니기 때문에 시민권을 박탈당하고 필요한 법적 지위를 얻을 자격을 획득하지 못한다. 이러한 문제를 피하기 위하여 많은 국가들이 국내법 제정시에 국적유일의 원칙을 취하고 있다.

현재 발효 중인 국제조약을 통하여 국적의 충돌 문제에 대한 국가들의 대응을

2) 대한민국 역시 국적법 제2조 제1항 제3호에 의하여 '부모가 모두 분명하지 아니한 경우나 국적이 없는 경우에는 대한민국에서 출생한 자에게 출생과 동시에 대한민국 국적을 부여'하고 있다.

살펴볼 수 있다. 1930년의 국적법의 저촉에 관한 조약에서는 '1인당 1개의 국적'을 뜻하는 「국적유일의 원칙」을 통하여 국적 충돌의 발생을 방지하려 하였다. 1957년의 「기혼여성의 국적에 관한 조약」에서는 결혼 · 이혼 · 혼인관계에 있는 남편의 국적 변경 등의 결과 발생하는 여성의 무국적 혹은 이중국적의 문제를 다루어, 혼인 중 혹은 혼인 해소의 경우 남편의 국적 변경이 자동적으로 아내의 국적 보유에 영향을 미치지 않다고 규정하여 국적 충돌의 문제를 방지하려고 하였다. 또한 병역의무의 중복에 관해서는 「이중국적의 어떤 경우에 있어서의 병역의무에 관한 의정서」(1937년 발효)에서는 어떤 한 국가에 상주하고 그 국가와 사실상 가장 밀접한 관련성이 있는 경우 다른 나라의 모든 군사적 의무를 면제받는다고 하여 실효적 국적의 원칙을 규정하고 있다.

국적의 소극적인 충돌인 무국적에 관해서는 1954년의 「무국적자의 지위에 관한 협약」에서 국가에 대하여 영역 내에 있는 무국적자에게 자국민과 동등한 호의적 대우를 부여하는 등 후술하는 난민과 유사한 법적 지위나 권리를 부여하도록 규정하였다. 1961년의 「무국적자의 감소에 관한 협약」은 무국적자의 발생을 방지하기 위하여 필요한 국가 간 협력에 대하여 규정하고 있다.

위에서 기술한 모든 조약은 비준국 수가 한정되어 있어 그 결과 이중국적이나 무국적의 문제가 실제로 발생하고 있다. 1948년의 세계인권선언이 국적취득의 권리를 규정하고(제15조) 그 뒤를 이어 시민적 혹은 정치적 권리에 관한 국제규약이나 아동권리협약 등에서 국적취득의 권리가 조약상으로도 규정되어 있다. 이들 조약의 비준국은 일본을 포함하여 다수에 이른다. 종합하여 보았을 때, 무국적이 되지 않을 권리를 인권으로 보장하는 추세가 점차 강해지고 있다고 할 수 있다.

■ 출생 후의 국적선택

국적의 결정에는 출생시의 국적의 결정 외에 출생후의 국적선택에 의한 결정이 있다. 일본의 현행국적법은 부모양계혈통주의에 의해 부모의 국적이 다른 경우 개인이 출생 후 둘 중 하나의 국적을 선택하는 의무를 진다(국적법 제14조).[3] 또한 일본 헌법 제22조 2항은 「국적을 이탈하는 자유」를 규정하고 있다.[4] 이것에 관련하여 국적법 제13조는 외국의 국적을 가지는 일본국민이 법무장관에 신고하는 것에 의해 일본의 국적을 이탈하는 것이 가능하다고 규정하고 있다. 일본헌법에서 말하는 국적이탈권은 외국국적 또는 일본국적 둘 중 하나를 선택할 권리로 볼 수 있다.

영토변경에 의한 국적선택도 있다. 영토의 독립에 의한 새로운 국가의 탄생이나 분열 등에 의해 새로운 국적의 선택이나 취득의 변경이 이루어지는 것이다.

귀화를 통한 국적선택도 있다. 귀화란 개인의 의사에 기초한 국적의 취득이다. 일본의 국적법 제4조에도 귀화가 규정되어 있고, 조건으로서 거주 · 혈연관계 · 재산 · 생계 등의 생활능력, 소행의 선량함 등이 고려되어 법무장관이 결정의 재량을 가진다.[5]

---

3) 대한민국 국적법 제12조(복수국적자의 국적선택의무) 제1항은 다음과 같이 규정하고 있다. ① 만 20세가 되기 전에 복수국적자가 된 자는 만 22세가 되기 전까지, 만 20세가 된 후에 복수국적자가 된 자는 그 때부터 2년 내에 제13조와 제14조에 따라 하나의 국적을 선택하여야 한다. 다만, 제10조 제2항에 따라 법무부 장관에게 대한민국에서 외국 국적을 행사하지 아니하겠다는 뜻을 서약한 복수국적자는 제외한다.〈개정 2010.5.4.〉

4) 한국의 경우 헌법 제14조에 규정된 거주 · 이전의 자유에 국적이탈의 자유가 포함되는 것으로 본다. 따라서 국민은 자유의사에 의해 언제든지 제약 없이 국적을 포기할 수 있다. 그러나 국적이탈의 자유에 무국적의 자유까지 포함되지는 않는다고 본다. 국적법 제14조에 의하여 이중국적자는 법무부 장관에게 신고하고 국적을 이탈할 수 있다. 이하 국적법 제14조 조문 참조. 국적법 제14조(대한민국 국적의 이탈요건 및 절차) ① 복수국적자로서 외국 국적을 선택하려는 자는 외국에 주소가 있는 경우에만 주소지 관할 재외공관의 장을 거쳐 법무부장관에게 대한민국 국적을 이탈한다는 뜻을 신고할 수 있다. … ② 제1항에 따라 국적이탈의 신고를 한 자는 법무부장관이 신고를 수리한 때에 대한민국 국적을 상실한다.

5) 대한민국 국적법 참조. 제4조(귀화에 의한 국적취득) ① 대한민국 국적을 취득한 사실이 없는 외국인은 법무부장관의 귀화허가를 받아 대한민국 국적을 취득할 수 있다. ② 법무부장관은 귀화허가 신청을 받으면 제5조부터 제7조까지의 귀화요건을 갖추었는지를 심사한 후 그 요건을 갖춘 자에게만 귀화를 허가한다. ③ 제1항에 따라 귀화허가를 받은 자는 법무부장관이 그 허가를 한 때에 대한민국 국적을 취득한다.

〈Column 국적의 선택과 특별영주자〉

제2차 세계대전에서 일본이 패하면서 한반도 및 대만에 대한 일본의 식민지배가 종료되었다. 일본의 식민지에서는 주민들에게 일본국적 취득을 강제하고 있었는데, 일본에 전쟁 전부터 계속 체류·거주하는 한국 및 대만 출신 사람들에 대해서는 일본의 영토변경에 의한 국적선택의 문제가 발생하였다. 일본과 연합국 간에 체결된 샌프란시스코 평화조약은 한국출신자, 대만출신자의 국적에 관한 규정을 두지 않았다. 1952년의 화일(華日)평화조약도 대만출신자의 국적에 대해서 규정하지 않았다. 또한 제2차 세계대전 후 한반도는 조선민주주의인민공화국과 대한민국으로 분열되었다. 그 결과 한국국적을 취득한 자와 북한국적을 취득한 자의 범위에 대해서도 문제가 되었는데, 1965년의 한일기본관계조약도 국적에 대해서는 언급하지 않았다. 일본정부는 1952년의 샌프란시스코 평화조약의 발효 직전 한반도, 대만출신자의 국적에 대해서 일본국적의 상실을 통지하여 국적선택의 여지를 부여하지 않았다. 이들은 전쟁 전에는 일본국적을 강제로 부여받았지만 전후에는 국적선택권을 받지 못하여 국적을 상실하게 되었다. 1965년에 한국과 일본 간에 「일본국에 거주하는 대한민국 국민의 법적지위 및 대우에 관한 대한민국과 일본국 간의 협정」에 의해 재일한국인의 법적지위가 인정되었다. 한반도출신자 및 대만출신자는 오늘날에도 1991년의 「일본국과의 평화조약에 기초하여 일본의 국적을 이탈한 자 등의 출입국관리에 관한 특례법」의 적용을 받아 특별영주자라는 지위에 있다.

■ 법인의 국적

법인에도 국적을 인정하려는 움직임은 시민혁명이나 산업혁명을 거쳐 자본주의

일반귀화의 요건은 제5조에서 규정한다. 제5조(일반귀화 요건) 외국인이 귀화허가를 받기 위하여서는 제6조나 제7조에 해당하는 경우 외에는 다음 각 호의 요건을 갖추어야 한다. 1. 5년 이상 계속하여 대한민국에 주소가 있을 것. 2. 대한민국의 민법상 성년일 것. 3. 품행이 단정할 것. 4. 자신의 자산이나 기능에 의하거나 생계를 같이하는 가족에 의존하여 생계를 유지할 능력이 있을 것. 5. 국어능력과 대한민국의 풍습에 대한 이해 등 대한민국 국민으로서의 기본 소양을 갖추고 있을 것.

나 자유방임주의 하에 국제적인 기업활동이 활발해진 19세기에 본격화되었다. 20세기에 들어 사회주의국가들의 성립으로 혁명정부에 의한 외국법인의 자산수용이 빈발하여 국가가 외국에서 활동하는 자국법인을 어떻게 보호할지가 중요한 문제가 되었다. 법인의 국적도 자연인의 경우와 마찬가지로 중복국적의 문제가 쉽게 발생한다. 예를 들어 국제적인 기업활동을 전개하는 법인은 법인으로서 법적 존재는 단일하여도 설립준거지국, 주소지국, 사원지국, 업무활동의 중심국, 경영의사 결정국, 주식인수지국 등이 복수국에 분산되는 경우가 종종 있다. 이와 같이 법인의 국적결정은 사실상 복수의 국적 요소를 내포하기 때문에 명확한 결정기준이 요구되고 있다.

1970년의 *Barcelona Traction Company* 사건 판결(본안(merits), 제12장 Case ⑧)에서 ICJ는 캐나다법에 준거하여 설립된 회사가 스페인에 수용되고, 동시에 벨기에인 주주의 손해도 발생하여 회사국적의 결정이 문제되었다. ICJ는 설립준거지국인 캐나다를 바르셀로나 트랙션 회사의 국적으로 인정하여 벨기에 정부의 벨기에인 주주에 대한 외교적 보호권 행사의 당사자적격을 부정하였다.

오늘날 통설은 법인의 국적결정의 기준은 설립준거지국 또는 주소지국이며, 궁극적으로는 각국이 자국법령에 의해 법인의 국적을 결정한다고 한다. 국제적 기업활동이 한층 더 진전되면서 소위 다국적기업화 되는 가운데 법인의 중복국적의 문제가 발생할 수 있다. 이러한 중복국적 법인에 대한 감독책임, 보호의 책임 등은 국가와 법인과의 관계에서 문제로 남는다.

선박, 항공기의 국적에 대해서는 기국주의에 의해 선박이나 항공기의 등록국을 국적으로 하게 되어 있다. 그러나 여기에도 등록국과 소유자 또는 업무지가 다른 편의치적의 문제가 있어 선박, 항공기의 국적과 책임을 가진 국가와의 진정한 관련 여부가 문제된다.

II. 외국인에 대한 국가의 권리와 의무

■ 외국인의 출입국

국가의 영역주권은 자국민뿐만 아니라 영역에 체재하는 외국인에게도 미친다. 국가는 재량에 의해 외국인의 입국을 인정할지 여부를 결정할 수 있다. 통상적으로 국가는 입국관리에 관한 국내법에 의해 외국인의 입국에 관한 행정을 하고 있다. 일본의 경우 외국인은 재일한국 · 조선인, 대만인과 그 자손 등인 특별영주자를 제외하고 출입국관리 및 난민인정법(이하 출입국법)에서 정하는 체류자격과 체류기간에 기초하여 법무장관의 허가를 얻어 상륙 · 입국하여 체류하는 것이 인정된다. 허가를 얻은 체류기간을 넘어 체류하고 싶은 경우에는 체류허가의 갱신을 법무장관에게 청구한다.[6] 이 체류기간갱신허가신청에 대해서 일본 헌법상 또는 국제관습법상 국가에 의한 외국인의 입국허가의 재량의 범위에 대해서 문제된 것이 일본의 *Mclean* 사건 판결(본장 Case ①)이다.

외국인의 출국에 관해서는 본인의사에 의한 통상의 출국과 법령위반에 의한 국가의 강제퇴거가 있다. 강제퇴거는 영역국의 법령에 기초하여 행하여진다. 이 조치는 체재자격을 갖지 못한 외국인 등에 대하여 행하여진다. 그러나 오늘날에는 후술하는 강제송환금지(non-refoulement) 원칙에 의해 박해우려가 있는 외국인을 그의 본국으로 추방할 수 없다.

6) 한국의 경우 외국인은 출입국관리법에서 정하는 체류자격과 체류기간에 기초하여 법무부 장관이 발급한 사증(査證)을 가지고 입국 및 상륙하게 된다. 출입국관리법 제3장 외국인의 입국 및 상륙(개정 2010.5.14.) 참조.

Case ① *McLean* 사건

(일본 최고재판소 판결, 1978년 10월 4일)

미국 국적인 맥클린(McLean)은 일본에서 어학학교의 영어교사로서 일하면서 악기인 비파(琵琶)를 배우기 위하여 1년간의 체류기간을 허가받아 1969년 5월에 일본에 입국하였다. 일본체류 중 맥클린은 베트남전쟁 반대를 위한 정치적 활동도 하고 있었다. 맥클린은 1970년 5월에 법무장관에게 체류허가의 갱신을 신청하였지만 법무장관은 120일간의 출국준비기간을 제외하고 갱신을 허가하지 않았다. 이 때문에 맥클린은 이 처분의 취소를 구하는 소를 제기하였다. 1심인 도쿄지방법원은 맥클린의 청구를 인정하였지만 도쿄고등법원은 1심을 파기하였고, 맥클린은 일본 최고재판소에 상고하였지만 기각되었다.

일본 최고재판소는 헌법 제22조 1항이 일본 내에서 거주 · 이전의 자유를 보장하는 것에 그치고 외국인의 입국에 대해서 규정한 것은 아니라고 하였고, 국제관습법상으로도 국가가 외국인을 받아들여야 할 의무는 없다고 하였다. 판결은 외국인의 입국이나 체류허가는 국가가 자유롭게 결정할 수 있다고 하였다.

일본 최고재판소는 헌법상의 외국인의 권리에 대해서 「헌법 제3장의 규정들에 의한 기본적 인권의 보장은 권리의 성질상 일본국민만을 대상으로 하고 있다고 해석하는 것을 제외하고, 일본에 체류하는 외국인에 대해서도 동등하게 미친다」라고 하여 권리성질설을 채택하였다. 외국인의 일본헌법상의 인권향유주체성에 대해서는 원칙적으로 인정하였지만, 맥클린의 체류기간갱신의 불허에 대해서는 맥클린의 정치적 활동으로 인해 당시 일본의 상황에 있어 바람직하지 않다고 정부가 판단한 것이 합리성이나 사회통념상 타당성을 현저하게 결여한 것은 아니라고 하였다. 그러나 권리성질설에 의해서도 또한 외국인의 권리가 어디까지 인정될 것인가에 있어서의 한계나 국제인권법상 내 · 외국인평등주의의 관점에서는 문제가 남아있다고 한다.

■ 외국인의 권리와 의무

외국인의 입국 또는 체류가 허가된 경우, 그 체재중의 법적 지위도 영역국가의 관할권에 따라야 한다. 외국인의 법적 지위는 국내법과 통상항해조약 등의 양자조약에 의해 정해져 왔다.

일본헌법은 외국인의 권리의무에 대해서 특단의 규정은 두고 있지 않다. *McLean* 사건 판결(본장 Case ①)에서 일본 최고재판소는 외국인의 헌법상 인권향유주체성을 권리성질설의 적용에 의해 원칙적으로 인정하였다. 즉 권리성질설에 의하여 외국인에게도 생명, 신체, 명예에 관한 권리를 비롯한 다수의 권리가 일본국민과 동등하게 인정되지만, 권리의 성질에 따라서는 앞에서 기술한 입국의 권리 외에 참정권이나 재산권 등에 대해서 제한이 부과된다는 것이다. 이와 같은 정치적 · 경제적 권리의 제한은 다른 국가들의 외국인에 대한 취급에서도 마찬가지이다.[7] 외국인의 의무에 대해서는 체재하는 나라의 법령준수를 비롯하여 일반적으로 영역국의 국민과 동등한 의무가 부과된다. 예를 들면 납세의 의무 등이 대표적이다. 그러나 다른 국가들에서 볼 수 있는 병역의 의무는 일본헌법에서는 규정되고 있지 않다.

■ 양자조약에 기초한 외국인의 처우

국제법상 외국인에 대하여 국가가 관할권을 행사한다는 것에는 의문이 없지만,

---

7) 한국헌법 제6조 제2항은 “외국인은 국제법과 조약이 정하는 바에 의하여 그 지위가 보장된다”고 규정하고 있다. 한미우호통상항해조약 제13조 제1항에서도 “일방 체약국 국민은 타방 체약국 영역 내에서 ... 어떠한 경우에도 국제법에 의하여 요구되는 보호와 보장보다 적지 않은 보호와 보장을 받는다”고 규정하고 있다.
일정한 권리 및 의무에 대해서는 내외국인 사이에 차이가 있어야 한다는 점이 인정되고 있다. 즉 기본적인 인권은 국적에 관계없이 영토 내에 있는 모든 사람에게 인정해야 하겠지만, 외국인에게는 국가 주권에 영향을 미치는 정치적 권리를 주지 않을 수 있다. 이 경우 정치적 권리를 향유하지 못하는 외국인에 대해 국가주권 수호를 위한 병역의무를 부과하는 것은 논리적이지 않을 것이다.

다른 한편 양자조약으로서 체결된 통상항해조약에 의하여 상대국의 국민의 권리를 상호 보호한다고 약속하는 경우가 있다. 우호통상항해조약에 의해 국내법상 제약이 있는 외국인의 경제적 권리가 인정되고, 국가 간 경제활동이 촉진된다. 많은 우호통상항해조약은 내국민대우(national treatment)와 최혜국대우(most-favoured-nation treatment)라는 2가지 기준을 정하고 있다. 내국민대우란 체약국이 자국에서 활동하는 상대국 국민에게 자국민과 동일한 권리를 인정하는 것으로서 내 · 외국인평등원칙을 반영하고 있다. 또한 최혜국대우란 체약국이 자국의 영역에서 현재 및 장래 제3국의 국민에 대해 부여하는 것보다도 불리하지 않은 대우를 상대국의 국민에게도 부여하는 것을 의미한다. 이는 자국민에게 부여하는 것보다는 한정된 권리일지 몰라도 외국인 간에는 차별대우를 하지 말 것을 의미한다. 이와 같이 인정된 외국인의 권리의 예로는 통상에 필요한 직업적 활동의 권리, 출입국 · 체재 · 여행 · 거주의 자유, 신체의 보호 등 외국인의 일상생활의 권리, 제소권 등이 있다. 경제적 권리의 경우, 예를 들어 토지 · 광산 · 선박 · 항공기 등의 취득은 많은 경우 금지된다.

영역국은 우호통상항해조약에 규정된 외국인의 권리를 존중하여야 한다. 외국인의 신체나 재산을 침해하는 입법 · 행정 · 사법상의 조치를 취하지 않아야 할 뿐만 아니라, 외국인의 신체 및 재산을 제3자에 의한 침해로부터 「상당한 주의(due diligence)」를 갖고 보호해야 할 적극적 의무도 부담한다.

이 「상당한 주의」의 정도에 대해서 권리침해의 사전방지나 사후구제를 위하여 행정이나 사법제도가 완비된 문명국의 수준으로 주의를 기울여 외국인을 보호하여야 한다는 주장이 있다. 이 국제표준주의의 경우 문명국에서의 표준이란 때로 자국민에 대한 권리보호의 수준을 넘는 것이 될 수도 있다. 이에 반하여 국내표준주의는 외국인에 대하여 자국민의 권리보호와 동등한 주의를 기울이면 족하다고 한다. 국제표준주의에 대해서는 종종 개발도상국이 이의를 제기하기도 한다.

■ 외교적 보호와 청구국적계속의 원칙

외교적 보호(diplomatic protection)란 외국에 체재하는 자국민이 그 외국에 의해 신체 혹은 재산에 손해를 입은 경우, 그 자국민의 본국이 외국에 대해 구제를 요구하는 것이다. 외교적 보호권은 타국에 의하여 이루어진 체류국민에 대한 국제위법행위에 대하여 국가책임을 추궁하는 한 가지 형태이다. 외교적 보호권은 국민 개인이 가지는 권리가 아니라, 자국민이 입은 손해를 본국의 권리 그 자체가 침해된 것으로 인식하여 본국이 행사하는 권리이다. 따라서 외국에 체재하는 자국민의 권리보호를 위하여 국가가 의무적으로 외교적 보호를 행하여야 하는 것은 아니고, 당해 국가의 재량에 의하여 그 행사가 결정된다.

외국인에 대한 침해행위의 유무의 판단에 관해서는 이미 언급한 것처럼 국제표준주의와 국내표준주의의 대립이 있지만, 적어도 국가는 국내표준에 합치하는 정도의 보호의무를 부담한다고 보아야 한다.

국가가 외교적 보호권을 행사하기 위해서는 국제법상 2가지 요건이 필요하다.

첫째는 피해자(자연인, 법인, 선박, 항공기)가 피해를 받은 때로부터 국가에 의한 청구제출 혹은 해결이 있을 때까지 청구국의 국적을 계속해서 유지해야 한다는「청구국적계속의 원칙」이다. ICJ는 1955년의 *Nottebohm* 사건 판결(본장 Case ②)에서 국가는「진정하고 실효적인 통제(genuine and effective control)」를 가진 사람에 대해서만 외교적 보호권을 행사할 수 있다고 판시하였다.

둘째는「국내구제완료의 원칙」으로, 피해자가 피청구국에서 이용 가능한 법적구제수단을 모두 완료해야 한다는 원칙이다.

이들 2가지 조건을 충족하여야 비로소 외교적 보호권의 행사가 인정된다.

Case ② *Nottebohm* 사건

(ICJ 본안판결, 1955년 4월 6일)

독일인 노테봄(Nottebohm)은 장기간에 걸쳐 과테말라에서 거주하며 기업활동을 하고 있었고, 귀화에 의해 리히텐슈타인의 국적을 취득하였다. 그 직후 노테봄은 과테말라로 돌아와 국적변경의 신청을 하였지만 독일과 과테말라가 교전상태에 들어가 과테말라에 의해 독일인으로 간주되어 체포되었고 재산을 몰수당하였다. 이에 대해 리히텐슈타인은 전쟁 후 자국민의 외교적 보호를 주장하여 ICJ에 제소하였다. 재판소는 리히텐슈타인의 주장에 대하여 노테봄의 리히텐슈타인 국적취득은 중립국의 국민으로서의 지위를 얻기 위한 것으로서 리히텐슈타인 국적에 대해서는 진정한 관련이 없다고 하여 외교적 보호권을 인정하지 않았다.

■ 외교적 보호와 외국인의 법적 지위의 과제

국제법은 외국인에 대한 국가의 권리와 의무에 대해 대체로 위에서 서술한 것과 같은 전개를 보여 왔다. 이는 기업활동의 국제적 보호의 관점에서 오늘날에도 중요한 문제이다. 다른 한편으로 자연인인 개인의 권리에 관해서는 오늘날 국제인권법의 발전에 의한 과제도 나타나고 있다.

첫째는 외교적 보호의 포기와 개인의 손해배상청구권의 문제이다. 샌프란시스코 평화조약이나 화일평화조약, 한일기본관계조약 등의 양자조약에 의해 중국이나 한국은 자국민의 전시 중의 손해에 대한 청구권을 포기하였다. 소위 「종군위안부」소송, 중국인이나 한국인 등에 대한 강제연행 · 강제노동손해배상청구소송 등에서 제기된 것처럼 일본 판례는 개인의 청구권의 포기는 자국민에 대한 외교적 보호를 포기한 것에 지나지 않고 개인의 청구권을 소멸시켜서는 안 된다고 본다. 그러나 제2차 세계대전 중의 불법행위에 대해서는 시효나 발생으로부터 20년의 제척기간의 경과의 적용에 의해 개인의 손해배상청구권은 일절 인정되지 않는다는 견해도 있다. 개인의 청구권의 실질적인 보장을 위해서는 새롭게 국내입법을 하거나 국제법상 개인의 청구권을 인정하여 국제사법의 장에서 구제를 하는 방법이 있지만, 오늘날 이와 같은 장(場)은 확보되지 않고 있다.[8)]

둘째로 국제인권법에 의하여 외국인의 법적 지위에 관한 문제가 새롭게 조명되면서 제기되는 문제가 있다. 국제인권법은 국적에 의한 차별을 금지하는 내·외국인평등주의를 원칙으로 하고 있다. 내·외국인평등주의에 의해 외국인의 권리에 대해서 외국인 혹은 국민이라는 국적만으로 나눈 이분법에 의해 권리를 구별하는 것이 타당한지의 문제가 제기되었다. 또한 국제인권법은 외국인에게 자국민과 동등하게 부여된 권리가 무엇인가를 개별 조약에서 명확히 하고 있기 때문에 외국인의 권리의 내용이 국제인권법에 의해 너욱 구체화되고 또한 국내입법 등의 국내실시가 요청되고 있다.

외국인의 체류 자격은 일반외국인, 정주외국인, 외국법인 또는 난민이나 인도적 배려에 의한 특별체류자 등 다양하다. 또한 이주노동자권리조약이나 난민협약 등 특별한 성격의 외국인에 초점을 맞춘 조약이 채택되고 있다. 외국인에 대해서는 국적만이 아니라 이들 외국인의 상이한 생활실태, 본국과의 실질적인 관련 등을 고려하여 권리를 부여하여야 한다. 국민의 개념을 국적 보유자뿐만 아니라 정주자를 포함하는 것으로 넓혀서「국민=국적보유자+정주자」로 해야 한다는 거주지성을 중시한 주장도 최근 전개되고 있다. 일본 최고재판소는 McLean 사건판결(본장 Case ①)을 답습하여 1993년 2월 26일 판결에서 국정선거권의 행사를 계속 인정하지 않고 있다. 그러나 일본 최고재판소가 1995년 2월 28일 판결에서「그 거주하는 구역의 지방공공단체와 특별히 긴밀한 관계」를 가진 사람에게 지방참정권을 부여하는 것은 헌법상 금지되지 않는다고 한 점에서 외국인의 정치적 권리에 대한 판단이 한층 진보하였다고 생각된다.

---

8) 2012년 5월 우리나라 대법원에서 이와 관련한 판결이 있었다.
(대법원 2012. 5. 24 선고, 2009다22549 판결)

III. 난민의 보호

■ 영토적 비호

비호(asylum)란 박해를 피해 온 사람을 다른 국가가 보호하는 것을 말한다. 비호는 피난 온 사람에 대하여 당해 영역국이 행하는 「영토적 비호」(territorial asylum)가 일반적이다. 세계인권선언 제14조 1항은 「모든 사람은 박해를 피하여 다른 나라에 피난하거나 망명할 권리를 가진다」고 규정한다. 이 비호에 관한 규정은 개인에게 비호를 요구할 권리를 인정하지만, 비호를 실제로 받을 권리까지는 인정하지 않고 있다. 비호의 부여를 결정할 권리는 여전히 국가의 재량이며 국가에 비호의 의무까지는 부과되자 않고 있다.

난민의 비호를 규정한 최초의 조약인 1951년의 난민의 지위에 관한 협약(난민협약)이나 1967년 난민의 지위에 관한 의정서(난민의정서) 및 1967년 UN총회에서 채택된 영역내비호선언 등도 비호를 부여할 권리가 국가에게 있다는 것을 확인하였다. 영역내비호선언은 뒤에 영역내비호권조약안으로 발전되었지만 「비호부여의 노력」에 대한 규정에서 「최선(最善)의」가 삭제되었고, 동 조약안은 채택되지 않았다.

난민협약 및 난민의정서는 난민의 비호의 전제가 되는 난민인정의 절차에 대해서는 전혀 규정하지 않고, 각국의 국내법에 맡겨져 있다. 일본의 경우, 출입국관리법이 1984년에 개정되어 난민법을 포함하게 되었다. 애초 난민협약이 냉전을 배경으로 동구권에서 서구로 도망 온 사람들을 받아들이기 위해 작성된 점도 있고, 2001년 9.11테러(제13장 Column) 이후 국제테러에 대해 경계하는 움직임에 따라 비호거부 경향이 강해진 탓에 각국의 비호정책과 그 운용은 개별 사안마다 정치적 정세에 의해 변화되고 있다.

여러 요인에 의해 다른 나라로 피난한 사람은 즉시 난민이 되는 것은 아니고, 비호신청자(asylum seekers)로서 소재국에서 비호를 구하게 된다. 비호신청자는 어떠한 요건을 갖추면 난민으로 파악되는가. 1951년 난민협약과 1967년 난민의정서는 모두 난민의 정의를 다음과 같이 정하고 있다.

> 「인종, 종교, 국적 또는 특정 사회집단의 구성원 신분 또는 정치적 의견을 이유로 박해를 받을 우려가 있다는 충분한 이유가 있는 공포로 인하여 국적국 밖에 있는 자로서 그 국적국의 보호를 받을 수 없거나 또는 그러한 공포로 인하여 그 국적국의 보호를 받는 것을 원하지 아니하는 자」(난민협약 제1조 A (2) 및 난민의정서 제1조 2항)

즉, 난민의 요건이란 ① 인종, ② 종교, ③ 국적, ④ 특정의 사회적 집단, ⑤ 정치적 의견을 이유로 박해받을 우려가 존재할 것, 국적국 밖에 있는 자, 본국의 보호를 받을 수 없는 자이다. 난민협약 및 난민의정서 상의 난민은 「협약난민」이라고 부른다. 이 협약난민의 정의는 난민의 인정에서 중요한 역할을 담당하고 있다.

그러나 협약난민의 정의는 충분하다고 할 수 없다. 예를 들어 「박해」가 누구로부터의 박해인지와 관련해, 국가 자체에 한정되는지 아니면 한 국가 내의 무장집단이나 민병 등 사적인 집단도 포함하는 것인지 여부 등에 의해 그 대상 폭이 넓어질 수도 있고 좁아질 수도 있다. 예를 들어 상기 정의에 의하면 구 유고슬라비아에서 문제된 인종청소를 이유로 한 박해가 난민을 나타내는 요건으로 인정될 수 있는지가 불명확하다. UN난민고등판무관사무소(UNHCR)는 「난민인정핸드북」을 발행하여 난민협약 조문의 해석지침을 제공하고 있다.

또한, 아프리카 난민문제의 일정 측면을 규율하는 지역 내 조약인 아프리카통일기구조약(아프리카난민협약)에서는 외국의 침략, 점령, 공공질서를 현저하게 어지럽히는 사건 등을 난민으로 보기 위한 요건으로 들고 있다. 아프리카난민협약이 전쟁이나 내전을 중요한 요인으로 하고 있는 반면, 협약난민에서는 이런 요소가 다루어지지 않고 있다. 또한 자연재해나 환경오염을 원인으로 한 인구유출에 대하여 난민해당성을 인정하는 국제조약은 아직 존재하지 않고 있다. 나아가 난민이 대량 발생하는 경우도 있다. 1967년에 UN총회에서 채택된 「영역내비호선언」은 국경에서의 입국거부의 금지가 강제송환금지원칙[9)]의 범주에 포함된다고 본 반면, 대량발생난민의 입국거부는 강제송환금지원칙의 예외로 하고 있다. 난민협약은 난민 개인을 인정하는 것을 상정하고 있어 난민이 대량 발생하는 경우도 개별적으로 난민임이 인정되는 것이다. 집단인정제도는 각국이 독자적으로 마련할 수밖에 없는데, 많은 국가들이 소극적이다. UNHCR은 대량으로 발생한 난민을 보호대상으로 하는 「위임(mandate) 난민」이라는 분류를 마련하여 집단인정을 부여하고 난민캠프의 설치와 운영을 맡아 왔다.

난민협약 및 난민의정서가 적용되지 않는 자로 국내피난민(internally displaced person)이 있다. 국내피난민은 국적국 밖으로 나오지 않았기 때문에 국적국 본국이 가장 먼저 책임을 져야 하지만 본국 정부가 사실상 그 책임을 지지 않아 국외로 피난한 비호신청자와 동일한 상황에 있다. UNHCR은 당초 국외로 유출된 난민을 위한 UN기구이기에 국내피난민을 보호하기 위한 권한은 갖고 있지 않다. 국내피난민의 보호를 위한 국제법은 아직 존재하지 않지만, UNHCR에 의한 「국내피난민에 관한 지침」(1998년)이 각국정부, 국제기구, NGO에 의한 활동에 적용되어 왔다. 또한 국내피난민의 보호를 위한 입국은 항상 국적국의 동의를 얻어야 한다.

협약난민으로 인정되면 난민으로서의 법적 지위를 얻어 재산의 유지, 직업의 권리, 주거 · 교육 · 사회보장 등의 권리가 부여되고, 비호국은 본국을 대신하여 신분증명서나 여행증명서 발급 등의 행정조치를 취하게 된다. 여기에는 자국민과 동등한 권리나 외국인에게 부여되는 대우보다도 불리하지 않은 대우 등의 조건이 첨부되어 있다.

비호가 국가의 권리라고 한다면 비호가 인정되지 않는 경우의 추방 및 송환에 대한 판단도 국가에 맡겨야 하지만, 난민협약은 난민의 추방을 제한하고 있다. 난민협약 제33조 1항의 강제송환금지원칙은 중대범죄로 유죄판결이 내려지는 등의 예외적인 경우 외에는 경미한 범죄 등을 이유로 하여 난민을 박해의 우려가 있는 본국 등으로 이송하는 것을 금지하고 있다.

---

9) 박해받을 위험이 있는 국가나 지역으로의 이송을 금지하는 원칙

■ **외교적 비호** (diplomatic asylum)

영역국 외의 재외공관으로 도망쳐 온 자에 대해 국가가 비호를 부여할 권리를 갖는지가 문제된다. 이것이 외교적 비호(diplomatic asylum) 혹은 영토 외 비호(extra-territorial asylum)라고 하는 문제다. 1950년의 *Asylum* 사건 판결(본장 Case ③)에서 라틴아메리카의 지역관습법에 의해 외교적 비호가 인정되고 있다는 주장이 제기되었지만, ICJ는 일반국제법상 그와 같은 국가의 권리는 인정되지 않고, 영역국에 대한 주권침해라 하여 외교적 비호를 부정하였다. 외교관계에 관한 비엔나협약, 영사관계에 관한 비엔나협약에서도 재외공관에 외교적 비호를 인정하는 규정은 두고 있지 않으며 재외공관의 불가침이 존중되고 있다. 군함도 마찬가지이다.

ICJ는 1980년의 *United States Diplomatic and Consular Staff in Tehran* 사건(제5장 Case ①)에서 접수국은 개인이 공관으로 침입하여 위해를 가하는 것을 방지하기 위하여 적절한 모든 조치를 취할 특별한 의무를 부담하고 있다고 하여 여기서도 공관의 불가침을 확인하고 있다. 그러나 1995년의 중국 심양(瀋陽) 주재 일본총영사관으로 북한 국적의 가족이 도망쳐 들어온 사건(제4장 Case ③)과 같이 사실상 재외공관으로 도망쳐 들어오는 사례가 적지 않다. 재외공관은 비호나 감금이라는 권력작용을 행할 수는 없지만, 일시적 조치로 공관 내로 들어가는 것을 묵인하는 경우가 많다.

Case ③ *Asylum* 사건

(ICJ 판결, 1950년 11월 20일 및 1951년 6월 13일)

1948년 10월에 페루에서 일어난 군사반란의 지도자였던 아야 데 라 토레(Haya de la Torre)는 1949년 1월 페루 수도 리마에 있는 콜롬비아 대사관에 외교적 비호를 구하였다. 콜롬비아는 1928년의 비호에 관한 하바나협약에 기초하여 동 용의자의 국외퇴거를 위한 안전통행증을 페루정부에 구하였지만 거부당하였다. 그 결과 콜롬비아는 ① 콜롬비아는 비호를 부여하는 나라로서 비호를 위하여 범죄의 성질을 결정할 권한을 가지고 있는가, ② 페루는 비호를 구하는 자가 안전하게 국외로 퇴거하기 위하여 필요한 보증을 부여할 의무가 있는가의 2가지 쟁점에 대해서 ICJ에 판단을 구하였다. 일반국제법상 외교적 비호는 인정되지 않기 때문에 외교적 비호를 인정하기 위해서는 명확한 법적 근거가 필요하고, 그 근거로서 콜롬비아는 하바나협약과 몬테비데오협약 등 라틴아메리카에서의 비호에 관한 조약이나 범죄인인도조약을 들어 라틴아메리카에 특유의 비호에 관한 지역적 관습법이 존재한다고 주장하였다. 그러나 콜롬비아의 주장은 재판소에 의해 인정되지 않았고, 콜롬비아의 아야 데 라 토레에 대한 비호는 위법이며, 동 국가는 비호를 종료시킬 의무를 부담한다고 판시하였다(*Asylum* 사건 판결, 1950년 11월 20일).

1950년 12월 콜롬비아는 *Asylum* 사건 판결을 이행하여 비호를 종료시키기 위한 방법에 대해서, 특히 콜롬비아가 용의자를 페루로 인도할 의무가 있는지의 여부에 대해서, ICJ에 새로운 소송을 제기하였다. 이에 대하여 재판소는 비호의 종료방법에 대해서는 여러 가지 수단이 있고 그것을 당사자가 선택해야 한다고 하여, 그 선택은 실행가능성이나 정치적 편의를 고려해야만 하는 것으로 사법적 임무를 넘는다고 하여 판단을 하지 않았다. 또한 콜롬비아가 토레를 페루로 인도할 의무가 있는지의 여부에 대해서는 비호가 올바르게 부여되지 않은 경우에 대해서의 해결방법이 하바나협약에 규정되어 있지 않고, 인도하는 것이 비호를 종료시키는 유일한 방법은 아니기 때문에 페루로 인도할 의무는 없다고 하였다(*Haya de la Torre* 사건 판결, 1951년 6월 13일).

■ 일본의 난민보호

일본은 난민협약에 가입하기 이전인 1978년부터 1994년까지 약 1만 명의 인도차이나 난민을 받아들였다. 이것은 난민협약 외의 각의(閣議) 결정이라는 정치적 판단에 기초한 특별상륙허가였다.

일본은 1981년에 난민협약에 가입하였고 다음해에 난민의정서에도 가입을 하였다. 우선 난민협약 및 난민의정서에 의해 구출입국법이 개정되어 앞에서 서술한 것처럼 난민의 정의가 추가되었고(제2조3의 2호) 1982년에 시행되었다. 난민협약에 가입함으로 인해 난민에게 국민과 동등한 권리를 인정하는 국내법적 정비에 의해 지금까지 진전되지 않았던 일본에서 난민을 포함하는 외국인의 권리향상이 모색되었다.[10)]

일본의 출입국관리법은 인정기준의 운용에 있어 난민인정기간 중에도 출입국관리법을 위반한 불법입국자로 신병이 구속되어 강제퇴거절차가 동시에 진행되는 등 비호신청자의 처우에도 문제를 안고 있었다. 1992년의 *林桂珍 대 법무장관* 사건에서 퇴거강제처분에 의해 비호신청자격을 잃었다는 결과에 대하여 시비가 다투어졌다. 2004년에 출입국법이 개정되어 다음 3가지가 크게 변경되었다. 첫째로 출입국법 제61조의2 제2항의 난민신청은 신청자가 상륙한 날부터 모든 난민이 되는 사유가 발생한 경우 그 사실을 안 날로부터 60일 내에 행하여져야한다는 소위 「60일 규칙」을 폐지하였다. 둘째로 난민인정심사와 체류허가심사의 동시진행의 회피에 대해서 난민신청자에 대한 6개월의 가체재허가와 동기간 내의 난민인정, 가체재허가기간 중의 강제퇴거절차의 금지(출입국관리법 제61조의2의4 제1항)가 정해졌다. 셋째로 난민심사에 대한 이의신청절차에 난민심사참여원제도를 신설(동법 제61조의2의9 제3항 · 제61조의2의10)하여 난민인정에 관계된 이의신청심사의 투명성을 확보하기 위하여 제3자(전문가로서의 난민심사참여원)의 관여를 규정하였다.

위에서 기술한 것처럼 개선을 하였지만, 일본의 난민인정 수가 다른 나라에 비해 적은 것 등이 문제가 되고 있다. 지리적 요인 등도 있지만 일본의 난민인정기준의 엄격함도 그 요인으로 지적되고 있다. 난민해당성의 증명책임이 비호신청자 측에 있

10) 한국은 1992년 난민협약에 가입하여 1994년 출입국관리법을 개정 시행하였다. 난민의 정의에 관한 조항은 제2조 제3항이다.

는 것은 UNHCR도 인정하고 있다. 그러나 일본의 경우 난민해당성의 판단의 기준이 민사소송에서의 경우와 마찬가지로 행동의 개연성을 가질 것을 관례상 요구해 오고 있다. UNHCR은 「입증할 수 없는 진술...에서는 신청인의 설명이 신빙성을 가진다고 생각되는 때는 반대의 충분한 이유가 없는 한 신청인에게 유리하게(benefit of the doubt) 해석되어야 한다」고 한다. 일본의 경우 난민해당성이 애매한 경우 난민이 아니라고 판단하지만, UNHCR의 기준으로는 의심이 있는 경우에는 신청자에게 유리한 판단을 하는 것이 장려되고 있다. 난민인 것의 입증책임에 대해서는 신청자와 마찬가지로 인정기구의 증거수집분석의 노력도 요구된다. 일본은 지금까지 입국한 사람만을 난민신청의 대상으로 인정하여 왔다. 2010년부터는 일본에 입국하지 않고 해외의 난민캠프에 체재하는 난민을 받아들이는 제3국 정주를 시범적으로 개시하기로 결정하여 태국의 난민캠프에 있는 미얀마난민을 2010년부터 연 30명씩 향후 3년간 받아들이기로 하였다.

Ⅳ. 국제범죄와 개인

■ 범죄인인도

범죄인인도(extradition)란 외국에서 죄를 범한 자가 국내에서 체재하는 경우에 외국의 인도청구에 응하여 그 자를 인도하는 것을 말한다. 범죄인인도를 국가의 의무로 하는 국제관습법은 존재하지 않는다. 그러나 미일범죄인인도조약, 한일범죄인인도조약 등 양자 간에 범죄인인도조약을 체결하는 예나 유럽범죄인인도조약 등 다자조약에 의한 것 등 상호간에 인도의무를 마련하고 있는 경우가 있다. 또한 범죄인인도조약을 체결하지 않고서도 범죄인인도에 관한 국내법에 의해 실제로 인도할지의 여부를 결정하여 왔다.

범죄인인도의 대상이 되는 범죄, 즉 인도범죄는 일반범죄이며 정치범죄는 보통 제외된다. 상호간 범죄인인도조약을 체결하고 있는 경우에는 조약에 인도범죄가 열거되어 있어, 보통 경미한 범죄는 인도를 행하지 않고 상당한 중죄에 한정하여 인도한다. 또한 인도범죄는 청구국과 피청구국 쌍방의 형사법에 의해 범죄로 되는 행위에 한정된다. 이를 쌍방가벌성의 원칙(principle of double criminality)이라 한다. 인도되는 범죄인은 상대국의 국민 또는 제3국의 국민이며 자국민은 인도하지 않는 경우(자국민불인도의 원칙)가 많지만, 영국과 미국은 속지주의를 취하여 자국민도 인도하는 것이 일반적이다. 청구국은 인도범죄에 대해서만 처벌을 하고, 그 이외의 범죄에 대해서 처벌해서는 안 된다. 이를 범죄특정의 원칙이라고 한다.

국가원수, 외교관은 외국에서는 형사재판권의 면책특권을 향수한다. *Pinochet* 사건(본장 Case ④)에서는 전 국가원수의 학살 등 국제범죄에 대한 체포나 인도가 문제되었으나, 면제가 인정되지 않았다.

최근 사형폐지국인 유럽국가들은 사형제 존치국에 대한 인도를 거부하여 왔다. 유럽인권재판소는 1989년의 *Soering* 사건 판결에서 사형판결을 받을 가능성이 있는 범죄인을 사형제 존치국으로 인도하는 것은 유럽인권협약에 위반한다고 판시하였다.

Case ④ *Pinochet* 사건

(영국 상원 판결, 1999년 3월 24일)

1998년에 요양을 위하여 런던에 체재하고 있던 피노체트(Pinochet) 전(前) 칠레 대통령은 스페인의 신병구속요청에 기초하여 영국경찰에 의해 체포되었다. 스페인은 피노체트 전 대통령을 인도하도록 요구하였고 인도범죄로서 대량학살, 고문 등의 인권침해를 들었다. 피노체트 전 대통령은 전 국가원수였기 때문에 재임 중의 행위에 외교특권인 형사재판권의 면제가 적용될 것인지 여부가 문제되었다. 영국 상원은 국제법상 인권침해에 관해서는 피노체트 전 대통령의 면책을 인정하지 않고 체포가

적법하다고 판결하였지만, 피노체트 전 대통령은 건강상의 이유로 스페인에 인도되지 않고 칠레로 귀국을 허가받았다.

■ 정치범불인도의 원칙

정치범불인도의 원칙이란 정치범죄는 범죄인인도의 대상이 되지 않는다는 원칙이다. *윤수길* 사건(본장 Case ⑤)에서 1972년의 도쿄고등법원은 정치범불인도의 원칙이 확립된 국제관습법이라고 할 수 없다고 하였고, 1976년의 일본 최고재판소 판결도 이 판결을 지지하였다. 다른 한편으로 일본의 도망범죄인인도법 제2조나 미일, 한일 간에 체결된 범죄인인도조약에서 인도범죄가 정치범죄인 때에는 범죄인을 인도해서는 안 된다고 규정하여, 정치범불인도의 원칙은 국내법이나 여러 조약상의 원칙으로서 규정되고 있다.

정치범죄란 보통 혁명이나 쿠데타 등 정치질서를 침해하는 범죄를 의미하지만, 정치질서의 침해를 목적으로 하여 살인이나 강도 등의 보통범죄를 수반하는 경우나 정치목적으로 항공범죄나 테러범죄를 행한 경우도 있다. 이 때문에 정치범죄에 중대범죄나 국제범죄를 포함시킬지 여부가 문제되었다.

1989년의 *장진해(張振海)* 사건(본장 Case ⑥)에서 장진해는 중국민항기를 납치하여 후쿠오카 공항에 착륙시켜 국외도망을 시도하였다. 중국은 일본에 장진해의 인도를 청구하였다. 그런데 도쿄고등검찰청 검사는 도쿄고등법원에 장진해가 범한 항공기납치범죄가 일본의 도망범죄인인도법 제2조의 정치범죄에 해당하는지 여부의 심사를 청구하였다. 1990년에 도쿄고등법원은 인도를 인정하는 판결을 하여 이에 따라 법무장관이 인도명령을 발표하였다. 제노사이드협약 제7조, 테러행위 진압에 관한 유럽협약 제1조, 폭탄테러 신조약 제11조 등은 대상범죄를 정치범죄로 보지 않는다고 규정하여 이들 범죄를 범죄인불인도의 대상에서 제외하고 있다.

Case ⑤ *윤수길* 사건

(일본 최고재판소 판결, 1976년 1월 26일)

한국국적인 윤수길은 한국정부의 일본유학생선발시험에 합격하였지만 한국전쟁이 발발하여 유학허가가 나오지 않는 상황이 되자 일본에 밀입국하였다. 윤수길은 1960년 9월경부터 재일대한민국거류민단의 토치기현(栃木県)본부 사무국장이 되었다. 재직 중에 모국 한국에서 국가보안법에 지정된 반국가단체를 지원하는 정치활동을 하고 정치적 주장을 공표하였다는 혐의를 받았다. 1961년 8월 윤수길은 밀입국 용의로 도쿄입국관리사무소에 수용되어 강제퇴거의 대상이 되었다. 이에 대하여 윤수길은 일본 법무장관에게 이의신청을 하였지만 기각되었고 강제퇴거처분을 받았다. 윤수길은 자신이 정치범죄인임을 주장하였고, 정치범죄인의 불인도가 확립된 국제관습법이며 일본 도망범죄인인도법 제2조에도 위반한다고 하여 본건 강제퇴거조치가 정치범죄인 불인도원칙에 반한다고 세소하였다.

제1심인 도쿄지방법원 판결은 정치범죄인 불인도원칙을 국제관습법이라고 인정하여 정치범죄인을 본국으로 인도하지 않을 의무를 부담한다고 하였지만, 도쿄고등법원과 최고재판소는 이를 부정하였다.

Case ⑥ *장진해(張振海)* 사건

(도쿄 고등법원 결정, 1990년 4월 20일)

장진해는 1989년 12월 베이징 발 중국민항기를 납치하여, 후쿠오카공항에 긴급착륙시켰다. 착륙 후 장진해는 기내에서 떨어져서 부상을 입어 병원에 수용되었다.

에에 대해 중국에서 장진해의 신병인도가 청구되었고, 도망범죄인인도법 제8조에 따라 장진해를 중국으로 인도할지 여부의 심사가 도쿄고등법원에 의해 이루어졌다.

장진해는 1989년 6월 천안문사태에 관여한 혐의로 정치범으로 처벌을 받을 우려가 있었기 때문에 국외도망을 위하여 항공기를 납치하였다고 주장하였고, 자신이 중국으로 인도될 경우 정치범으로서 중대한 처벌을 받을 가능성이 있다고 하여 정치범 불인도의 원칙을 주장하였다. 그는 동시에 난민인정신청도 하였다.

본건에서는 항공기납치가 인도가 금지되는 정치범죄에 해당하는지 여부, 일본 도망범죄인인도법의 적용에 있어 쌍방가벌성의 문제, 인도 후 비인도적 취급을 받을 우려나 강제송환금지원칙과의 관계가 판단되었다. 일본 법원은 우선 정치범죄에는 불인도원칙이 적용되는 순수정치범죄와 상대적 정치범죄가 있으며, 항공기납치의 경우 후자에 해당하고 상대적 정치범죄는 사안별로 「정치적 성질이 일반범죄의 성질을 능가하는가의 여부를 개별적으로 판단한다」고 하여 「우월성의 기준」에 의해 결정된다고 하였다. 그 결과 항공기납치범죄의 중대성에 의해 정치범죄성이 부정되어 장진해는 중국으로 인도되었다.

■ 국제범죄와 개인

공해상의 해적행위나 마약거래, 노예매매는 전통적으로 국제법이 정하는 국제범죄다. 이러한 죄를 범한 범인은 체포된 국가의 국내법에 따라 국내법원의 판결에 의해 처벌의 대상이 되어 왔다.

국제법이 국제범죄라고 하여 국제재판소가 직접 개인을 처벌의 대상으로 하는 것으로서 인도주의에 대한 죄, 전쟁범죄 등의 전쟁이나 대규모 인권침해에 기초한 국제범죄가 있다. 제2차 세계대전 후에 뉘른베르크와 도쿄에 설치된 국제군사법정은 평화에 대한 죄, 인도주의에 대한 죄, 제네바 조약들이나 헤이그 조약들 위반 등의 전쟁범죄에 관해서 독일과 일본의 전쟁지도자를 재판하였다. 국제군사법정에서 재판받은 것은 국가기관의 중추에 해당하는 공인이지만, 극히 중대한 성질을 가진 국제범죄에 대해서는 국가원수나 국가기관인 중추에 있는 자라 하여도 형사재판권 면제의 대상이 될 수 없다.

그 후 1948년의 집단살해죄의 방지 및 처벌에 관한 협약(제노사이드협약)이나 인종분리(apartheid) 범죄의 진압 및 처벌에 관한 조약에서 학살이나 인종분리를 국제범죄로 규정하고, 공인을 포함한 개인을 국내법원 또는 국제형사재판소에 의한 처벌의 대상이 되는 것으로 하였다.

1990년대에 구(舊) 유고슬라비아와 르완다에서 일어난 대규모 인권침해를 수반한 내전과 관련하여 UN안전보장이사회는 1993년 구유고슬라비아 국제형사법정(ICTY)과 르완다 국제형사법정(ICTR)을 네델란드의 헤이그와 탄자니아의 아르샤에 각각 설치하였다. 그곳에서 학살, 인도에 반한 죄(crimes against humanity), 제네바 4개 협약 등 국제인도법 위반 등에 대해 대통령을 포함한 개인이 처벌의 대상이 되었다.

이상과 같은 사건마다 설치된 재판소의 선례를 배경으로 1998년도 ICC규정(Rome Statute)에 의해 2002년 국제형사재판소(ICC)가 네덜란드의 헤이그에 설립되었다. ICC가 관할하는 국제범죄는 집단살해죄, 인도에 반한 죄, 전쟁범죄, 침략범죄 등 4개이다.[11] ICC규정은 체약국의 국내재판소에 의한 처벌도 인정하고 있어, ICC는 국내재판소를 보완하는 것으로 규정되었다(보충성원칙). 따라서 자국의 국내재판소에서 ICC가 관할하는 국제범죄를 처벌할 의사가 없는 경우 또는 그 능력이 없는 경우에만 ICC가 사건을 다루게 된다.

ICC는 18세 이상의 개인에 대해서 국제법상의 형사책임을 묻는데, 이 때 국가원

11) 2010년 우간다 캄팔라에서 개최된 ICC 평가회의에서 침략의 정의가 제5조의 2(bis)의 형태로 로마규정에 삽입되었다. 이에 따라 ICC 기소대상 범죄목록에 침략범죄도 포함되었다. 침략범죄의 발생 여부는 UN안전보장이사회가 1차적으로 판단한다. 그러나 이 규정은 2017년 이후에 발효할 것으로 보이며, 미국 · 중국 · 러시아 등 ICC 비회원국에 대해서는 적용되지 않는다는 한계가 있다.

수, 정부의 수장(首長) 등 공인임을 이유로 하는 형사면책은 인정되지 않는다. 사건을 ICC에 회부할 수 있는 주체는 ① 체약국, ② ICC 검사, ③ 안전보장이사회에 의한 검사에의 회부이다(ICC규정 제13조). ①의 체약국에 의한 회부의 경우, 범죄행위지국, 범죄가 행하여진 선박이나 항공기의 등록국, 피고인 국적국 중의 어느 하나가 체약국(또는 관할권수락선언을 한 비체약국)일 필요가 있다. ②의 검사에 의한 회부의 경우, 범죄행위지국, 피고인의 국적국(혹은 관할권수락선언을 한 비체약국)이라면 독자적으로 수사를 개시할 수 있다. 수단의 다르푸르 지방에서 발생한 아랍계 민병조직에 의한 아프리카계 주민학살에 대해서는 처음으로 현직에 있는 바시르(Omar al-Bashir) 대통령에 대하여 ICC의 체포영장이 발부되었다. 수단은 ICC의 체약국이 아니었지만, ③의 안보리 결의(수단 다르푸르 사태에 관한 안보리결의 1593 [2005년])에 의하여 재판회부가 가능하였다.

피고인의 혐의에 대한 조사, 체포 및 ICC로의 인도는 피해국은 물론 다른 국가들의 협력이 없으면 실현되지 않는다. 따라서 소추에서 공판에 이르기까지의 과정은 결코 쉽지 않다. ICC에 미국, 중국, 러시아 등의 강대국이 가입하고 있지 않는 점도 문제로 지적된다. 미국은 ICC에 대한 서명을 철회하였고, 미국민의 ICC 불인도에 대한 양자협정(ICC규정 제98조에 기초한 협정)을 다수 체결하고 있다.

이상과 같은 문제점도 있지만 중대한 국제범죄가 국제법적으로 상세히 정의되어 있고, 또한 국제적인 재판소에 의한 개인의 처벌에 관한 제도나 절차가 조금씩 정비되어 가고 있다.

제 9 장

국제인권법

인권이란 인간의 존엄에 기초하여 인간이라면 누구든지 보편적이고 평등하게 인정받을 수 있는 권리이다. 인권은 유럽의 자연권사상을 배경으로 영국 명예혁명(1688년), 미국 독립전쟁(1776년)이나 프랑스혁명(1789년)에서 처음 주장되기 시작하였고, 영국의 권리장전, 미국의 독립선언, 프랑스 인권선언 등의 국내문서에 의해 명문화되었다. 그러나 국가의 권리·의무를 규정하는 국제법에 인권이라는 단어가 처음으로 등장한 것은 약 20세기 중반인 제2차 세계대전 이후의 UN헌장(1945년)에서였다.

국제법과 개인에 대해서는 양국간의 우호통상항해조약 등이 외국인의 대우에 대해서 규율하고 있지만, 이는 국가의 관할권이 개인에게 어디까지 미칠 것인지가 문제된 것에 지나지 않고 개인의 권리 그 자체를 규정한 것은 아니었다. 또한 20세기 전반부터 국제연맹의 소수민족보호제도나 국제노동기구(ILO)에 의한 노동기준의 채택, 그리고 1926년의 노예조약의 채택 등 서서히 개인의 권리가 다루어지게 되었지만, 그 대상이 특정 사람들에 한정되어 있었다. 이와 같은 대우는 모든 인간에게 보편적이고 비차별 · 평등하게 인권을 인정하는 것과는 의미가 달랐다. 이번 장에서는 국제인권법의 체제에서 개인에게 직접 그리고 보편적으로 인권을 인정하고 국가에 대해서 인권보장을 위한 의무를 부과하는 오늘날의 인권을 둘러싼 국제법의 제도와 절차를 검토한다.

I. UN에 의한 인권의 국제적 보장

■ UN의 목적, 국제협력의무와 인권

평화를 위한 기구인 UN은 나치 독일이나 일본에서 등장한 군국주의에 의해 제2차 세계대전이 야기되었다는 반성에서 설립되었다. UN은 그 목적의 하나로서 인권을 내걸고 평화와 인권을 불가분한 것으로 하였다. UN헌장 제1조 3항은 UN의 목적의 하나로 「인권 및 기본적 자유에 대한 존중을 촉진하고 장려함에 있어 국제적 협력을 달성할 것」을 내걸어 인권에 관한 회원국의 국제협력의무를 규정하고 있다.

UN헌장은 국가에 대하여 자국 관할하의 사람들의 인권보장 뿐만 아니라 다른 국가의 인권에 대해서도 동등하게 보장하도록 국제협력을 요구하고 있는데, 이는 헌장상의 인권보호에 비해서 국가에 대해 보다 넓은 인권관련 책임을 부과하고 있다.

UN헌장이 인권의 촉진 · 보호를 명기하는 것에 의해 회원국은 자국의 인권문제에 대해서 UN헌장 제2조 7항에서 말하는 「국가관할권 내에 있는 사항」으로서 항변할 수는 없다. ICJ는 1971년의 *Namibia* 사건에서 남아프리카공화국의 아파르트헤이트는 UN헌장의 목적과 원칙에 위반된다고 하여 UN회원국이 UN헌장상 인권존중의 의무를 부담한다고 하는 권고적 의견을 내놓았다. 오늘날 인권은 국제적 관심사항으로서의 지위를 얻고 있다.

■ 인권 관련 UN기구와 국제인권장전

UN헌장상 인권에 대한 규정은 이미 언급한 제1조 3항외에 제13조 1항(b)의 UN총회의 인권에 관한 발의 · 권고권한, 제62조 2항의 경제사회이사회의 인권에 관한 권고 · 조약안작성권한, 제68조의 경제사회이사회 하의 인권의 신장에 관한 위원회의 설치 등이다. 그 외에 신탁통치이사회도 신탁통치지역의 주민의 인권의 보호에 대해서 다루었고, 안전보장이사회도 심각한 인권문제에 대해서 평화에 대한 위협이나 평화의 파괴라고 간주하여 대응하여 왔지만, UN에서 인권논의를 중심적으로 해온 것은 UN총회와 경제사회이사회였다. 경제사회이사회는 UN헌장 제68조에 기초한 결의9에 의해 1946년 UN인권위원회를 설치하고, 다음해인 1947년에는 동 위원회의 하부기관으로서 차별방지소수자보호소위원회(1999년에 명칭을 변경하여 UN인권촉진보호소위원회, 이하, 인권소위원회)를 설치하였다. 이후 UN에서는 UN인권위원회나 인권소위원회가 인권문제의 중심적인 심의기관이 되었다.

UN인권소위원회는 엘레노아 루즈벨트를 초대의장으로 하여 활동의 근거가 되는 구체적 인권의 리스트를 작성하는 것으로 일을 시작하였다. 우선 선언, 조약의 순서로 기준을 설정하고 1948년 UN총회결의로 세계인권선언을 채택하였다. 세계인권선언은 자유권, 사회권, 문화권을 포함하는 포괄적인 권리선언이다. UN인권위원회는 계속하여 경제적·사회적 및 문화적 권리에 관한 국제규약과 시민적·정치적 권리에 관한 국제규약 및 시민적·정치적 권리에 관한 개인통보절차에 관한 선택의정서로 이루어진 국제인권규약을 기초하였고, 이들은 1966년에 구속력 있는 조약의 형태로 UN총회에서 채택되었다. 세계인권선언, 경제적·사회적 및 문화적 권리에 관한 국제규약, 시민적 및 정치적 권리에 관한 국제규약의 3문서는 합쳐서 국제인권장전(International Bill of Rights)으로 총칭되고, 이렇게 하여 UN은 모든 사람에게 인정되는 인권의 포괄적인 리스트를 완성하였다.

■ 인권기준의 설정과 집행

세계인권선언의 기초 후, UN인권위원회는 인권소위원회와 더불어 인권에 관한 기준설정과 촉진·보호라는 2개의 임무를 수행하게 되었다.

첫째는 선언이나 조약의 채택을 통한 UN인권의 기준설정이다. 특히 UN인권위원회는 많은 인권조약의 기초에 관여하였다. 포괄적, 일반적인 국제인권규약 뿐만 아니라 특정의 상황이나 특정의 사람의 카테고리에 초점을 맞춘 인권조약, 예를 들면 인종차별철폐협약, 여성차별철폐협약, 고문 등 금지조약, 아동권리협약 등의 다수를 기초하였다. 민족자결(自決)의 권리를 정한 식민지독립부여선언, 개발의 권리에 관한 선언, UN원주민(indigenous people)권리선언 등의 소위 연성법(soft law)의 작성에도 관계하였다.

두 번째는 조사·연구, 인권침해의 감시, 기술원조 등 인권의 촉진·보호를 포함하는 인권의 집행임무이다. UN인권위원회는 인종분리문제를 계기로 하여 1967년의 경제사회이사회결의 1235에 기초한 「특별절차」(1235절차) 즉, 공개적인 인권문제심의를 행하도록 하였다. 이것은 일관된 형태의 인권침해에 대해서 특별보고자를 임명하여 조사·연구케 하고 이를 심의하여 경제사회이사회에 보고하는 것이다. 「특별절차」는 당초의 「국가별 절차」에 더하여 80년대부터는 강제적 비자발적 실종 등 「테마별 절차」도 개시되었고 특별보고자나 복수의 전문가로 이루어진 실무작업반이 국가별, 테마별로 인권문제를 심사 · 연구하여, UN인권위원회에 의한 감시활동이 전개되어 왔다.

또한 1970년에는 경제사회이사회결의 1503이 채택되어 중대하고 근거가 있는 일관된 형태의 인권침해에 대한 개인의 통보를 비공개로 심의하는 소위 「1503절차」도 개시되었다. UN인권위원회와 인권소위원회에 의한 인권의 보호 · 촉진에 관한 이들의 활동은 경제사회이사회와 협의자격을 가진 비정부기구(NGO)에도 널리 참가가 인정되었다. 또한 인권소위원회는 개인적 자격의 전문가가 구성원이며, 「특별절차」에도 특별보고자라고 불리는 많은 개인적 자격의 전문가가 연구 · 조사보고서를 작성하여 제출하였다. 「1503절차」에서는 세계 각국에서 인권침해의 피해자나 피해자를 대변하는 NGO로부터의 통보가 정보원이었다. 이 때문에, UN의 인권기구에 회원국뿐만 아니라 많은 비국가행위주체가 참가하고 있고, 이들이 각국정부에 가하는 정치적 압력은 무시할 수 없는 것이 되었다.

UN기구에 의한 인권의 국제적 보장은 개별 인권조약의 비준, 미비준을 불문하고 세계의 진 지역 보는 사람을 보호대상으로 할 수 있다. 그 중에서도 특히 대규모의 인권침해에 대한 대처를 주로 하고 있다. 이에 대해서는 세계인권선언을 시작으로 UN이 정해 온 여러 인권기준이 지침을 제공하기 때문에, UN은 인권기준의 관습법화를 촉진하는 계기로서의 역할도 수행하고 있다.

1993년의 비엔나 세계인권회의 때 채택된 비엔나선언에 의해 인권의 보편성 · 불가분성 · 상호의존성이 확인되었고, 1994년에는 UN인권고등판무관사무소도 신설되었다. UN인권고등판무관은 인권문제의 주선활동에 의해 정부와의 대화를 진전시키며, 동 사무소는 인권침해국에 대하여 법적자문을 하는 등 국제협력의 강화에 종사하여 왔다.

안전보장이사회가 남아프리카공화국의 아파르트헤이트에 대해서 평화에 대한 위협을 인정하고 경제제재조치를 부과하는 등, 안보리에 의해서도 상당히 빈번하게 인권문제가 다루어지고 있다. 코피 아난 전 사무총장이 주도한 「인권의 주류화」 방침에 따라 모든 인권의 촉진 · 보호가 UN의 우선과제로서 요구되었다. 평화와 인권뿐만 아니라, 개발에 있어 「권리기반 접근(rights based approach)」에 의한 개발과 인권의 불가분성도 깊어지고 있다.

■ 인권이사회의 설립

UN의 인권기구는 2006년에 큰 전기를 맞이하였다. UN인권위원회는 60년에 걸친 역할을 마치고 대신 인권이사회가 총회의 보조기구로서 신설되었다. 심의사안의 이중기준 등 UN인권위원회의 「과도한 정치화」가 문제되어 2004년 12월에 코피 아난 사무총장에게 제출된 「고위급위원회」 보고서, 2005년 3월의 UN사무총장보고서 「In Larger Freedom」에서 UN인권위원회의 개혁제안을 거쳐, 2005년 9월 UN창설 60주년을 기념하는 세계정상회의에서 「성과문서」가 채택되었고, 인권이사회 설치가 권고되었다. 이들 제안에 기초하여 2006년 3월 UN총회결의 60/251에 의해 인권이사회 신설이 결정되었다. 인권이사회는 UN헌장의 개정에 의하지 않고, 이사회의 명칭을 사용하면서 UN총회의 보조기구로서 설치된 것이다(이 점에 대해서는 재검토가 예정되어 있다.)

2006년 6월에 제1회 인권의사회 회의가 이루어졌다. 회의는 연3회 이상 전체 10주간 이상 개최하는 것으로 하였고, 연1회 6주간인 구 UN인권위원회에 비해 개최빈도도 회의일수도 증가하였다. 인권이사회는 설립근거인 상기 총회결의에 기초하여 UN총회의 절대과반수로 선출된 47개 나라로 구성되며, 일본은 2006년 5월의 UN총회에서의 인권이사국 선거로 아시아지역의 이사국대표로 선출되었다. 이사국의 자격에 관하여 임기는 3년이고 2회 재선이 가능하다. 이사국이 중대하고 조직적인 인권침해를 행한 경우에는 총회의 3분의 2의 다수결로 임기 중이라 하여도 자격을 정지시킨다. 이 때문에 이사국은 인권의 보호 · 촉진에 대해서 높은 수준을 유지해야 한다. 인권이사국은 신설된 「보편적 정기조사(Universal Periodic Review; UPR)」를 임기 중에 다른 국가보다 우선적으로 받게 된다.

인권이사회는 UPR을 신설한 외에 구 UN인권위원회의 특별절차를 일부 정리한 형태로 계승하여 구 인권소위원회 대신에 인권이사회를 보좌하는 인권이사회자문위원회를 설치하여 개인적 자격의 전문가에 의한 기구도 존속시켰다. 1503절차도 지속되었다. 특별절차도 계속되어 「테마별 위임(mandate)」외에「국가별 위임(mandate)」에 의한 특별결의에 대해서도 심의 · 채택이 가능하고, 특별보고서에 의한 연구 · 보고가 이루어지고 있다. 인권이사회는 정기회의 외에도 이사국 3분의 1의 요청에 의해 특별회의를 개최한다. 지금까지 팔레스타인, 레바논, 다르푸르, 미얀마의 국가별 인권상황이 특별회의에서 심의되었다.

■ 보편적 정기심사 (Universal Periodic Review; UPR)

「보편적 정기심사」는 모든 UN회원국의 인권상황과 회원국의 인권조약상 의무의 이행상황을 4년마다 정기적으로 심사하는 절차이다. 인권이사회가 새롭게 시행한 제도로 2008년 4월부터 개시되었다.

절차의 개요는 제도 구축에 관한 인권이사회결의 5/1에 따라 다음과 같이 이루어진다. UPR의 심사의 기준은 (a) UN헌장, (b) 세계인권선언, (c) 비준된 인권조약들, (d) 이사국선거 등에서 표명된 공약을 포함하는 자주적인 서약 및 구속이며, 여기에 적용가능한 국제인도법이 고려된다. 모든 UN 회원국을 4년마다 심사하기 때문에 1년에 48개국을 심사하게 된다.

UPR 절차의 흐름은 자료제출 → UPR 실무작업반 → 인권이사회 본회의이다. 우선 ① 심사자료가 되는 3개 문서를 제출(정부보고서, 조약기구나 특별절차 정보의 요약본, NGO나 이해관계자로부터 제출된 정보의 요약 : 뒤 2개의 요약은 UN인권고등판무관사무소가 함)한다. 다음으로② 심사를 행할 이사국 3개국(트로이카)을 다른 지역에서 추첨하고, ③ UPR 실무작업반에서 트로이카에 의한 심사를 하고, 마지막으로 ④ 인권이사회 본회의에서 결론의 채택과 심사대상국의 자발적 약속이 이루어진다.

UPR은 인권이사회 3개국인 트로이카가 책임을 갖고, 참가하는 나라들이 발언을 하는 형태로 이루어지기 때문에 정부간 상호심사, 즉 Peer Review이다. 심사의 장인 실무작업반 회의에서도 트로이카와 심사대상국 이외의 다른 인권이사국, 인권이사국 이외의 옵저버(observer) 회원국에게 발언권이 인정되고 있다. 실무작업반에는 NGO나 다른 이해관계자(시민단체, 국내인권기구, 특별절차가 설치된 경우의 특별보고자 등, 심사대상국에 이해관계를 가진 개인)가 참가할 수 있지만 이들에게 발언권은 주어지지 않는다. 트로이카는 인권이사회나 옵저버 정부에 의한 실무작업반에서의 심사대상국에 대한 발언 · 요청을 모으는 형태로 인권이사회 본회의에서의 결론 채택을 담당한다. 인권이사국인 일본의 UPR 심사는 2008년 5월에 있었고, 인권조약의 개인통보제도를 인정하는 선택의정서를 채택할 것, 그리고 국내인권기구를 설치할 것 등의 권고가 나왔다.

UPR은 모든 회원국의 1회 심사가 종료하는 2012년 이후에 재검토된다. 현 시점에서의 문제점으로는 우선 후술할 인권조약상 절차와 UPR의 중복우려가 있다. 그러나 각종 인권조약 실시상의 과제를 UPR에서 공개적으로 심의함으로써 조약상 조치에 더하여 정치적 실시를 촉진하는 것에 대한 기대도 있다. 또한 UPR이 국가 상호간의 Peer Review인 점에서, 국가끼리 상호의 인권상황을 두둔하는 등 정치화의 염려도 있다. 신설 인권이사회의 중심인 UPR에서는 헌장상의 국제협력의무의 실질화가 시도된다.

II. UN이 채택한 인권조약

■ 국제관습법과 인권

국제인권법 형성의 출발점이 되는 세계인권선언은 오늘날 국제관습법화 되었다고 보는 견해가 있다. 노예거래에 대해서 일본이 메이지 초기에 처음으로 국제중재재판의 당사국이 된 The Maria Luz 사건(제12장 Case ③)은 노예상태에 놓인 중국인 노동자를 페루 선박에서 해방시킨 일본이 이 배의 선장을 소추한 사건이다. 노예매매나 집단살해(genocide)의 금지 등은 국제관습법의 지위를 얻었다. *Filartiga* 사건(본장 Case ①)에서 미국의 연방항소법원은 고문이 국제관습법 위반이라는 것을 인정하였다. 노예매매금지, 집단살해금지, 고문의 금지는 강행규범(*jus cogens*)의 지위도 얻었다. ICJ는 *Barcelona Traction Company* 사건 판결(제12장 Case ⑧)에서 인권이 대세적 의무(Obligations *erga omnes*)이며 국제사회의 다른 모든 나라에 대한 의무라고 판결하였다. 이와 같이 노예매매의 금지, 집단살해(genocide)의 금지, 고문의 금지 등 일정한 인권이 국제관습법이 된 것은 인권의 보편성에 있어서 의의가 있다. 특히, 국제관습법화된 인권은 인권조약의 비회원국에 법적 의무를 부과할 수 있는 근거가 되며, 국내법원에서 진행되는 국제인권소송에서도 원용될 수 있다. 그러나 오늘날의 실정국제인권법은 인권조약에 의해 구체적인 권리를 명문으로 규정하고 국가에 대한 의무를 설정하는 것이 여전히 핵심이 되고 있다.

Case ① *Filártiga* 사건

(미국연방 제2순회항소법원 판결, 1980년 6월 30일)

원고 Filártiga는 파라과이 국적의 의사로 반정부활동을 하였다. 1976년 활동에 대한 보복으로 원고의 자녀가 유괴당해 고문사하였다. 이 사건에 관여한 피고는 파라과이의 경찰이었다. 원고가 정치적 망명을 목적으로 미국에 체재하던 중, 피고도 미국에 입국하였다. 원고는 피고에 대해 자식을 고문사시킨 불법행위에 대하여 미국지방법원에 손해배상청구소송을 하였다. 본건은 그 항소심이다. 원고는 외국인불법행위법 중「연방지방법원은 외국인에 의한 민사소송법에 대해서는 제(諸) 국민의 법 또는 미국의 조약에 반하여 이루어진 불법행위에 관여하는 것에 한해 제1심 관할권을 가진다」라는 규정에 기초하여 제소하였다. 항소법원은 국가들의 국가관행과 세계인권선언, 시민적 및 정치적 권리에 관한 국제규약 등에 비추어 공무원에 의한 고문이 관습국제인권법 즉 제(諸) 국민의 법에 반한다고 인정하여, 연방의 재판관할권이 미친다고 하여 본건을 원심으로 환송하였다. 연방지방법원은 1984년에 피고에게 손해배상을 명령하였다. 본 판결을 계기로 국제인권법은 국제관습법의 형태로도 존재한다는 것이 인정되었다.

■ 인권조약 규범의 특징

(1) 비차별(평등)원칙 · 남녀평등원칙

인권조약 조문의 다수는 개인의 인권을 규정하고, 인권의 향유주체는 체약국의 국민, 외국인, 무국적자를 불문하고 모든 사람인 것을 원칙으로 하고 있다. 인권조약상 여성, 아동, 이주민노동자, 장애인 등의 특정한 사람의 권리가 명시되어 있는 것도 있지만, 그 경우에도 비차별원칙이 기본이 된다. 예를 들면, 시민적 · 정치적 권리에 관한 국제규약은 제2조에서 체약국의 의무로서 「인종, 피부색, 성별, 언어, 종교, 정치적 의견 그 밖의 의견, 국민적 혹은 사회적 출신, 재산, 출생 또는 다른 지위에 의한 어떠한 차별」도 두어서는 안 된다고 하고 있다. 국적 등을 불문하고 평등하게 취급하는 내외국인평등주의도 여기에 들어간다. 성별(gender)에 관계없이 평등하게 취급하는 남녀평등원칙도 많은 인권조약에 규정되어 있다.

(2) 권리의 제한 · 국가의 의무의 면제

인권조약은 자유권 · 사회권에 대해서 구체적으로 정하는 한편 조약상 권리의 제한에 대해서도 정하고 있다. 특히 시민적 · 정치적 권리에 관한 국제규약 제4조에는 공공의 긴급사태가 발생한 경우 체약국의 의무의 면제가 비차별원칙에 반하지 않는 한 가능하다고 규정하고 있다. 또한 공공의 긴급피난에서도 의무의 면제를 인정하지 않는 권리로서 생명에 대한 권리(시민적 · 정치적 권리에 관한 국제규약 제6조), 고문 또는 잔혹한 형벌의 금지(제7조), 노예 또는 강제노동의 금지(제8조) 등을 들고 있다. 이들의 권리를 '일탈할 수 없는 권리(non-derogable rights)'라고 부른다.

■ 국제인권규약

국제인권규약은 인권을 일반적이고 포괄적으로 정한 최초의 조약이다. 1966년에 채택되어 1976년에 발효한 국제인권규약은 경제적 · 사회적 및 문화적 권리에 관한 국제규약과 시민적 · 정치적 권리에 관한 국제규약으로 이루어진다. 시민적 · 정치적 권리에 관한 국제규약에는 개인통보제도에 대한 제1선택의정서와 사형폐지의정서의 2개의 의정서가 첨부되어 있다. 양 규약은 국제인권규약으로서 일체성을 갖고, 차별금지원칙과 남녀평등원칙도 공통으로 게재되어있다. 일본은 양 규약을 1979년에 비준하였지만 2개의 선택의정서는 비준하지 않고 있다.[1)]

경제적 · 사회적 및 문화적 권리에 관한 국제규약과 시민적 · 정치적 권리에 관한 국제규약은 제1조에 공통적으로 인민의 자결권을 규정하였다. UN헌장은 「인민 자결의 원칙」(제1조 2항)을 규정하였고, 인민의 자결권은 식민지독립부여선언, 우호관계원칙선언 등에서 국제법상의 권리로서 인정되고 있다. ICJ도 인민의 자결권이 국제법상 확립된 권리라는 것을 1975년의 *Western Sahara* 사건, 1995년의 *East Timor* 사건에서 확인하였다. 조약상으로 처음 인민의 자결권이 규정된 것은 이 두 국제인권규약에서다. 인민의 자결권은 모든 개인의 권리향유의 전제가 되는 것으로 이해된다.

경제적 · 사회적 및 문화적 권리에 관한 국제규약에는 노동(제6조 · 7조), 사회보장(제9조), 식량, 의복, 주거 등 상당한 생활수준(제11조), 건강(제12조), 교육(제13조), 문화(제15조) 등에 관한 여러 권리들이 규정되어 있다. 일본은 경제적 · 사회적 및 문화적 권리에 관한 국제규약 비준에 이르러 「공휴일에 대해서의 보수」에 구속되

1) 한국에서는 1990년 7월 10일 두 개의 국제규약 및 시민적 · 정치적 권리에 관한 국제규약 제1선택의정서가 발효되었다.

지 않을 권리(제7조), 동맹파업을 할 권리(제8조(d)), 고등학교에서 무상교육의 점진적 도입(제13조 2항(c))을 유보하였다.[2] 집행을 위한 감시기구는 18인의 전문가로 이루어진 경제적 · 사회적 및 문화적 권리에 관한 국제규약위원회이다. 이 위원회는 규약상에는 규정이 없으나, UN경제사회이사회 결의 1985/17에 의하여 설립되었다.

시민적 · 정치적 권리에 관한 국제규약은 제2조에서 체약국의 의무를 「그 영역 내에 있고 그 관할 하에 있는 모든 개인」에 대해서 규약상의 권리를 존중하고 확보하는 것이라고 규정하였다. 구체적인 권리로는 인민의 자결권(제1조) 외에도, 생명에 대한 권리(제6조), 고문이나 노예의 금지(제7조 · 8조), 신체의 자유(제9조), 공정한 재판(제14조), 사상, 양심, 종교의 자유(제18조)에 더하여 소수자의 권리(제27조) 등 특정한 그룹의 권리도 일부 규정하고 있다. 일본은 시민적 · 정치적 권리에 관한 국제규약에 유보는 첨부하지 않았지만, 경찰의 구성원(제22조 2항)에는 일본의 소방직원도 포함된다고 하는 해석선언을 하고(경제적 · 사회적 및 문화적 권리에 관한 국제규약 제8조 2항도 같은 형태), 소방직원의 노동권제한을 가능하게 하고 있다.[3] 시민적 · 정치적 권리에 관한 국제규약의 감시기구는 시민적 및 정치적 권리에 관한 국제규약위원회(제4부 제28조 이하)이다.

경제적 · 사회적 및 문화적 권리에 관한 국제규약은 제2조에서 체약국의 의무에 대하여 「점진적으로(progressively) 달성한다」고 규정하고 있다. 따라서 경제적 · 사회적 및 문화적 권리에 관한 국제규약상의 권리를 실시할 의무는 점진적으로 확보해 가야 할 프로그램적 의무이다. 한편, 시민적 · 정치적 권리에 관한 국제규약은 규약상의 권리를 「확보한다」고 하는 의무적 규정으로 되어있기 때문에, 체약국은 규약상

2) 한국은 유보 없이 비준

3) 한국은 1990년 비준서 기탁 시 4개 조항에 대하여 유보를 첨부하였으나 현재는 그 중 3개 조항(제14조 제5항, 제14조 제7항, 제23조 제4항)에 대한 유보를 철회하고 제22조에 대한 유보만을 유지 중이다. 유보의 내용은 다음과 같다. "Government of the Republic of Korea (declares) that the provision of [...], article 22 [...] of the Covenant shall be so applied as to be in conformity with the provision of the local laws including the Constitution of the Republic of Korea."

의 권리를 즉시 실시할 의무를 부담한다고 생각된다. 그러나 인권의 불가분성, 상호의존성의 관점에서 국가의 의무를 일률적으로 이분하는 것이 현실에 적합하지 않다는 것도 명백하다. 시민적 및 정치적 권리에 관한 국제규약위원회의 개인통보사례인 *Broeks* 사건에서는 네덜란드 여성 Broeks가 남편과의 별거 때문에 실업급여를 받지 못한 것이 시민적 · 정치적 권리에 관한 국제규약 제26조의 성별에 의한 차별에 해당한다고 판시되었다. 이 사건에서 경제적 · 사회적 및 문화적 권리에 관한 국제규약이 정한 사회보장의 권리에 대해, 시민적 · 정치적 권리에 관한 국제규약 제26조의 차별금지원칙이 적용되는지 여부가 다투어졌고, 제26조가 모든 법에 미친다고 인정되어 네덜란드에 관련법 개정이 권고되었다.

경제적 · 사회적 및 문화적 권리에 관한 국제규약위원회는 「점진적인 달성」이라는 국가의 의무의 의미를 "일반논평 3"으로 확정하여 권리의 완전한 실현을 위한 행동을 「규약의 효력발생 후, 합리적인 단기간 사이에 취한다는 것」으로 하고, 이 행동은 「계획적, 구체적으로, 그리고 규약상 인정되는 의무에 합치되기 위하여 가능한 한 명확하게 목표되어야 한다」고 하고 있다. 또한 같은 일반논평 3으로 각 권리가 「적어도 최소한도의 불가결한 수준을 확보할 최소한도의 중심적 의무」를 동반하고 있다. 최소한의 중심적 의무가 이행될 수 없는 경우, 자국의 이용가능한 수단을 최대한 이용하여도 그 의무를 실현할 수 없었다는 항변을 하기 위해서는 「최소한도의 중심적 의무를 우선사항으로 하고서 이용가능한 모든 지원을 이용하여 모든 노력을 하였다는 것을 입증해야 한다」고 한다. 이와 같이 경제적 · 사회적 및 문화적 권리에 관한 국제규약의 체약국은 최소한의 중심적 의무의 실현에 우선순위를 두어야 한다. 또한 규약의 차별금지원칙과 남녀평등원칙은 즉시 실행될 의무로 하였다.

시민적 및 정치적 권리에 관한 국제규약위원회는 2008년의 일본정부보고서에 대한 최종소견에서 아이누 민족의 토지문제, 동화문제, 비적출자의 상속차별, 민법규정의 여성에 대한 차별, 재일한국 · 조선인의 재입국의 자유와 조선인 학교의 학교법인으로서의 인정의 문제, 대체감옥, 사형폐지와 사형적용범죄의 축소 등에 대한 대책마련을 지적하였다. 경제적 · 사회적 및 문화적 권리에 관한 국제규약위원회도 일본에 대한 최종소견에서 일본에서 소수자인 아이누 민족이나 동화지구 출신자의 고용, 주택, 교육에서 차별, 과대한 노동시간 삭감의 필요, 노숙자문제 등 많은 개선의견을 표명하였다.[4)]

■ **인종차별철폐협약**

국제인권규약은 다양한 인권을 포괄적 · 일반적으로 규정한 인권조약인데, 그 외의 인권조약에는 인종차별의 철폐나 여성차별의 철폐라는 적극적인 차별의 철폐를 특히 목적으로 하는 것도 있다.

「모든 형태의 인종차별의 철폐에 관한 국제협약(인종차별철폐협약)」(1965년 채택, 1969년 발효)은 국가에 인종에 따른 차별의 철폐를 의무화한 인권조약이다. 일본은 1995년에 가입하였다.[5)]

인종차별철폐협약에서 말하는 「인종차별」의 이유가 되는 것은 「인종, 피부색, 세계(世系) 또는 민족적 혹은 종족적 출신」이며, 인종 외에 카스트와 같은 세습제도에 기초한 지위, 국적을 포함하지만, 시민과 시민이 아닌 자 간의 구별이나 순전히 종교를 이유로 하는 것에 대해서는 포함하지 않는다. 제2차 세계대전 후 나치독일을 향한 인종주의에 관한 비난에서 1948년에 채택된 제노사이드협약이 「국민적, 인종적, 민족적 또는 종교적 단체」에 대한 살해 등을 금지하는 것에 반해, 인종차별철폐협약은 인종적인 차별을 보다 포괄적인 형태로 철폐하는 것을 목표로 하고 있다.

인종차별철폐협약 체약국의 의무는 「인종차별을 규탄하며 모든 형태의 인종차별

---

4) 현재 한국 정부는 제3차 국가보고서를 제출한 상태이며 제4차 보고서를 작성중이다. 현재 위원회의 권고에도 불구하고 진전이 이루어지지 않은 분야는 국가보안법 제7조의 존치와 병역법의 유치, 양심적 병역거부, 개인통보제에 대한 별도의 국내적 조치 부재, 공무원노조관련 규약 제22조 유보의 유지, 외국인근로자의 사업장 이전횟수 제한 등이다. 기타 사항으로는 국가인권위원회 활동의 위축 등이 있다. 한국의 각 인권조약의 실행에 관한 자세한 사항에 대해서는 채형복, 『국제인권법』, (서울: 높이깊이, 2009) 참조.

5) 한국은 1979년 가입

철폐와 인종간의 이해증진 정책을 적절한 방법으로 지체없이 추구하는 것」이다.(제2조 1항) 체약국인 국가나 지방의 공적기관이 인종차별행위에 종사하지 않을 것에 그치지 않고, 일반사회에서 「사인 간의 인종차별」을 제거하기 위해 법률의 개폐를 포함한 적극적인 조치를 취한다고 하였다(제2조 1항). 또한 체약국은 아파르트헤이트를 비난하고 이러한 관행을 금지하며(제3조), 인종차별의 조장이나 선동은 법률상 처벌해야하는 범죄로 인정할 것이 요구된다(제4조(a)·(b)). 일본은 이 4조(a)·(b)의 규정에 대해서 유보를 하였고, 일본헌법 하의 집회, 결사 및 표현의 자유 그 밖의 권리의 보장과 저촉되지 않는 한도에서 의무를 이행하고 있다.

체약국은 인종차별철폐협약 제5조에서 각종의 자유권, 사회권에 대해서 모든 형태의 인종차별의 철폐, 차별을 금지하고 평등을 보장할 의무를 지고 있다. 이러한 권리에는 거주나 노동의 권리, 나아가 문화적 활동이나 공중의 건강이나 의료, 사회적 서비스의 접근 등, 사인 간의 인종차별에 관한 것이 열거되어 있다.

체약국은 조약에 반하는 인종차별행위에 대하여 효과적인 보호 및 구제조치를 취할 적극적인 차별철폐의무가 있다. 또한 체약국은 차별의 결과 개인이 입은 피해에 대하여 공정하고 적정한 배상·구제를 법원에 구할 권리를 확보해 주어야 하며(제6조), 개인이 국내재판에서 구제를 받아야 한다는 것이 명기되어 있다.

1995년에 일본이 인종차별철폐협약에 가입한 이래, *하마마츠(浜松) 외국인 입점거부* 사건(본장 Case ②), *오타루(小樽) 입욕거부* 사건(본장 Case ③) 등 국내재판에서 인종차별철폐협약이 원용된 사례가 눈에 띄어 왔다. 또한 일본정부에 대해서는 인종차별철폐위원회가 조약이행에 대해서 다음과 같은 최종소견을 내었다. 아이누문화촉진법 등을 적극적으로 평가한 한편, 피차별부락 등 모든 집단이 차별로부터 보호되는 것의 확보, 제4조의 인종차별의 위법화에 대해서 입법조치를 필요로 하는 것, 공립학교에서의 소수언어의 교육을 확보할 것, 아이누 선주민족의 토지에 대한 권리의 인정과 확보, 배상의 요청 등을 지적하였다.

Case ② *하마마츠(浜松) 외국인 입점거부* 사건

(시즈오카 지방법원 하마마츠지부 판결, 1999년 10월 12일)

시즈오카현 하마마츠시의 보석가게에 들른 한 브라질 여성 저널리스트가 가게 측으로부터 외국인인 것을 이유로 외국인 입점사절이라고 부착된 종이를 제시당하는 등 입점을 거부당하였다. 양자의 다툼은 소송으로 발전하였다. 1999년 10월 12일, 시즈오카지방법원 하마마츠지부는 인종차별철폐협약의 국내법적 효력을 인정하고 동 협약의 실체적 규정이 민법의 불법행위의 요건의 해석기준으로서 적용된다고 하였다. 보석상의 행위는 원고인 브라질 여성의 인격적 명예를 손상시킨 것이고 인종차별철폐협약의 취지에 따라 이것이 민법 제709조의 불법행위의 사유로서 인정되어 보석상에 대하여 원고의 정신적 고통에 대한 150만 엔의 손해배상의 지불이 명령되었다.

Case ③ *오타루(小樽) 입욕거부* 사건

(삿포로 지방법원, 판결, 2002년 11월 11일)

오타루시의 공중목욕탕이 외국인의 입욕을 거부하는 간판을 걸었고 오타루시의 요청이 있었음에도 계속 한 가게가 계속하여 외국인의 입욕을 거부하였기 때문에, 미국인, 독일인인 원고들이 피고 공중목욕탕 경영자와 오타루 시에 대하여 손해배상을 청구하였다. 원고들은 외국인의 입욕거부가 일본헌법 제14조 1항, 시민적 및 정치적 권리에 관한 국제규약 제26조, 인종차별철폐협약 제5조(f) 등에 위반하는 불법행위라 주장하여 민법 제709조, 제710조에 기초한 손해배상을 청구하였다.

2002년 11월 11일 삿포로지방법원은 외국인의 공중목욕탕의 이용거부에 대해서 인종차별철폐협약에 반하는 인종차별로 인정하고 인종차별철폐협약을 민법상의 불법행위의 해석기준으로서 *하마마츠 외국인 입점거부* 사건(본장 Case ②)과 동일하게 인정하여 피고 공중목욕탕 경영자의 손해배상책임을 인정하였다.

■ 여성차별철폐협약

인종차별과 나란히 차별의 철폐를 내세운 조약으로 「여성에 대한 모든 형태의 차별의 철폐에 관한 협약」(여성차별철폐협약 [1979년 채택, 1981년 발효])이 있다. 여성에 관한 조약으로는 이미 여성의 참정권에 관한 조약(1953년), 기혼여성의 국적에 관한 조약(1957년) 등이 있었지만, UN은 성차별에 관한 보다 포괄적인 인권기준으로 여성차별철폐협약을 채택하였다. 체약국의 조약의 이행확보는 18인의 전문가로 이루어진 여성차별철폐협약위원회가 담당하고 있다.

1993년의 비엔나 세계인권회의, 1995년의 북경세계여성회의 등의 일련의 인권에 관한 국제회의에 의해 여성인권보장강화가 모색되었고 1999년에는 여성차별철폐협약선택의정서도 채택되었다. 이 의정서에 의해 여성차별철폐협약에 개인통보제도가 추가되어 체약국 관할 하의 개인은 개인통보에 의해 자기의 권리침해에 대해서 여성차별철폐위원회에 의한 검토를 받을 수 있다.

여성차별철폐협약은 「여성에 대한 모든 형태의 차별」을 금지하고 있고, 「여성에 대한 차별」이란 「성에 기초한 구별, 배제 또는 제한」이다. 모든 분야에 있어서 「결혼여부에 관계없이 남녀 동등의 기초위에서 인권과 기본적 자유를 인식, 향유 또는 행사하는 것을 저해하거나 무효화하는 효과 또는 목적을 가지는 성에 근거한 모든 구별, 배제 또는 제한」을 의미한다. 여기서 말하는 차별에는 직접차별뿐만 아니라 간접차별도 포함된다.

여성차별철폐협약은 체약국에 차별금지를 입법이나 그 밖의 모든 수단에 의해 지체 없이 추구하도록 의무지울 뿐만 아니라 인종차별철폐협약과 동일하게 사인 간의 차별도 대상으로 한다. 사인 간 성차별에 대해서는 성차별역할부담(제5조)이나 매춘으로 인한 착취의 금지(제6조), 차별이 되지 않는 특별조치(적극적 시정조치, 제4조)를 의무지우는 점에서 특징이 있다.

여성차별철폐협약 하의 성차별의 철폐는 포괄적인 것으로 권리에 영향을 미친다. 성적착취의 금지, 정치활동이나 국제적 활동에 대한 참가의 평등, 국적, 교육, 고용, 보건, 경제적·사회적 활동, 농촌여성, 법 앞의 평등, 혼인·가족관계 등을 대상으로 하고 있다. 또한 조약채택 후의 새로운 문제로서, 여성에 대한 폭력철폐선언이 채택되었는데 1992년의 일반적 권고 19에서 여성차별철폐위원회는 여성에 대한 모든 폭력의 근절도 성차별의 철폐에 포함된다고 하여, 실효적 폐지조치를 취할 것을 권고하였다.

일본은 1985년 여성차별철폐협약을 비준하였고[6] 비준에 따른 국내법정비에서 국적법에 있는 부계혈통주의로부터 부모양계혈통주의로의 이행과 더불어 남녀고용기회균등법을 제정하였다. 일본은 여성차별철폐협약에 유보를 하지 않았지만, 여성차별철폐협약에 대한 유보의 수는 인권조약 중 가장 많다고 지적될 정도이며, 여성차별철폐위원회나 북경여성회의 등의 국제회의에서도 반복적으로 이에 대한 문제가 제기되어 왔다.[7] 일본에 대한 여성차별철폐위원회의 최종소견(2009년)은 1999년의 남녀공동참

6) 한국은 1983년 여성차별철폐협약을 비준하고 비준에 따라 민법 중 친족·상속법과 근로기준법 등의 개정에 착수하였다.

7) 한국은 2001년 여성차별철폐협약 선택의정서에 서명하려 했으나 호주제 잔존과 국내주권침해 등을 이유로 법무부의 반대가 제기되어 서명이 불발되었다. 협약의 선택의정서는 여성차별 피해자가 자국의 모든 국내법적 사법절차를 거친 다음에도 구제받지 못한 경우 유엔 여성차별철폐위원회에 진정할 수 있도록 만든 인권보호장치를 담고 있다. 그 후 여성부는 민관 호주제 폐지 특별기획단을 주도하여 결국 호주제 폐지를 이루어냈다. 그 다음 해인 2006년 한국 정부는 여성차별철폐협약 선택의정서에 가입하였다.

2011년 한국의 제 7차 보고서를 심의한 위원회 회의에서는 총 49항에 달하는 최종소견이 발표되었다. 일단 아동·청소년의 성 보호 정책과 가정폭력 방지정책의 개선, 국제개발협력에 성인지 관점의 반영 등에 대해서는 긍정적인 평가가 있었다. 그러나 한국의 유일한 유보사항인 협약 제16조 제1항(g)의 성씨 선택권에 대하여 유보 철회가 요청되었고, 차별금지법 제정과 형

가사회기본법이나 2001년의 Domestic Violence법의 제정 등을 평가하는 한편, 정책 · 방침결정 과정이나 취업분야에서 여성의 참가가 낮고 교육 · 고용의 분야에서 여성의 낮은 비율, 고용분야에서 간접차별의 존재, 임금, 민법의 혼인최저연령 등에서 보인 차별적 규정, 인신매매피해자에 대한 구제대책실시의 필요성 등을 지적하였다.

■ 고문방지협약

세계인권선언 제5조 및 시민적 · 정치적 권리에 관한 국제규약 제7조는 어느 누구도 고문 또는 잔혹한 형벌을 받지 않는다고 고문 등의 금지를 규정한다. 고문의 금지는 노예, 대량학살과 함께 국제관습법상 금지되어야하는 핵심적인 인권조항이 되었다. 1975년의 고문 등 금지선언을 거쳐 1984년에 채택되어 1987년에 발효된 「고문 및 그 밖의 잔혹한 비인도적인 또는 굴욕적인 대우나 처벌의 방지에 관한 협약」(고문방지협약)은 고문 등을 없애기 위하여 「세계 각지의 노력을 한층 효과적으로 하기」 위하여 채택되었다. 즉, 이미 규범으로 성립된 고문의 금지에 대한 대처를 한층 강화시키는 것을 목적으로 하는 조약이다. 일본은 1999년에 유보 없이 가입하였다.[8] 2002년에는 국제적방지소위원회나 국내방지기구의 설립에 관한 고문 등 금지조약선택의정서가 채택되어 2006년에 효력이 발생하였다. 조약의 이행확보를 감시하기 위하여 10인의 전문가로 이루어진 고문방지위원회가 마련되어 있다.

본 조약에서는 고문의 정의 규정을 두어 신체적인 고통뿐만 아니라 정신적 고통도 포함하는 광범위한 고문의 형태를 상정하고 있다(제1조). 시민적 · 정치적 권리에 관한 국제규약 제7조의 규정에는 고문의 정의가 없었으므로 체약국이 실시해야 하는

법상 성폭력 친고죄 조항 삭제, 인신매매와 관련된 포괄적 법률 제정이 권고되었다. 노동 분야에서는 정규직 여성 수 확대, 동일가치 노동 동일임금 조항의 강화, 남성의 육아휴직 장려가 요청되었다. 보건과 가족 분야에서는 낙태 처벌조항의 삭제와 이혼 시 부부공동재산 분할 입법화가 권고되었다.

8) 한국은 1995년 가입 (1995.1.8 비준서 기탁, 1995.2.8 발효)

조치가 한층 명확하게 되었다고 할 수 있다.

또한 고문에 대한 대처로서 체약국에 고문을 방지하기 위한 입법 · 행정 · 사법상 그 외의 효과적인 조치를 취할 의무를 부과한다(제2조 1항). 또한 전쟁상태, 전쟁의 위협, 국내의 정치불안정 또는 그 밖의 사회적 긴급상황 등 어떠한 예외적인 상황도 고문 정당화의 수단으로 원용될 수 없다고 하여 고문 등을 받지 않을 권리가 일탈할 수 없는 권리라는 점을 확인하였다(동조 2항). 또한 체약국은 고문에 대한 효과적인 대처를 위하여 고문에 해당하는 모든 행위를 재판에 의한 처벌의 대상으로 해야 한다(제4조). 나아가 체약국은 고문이 행해질 우려가 있는 다른 나라로 추방, 송환 혹은 인도를 해서는 안 된다(제3조).

고문에 대한 효과적인 대처를 위하여 국제협력을 명확히 내세우고 있는 점도 이 조약의 특징이다. 고문은 인도적 범죄로 간주되어 이 조약을 범죄인인도를 위한 법적근거로 할 수 있다(제8조). 한편으로 용의자가 자국 내에 있고 타국으로 처벌을 위한 인도를 행하지 않는 경우는 자국의 재판권을 설정하기 위한 필요한 조치를 취한다고 규정하고 있다(제5조 2항). *Pinochet* 사건(제8장 Case ⑥)은 이 보편주의원칙이 검토된 사례이다.

고문금지위원회는 2007년의 일본에 대한 제1회 정부보고최종소견에서 출입국관리 및 난민인정법에서 고문 등 금지조약 제3조를 반영한 비호신청자의 처우나 송환, 경찰유치장(소위 대용감옥)에서 미결구금자의 처우, 그리고 일본의 사형제도와 그 운용이 비인도적이라 하여 개선을 권고하였다.[9)]

■ 아동의 권리에 관한 협약

인종차별, 성차별, 고문 등, 특정의 인권상황을 다룬 인권조약에 더하여, UN은 특정한 사람들을 대상으로 한 인권조약을 채택해왔다. 앞서 검토된 여성차별철폐협

9) 한국 정부는 2006년 제2차 정부 보고서 심사에서 과거 국정원 조사실 현장 사진을 공개하는 등 적극적으로 심사에 응하였고, 인권상황 개선에 대하여 대체로 긍정적인 평가를 받았다.

약이나 아동의 권리에 관한 협약(아동권리협약)(1989년 채택, 1990년 발효)이 그 예이다. 그 후 이런 종류의 인권조약으로 1990년의 이주노동자권리보호조약, 2006년의 장애인의 권리에 관한 협약 등이 채택되었다. 2007년에 UN총회가 채택한 UN원주민권리선언도 조약은 아니지만 그 흐름에 부합하는 것이다. 경제적 · 사회적 및 문화적 권리에 관한 국제규약이나 시민적 · 정치적 권리에 관한 국제규약은 포괄적으로 권리를 규정함과 동시에 대상이 되는 사람들을 특별히 한정하지 않고 모든 사람을 대상으로 하기 때문에 권리를 적극적으로 부여하는 면도 있지만, 특정한 상황이나 특정한 사람들에게 특유한 인권상황에 대해서는 충분히 규정하고 있지 않다. 이러한 의미에서 국제인권규약에 덧붙여 특정한 상황이나 특정한 사람들을 대상으로 한 인권조약은 매우 중요하다.

아동의 권리에 대해서는 세계인권선언 제25조 2항, 시민적 · 정치적 권리에 관한 국제규약 제23조, 제24조, 경제적 · 사회적 및 문화적 권리에 관한 국제규약 제10조 등이 규정하고 있고, 또한 여성차별철폐협약은 여아도 대상으로 하는 등 부분적으로는 인정하고 있다. 아동권리협약은 아동에 인권향유주체로서의 위치를 부여하고, 아동의 권리를 포괄적으로 규정한 점에 의의가 있다. 아동권리협약은 인권조약 중에서도 가장 많은 193개의 체약국 수(2009년 11월 현재, 소말리아와 미국 이외 모두 비준)를 가지며, 일본도 1994년에 비준하였다.[10)]

아동권리협약은 아동을 18세 미만으로 정의하고(제1조), 일반원칙으로 차별금지, 아동의 최선의 이익, 생명 · 생존 · 발달의 권리, 아동의 의견의 존중 등을 제시한다. 다음으로 아동의 자유권과 사회권을 포괄적으로 규정하고 있다. 예를 들면, 자유권에는 아이들의 의견표명권이 명기되어 있고(제12조), 그밖에도 학대 · 착취로부터의 보호, 고문 · 사형의 금지 등 아동의 특유한 권리가 규정되어 있다. 사회권에 휴식 및 여가 등에 관한 권리가 명기되어 있는 것도 특색이다. 특히 권리존중을 필요로 하는 아동으로서 가정을 빼앗긴 아동, 난민의 아동, 장애가 있는 아동, 유해노동이나

10) 한국은 1991년 가입 · 비준 (1991.11.20 비준서 기탁, 1991.12.20 발효)

성적 착취의 대상이 되는 아동의 보호, 그리고 무력분쟁 시 아동의 보호 등이 규정되어 있다.

체약국은 아동 권리의 실현을 위하여 모든 적정한 입법, 행정, 그 밖의 조치를 강구할 의무를 진다. 경제적 · 사회적 및 문화적 권리에 대해서는 자국에서 이용가능한 수단이 최대 실현가능한 범위에서 경우에 따라 국제협력에 의한 조치를 강구한다.

또한 조약의 이행확보를 위하여 아동권리위원회가 설치되어 있다. 이와 함께 UN 아동기금(UNICEF)이나 아동의 권리에 관련된 전문기구 및 UN기구가 아동권리협약의 실시를 요청하고 있는 것도 본 조약의 특징이다(제45조).

일본은 아동권리협약 제37조(c)의 「자유를 박탈당한 모든 아동은, 성인에게서 격리되지 아니하는 것이 아동의 최선의 이익에 합치되는 것으로 간주되는 경우를 제외하고는 성인에게서 격리되어야 한다」는 규정에 구속되지 않는다는 유보를 하였다. 또한 해석선언으로서 일본은 아동권리협약 제9조 1항의 부모로부터의 분리의 금지에 대해서 출입국관리법에 기초하여 퇴거강제의 결과로서 아동이 부모로부터 분리된 경우에 적용되는 것은 아니라고 해석하고, 나아가 이동의 권리조약 제10조 1항에 대해서 가족의 재결합을 위한 입국 혹은 출국의 신청을 「적극적, 인도적이고 신속한 방법」으로 취급한다는 의무는 그와 같은 신청의 결과에 영향을 주는 것은 아니라고 해석하였다.[11)]

아동권리협약에 대해서 2000년에 2개의 선택의정서가 추가적으로 채택되어 특정 상황에 있는 아동의 권리가 강화되었다.[12)] 아동의 무력충돌 참여에 관한 아동권리협약 선택의정서는 아동의 권리협약 제38조의 소년병의 금지연령을 15세 미만에서 18세 미

11) 한국은 3개 조항에 대하여 유보하였다. 제9조 제3항의 면접 교섭권은 민법, 제21조(a)의 입양허가제도는 민법, 그리고 제40조(b)의 상소권 보장제도는 가족관계등록에 관한 법률에서 관할할 사항이다. 제9조 3항의 유보는 후에 철회하였다.

12) 2011년 12월 UN총회에서 아동권리협약 제3선택의정서가 채택되었다. 제3선택의정서는 아동의 개인청원권에 관한 것으로, 아동이 자신의 권리를 침해받았을 때 국내에서 이용가능한 모든 절차를 거친 뒤에도 그 권리침해를 해결하지 못하면 아동이 스스로 UN아동권리위원회에 직접 진정할 수 있는 절차를 마련한 것이다.

만으로 높였다. 아동의 매매 등에 관한 선택의정서는 아동의 매매 · 매춘 · 포르노 등에 대해 체약국이 방지 · 처벌 · 재판권의 설정 · 범죄인인도 · 국제협력 등의 조치를 할 의무를 규정하였다. 일본은 2005년에 이들 2개의 선택의정서를 비준하였다.[13]

아동권리위원회는 일본 아동의 인권상황에 대해 2004년에 최종소견서를 제출하였다. 소견서에서는 민법상 여성의 혼인적령연령인 16세를 남성과 같은 연령의 18세로 높일 것, 소년법을 개정하여 형사책임의 최저연령을 16세에서 14세로 낮출 것 등을 권고하였다.[14]

Ⅲ. 인권조약의 집행

■ 국내적 집행

인권조약은 각 체약국에 집행의무를 지우는 특징이 있다. 그 첫 번째는 인권조약상 규정된 권리를 영역 내의 개인에게 보장하여 나가는 국내적 집행이다. 두 번째로는 후술하는 바와 같이 인권조약의 국내적 실시 상황을 인권조약 하의 위원회에 정기적으로 보고하는 등의 국제적 집행이다.

■ 집행기구의 설치

국내적 집행의 경우에 인종차별철폐협약 제6조와 같이 효과적인 구제를 확보하도록 규정한 것도 있고, 입법적, 사법적, 행정적인 조치를 취할 것을 일반적으로 의

13) 한국의 경우 2004년 비준서 기탁 · 발효 (2004.9.24 비준서 기탁, 2004.10.24 발효)

14) 위원회는 한국에 대하여 협약 내용을 유보하는 것, 협약의 이행 · 조정기구가 부재한 것, 관련 통계가 불완전한 것, 입양을 사실상 국가가 허용하는 것 등의 이유를 들어 협약 이행을 저해하는 전통 · 문화를 변화시키려는 정부의 노력이 부족하다고 평가하였다.

무지우는 것도 있다. 다만 국내적 집행의 구체적인 방법과 관련해 집행을 위한 입법을 할 것인가, 국제인권소송에 의해 해결을 꾀할 것인가 등은 각 체약국에게 맡겨져 있다.

일본의 경우 국내법원에서 인권조약을 직접 적용할 수 있는지에 대하여 견해의 대립이 있었는데, *시오미(塩見)* 사건(본장 Case ④)에서 경제적 · 사회적 및 문화적 권리에 관한 국제규약의 직접적용가능성을 부정한 것과는 대조적으로, *지문날인거부소송*(본장 Case ⑤) 사건에서는 시민적 · 정치적 권리에 관한 국제규약 규정의 직접적용이 가능하다고 인정하고 이를 전제로 위반의 유무를 검토하였다.

Case ④ *시오미(塩見)* 사건

(일본 최고재판소 판결, 1989년 3월 2일)

재일조선인인 시오미 니슈츠(塩見日出)(원고)는 어릴 때 병으로 실명하였다. 그는 1970년에 일본국적을 취득하고 1972년에 국민연금법 제81조에 기초한 장해연금의 수급자격을 청구하였지만, 실명한 때에 일본 국적이 아니었다는 이유로 수급불가 판정을 받았다. 이 사건은 국민연금법의 국적조항이 헌법 제13조, 14조 1항, 25조에 위반된다고 하여 동 처분의 취소를 청구한 사건이다. 1심 및 항소심은 모두 본 청구를 기각하였다. 상고심에서 원고는 헌법 제98조 2항, 25조, 14조 위반으로서 세계인권선언, 경제적 · 사회적 및 문화적 권리에 관한 국제규약 등을 들었다. 경제적 · 사회적 및 문화적 권리에 관한 국제규약은 사회보장에 대해서도 내 · 외국인평등을 규정하고 있다.

판결은 경제적 · 사회적 및 문화적 권리에 관한 국제규약상의 의무는 제2조 1항에 의해 점진적 달성의무에 머무르며 구체적인 권리성을 개인에게 부여한 것은 아니라고 하여, 경제적 · 사회적 및 문화적 권리에 관한 국제규약의 국내재판소에서의 적용을 부정하였다. 시민적 · 정치적 권리에 관한 국제규약 제26조의 차별금지규정은 사회보장을 포함한 모든 법률에 미침으로써 즉시적 효력이 인정된다고 하였다 (*Broeks* 사건 참조). 경제적 · 사회적 및 문화적 권리에 관한 국제규약위원회 일반논평 3은 차별금지를 규정하고 있는 동 규약 제2조 2항은 즉시 달성해야 할 의무를 규정한 것이라고 하였다. 또한 경제적 · 사회적 및 문화적 권리에 관한 국제규약상의 의무의 성질을 점진적 의무로 일률적으로 해석한 판결에 대해서는 학설상으로 비판이 있다. 또한 일본 국민연금법의 국적조항은 내 · 외국인평등주의를 규정한 일본이 난민협약에 가입함과 함께 1981년에 철폐되었다.

Case ⑤ *지문날인거부소송* 사건

(오사카 고등법원 판결, 1994년 10월 28일)

원고 · 항소인 X는 협정영주허가를 받은 재일한국인 2세인데 1985년 2월 구청에서 외국인등록증명서의 교환교부신청시 지문날인을 거부하였다. 그는 사정청취를 위한 출두를 두세 번에 걸쳐 거부하였기 때문에 체포영장이 나와 체포되었고 그날 저녁에 석방되었다.

X는 경찰관, 교토부(京都府) 및 국가를 피고로 하여, 외국인의 지문날인의무를 정한 외국인등록법이 헌법 제13조 및 제14조, 시민적 · 정치적 권리에 관한 국제규약 제7조 및 제26조에 위반된다는 것, 체포영장의 발부가 위법이라는 것 등의 이유를 들어 위자료 등의 지불을 청구하였다. 제1심 교토지방법원이 청구를 모두 기각하였기 때문에 X는 항소하였다.

오사카 고등법원은 경찰관의 체포영장 청구와 재판관에 의한 체포영장 발부 등의 위법성을 인정하여 교토부에 대하여 배상책임이 있다고 판시하였다. 그러나 오사카고등법원은 지문날인제도 그 자체의 위헌성은 인정하지 않았다. 다만 이 판결은 시민적 · 정치적 권리에 관한 국제규약이 자기집행적 성격을 가져 국내에서 직접적용이 가능하다고 하였고, 규약에 저촉되는 국내법은 무효라고 한 점에서 사법적 구제에 있어 인권조약의 적용가능성이 긍정되었다는 의미가 있다. 지문날인제도가 시민적 · 정치적 권리에 관한 국제규약 제7조의 「품위를 해하는 대우」와 제26조의 「국적에 의한 차별」에 해당하는 것인지의 여부에 대해서 본건은 기각되었지만, 1992년의 외국인등록법 개정에 의하여 지문날인제도는 폐지되었다.

인권조약상의 인권기준의 내용을 확정하기 위하여 각 조약에 마련된 집행을 위한 위원회는 조약이 규정한 권리의 내용을 해석하기 위한 연구를 행하여, 일반논평(General Comments)이라고 부르는 각 조문의 해석지침을 내고 있다. 일반논평은 각 조문의 목적이나 주된 취지, 이후의 관행으로서의 다른 조약이나 선언을 고려하여 규정 문언의 해석을 문서화한 것으로 권위가 매우 높은 것이다.

인권조약상의 권리는 표현의 자유, 종교의 자유 등 각국 헌법상의 권리에 유사한 것이 많이 있지만 엄밀하게 문언을 조사하면 권리의 규정 방법이 반드시 국내법과 동일한 것은 아니다. 따라서 인권조약상 확정된 인권기준과 헌법상 확정된 인권기준 간에 충돌이 발생하는 경우가 있다. 인권조약과 국내법과의 관계에 있어 인권조약상의 인권기준과 동일한 국내법을 새롭게 입법하는 변형방식의 국가와, 문언이 비준과 동시에 그대로 국내법이 되는 수용방식의 국가가 있고, 일본은 그 중 후자에 속한다. 일본의 경우 인권조약의 비준 전에 정부가 국내법률과의 합치성을 점검하고, 필요한 경우 신규입법을 하거나 법을 개정하는 것으로 인권조약과 국내법의 격차를 해소하도록 노력하여 왔다. 그러나 일본의 헌법해석에 의하면 헌법이 우위이고, 인권조약은 헌법보다 하위, 법률보다 상위가 된다. 그 때문에 헌법상의 인권기준과 인권조약상의 인권기준이 차이가 있는 때에는 이를 조정할 필요가 있다.

일본국내에서 인권조약을 집행하는 경우, 인권조약위원회의 일반논평도 참고할 필요가 있다.

■ 국제적 집행

인권조약은 대부분 국가의 인권보장의무의 이행확보를 위한 국제적 절차를 정하고 있다. 이것을 국제적 집행라고 한다. 국가보고제도, 개인통보제도 및 국가통보제도가 대표적인 국제적 집행조치이다.

(1) 국가보고제도

UN이 채택한 주요 인권조약을 개관하여 보면, 각 조약은 국가의 의무이행확보를 위하여 본 절에서 소개하는 집행조치를 몇 가지 마련해 놓고 있다. 그 중 국가보고제도란 인권조약의 체약국 정부가 국내의 인권조약 이행상황에 대해서 인권조약하의 위원회에 정기적으로 보고하는 것이다. 체약국은 비준시부터 1년 이내에 최초의 보고서를 제출하고, 그 후 각 조약의 규정에 따라 시민적 · 정치적 권리에 관한 국제규약의 경우 5년마다, 인종차별철폐협약의 경우 2년마다, 여성차별철폐협약의 경우는 4년마다 정기적으로 보고서를 제출한다.

보고서에는 인권조약 규정의 실현을 위하여 취한 조치 외에 실현을 방해하는 요인에 대해서도 서술한다. 제출된 국가보고서는 인권조약의 이행확보를 위한 위원회의 검토를 받게 된다. 이 검토를 위한 위원회심사는 정부대표가 출석하여 제출된 국가보고서에 관하여 질의응답하는 형태로 진행된다. 심사과정에서 위원회 위원과 정부대표가 주고받는 말은 「건설적 대화」라고 하며, 체약국이 인권조약을 집행하는 방향으로 한층 더 힘쓰도록 개선을 요구하는 것이 목적이다.

국가보고서에 국내 NGO의 의견을 포함시키는 나라도 있지만, 정부가 독자적으로 작성하여 제출하는 경우도 많다. 제출된 정부보고서에 대하여 NGO가 독자적으로 작성한 보고서가 나오는 경우도 종종 있는데, 그러한 보고서는 “Counter Report” 혹은 “Parallel Report” 등으로 불린다. 이들 리포트에 기초하여 심사 시 질의가 나오는 경우도 적지 않다.

1992년부터 심사에서 건설적 대화를 한 후, 위원회의 명의로 정부보고서에 대한

「최종소견」(concluding observations)(시민적 및 정치적 권리에 관한 국제규약위원회, 경제적 · 사회적 및 문화적 권리에 관한 국제규약위원회 등의 경우)이나 「결론 및 권고」(conclusions and recommendations)(인종차별철폐위원회의 경우)를 제출하게 되었다. 「최종소견」이나 「결론 및 권고」에 법적 구속력은 없지만, 정부는 최종소견에서 지적된 문제를 다음 회 보고까지 개선할 것이 요구된다. 2002년 이후에는 최종소견에서 긴급을 요하는 사항에 대해서 정부보고 추가조치(follow-up) 라는 제도가 마련되었다. 이에 따라 다음 보고서 심사를 기다리지 않고, 1년 이내에 정보제공을 요구하는 것이 가능해졌다.

일본의 경우 시민적 · 정치적 권리에 관한 국제규약의 제2회 국가보고서(1987년)에서 제1회 보고서(1980년)에서 언급되지 않았던 아이누의 독자의 문화 등을 인정하는 기술이 들어갔고, 제3회 보고서(1991년)에는 이 문제를 시민적 · 정치적 권리에 관한 국제규약 제27조의 소수자문제로 인정하는 진전이 있었다. 1997년의 *니부타니(二風谷) 댐* 사건 판결(본장 Case ⑥)에서는 삿포로 지방법원도 아이누 민족의 선주민족성을 인정하여 이들이 시민적 · 정치적 권리에 관한 국제규약 제27조의 보호의 대상이라고 판결하였다.

국가보고제도의 성과는 결코 작지 않지만, 보고서 제출이 지연되는(backlogging) 문제가 있다. 인권조약이 증가함에 따라 정부가 작성해야 하는 보고서의 수가 늘어나 부담이 가중되는 문제가 생기기도 한다.

Case ⑥ *니부타니(二風谷) 댐* 사건

(삿포로 지방법원 판결, 1997년 3월 27일)

원고는 홋카이도(北海道) 히라토리쵸(平取町) 니부타니(二風谷)에 사는 아이누 민족의 토지소유자들로, 홋카이도 수용위원회를 피고로 하여 댐건설사업을 위한 토지수용 결정의 취소소송을 제기하였다. 이 때, 아이누 민족에게 시민적 · 정치적 권리에 관한 국제규약 제27조에서 말하는 소수민족의 문화향유권이 인정되는가, 또한 댐건설에 의해 소실되는 아이누 민족의 문화가 어떻게 평가되는가 등이 다투어졌다.

법원은 시민적 · 정치적 권리에 관한 국제규약 제27조의 소수민족에 대해서 스스로 해석을 하여, 민족고유문화의 향유권은 인격권에 해당하는 중요한 것으로 규약 제27조와 더불어 헌법 제13조에 의하여도 보장되는 인권이라고 하였다. 또한 아이누 민족이 독자의 문화를 형성하는 「선주민족」에 해당된다는 것도 인정하였다. 국가는 선주소수민족의 문화에 영향을 미치는 정책의 결정 및 수행을 함에 있어 충분한 배려를 할 책무를 부담한다고 하였다. 이를 전제로 국가의 사업승인에 있어 아이누 민족의 문화를 부당하게 경시 혹은 무시한 재량권의 일탈이 있었다고 하여, 토지수용 결정이 일본 토지수용법상 위법하다고 하였다.

(2) **개인통보제도**

개인통보제도란 조약에 규정된 인권의 침해를 입은 개인이 체약국의 조약위반의 통보를 송부하고 인권조약의 집행기구인 위원회에 심사를 요구하는 것이다.

현재, 개인통보제도를 마련하고 있는 인권규약은 선택의정서의 비준을 필요로 하는 것으로서 시민적 · 정치적 권리에 관한 국제규약, 경제적 · 사회적 및 문화적 권리에 관한 국제규약, 여성차별철폐협약 및 장애인의 권리에 관한 협약이 있다. 또한 조약규정에 기초하여 개인통보제도수락을 위한 선언을 필요로 하는 것으로서 인종차별철폐협약(제14조), 고문방지협약(제22조) 및 이주노동자권리보호협약(제77조)이 있다. 통보는 인권조약 체약국의 관할 하에 있는 개인이 접수하지만, 인종차별철폐협약 하의 개인통보제도에 의하면 동일하게 체약국의 관할 하에 있으면서 피해자라고 주장하는 개인 또는 집단의 통보도 접수한다. UN 인권이사회의 「1503절차」는 개인의 통보송부라는 의미에서는 비슷하지만, 1503절차의 경우에는 몇 만 통씩 오는 통보에 의해 알려진 중대한 인권침해상황에 대처하는 것이며 개인통보제도와 같은 개인의 구제절차와는 다르다.

각 조약의 집행기구에 의한 개인통보제도 하에서 통보를 검토함에 있어서는 국내의 사법기관 등에서 국내적 구제를 완료할 것 등이 조건이 된다. 개인통보가 수리되면 위원회는 본안심사를 거쳐 개인의 인권침해상황에 대해서 조약위반의 유무를 검토하고 위원회로서의 견해(view)(시민적 · 정치적 권리에 관한 국제규약의 경우)나 의견(opinion)(인종차별철폐협약의 경우)을 표명한다. 위원회의 견해나 의견은 법적 구속력을 수반하는 것은 아니지만, 위원회의 총의로서의 권위가 있고 체약국은 견해와 의견에 도의적으로 따를 의무가 있다. 실제, 체약국의 다수는 견해에 따른 구제조치를 강구하여 왔다. 시민적 및 정치적 권리에 관한 국제규약위원회는 1990년에 견해의 실시에 대해서의 조사와 권고를 행하는 특별보고서의 추가조치(Follow-up) 제도를 마련하여 이행을 촉구하고 있다.

개인통보제도는 제한적이긴 하나 국가가 아닌 개인을 권리주체로 하여 국제적 구제조치의 길을 열었다는 점에서 의의가 있다. 그러나 개인통보제도를 도입하고 있는 나라의 수가 아직 충분하지 않다는 한계가 있다. 일본은 위에서 언급된 조약들 모두에서 아직 개인통보제도를 수락하고 있지 않다.[15] 일본정부는 일본헌법 하의 사법 독립의 관점에서 개인통보제 도입을 신중하게 검토하고 있다고 설명하고 있지만, 개인통보제도는 일본의 3심제에 따른 사법심사가 아니며 견해도 권고적일 뿐이다. 자국의 인권상황에 대해서 객관성이나 투명성을 더하는 것이므로 참가하는 것이 바람직하다.

(3) 국가통보제도(국가간고발제도)와 조사제도

인권조약의 국제적 집행조치로서 다른 2개의 제도에 대해서도 언급하고자 한다.

첫 번째는 국가통보제도다. 국가통보제도란 인권조약의 체약국이 다른 체약국의 인권침해를 집행기구인 위원회에 통보하는 것으로, 국가간 고발제도라고도 한다. 시민적 · 정치적 권리에 관한 국제규약(제41조), 인종차별철폐협약(제11조),

15) 한국은 시민적 및 정치적 권리에 관한 국제규약 선택의정서를 수락하여 개인통보제도의 적용을 받는다.

고문 등 금지협약(제21조), 이주노동자권리협약(제76조)에 규정되어 있다. 그러나 보편적 인권조약에 있어서는 체결국 상호의 관계를 고려하여 실제로 통보하는 국가가 없어 거의 이용되지 않지만, 유럽인권협약에서는 사용된 선례가 있다.

두 번째는 조사제도인데 현재 고문 등 금지협약(제20조) 및 여성차별철폐협약선택의정서(제8조)에 규정되어 있을 뿐이다. 조사제도는 충분한 근거가 있는 신뢰할 수 있는 정보를 받아 위원회가 비공개로 인권상황의 현지조사를 실시하는 것이다. 고문 등 금지협약의 조사제도는 고문 등 금지협약선택의정서(2002년 채택)에 덧붙여 채택되어, 의정서를 비준한 체약국에 대한 정기적인 방문조사가 가능하도록 국제적 방지소위원회를 새롭게 설치하였고 또한 각국에도 국내방지기구를 설치하였다.

Ⅳ. 지역적 인권보장

국제인권법은 세계적 레벨에서는 UN에 의한 기준설정 및 집행, 인권조약에 기한 집행이 중요한 역할을 해오고 있지만 그것 뿐만은 아니다. 보편적 기구로서는 ILO에 의한 국제노동권고와 조약의 채택과 집행이 국제인권법 중에서도 노동의 분야에서 선구적이다. 또한 유네스코도 「인간게놈과 인권에 관한 세계선언」 등 특정분야의 인권기준을 설정하고 있다. 그리고 지역적 차원에서도 국제인권법의 발전이 활발하게 이루어져 왔다.

■ 유럽의 지역적 인권보장

지역적 인권조약은 지역실정에 근거한 인권규정을 고루 갖추는 것 외에 UN이 채택한 보편적 인권조약과 동일한 보고제도도 마련하고 있다. 그러나 유럽의 예와 같이 보편적 인권조약의 실시조치에서 본 국가보고제도, 개인통보제도, 국가통보제도 등 한층 강력한 집행조치를 두고 있는 점도 주목할 가치가 있다.

유럽, 미주, 아프리카 지역에는 인권재판소를 설치되어 있어, 국제재판에 의한 법적 구속력 있는 결정의 형태로 개인의 인권을 구제할 수 있다.

유럽에서는 유럽평의회가 1953년의 유럽인권협약에 의해 자유권 분야의 지역인권조약을 가장 먼저 채택하였고, 그 후 14개 의정서에 의해 인권규정이나 절차를 추가하고 사형을 폐지하는 등으로 유럽인권협약을 보충하여 왔다. 1961년에는 유럽사회권헌장에 의하여 경제적 및 사회적 권리에 관한 규정을 갖춘 조약이 성립되었다.

유럽지역 인권보장확보를 위하여 우선 유럽인권위원회와 유럽인권재판소가 마련되었다. 유럽인권위원회는 후술하는 1998년 제11의정서에 의해 발전적으로 해체 및 폐지되었지만 개인의 청구 및 국가 간 청구를 수리하였다.

유럽에서는 유럽인권재판소가 강제관할권을 가지고 국가 간 인권침해와 관련된 소송을 수리하여 왔지만 신청의 권리는 종래 국가에게만 있었다. 그러다 1998년 제11의정서에 의해 개인에게도 유럽인권재판소로의 제소를 인정하여, 인권보장에 있어 처음으로 국제재판에 의한 인권의 사법적인 보장의 길이 열렸다. 지금까지 많은 판례법이 축적되어 착실한 성과를 거두고 있다.

■ 미주의 지역적 인권보장

남북 아메리카에서는 1948년에 발족한 미주기구(OAS)가 동년 미주인권선언을 채택하였다. 1960년에는 미주인권위원회가 발족하였고 이를 기반으로 1969년 미주인권조약이 채택되었다. 미주인권조약은 자유권 중심의 조약이지만 1967년의 개정의정서에 의하여 사회권의 보장도 다루었고 1988년 의정서를 통해서도 사회권이 추가되었다.

또한 미주인권위원회는 인권의 촉진을 임무로 활동을 개시하였지만, 1967년 이후는 개인이 제기한 인권침해 관련 청원을 접수하기 시작하였다. 1988년에는 의정서 위반을 신고하는 청원도 수리하여 심사하였다. 미주에서는 군사적 독재정권이 인권유린을 자행하였고 강제실종, 살인, 고문, 자의적 구금 등이 다수 실행되었다. 이러한 사정을 반영하여 미주인권위원회는 피해자 개인 이외에 피해자의 가족 등이 제기하는 통보도 수리하였다.

1979년에는 미주인권재판소가 설치되어 당초 국가에 의한 제소만을 수리하였지만, 2001년의 새로운 절차규칙에 의해 개인의 제소권도 인정되었다.

■ 아프리카의 지역적 인권보장

아프리카에서는 아프리카통일기구(현재는 아프리카연합)가 1981년에 사람과 인민의 권리에 관한 아프리카인권헌장(Banjul Charter라고도 함)을 채택하고 1986년에 발효하였다. 체약국은 현 아프리카연합(AU)의 전 회원국이다. 아프리카인권헌장은 개인의 권리에 더불어 개발의 권리 등의 집단의 권리를 규정하고 또한 개인의 권리뿐만 아니라 의무도 규정하고 있다. 나아가 자유권, 사회권을 포함하는 포괄적, 일반적인 지역인권조약이 되었다.

특정한 사람들에 관한 지역인권조약으로는 1969년 아프리카에서 난민협약의 특정의 측면을 규율하는 아프리카통일기구조약(아프리카난민협약)이 채택되어 전쟁이나 침략을 원인으로 하는 난민을 보호대상으로서 인정하여 난민을 난민협약상의 조약난민의 정의보다 넓게 인정하였다. 아동의 권리에 대해서는 아동의 권리 및 복지에 관한 아프리카헌장이 1990년에 채택되어 1999년 발효하였다. 여성의 권리에 대해서도 2003년에 아프리카헌장의정서가 채택되었고 2005년 발효하였다.

아프리카는 유럽 및 미주를 모방하여 집행기구로서 아프리카 인권헌장에 의해 아프리카인권위원회를 설치하였다. 개인신청제도는 UN의 1503절차와 비슷하고, 유럽이나 미주의 것과는 다르다. 또한 1998년에는 개인 및 민족의 권리에 관한 아프리카재판소의 설립에 관한 아프리카 인권헌장 추가의정서가 채택되어 2004년 1월에 발효하였고, 아프리카 인권재판소가 2006년부터 가동 중이다.

■ 아시아의 지역적 인권보장

아시아의 지역적 인권보장은 1960년대부터 지역적 인권보장 및 인권기구의 필요성이 종종 언급되어 왔지만 아직 실현을 보지 못하였다. 다만 동남아시아 10개국으로 이루어진 ASEAN에서 인권헌장이 채택되는 등의 움직임이 나오고 있다. 인권이 선진국에 의하여 강제되는 것도 문제이지만, 지역적 인권이라는 명목 하에 역내 국가들의 인권문제를 서로 두둔하는 것도 피해야 할 것이다. 지역적 차원에서 인권에 관한 국제협력을 추진하는 것은 곧 보편적 인권의 강화로 이어질 것이다.

제 10 장

국제경제법

국제경제법이란 무역, 투자, 금융거래 등의 국제적인 경제활동을 촉진하거나 규제하는 법의 총체이다. 개인이나 기업이 국경을 넘어 경제활동을 자유롭게 행하면 상품의 매매나 유통이 자유롭게 이루어진다. 이에 의해 국가경제가 발전하고 개인의 생활수준이 향상된다. 경제활동의 발전 및 증대는 사람들의 생활을 경제적 · 물질적으로 풍요롭게 하는 한편, 국가 간의 경제적 격차를 발생시켜 빈부격차를 확대시키는 부정적 측면을 수반하기도 한다. 또한 경제활동이 긴밀해지면서 한 지역에서 생긴 경제적 불안정이 다른 지역에 부정적 파급효과를 미치기도 한다. 경제활동이 보다 긴밀해지면서 노동, 환경, 인권 등과의 균형도 문제가 된다. 국제경제활동에 대해서는 국가나 지역 간 격차를 염두에 두어 규제 및 조정을 행하여야 하며, 자유 경제활동을 유지 · 발전시키면서도 국제사회에 공통된 가치를 유지하고, 사람들의 생활환경을 보전하면서도 보다 풍요롭게 하기 위한 규제가 요구된다. 국제경제법은 국제사회의 경제활동을 촉진 · 조정 · 규제하고 또한 국제사회 공통의 가치를 고려하면서 그 적용 범위를 확대하고 또한 상세히 해가고 있다.

Ⅰ. 국제경제법의 범위

1. 분야

국제경제법의 대상이 되는 주된 분야는 무역, 투자, 금융거래 등의 경제활동이다. 무역은 국경을 넘어 이루어지는 상품이나 서비스의 매매를 의미한다. 투자에는 직접투자와 간접투자가 있다. 전자는 다국적기업의 해외공장 설립 등 직접적인 자본의 이동을 의미하고, 후자는 이자나 배당의 획득을 위한 초국경적 활동을 의미한다.

2. 목적

국제경제활동은 기업이나 개인에 의해 국경을 넘어 이루어진다. 사회주의국가에서는 국가가 국영기업을 통하여 경제활동을 하지만, 최근 중국이나 베트남처럼 경제자유주의가 일부 도입되는 경우도 있다. 국제적인 경제활동이 이루어지는 경우에 기업 소재지, 기업경영자, 상품생산장소, 판매장소, 소비자 등은 다수 국가에 영향을 미친다. 이러한 과정에서 기업이 본국을 벗어나 외국에서 영리활동을 하거나, 노동자나 회사의 주주 등이 다국적으로 구성되는 등 경제활동이 세계적인 규모로 전개되었다. 이렇게 세계화된 경제활동에 대하여 조정이나 규제를 행하기 위해 국가는 국내에서 혹은 다른 국가와의 교섭이나 협의를 거쳐 국제적으로 법을 정립하고 적용한다.

국제경제활동을 함에 있어 현재의 국제사회에서 공통된 주된 목적은 경제활동의 자유화, 공정한 경쟁원리의 확보, 그리고 수정원칙이다. 경제활동의 자유화란 기업이나 개인의 경제활동에 대해서 국가가 규제를 최소한도로 함으로써 경제활동을 보다 활성화시켜 이익을 최대화한다는 것이다. 이는 경제자유화가 진전되어야 사람들의 수입도 증가한다는 생각에 기반한 것으로, 그 실현을 위하여 각국이 행하던 보호정책을 철폐하자는 움직임이 있어 왔다.

한편, 경제의 자유화가 진전된다 하더라도 이것이 공정한 경쟁에 기초하지 않으면 이익 극대화나 사람들의 행복 제고가 실현될 수 없다. 따라서 자유화를 보다 공정하게 추구하기 위하여 국가에 의한 규제를 제거하고 공정한 경쟁원리가 적용되는 구조를 확립할 것이 요구된다.

또한 자유화 및 공정한 경쟁원리의 확보는 가진 자와 못 가진 자 사이의 격차를 확대시킬 가능성이 있다. 경쟁원리가 작용하면서 상대적 우위 분야의 경제활동이 발전하는 한편 개발도상국의 경제활동은 성장하지 않거나 오히려 쇠퇴할 가능성도 있다. 개발도상국의 경제발전을 고려하는 경우 이 점에 대한 배려가 필요하다. 자유 및 공정한 경쟁원리에 기초하면서도 경제활동의 결과로 발생하는 격차를 고려하기 위하여 이들을 수정하는 장치도 요구된다.

이와 같은 목적에 기초한 국제경제법의 중심적인 원칙은 최혜국대우와 내국민대우이다. 최혜국대우란 어떤 나라가 다른 나라에게 부여한 최선의 대우를 다른 모든 나라에게 즉시 그리고 무조건적으로 부여하는 것이다. 이것에 의해 모든 국가에 대한 일률적인 대우가 확보된다. 내국민대우란 자국민에게 부여하는 대우보다도 불리하지 않은 대우를 타국민에게도 부여하는 것이다. 이것에 의해 국가 간에 또는 자국민과 다른 나라 국민 간에 일률적이고 평등한 조치가 취해져서 경제활동이 원활하게 이루어진다. 최혜국대우와 내국민대우는 국제경제법의 기본적인 원칙이다.

II. 양자협정과 다자협정

1. 양자협정

■ 조세조약, 우호통상항해조약

국경을 넘는 경제관계는 전통적으로는 조세조약이나 통상항해조약 등의 양자조약에 의해 규율되어 왔다. 미일통상항해조약(미합중국과 일본국 간의 우호통상항해조약, 1953년)은 미국과 일본 상호 간에 유리한 통상관계나 투자를 촉진하기 위하여 최혜국대우와 내국민대우에 기초하여 상호간 권리의무와 특권, 입국 · 체류의 자유, 투자보호, 사업활동의 자유 등을 규정하고 있다.[1] 일본과 소련(현재 러시아)의 사이에도 무역관계발전의 촉진을 희망한 일소통상조약(일본국과 소비에트사회주의공화국연방 간의 통상에 관한 조약, 1957년)이 체결되어 현재 소련을 계승한 러시아와 사이에 적용되고 있다. 동 조약은 관세, 내국세, 선박세 등에 대한 최혜국대우를 규정한다.

양자조약은 체약국 사이에서 개인적인 경제활동이나 통상관계를 보호하는 것에 의해 당사국 간 경제관계를 촉진한다. 다른 한편 조약의 적용이 체약국 사이에 한정

1) 한국과 미국 간의 우호통상항해조약은 1956년 체결되었다.

되고 비당사국에 대해서는 영향을 미치지 않기 때문에, 차별적인 상황이 초래되어 보호주의적인 경제관계가 만들어지는 경우도 있다. 또한 양자조약의 체결에는 국가 간의 역학 관계가 영향을 미치는 것도 있어 양자 간에 평등하고 자유로운 경제활동이 촉진되지 않을 가능성도 있다.

■ 투자보호협정

통상관계 이외에도 기업은 국경을 넘어 여러 국가에서 투자를 하고, 경제관계를 발전시켜 왔다. 이 때 타국에서 이루어지는 외국기업의 활동을 어떻게 보호할 것인가 혹은 투자에 관련하여 발생되는 문제를 어떻게 해결할 것인가가 중요한 문제가 되었다. 특히 개발도상국에 대해 선진국 기업이 투자를 하는 경우에는 국가에 의한 기업의 수용이나 국유화가 문제된다.

투자보호협정은 투자를 촉진함과 함께 외국인의 재산을 효과적으로 보호할 목적으로 선진국과 개발도상국 간에 체결되어 왔다. 이러한 종류의 협정에서는 각각의 국내에서 이루어지는 상대국민에 의한 투자에 대해서는 보호와 보상을 해줄 것을 규정하였다. 외국기업의 수용이나 국유화는 투자유치국의 국가주권과 외국기업의 보호 사이에 적절한 균형을 취하여 일정한 조건 하에 이루어질 것을 국제법으로 정하고 있다. 그 조건이란 ① 공공의 목적으로 행하여질 것, ② 정당한 법의 절차를 따라 행하여질 것, 또한 ③ 차별적이어서는 안 될 것, ④ 나아가 수용이나 국유화를 시행한 정부는 보상을 할 것 등이다. 이 보상의 기준을 둘러싸고 선진국과 도상국 간에 대립이 보인다. 선진국은 「충분, 유효, 신속한 보상」, 즉 완전한 보상을 주장하고 세계시장에서 이용가능한 통화로 지불할 것을 주장하여 왔다. 이에 반해 개발도상국은 「국제법에 따른 적절한 보상」을 기준으로 하여 수용이나 국유화를 행하는 나라가 자국의 지불능력이나 외국기업이 그때까지 얻은 이익 등을 고려하여 결정할 것을 주장하여 왔다. 구체적인 수용, 국유화 과정의 보상이 양자간 투자보호조약에 의해 정해진 경우도 있다. 일중투자보호조약(1988년)에서는 수용, 국유화에 관하여 선진국이 주장하는 완전한 보상의 기준을 정하고 있다.

Case ① *Anglo-Iranian Oil Company* 사건

(ICJ 가보전조치명령, 1951년 7월 5일, 판결, 1952년 7월 22일)

1951년 이란(예전의 페르시아)은 국내의 석유산업을 국유화하는 입법을 행하여 Anglo-Iranian Oil Company의 국유화를 결정하였다. 회사는 이란과의 이권협정에 기초하여 60년간 석유의 탐사 등 배타적인 권리를 인정받고 있었다. 회사의 본국인 영국은 이란의 국유화의 조치에 대해서 ICJ에 제소하였고 자산보전을 요구하는 가보전조치를 신청하였다. ICJ는 가보전조치를 명령하였지만 이란은 이에 따르지 않고 회사의 정유소를 접수하였다. 영국은 UN 안전보장이사회에서 이란의 가보전조치 위반을 주장하였으나, 안보리는 ICJ에 의해 관할권에 관련된 판단이 내려질 때까지 태도를 유보하기로 하였다. 다음해 ICJ는 관할권을 부인하는 판결을 내렸다. 주된 이유로는 이란의 재판관할권 수락선언은 조약을 대상으로 하고 있지만 이권협정은 국가간조약이 아니라 정부와 기업 간의 계약이라는 것, 영국이 행사하고 이에 의해 관할권이 설정되었다고 하는 응소관할권에 대해서는 이란이 일관되게 이를 부정하고 있어 ICJ가 사건을 처리할 권한이 없다고 하였다.

2. 다자협정

■ 브레튼우즈 체제 (Bretton Woods System)

1929년의 세계공황과 그 후의 보호주의정책에 의해 세계경제관계가 악화되고 제2차 세계대전으로 이어진 것 때문에 전후에는 국제적인 경제 · 통화제도를 확립할 필요성이 제기되었다. 미국의 주도 하에 전후의 경제부흥과 경제발전을 목표로 하여 국제부흥개발은행(IBRD, 세계은행)이 설립되었고, 환율의 안정, 외환거래의 자유로운 확보를 목적으로 하는 국제통화기금(IMF) 또한 설립되었다. 이와 같이 세계은행과 IMF에 의해 구성된 브레튼우즈 체제가 전후의 경제 통화제도를 형성하였다.

설립당시 세계은행의 목적은 전쟁에 의해 파괴된 유럽 국가들의 부흥과 저개발지역에 대한 개발지원이었다. 또한 외국의 국내투자 촉진, 국제투자의 장려와 국제무역의 장기적이고 안정된 확대, 성장의 촉진, 사업실시를 위한 융자결정과 이에 대한 보증, 그리고 전시 경제에서 평시 경제로의 원활한 이행을 위한 지원활동의 실시도 목표중 하나였다. 현재 세계은행은 주로 개발도상국의 개발지원 임무를 수행하고 있다.

IMF는 통화에 관한 국제협력을 촉진하여 국제무역의 확대와 균형을 통한 성장을 돕고 환율의 안정을 촉진하는 것을 목적으로 하고 있다. IMF는 당초 고정환율제(금 또는 미국달러에 이한 환율의 유지), 외환거래의 자유화, 국제수지의 불균형에 대한 융자를 주목적으로 하였다. 고정환율제는 달러의 과잉공급을 초래하였고, 그에 따라 미국 국제수지가 큰 적자를 기록하면서 달러의 신용이 저하되었다. 1971년에는 금과 달러의 태환이 정지되었고, 1973년에 주요 국가들은 고정환율제에서 변동환율제로 변경하였다.

■ GATT 체제

브레튼우즈 체제에 의한 국제적인 경제 및 통화제도 도입에 병행하여 무역 분야에서도 국제적 제도를 설립하자는 논의가 진행되었다. 국제무역기구(ITO)의 설립을 목적으로 하여, 1948년에 국제무역기구헌장(아바나헌장)이 작성되어 고용, 경제개발, 무역정책, 제한적 상관행의 규제, 정부간 상품협정의 촉진 등이 규정되었다. 그러나 주요한 무역국가인 미국 등이 지지하지 않아 ITO는 설립되지 못하였다. 다만 다자간 관세교섭을 행하기 위하여 ITO헌장의 일부 규정에 기초하여 관세 및 무역에 관한 일반협정(GATT)이 합의되었다. 이 협정의 실시를 위하여 사무국 및 분쟁해결절차가 정비되었다.

GATT의 기본적인 목적은 관세인하와 비관세장벽 철폐를 통하여 자유무역체제를 구축하고 세계무역을 보다 활성화하는 것에 있다. GATT에서는 라운드(round)라고 하는 다자간 일괄관세인하교섭에 의해 국가가 항목별로 양허(수량제한을 철폐하거나 관세율을 인하하는 것)를 행하였다. 1995년 세계무역기구를 설립하는 마라케쉬 협정에 의해 세계무역기구(WTO)가 설립되어 GATT 체제에서는 볼 수 없었던 상설기구가 만들어졌고 국제적인 무역제도가 확립되었다.

■ 자유무역협정 (FTA)

세계적인 자유무역체제의 확립과 더불어 복수국가 간에 무역자유화를 추진하는 지역경제통합의 움직임도 나타나고 있다. 지역경제통합은 관세동맹, 자유무역지역 및 그 설립을 위한 중간단계의 협정이다. 구체적으로는 유럽자유무역연합(EFTA), 캐나다, 미국, 멕시코 간의 북미자유무역협정(NAFTA), 남미남부공동시장(MERCOSUR), 그리고 아세안자유무역협정(AFTA) 등이 체결되어 있다.

GATT/WTO 체제 하에서 지역경제통합은 최혜국대우의 예외로서 자리잡아 왔다(GATT 제24조). 국가는 경제통합을 통하여 무역자유화를 촉진하는 것을 바람직하다고 보고, 영역 간의 공정한 무역을 용이하게 할 목적으로 협정을 맺는다. 관세동맹이나 자유무역지역의 목적은 역내무역을 용이하게 하는 것이며 역내국가와 다른 체약국 간의 무역에 대한 장벽을 높이는 것은 아니다. 자유무역지역에 참가하는 국가는 WTO의 회원국에 그 취지를 통고하고, 회원국이 적절하다고 인정하는 보고 및 권고를 체약국에게 행하는 것 등 지역경제통합에 관계된 정보를 제공해야 한다.

지역경제통합은 처음에는 GATT의 예외적인 조치로서 인정되고 있었다. 그러나 현재는 당사국 간 경제의 밀접한 통합을 발전시켜 자유무역을 증대시키고 다자적 무역제도를 보완하는 것이라는 긍정적인 평가를 받아, 예외적인 조치라기보다는 촉진해야 할 움직임으로 파악되고 있다. 일본은 싱가포르, 멕시코 말레이시아, 필리핀,

태국, 인도네시아 등과 각각 경제협력협정(ECA)를 체결하였다.[2)]

3. 투자분쟁의 법적 해결

제2차 세계대전 후 자유주의경제원칙에 기초하여 자유로운 경제활동의 기틀이 마련되었다. 이것은 미국 등 당시의 선진공업국을 중심으로 한 경제체제였다. 그러나 1960년대에 접어들면서 식민지배체제에서 독립한 국가가 선진국 중심의 국제경제질서에 대하여 변혁을 요구하는 일이 발생하였다. 특히 신흥독립국들은 천연자원에 대하여 주권적 권리를 주장하였다. 이 같은 움직임 속에서 UN에서는 1962년에 「천연자원에 대한 영구주권결의」, 1974년에 「신국제경제질서(NIEO) 수립에 관한 선언」이 각각 채택되었다. 신흥독립국들은 천연자원에 대한 주권 행사를 주장하면서 자국 내에서 천연자원개발에 관한 활동을 행하는 외국기업을 수용하거나 국유화하였다.

본래 민간투자에 관한 분쟁은 국내절차에 의해 해결이 모색되어 왔다. 다만 민간투자에 대해서 분쟁이 발생하여 그 해결을 위하여 국내절차를 원용하는 경우, 이것이 정치적 분쟁으로 비화될 소지가 있다. 따라서 투자분쟁을 국제법적으로 해결하기 위하여 「국가와 타방국가 국민간의 투자분쟁의 해결에 관한 협약」(투자분쟁해결협약, 1965년)에 기초하여 국제투자분쟁해결센터(ICSID)가 설립되었다. 이는 투자유치국과 기업의 본국이 조약의 당사국이고 ICSID로의 사건회부에 동의하는 경우, 향후 투자유치국과 외국기업 간에 투자 등에 관한 분쟁이 생길 때 ICSID를 통한 조정 또는 중재를 이용할 수 있는 제도이다. 워싱턴 DC에 위치한 ICSID는 국제법에 기초하여 국제적인 투자를 보호함과 동시에 투자분쟁이 또 다른 국제분쟁으로 비화하는 것을 방지하는 역할을 한다. 국가는 중재에 동의하는 조건으로 국내구제완료를 요구할 수도 있다. 또한 당사국은 타방 당사국이 판정에 따르지 않는 경우를 제외하고는 외

2) 한국은 칠레와의 FTA를 시작으로 싱가포르, EFTA, ASEAN, 페루, 미국, EU, 터키, 콜롬비아, FTA를 체결하고 인도와 포괄적경제협력동반자협정(CEPA)을 체결하였다.

교적 보호를 행사하거나 국제적 청구를 제기할 수 없다.

4. 역외적용

반독점법이나 수출관리법과 관련하여 자국의 법을 타국에서의 경제활동에 대하여 적용하는 역외적용이 이루어지는 경우가 있다. 지금까지는 주로 미국에 의하여 역외적용이 이루어져 왔다. 1945년 미국 연방항소법원의 *Alcoa* 사건에서는 국외에서 외국기업들이 맺은 카르텔(cartel)이 미국 국내에 영향을 미칠 것을 의도하고 또한 그와 같은 효과가 나타나는 경우에는 미국 국내법인 반독점법이 적용된다고 판시하였다. 이 판결에서 외국기업의 외국에서의 행위가 미국에 효과를 미치고 그의 효과가 의도된 때에 미국의 법이 적용된다는 「효과이론」이 성립되었고, 이는 이후 미국 연방최고법원의 *Hartford Fire Insurance Co. V. California* 사건 판결(1993년)에서도 확인된다. 유럽에서는 *Wood Pulp* 사건(1988년)에서 유럽공동체설립조약의 역외적용이 인정되었다. 이 사건에서는 미국과 유럽의 목재펄프 제조업자 및 기업에 의한 수출 카르텔에 대해 EC조약 제85조(현 TFEU 제101조, 공동체 회원국 간의 통상을 저해하는 기업 간의 협정, 단체의 결정과 공동행위의 금지)를 적용할 수 있는지 여부가 문제되었다. 유럽사법재판소는 업자에 의한 EC 역내에서의 목재펄프 판매가 수출카르텔 실행에 해당한다고 하여 EC조약 제85조의 적용을 인정하였다.

수출관리법 분야에서도 역외적용이 문제된다. *Siberia Pipeline* 사건(1982년)에서는 시베리아에 천연가스를 공급하는 파이프라인 부설을 위한 자재수출에 대해서 한 서구 기업이 소련과 계약을 맺었다. 이에 대하여 미국은 정치적인 이유에서 일본이나 미국 기업에 의한 자재수출을 금지하고 또한 수출관리규칙을 개정하여 미국과 관련이 있는 회사에 대해서도 금지조치를 결정하였다. 이에 대해 일본이나 유럽 국가들은 수출관리규칙의 역외적용은 주권의 침해라고 비판하며 대항조치를 취하였다.

역외적용에 관해서는 그 적용에 의해 초래되는 정치적 · 경제적인 영향을 회피 내지 경감시키려는 목적으로 국제협력에 관한 협정이 정해지는 경우가 있다. 미국과 일본 간에는 미일반독점협력협정(반독점행위에 대한 협력에 관한 미합중국정부와 일본국정부 간의 협정, 1999년)이 체결되어 양자 간에 반독점법이 적용되는 경우에는 사전에 상대 국가에 통보하고 또한 협의를 행할 것을 규정하였다. 또한 자국의 반독점법과 관련된 활동을 할 때에는 그 조정을 검토할 것도 규정하고 억제에 관련된 규정도 마련하였다. 다자체제로서 경제협력개발기구(OECD)는 반독점법이나 반독점정책에 관한 권고를 채택하고 타국에 영향을 미치는 법 적용에 대하여 관계국에 사전통고나 협의를 촉구한다.

III. WTO 체제

1. GATT에서 WTO 체제로

국제경제기구의 설립을 목적으로 제2차 세계대전 후에 ITO헌장이 작성되었지만, 주요국가이 지지를 얻지 못한 까닭으로 ITO는 설립되지 못하였다. 그 대신 GATT협정이 잠정적으로 발효하였다. 우여곡절이 있었지만 그 후 우루과이라운드(Uruguay Round, UR)에서의 다자간 무역교섭을 거쳐, 1995년 세계무역기구(WTO)를 설립하는 마라케쉬 협정에 의해 WTO가 설립되었다.

WTO의 목적은 영구적이고 통일적인 다자무역체제를 발전시키는 것이다. WTO 협정 전문을 보면 무역과 경제 분야에서 생활수준을 높이고, 완전고용 · 높은 수준의 실질소득 및 유효수요와 그 증가를 확보하고, 또한 상품 및 서비스의 생산 및 교역 확대를 목표로 해야 한다. 한편 상이한 경제발전단계에 놓인 여러 국가들의 수요와 관심에 따라 환경을 보호하고 이를 위한 수단을 확충하고, 지속가능한 개발이라는 목적에 따라 세계의 자원을 가장 적절한 형태로 이용하는 것을 고려한다. 또한 국제무역에 있어 개발도상국이 경제발전의 수요에 대응하여 무역량을 확보하는 것을 보장하기 위하여 노력할 필요가 있다고 한다. 이를 위하여 관세 등 무역장벽을 줄이거나 없애고 국제무역에서 차별대우를 폐지하기 위한 상호 호혜적인 약정을 맺음으로써 목적달성에 이바지하는 것을 희망하여 다자간 무역체제를 발전시킬 것을 결의하고 있다.

WTO의 임무는 우선 GATT와 같은 다자간 무역협정의 실시와 운용을 원활하게 하고 협정의 목적을 달성하는 것이며, 이를 위해 복수국간무역협정의 실시와 운용을 위한 체제를 제공한다. 다음으로 다자간 무역관계에 관한 회원국 간의 교섭의 장을 제공한다. 나아가 분쟁해결에 관한 규칙이나 무역정책검토제도를 이용하여 통일된 경제정책을 마련하기 위하여 IMF나 세계은행과 협력한다.

WTO의 핵심적인 원칙은 비차별원칙(non-discrimination principle)이고, 이는 최혜국대우와 내국민대우로 구성된다. 최혜국대우는 수입품 간의 비차별을 요구한다. 체약국은 타국 제품의 수출입에 대해서 모든 제3국 동종제품의 수출입이 마찬가지로 금지되거나 제한되는 경우를 제외하고, 어떠한 금지나 제한도 부과해서는 안 된다. 내국민대우는 수입상품과 국내상품 간의 비차별을 규정한 것으로 보호주의를 배척한다.

Case ② *EC – Regime for the Importation, Sale, and Distribution of Bananas*

(WTO 패널보고서 1997년 5월 22일, 항소기구보고서 1997년 9월 9일, 채택일 1997년 9월 25일)

EC는 아프리카, 카리브, 태평양 국가들(ACP Countries)에서 수입한 바나나에 특혜를 부여하는 한편, 다른 국가에서 수입된 바나나에 대해서는 관세할당을 행하여 왔다. 이것이 문제가 되어 GATT 시절부터 분쟁이 발생하고 있었다. EC는 1993년에 공통제도를 도입하였는데 이 제도상으로도 수입바나나를 세가지로 분류하여 각기 다른 관세할당을 적용하였다. 또한 수입허가제도에 관해서도 국가에 따라 차이를 두었다. 이 조치에 대해서 패널은 수입허가제도가 GATT 제1조의 최혜국대우원칙에 위반한다고 인정하였고, 항소기구도 패널의 판단을 지지하였다.

Case ③ *Japan – Taxes on Alcoholic Beverages*

(WTO, 패널보고서 1996년 7월 11일, 항소기구보고서 1996년 10월 4일, 채택일 1996년 11월 1일)

일본에서 소주, 위스키, 브랜디, 스피릿 등 증류주 주종마다 세율이 다른 것에 대하여 EC, 캐나다, 미국이 일본을 제소하였다. 패널은 보드카와 소주 간에 주세 격차를 둔 것, 그리고 위스키 등의 증류주와 소주 사이에 관세 격차를 둔 것이 GATT 제3조 2항에 위반한다고 하였고 항소기구도 이를 지지하였다. 또한 이 판정에서 「동종제품」의 개념이 상대적인 것이고 사안별로 판별된다는 것, 그리고 그 판별기준으로는 한 시장에서 제품의 최종용도(end use), 소비자의 선호 및 기호(consumers' tastes and habits), 제품의 특성(properties) · 성질(nature) · 품질(qualities) 및 관세분류(tariff classification)가 이용된다는 것이 명시되었다.

WTO는 국제기구로서 법인격을 가지며 임무수행에 필요한 법률상의 능력을 회원국으로부터 부여받는다. WTO는 각료회의, 일반이사회와 더불어 3개의 전문이사회 및 사무국에 의해 구성된다. 각료회의는 WTO의 최고의사결정기구이며, 모든 회원국으로 구성되어 WTO의 임무를 수행하고 필요한 조치를 취한다. 또한 회원국의 요청에 기초하여 다자간 무역협정에 관한 모든 사항에 대해서 결정한다. 각료회의는 적어도 2년에 1회 회의를 개최한다. 일반이사회는 각료회의의 하부기관으로 모든 회원국에 의해 구성되며 각료회의가 개최되는 기간 이외에 임무를 수행하고, 일상적인 업무운영의 책임을 진다. 일반이사회는 절차규칙을 정하고 또한 분쟁해결기구로서의 임무를 수행한다.

WTO의 의사결정은 컨센서스(consensus)방식이다. 즉 회의에 출석한 어떠한 국가도 정식으로 반대하지 않는 경우에는 그 국가가 안건에 찬성하는 것으로 간주하는 방식으로, 반대의 의사가 표명되지 않는 한 제안된 사항이 결정된다. 이 방식으로 결정되지 않는 경우 1국 1표제에 의한 과반수로 결정된다.

WTO 사무국은 GATT와 마찬가지로 스위스 제네바에 설치되고, 사무총장과 직원으로 구성된다. 사무총장은 각료회의가 임명한다. 직원은 사무국장이 임명하고 국제공무원으로서의 독립성과 중립성이 요구된다. WTO의 경비는 회원국의 무역량에 따른 분담에 의해 조달된다.

GATT의 기본적인 목적은 관세인하이고 이 목적은 라운드라는 다자간 관세교섭에 의해 각국이 관세양허를 행하는 것으로 달성되어 왔다. 1947년의 다자간 관세교섭을 시작으로, 프랑스에서 열린 앙시(Annecy) 라운드(1949년), 영국의 토르키(Torquay) 라운드(1950년), 제네바에서의 양차 라운드(1956년과 1961-62년의 딜런 라운드)가 이루어졌다. 1964년에서 1967년까지 열린 제6차 케네디 라운드에서는 광공업제품에 대한 관세인하가 실시되었다. 도쿄 라운드(1973-79년)에서는 관세인하와 비관세장벽의 축소 및 그에 대한 규제를 다루었고, 또한 일반특혜관세제도(GSP)가 항구적인 제도로서 정식 확인되었다.

나아가 서비스무역, 무역관련 투자조치, 지적재산권에 대해서도 국제적으로 규율해야 한다는 의견이 높아져 1986년부터 1994년까지 진행된 우루과이 라운드에서는 공산품관세의 인하, 농업 및 서비스의 자유화에 관한 규범이 정비되었다. 1994년의 마라케쉬 협정에 의해 세계무역기구 설립이 결정되었다. 2002년부터는 새로운 라운드로서 「Doha Development Agenda」, 즉 도하 라운드가 시작되었으나, 지금까지 별다른 진척을 보이지 못하고 있어서 FTA가 활성화되는 계기가 되고 있다. DDA에서는 농업, 농산품 이외의 시장 접근, 서비스무역자유화, 무역의 원활화, TRIPS(무역관련 지적재산권) 등에 대해서 교섭이 이루어지고 있다.

2. WTO설립협정과 부속협정

WTO는 상품무역과 더불어 서비스무역, 지적재산권, 투자조치에 대해서 규율한다. WTO협정은 WTO의 조직에 관하여 규정하고 실체규정은 부속서에 의해 구성된다. 부속서 중에 ① 상품무역에 관한 다자간 협정(부속서 1A), ② 서비스무역에 관한 일반협정(부속서 1B), ③ 무역관련 지적재산권에 관한 협정(부속서 1C), ④ 분쟁해결에 대한 규칙 및 절차에 관한 양해(부속서 2), ⑤ 무역정책검토제도(부속서 3)의 5개는 WTO협정의 불가분의 일부를 구성하고 모든 회원국을 구속한다. 이러한 협정의 구조는 협정의 개정이나 새로운 분야에 관한 협정의 정립을 용이하게 하는 이점이 있다. WTO설립협정 규정과 다자간 무역협정의 규정이 상충되는 경우에는 WTO설립협정이 우선한다. WTO설립협정의 어떠한 규정에 대해서도 유보를 할 수 없다. 다만 다자간 무역협정 규정에서 허용하고 있는 경우에는 유보할 수 있다.

■ 상품무역에 관한 다자간 협정

이 협정은 ① 1947년의 관세 및 무역에 관한 일반협정(1947년도 GATT), ② 1994년의 관세 및 무역에 관한 일반협정(1994년도 GATT), ③ 농업 및 섬유분야를 규율하는 3개의 협정, ④ GATT규칙의 범위를 넘어서는 분야를 규제하는 5개의 협정, ⑤ 관세 및 수출입행정을 규제하는 4개의 협정으로 구성된다. 1947년도 GATT는 잠정적으로 적용되어 오다가 1995년에 효력을 잃었지만, 대다수 규정이 1994년도 GATT에 포함되어 있다. 1947년도 GATT와 1994년도 GATT는 법적으로는 별개의 조약이다.

1994년 GATT는 ① 1947년 GATT 규정, ② GATT의 법적 문서 중 관세양허의정서, 가입의정서, 의무면제에 관한 결정, 체약국단이 행한 결정, ③ 해석상 문제가 있었던 GATT 규정 중 우루과이 라운드에서 합의된 항목에 대한 양해, ④ 우루과이 라운드에서 회원국이 행한 관세율 · 비관세장벽의 인하에 관한 양허 및 그 약속에 관한 마라케쉬 의정서 등으로 구성된다.

나아가 부속서1A는 GATT규칙을 강화하는 협정(농업, 위생 및 검역조치의 적용, 의류를 포함하는 섬유 및 섬유제품)이나 GATT규칙을 발전시키는 것(기술장벽, 무역관련 투자조치, 덤핑에 관한 국내규제의 실시, 보조금 및 상계조치, 세이프가드), 그리고 관세 · 수출입행정에 관련된 협정들(1994년의 GATT 제7조의 실시, 선적전검사, 원산지규정, 수입허가절차)을 포함하고 있다.

■ 서비스무역에 관한 일반협정 (GATS)

서비스무역(금융, 전기통신, 운송, 관광, 오락, 방송, 교육, 유통 등)은 예전에는 상호주의에 기초하였지만, GATT에 의해 세계적 규모의 서비스 자유화가 추진되었다. 세계경제가 성장하면서 서비스무역의 중요성이 높아지고 있는 가운데, 국가는 서비스무역을 자유화하고 확대할 목적으로 또한 참가국의 경제성장과 개도국 발전을 촉진하는 수단으로 서비스무역에 관한 원칙과 규칙의 다자간 체제를 수립한다. 나아가 다자간 교섭을 통하여 국가의 정책목적을 충분히 고려하면서 점진적으로 한층 높은 수준의 서비스무역자유화를 달성하는 것을 목표로 한다. 덧붙여 국가는 정책목표를 실현하기 위하여 자국 내에서 서비스 제공에 관한 규제를 행하거나 새로운 규제를 도입할 권리를 갖는다는 것 및 특히 개발도상국에게 그 권리를 행사할 필요성이 있다는 것을 인정한다. 또한 개발도상국의 국내 서비스 제공능력, 효율성과 경쟁력 강화에 의해 이들 국가의 서비스무역에 대한 참가 증대와 서비스수출 확대를 꾀한다. 나아가 후발개발도상국의 특별한 사정과 수요를 고려하여 이들 국가가 중대한 곤란에 처해있다는 것을 특히 유의한다.

서비스무역에는 다음의 4개의 유형이 있다. ① 한 국가로부터 다른 국가로의 서비스제공(국경간 서비스공급), ② 한 국가 내에서 다른 국가의 소비자에게 서비스를 제공(해외소비), ③ 서비스제공자가 다른 국가에 주재하여 서비스를 제공(상업적 주재), ④ 한 국가의 사람이 다른 국가로 이동하여 서비스를 제공하는(자연인의 이동)

것이다.

GATS의 원칙은 최혜국대우와 투명성이다. 내국민대우원칙은 점진적, 부분적인 의무로 작용하며, 특정 약속을 함으로써 회원국이 자유화를 위한 교섭에서 양허를 한 경우에는 그 범위 내에서 의무가 생긴다. 나아가 서비스무역에 대해서는 시장접근(market access)이라는 개념이 새롭게 정해졌다. 회원국은 다른 국가의 서비스나 제공자에 대하여 스스로 합의하고 특정한 제한이나 조건에 따른 대우보다도 불리한 대우를 해서는 안 된다. 이에 따라 서비스제공자가 다른 국가에서 자유롭게 영업을 할 수 있는 것이 명확해진다. 또한 서비스무역이지만 GATS의 원칙이 그대로 적용되지 않는 예외도 있다. 국제항공운송은 서비스무역의 일종이지만 국가의 안전보장과도 관련되고, 또한 무역자유화에 의해 자국 항공산업이 살아남을 수 없을 수도 있기 때문에 GATS의 원칙이 그대로 적용되지는 않는다.

■ 무역관련 지적재산권에 관한 협정 (TRIPs)

지적재산권이란 저작권, 상표, 상품의 원산지 등의 지리적 표시, 특허, 개시되지 않은 정보 등이다. 지적재산권 중에 산업재산권은 파리조약(1883년)에서, 저작권에 대해서는 베른조약(1886년)에서 규정하고 있고, TRIPs 회원국도 이들 조약을 준수할 것을 규정하고 있다. 지적재산권의 보호에 있어서도 핵심적인 원칙은 내국민대우와 최혜국대우이다.

TRIPs협정은 지적재산권이 사권(私權)이라는 점을 확인한다. 지적재산권의 보호와 행사는 기술이나 지식의 창작자와 사용자에 상호이익이 되도록 사회적, 경제적 복지를 위하여 도움이 되는 방법으로 기술혁신의 촉진, 기술의 이전과 보급에 이바지하여야 하고 나아가 권리와 의무 간의 균형에 이바지하여야 한다고 정하고 있다.

구체적으로는 회원국이 지적재산권에 대하여 일정한 보호수준이나 기간을 유지할 것을 요구한다. 예를 들면, 저작물의 보호기간은 권리자의 허락을 얻어 공표한 해가 끝난 시점으로부터 50년이며, 저작물의 제작시점부터 50년 이내에 권리자의 허락을 얻지 않은 공표가 이루어진 경우에 보호기간은 제작한 해가 끝난 때부터 적어도 50년으로 한다.[3] 또한 회원국은 지적재산권 침해행위에 대하여 효과적인 조치가 취해질 수 있도록 형사절차를 국내법에 확보하고, 민사 및 행정상의 절차와 구제조치, 형사상 절차를 취할 것을 규정하고 있다.

■ 분쟁해결절차

무역을 둘러싼 분쟁해결은 양자간 통상협정이나 GATT에서 규정하여 왔다(GATT 제23조). WTO에서는 「분쟁해결에 관한 규칙 및 절차에 관한 양해(DSU)」가 부속서에 규정되어, 분쟁해결기구(DSB)가 설치되었다. 이로 인해 통일된 분쟁해결절차제도가 확립되어 DSB의 사법적인 성격이 강화되었다. WTO출범 후, 분쟁해결절차에 회부된 사건은 약 452건에 달한다(2012년 12월 1일 현재).

WTO에서의 분쟁해결은 대체로 다음과 같은 절차에 따른다. 회원국 간에 WTO협정을 둘러싼 분쟁이 발생한 경우 우선 당사국 간에 협의한다. 협의에 의해 분쟁이 해결되지 않은 경우에는 제소국이 DSB에 패널의 설치를 요청할 수 있다. 이 경우 양자의 동의는 필요하지 않고 일방의 당사국의 신청에 의해 설치된다. 컨센서스로 반대되지 않는 한 패널이 설치된다(역컨센서스 방식). 패널은 통상 3인으로 구성되며, 패널의 구성과 회부사항이 결정된 후 패널은 심의를 개시하고 중간보고서를 당사국에 그리고 추후 모든 회원국에 송부한다. 패널보고서는 DSB에서 역컨센서스로 채택된다. 패널보고서에 대하여 분쟁당사국은 항소기구에 항소할 수 있다. 항소기구는 상설기관이고 7인으로 구성된다. 항소기구는 패널이 다루었던 문제에 대한 항소를 심리하고 패널의 법적 인정 및 결론을 지지하거나, 수정 혹은 파기할 수 있다. 항소기구보고서는 패널보고서와 함께 DSB에 제출되고 역컨센서스에 의해 채택된다.

이 절차에 기초하여 DSB에서 회원국의 WTO협정위반이 인정되는 경우 DSB는

3) 우리나라는 한미, 한-EU FTA 등의 규정에 따라 저작권 보호기간을 70년으로 연장하였다. 이 규정은 2년간의 유예기간을 거쳐 2013년 7월부터 적용된다.

그 회원국에 대해 위반조치 시정의 권고를 행하고 그 이행을 감시한다. 회원국이 권고나 판정을 신속하게 이행할 수 없는 경우에는 이행을 위한 합리적인 기간을 결정한다. 권고에 기초하여 행해진 이행조치에 관하여 분쟁당사국 간에 의견불합치가 있는 경우에는 분쟁해결양해에 기초하여 가급적 당해 분쟁을 다루었던 원 패널이 이행 여부를 검토하고 보고서를 제출한다. 또한 합리적인 기간 내에 권고나 판정의 실시가 불가능한 경우에는 불이행에 대한 대응으로 보상을 요구할 수 있다. 보상에 대해서 당사국 간에 합의가 성립되지 않는 경우에는 보복조치의 승인을 DSB에 요청할 수도 있다. 보복조치는 무효화 혹은 침해의 정도와 동등하고, 원칙적으로 동일 분야에서만 인정되지만, 사안이 심각한 경우 교차보복이 인정되고 있다.

WTO의 분쟁해결절차

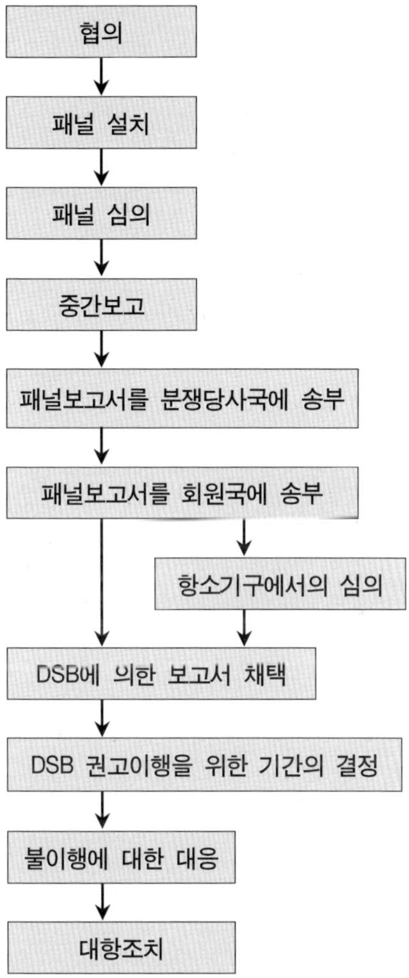

WTO 분쟁해결제도는 다자간 무역체제에 안정성과 예견가능성을 부여하는 핵심적인 요소이다. WTO협정은 패널, 항소기구에서의 판단을 통하여 그 준수확보를 꾀하고 있다. 또한 이 제도 하의 판단은 원칙적으로 당사국만을 구속하지만, 실질적으로는 WTO협정에 대한 내용의 명확화를 도모하고, 나아가 WTO 판례법의 형성에도 기여한다. 또한 회원국은 DSB의 절차와는 별개로 알선, 조정, 중개 등의 대안적 분쟁해결절차를 이용할 수도 있다.

3. 무역구제조치

경제가 자유화됨에 따라 수출입하는 상품이나 수량이 확대되어 국내산업에 영향을 미치는 경우가 있다. 이 때 구제조치로서 국가는 긴급수입제한조치(safeguard), 반덤핑관세, 상계관세 등의 조치를 취할 수 있다.

수입된 상품의 증가에 의해 국내산업이 피해를 입거나 입을 우려가 있는 경우에 국가는 국내산업을 보호할 목적으로 세이프가드조치를 취할 수 있다(GATT 제19조, 세이프가드협정). 세이프가드는 자유무역체제를 저해하는 것이 아니라 그 건전한 발전을 위하여 필요한 긴급수입제한조치로 자리잡고 있다. 조치의 내용은 관세의 인상 혹은 수입수량의 제한이고, 발동기간은 원칙적으로 4년 이내이고 8년까지 연장할 수 있다. 일본은 중국에서 수입하는 파, 생 표고버섯, 왕골껍데기 3품목 때문에 자국산업에 피해가 발생하는 것을 방지하기 위하여 2001년 4월부터 200일 간 세이프가드 잠정조치를 발동한 적이 있다.[4)]

어느 나라의 상품이 정상적인 가격보다 싸게 다른 나라에 수출되는 경우에는 덤핑이 된다. 덤핑이 체약국의 산업에 피해를 끼치거나 피해를 끼칠 우려가 있는 경우, 혹은 국내산업의 확립을 지연시키는 경우에는 비난받아야만 하는 것으로 다루어진다. 체약국은 덤핑을 상쇄하고 방지하기 위하여 덤핑된 상품에 대하여 반덤핑관세를 부과할 수 있다(GATT 제6조, 반덤핑협정).

보조금은 정부의 증여, 대부, 출자 등 투자의 직접적인 이전을 수반하는 조치 또는 채무보증 등 채무를 수반하는 조치, 세액공제나 재정에 의한 장려 등 받아야 할

---

4) 한국은 2000년 중국산 마늘에 대하여 세이프가드를 발동하였다가 중국이 보복조치로서 한국산 휴대전화 및 폴리에틸렌 수입금지령을 내리자 세이프가드를 철회한 바 있다.

(otherwise due) 수입을 징수하지 않는 조치이고, 이들의 조치가 혜택(benefit)을 초래하는 경우에는 보조금이 존재하는 것으로 간주된다(보조금 및 상계조치에 관한 협정 제1조). 보조금은 금지되는 것과 상계조치의 대상이 되는 것으로 분류된다. 금지되는 보조금이란 법률상 또는 사실상 수출이 이루어지는 것을 근거로 교부되는 보조금, 혹은 수출품보다도 국산의 상품을 우선하여 사용하는 것을 근거로 교부되는 보조금이다. 국가는 이러한 보조금을 교부하거나 유지해서는 안 된다. 금지되는 보조금은 지체 없이 철폐되어야 하고 이에 관한 분쟁해결은 신속하게 이루어져야 한다. 상계조치의 대상이 되는 보조금은 다른 회원국의 국내산업에 손해를 미치거나 이익에 현저한 손해를 미치는 등 악영향을 준다. 이를 제거하기 위하여 분쟁해결절차를 이용하는 등의 조치를 취하거나 보조금의 철폐를 모색할 수 있다. 또한 보조금이 교부된 상품의 수입에 의해 국내산업에 손해가 발생하는 경우, 수입국은 상계관세를 부과할 수 있다. 다만 개발도상국에서 보조금은 국가의 경제발전계획에 중요한 역할을 수행하고 있기에 도상국의 보조금의 규율에 대해서는 다른 규정을 두고 있다.

4. 무역과 국제사회 공통의 가치와의 관계

경제활동이 활발해지면서 국제사회 공통의 정책과제인 환경, 노동, 인권, 안전보장 등의 관계가 문제된다. 위에서 서술한 대로 국제적인 경제활동의 기본원칙은 비차별원칙(최혜국대우, 내국민대우)과 비관세장벽의 금지이지만, GATT/WTO체제에서는 예외적인 경우 기본원칙에서 일탈할 수 있다. GATT협정은 「본 협정의 어떠한 규정도 체약국이 다음의 조치를 채택하거나 실시하는 것을 방해하는 것으로 해석되어서는 아니된다. 다만, 그러한 조치를 동일한 조건하에 있는 국가 간에 임의적이며 불공평한 차별의 수단 또는 국제무역에 있어서의 위장된 제한을 가하는 방법으로 적용하지 아니할 것을 조건으로 한다」고 하여, 공중도덕을 보호하기 위하여 필요한 조치, 인간이나 동식물의 생명이나 건강을 보호하기 위하여 필요한 조치 등을 규정하고 있다(GATT 제20조). 여기서는 무역과 환경 및 노동과의 관계를 예로 든다.

■ 무역과 환경

국가는 다자간 환경보호조약에 기초하여 환경보호를 목적으로 무역제한조치를 발동하는 경우가 있다. 예를 들면 오존층을 파괴하는 물질에 관한 몬트리올의정서, 멸종의 위기에 있는 동식물 종의 국제거래에 관한 워싱턴협약, 유해폐기물의 국경을 넘는 이동 및 그 처분의 규제에 관한 바젤협약, 생물다양성에 관한 협약 등에는 국제무역에 관한 규정이 있다. 환경보호를 목적으로 하는 이들 조약의 규정이 WTO의 규정과 저촉되는 것이 우려되고 있다.

WTO의 무역환경위원회(CTE)는 다양한 환경보호조약과 WTO의 규율과의 관계를 명확하게 하고 환경보호조약에 기초한 무역제한조치를 정당화하려 하고 있다. WTO의 원칙들과 환경보호조약에 기초한 환경보호에 필요한 국내의 조치는 저촉되지 않아야 한다. 또한 도하 라운드에서는 WTO협정과 환경보호조약의 관계, 환경상품의 관세인하 등의 교섭도 이루어지고 있다.

Case ④ *US - Import Prohibition of Certain Shrimp and Shrimp Products* 사건

(WTO 패널보고서 1998년 5월 15일, 항소기구보고서 1998년 10월 12일, 채택일 1998년 11월 6일)

미국은 작은 새우잡이에 사용된 저인망에 바다거북이가 포획되는 것을 방지하기 위하여, 저인망을 사용하는 어선에 바다거북이 도망장치를 사용하도록 의무화하지 아니한 국가로부터의 작은 새우수입을 금지하는 일방적 조치를 취하였다. 이에 대하여 인도, 말레이시아, 파키스탄, 태국 등이 이의를 제기하였다. 패널은 미국의 조치가 GATT 위반이며, 제20조의 일반예외로도 정당화되지 않는다고 하였다. 또한 항소기구는 미국의 조치에 대해서 환경보호를 목적으로 한 것이지만, WTO 회원국 간에 자의적이고 정당화될 수 없는 차별을 구성하는 방법으로 사용되고 있다고 판단하였다. 나아가 항소기구는 WTO회원국이 WTO협정 하에 의무를 이행하는 다른 회원국의 권리를 존중하는 한에서 환경보호를 목적으로 하는 정책을 자유롭게 채택할 수 있다고 하였다.

■ 무역과 노동

세계경제가 긴밀하게 엮이는 가운데, 열악한 노동조건 속에서 제품을 생산하는 것이 불공정하다는 인식이 확산되어, 일정한 노동조건이 확보되는 것을 전제로 한 생산활동의 중요성이 인식되어 왔다. 국제적 노동기준은 국제노동기구(ILO)에 의해 설정되었다. ILO헌장은 세계의 평화와 협조가 위태로워질 수 있는 사회불안을 야기하는 부정의, 곤궁, 궁핍을 많은 사람들에게 초래하는 노동조건이 존재한다는 것, 또한 어떤 나라가 인도주의적인 노동조건을 채용하지 않는 것은 자국에서의 노동조건의 개선을 희망하는 다른 나라에 방해가 된다는 것을 언급하였다. ILO는 국제적 노동기준의 준수와 국제무역을 결부시켜, 국가는 노동문제의 개선을 위한 적절한 조치를 취해야 한다고 한다. 다만 이 경우에도 개별국가에 의한 조치가 WTO의 규정에 위반하는 것에 대한 우려가 있다. 노동에 대해서는 「경제적, 사회적 및 문화적 권리에 관한 국제규약」이 노동의 권리, 노동조건, 노동기본권을 규정하고, 아동권리협약도 경제적 착취 등에서 아동을 보호할 것을 규정한다.

발효되지 못한 ITO헌장에서도 불공정한 노동조건이 국제무역에서 곤란을 야기할 것이라고 하였다. 국가는 영역 내에서 이러한 조건을 폐지하기 위하여 적절하고 실행가능한 모든 조치를 취해야 한다고 규정하고 있다. GATT/WTO체제 하에서는 선진국이 노동기준을 규정하도록 하였지만, 개도국들의 반대로 노동에 관한 규정은 포함되지 못하였다. WTO 각료회의에서도 선진국이 무역과 노동의 문제를 의제로 삼거나 실무작업반을 설치할 것이 제안되었지만, 개도국들의 반대로 실현되지 못하였다. 1996년의 각료선언에서 무역과 노동기준의 관계에 대해서 노동기준을 준수하는 결의를 새롭게 하고 노동기준을 검토하는 장으로서 ILO가 우선될 것, 노동기준을 보호주의의 목적으로 삼지 않을 것, 그리고 WTO와 ILO의 사무국 간 계속적인 협력이 확인되었다.

북미자유무역협정의 부속협정인 북미노동협력협정은 체약국인 미국, 캐나다 그리고 멕시코가 각국의 국내법에 기초한 노동기준의 실시와 이행확보의 의무를 질 것을 정하고 이에 위반한 경우에 대한 제재를 포함한 이행확보의 절차를 마련하였다. 또한 다른 국가의 노동법에 관하여 개인으로부터 통보를 접수하는 절차도 마련하고 있다.

제 11 장
국제환경법

지구환경문제나 국제적인 환경문제를 국제사회의 입장에서 규율하려는 법 분야를 국제환경법이라 하며, 오늘날 국제법의 한 분야로 자리잡고 있다. 국제환경훼손을 방지할 국가의 의무는 국제관습법상 중요한 발전을 이루어 왔다. 한편 최근 지구환경문제가 급속히 늘어나면서 이를 규율하기 위한 개별 환경조약의 수가 현저하게 증가하고 있다. 최근의 환경조약은 환경보전을 위하여 종래에는 볼 수 없었던 새로운 제도와 원칙을 계속 구축해 나가고 있고, 이들이 장래 국제환경법의 중심적 부분을 형성해 갈 것으로 보인다.

국제사회에서 보호되어야 하는 환경이 무엇인가에 대해서 명확한 정의가 있다고 할 수는 없지만, 환경을 포괄적으로 파악하여 환경으로의 영향에 대해서 규정하는 조약을 찾아볼 수 있다. 예컨대, 환경영향을 ① 인간의 건강 및 안전, ② 동 · 식물종, ③ 토양 · 물 · 대기, 경관 및 ④ 이들 간의 상호작용 또는 ⑤ 역사적 건축물 · 문화적 유산의 영향이라고 하는 것이 있다(1991년 UN유럽경제위원회[UNECE] 초국경적환경영향평가협약 제1조(vii)). 또한 기후변화를 인류공통의 관심사로 파악하여, 기후변화의 부정적 효과라 함은 「기후변화에 기인한 물리적 환경 또는 생물상의 변화로서 자연적 생태계 및 관리되는 생태계의 구성 · 회복력 또는 생산성, 사회경제체제의 운용 또는 인간의 건강과 복지에 대하여 현저히 해로운 효과를 야기하는 것을 말한다」(1992년 UN 기후변화협약 제1조 1항).

국제환경법은 타국의 환경적 이익이나 관계국가의 공통이익 보전에 머무르지 않고, 오늘날 국가나 개인에게 속한 것이 아닌 환경 그 자체가 갖는 보편적인 가치의 보전도 목표로 하고 있다.

I. 국제 환경보전원칙의 생성과 발전

■ 스톡홀름선언

환경문제가 국제사회에서 처음으로 주요 주제가 된 것은 1972년 스톡홀름 UN인간환경회의(UNCHE)에서이다. 이 회의에서 채택된 스톡홀름선언(UN인간환경선언)

은 환경보전에 관한 원칙들을 제시한다. 이 선언에서는 기본적 인권으로서의 인간환경의 보호와 개선을 중심에 두고 환경보전을 목표로 함과 동시에 천연자원의 관리·야생생물의 보호·생태계의 보전·해양오염의 방지 등을 중요한 목표로 삼았다. 동시에 대다수 개도국의 환경문제가 저개발에 기인한다는 점을 인식하고 환경정책으로서 개도국의 개발가능성이 높아져야 한다고 하였다. 이 선언은 또한 현재 및 장래의 세대를 위하여 환경·천연자원이 한시라도 빨리 보호되어야 한다는 점도 언급하고 있다.

선언은 환경보전에 대한 국가의 책임에 대해서「국가는 UN헌장 및 국제법의 원칙에 기초하여...자국의 관할 혹은 관리 하에 있는 활동이 타국의 환경 혹은 관할외의 지역의 환경을 해치지 않을 것을 확보할 책임을 진다」고 규정한다(원칙21). 나아가 선언은 각 국가가 그러한 활동이 초래하는 환경오염의 피해자에 대한 배상책임과 보상에 관한 국제법을 더욱 발전시키기 위하여 협력할 것을 요구한다(원칙22). 후술하겠지만 원칙21은 국제관습법으로 발전하여 왔고, 국가의 영역 내 활동으로 인하여 타국 영역에 초국경적 환경손해를 초래하지 않도록 방지할 의무보다도 대상의 범위가 넓다. 이를테면, ① 자국 영역 밖의 국민이 국제환경손해를 야기한 경우나 ② 어느 국가에도 속하지 않은 지역에 손해가 야기된 경우도 포함된다. 이는 국가에 속인적인 관리를 요구하는 점에서, 또한 특정 피해국을 상정하지 않고 환경을 보전하도록 하는 점에서 종래의 국제관습법상의 의무를 뛰어넘는 것이라고 할 수 있다.

이 같은 움직임에 대해서는 원칙21의 내용이 국제관습법이 되었다고 하는 견해가 오늘날 유력하다. 그 근거로는 다음 세 가지가 있다. ① 1982년의 UN해양법협약이 제192조에서 해양환경을 보호할 국가의 일반적 의무를 규정하고 있고 원칙21과 유사한 규정을 두고 있는 점(제194조 2항), ② 1992년 리우선언(원칙2)이 원칙21의 내용을 거의 동일한 문언으로 반복하여 확인하고 있는 점, ③ ICJ가 1996년의 *Legality of the Threat or Use of Nuclear Weapons* 사건의 권고적 의견 및 1997년의 *Gabčíkobo - Nagymaros Project* 사건 판결(제4장 case ②)에서 "원칙21이 나타내는 내용의 일반적인 의무는 이제는 환경에 관한 국제법체계의 일부"라고 판시한 점이다.

■ 리우선언과 지속가능한 개발의 개념

1992년에 리우 데 자네이루에서 개최된 UN환경개발회의(UNCED)에서는 지구환경문제에 대한 국제사회의 대응이 최대의 관심사였다. 회의 결과 리우선언, Agenda 21, 기후변화협약, 생물다양성협약 및 산림원칙성명이 채택되었다.

리우선언에서는 지구환경보전과 경제성장의 양립을 달성하기 위한 "지속가능한 개발(sustainable development)"이라는 개념이 새로이 자리 잡게 되었다(원칙3 · 원칙4). 이 개념은 일반적으로 「미래 세대의 필요를 충족시킬 능력을 해하지 않고 현재 세대의 필요를 충족시키는 것」이라고 정의되고 있다. "지속가능한 개발"의 개념은 환경보전과 경제성장을 불가분의 것으로 인식할 뿐만 아니라, 선진국의 "환경과 자원의 지속가능성에 대한 관심"과 개도국의 "지속적인 경제발전에 대한 관심" 양자를 포함한다. 리우선언은 개발의 권리(원칙3)를 내세움과 동시에 개발도상국의 특별한 상황에 대하여 특별한 우선순위가 부여된다고 한다(원칙6). 또한, 지속가능한 개발은 미래세대에 대한 책임이라는 의미도 포함하고, 세대 간 형평의 개념과도 결부되어 있다.

지구환경의 악화에 대해서 각국은 그 책임의 정도에 대응하여 「공통의 그러나 차별적인 책임」을 부담하고 있다(원칙7). 선진국에는 환경문제에 대한 관여 정도와 대응능력에 있어 보다 큰 책임이 부과되고, 개도국에는 기술적 · 재정적인 연대지원을 할 것이 요구된다. 또한 오염자부담의 원칙도 있다(원칙16). 이는 원래 오염을 초래한 자가 환경오염의 비용을 적정하게 부담하는 것, 즉 환경비용의 내부화[5]에 의

5) "환경비용의 내부화(internalization of environmental costs)"라는 개념은, 천연자원의 활용, 오염, 쓰레기 발생, 소비, 폐기 및 기타 요소 등을 고려하여, 제품생산 및 사용의 환경비용(environmental costs of production and use of a product)이 시장가격에 반영되어야 한다는 것을 의미한다. 환경비용의 내부화는 환경정책의 주요 목표 중 하나이며, 환경경제학의 초점이 되어 왔다. 동 원칙은 자원의 가격결정, 환경정책에 있어서의 경제적 수단 사용, 환경비용과 이익계산, 환경회계방법(green accounting methods) 등과 같은 분야에서 개념적이고 분석적인 작업의 토대가 된다. http://www.mofat.go.kr/trade/data/dictionary 참조.

해 국제무역에 왜곡을 초래하지 않도록 하는 것이 목적이지만 오염자가 오염손해에 대한 민사책임을 부담해야 한다는 의미이기도 하다.

원인과 손해와의 인과관계에 충분한 과학적 증거가 없더라도 악영향을 방지하기 위하여 조치를 강구하여야 한다는 개념이 있다. 이것을 사전주의적 접근(precautionary approach) 혹은 사전주의원칙(precautionary principle)이라고 부른다. 리우선언도 「심각한 또는 회복 불가능한 피해의 우려가 있을 경우, 환경악화를 지양하기 위한 비용-효과적인(cost-effective) 조치를 지연시키는 구실로 과학적 불확실성이 이용되어서는 안 된다」고 규정한다(원칙15). 종래에는 환경손해를 야기하는 행위를 방지 또는 규제하거나 이러한 행위에 책임을 부과하는 경우에는 원인행위와 손해 사이에 인과관계를 예견할 수 있어야만 하였다. 그러나 이러한 이해 방식은 회복 불가능한 대규모의 손해가 발생할 가능성이 있는 지구환경문제에는 부적절하여, 사전주의적 접근의 필요성이 발견되었다. 실제로 사전주의적 접근의 취지를 일반적으로 언급하는 조약(기후변화협약 제3조 3항, 생물다양성협약 전문)이 있고 사전주의적 접근에 기초한 조치에 관한 규정을 두는 조약(1995년 UN공해어업협정 제6조 1항, 1996년 런던해양투기방지협약 개정의정서 제3조 1항)이 있다. 사전주의적 접근의 의의는 위험의 크기에 따라 합리적인 조치를 취하여 위험을 효과적으로 없애거나 낮추는 것을 목표로 하는 데 있다.

II. 국제환경손해를 방지할 의무

■ 영역사용의 관리책임

전통적인 국제법의 틀 속에서 타국 영역에 오염손해를 초래하지 말아야 할 국가의 의무를 영역사용의 문제로 구성하여 판시한 선례로 *Trail Smelter* 사건 중재판결(본장 case ①)이 있다.

Case ① *Trail Smelter* 사건

〈미국 · 캐나다 중재재판소 중간판정 1938년 4월 16일, 최종판정 1941년 3월 11일〉

미국과의 국경에 근접한 캐나다 브리티시 콜롬비아(British Columbia) 주 내의 트레일(Trail)이라는 도시에 있는 민간제련소가 아연과 납을 제련하고 있었다. 여기서 배출된 아황산가스가 1925년 이후 콜롬비아 계곡을 따라 국경을 넘어 미국 워싱턴 주 내의 농작물과 삼림에 피해를 입혔다. 사인 간의 분쟁해결에는 한계가 있었기 때문에 이 사건은 미국과 캐나다의 양국 간의 문제로서 받아들여졌다. 1931년에 양국에서 열린 국제합동위원회는 캐나다에 대하여 미국에게 35만 달러의 배상을 지불할 것을 권고하였다. 그러나 미국은 이 결과에 만족하지 않고 사건을 중재재판에 회부하였다. 중재재판소는 합동위원회의 권고 이후의 손해에 대한 배상과 장래를 향해 취해야 하는 조치에 대해서 판단하였다. 1938년의 중간판결은 권고 이후의 손해발생을 인정하여 캐나다에 대하여 미국에 78,000 달러를 지불하라고 명령하였다. 1941년의 최종판결은 중간판결 이후에 새로운 손해는 발생하지 않았다고 판단하였고, 트레일 제련소의 조업을 계속 허용하면서 아황산가스 배출을 규제하는 조치를 취하였다.

이 사건은 캐나다의 제련소에서 기인한 초국경적 대기오염이 미국에게 손해를 초래하였다고 판시한 것이지만, 중재재판소는 1941년의 최종판결에서 캐나다의 국제법상 책임을 인정하는 것과 관련하여 「국제법 및 미국법의 원칙들에 의하면, 사태가 중대한 결과를 수반하며 그 피해가 명백하고 설득력 있는 증거에 의해 입증되는 경우에는 어떠한 국가도 매연에 의한 손해를 발생시키는 것과 같은 타국영토에 손상을 야기하는 방법으로 자국의 영토를 사용하거나 사용하도록 허용되어서는 아니된다」고 판시하였다.

원래, 국가는 자국영역에서 배타적인 주권을 가지며 그 영역을 자유롭게 사용할 수 있다(영역주권). 여기에서부터 20세기 초반에 미국이 국제하천의 이용에 있어서 한때 채택하였던 것처럼, 타국에게 주는 손해를 고려하지 않고 자국영역을 완전히 자유롭게 사용한다는 극단적인 입장이 나오기도 한다(하몬주의, 절대영역주권). 마찬가지로 자국영역의 사용도 원칙적으로는 타국에 의하여 방해를 받을 수 없다(영역보전의 원칙). 여기서 더 나아가면 동의가 없는 한 자국영역에 대한 타국의 간섭은 인정될 수 없고, 타국의 영역사용 시 이에 제한을 부과하는 것이 가능하다는 극단적인 입장이 있을 수 있다(절대적 영역보전의 원칙). 그러나 이들 양 극단의 입장은 여러 국가가 공존하는 국제사회가 받아들이기 어렵다. 어떤 국가의 영역사용의 자유는 타국의 영역사용의 자유와 충돌할 가능성이 있고, 타국의 권리를 침해하는 경우에는 일정한 제한을 받을 수밖에 없다. 오늘날에는 이와 같은 제한적 영역주권의 개념이 일반적으로 승인되고 있다.

그러나 문제는 대등한 영역주권 상호간에 어떠한 제한이 존재하는 것인가이다. *Trail Smelter* 사건 판결의 의의는 이 점에 대해서 국제사회규범의 존재를 지적하는 것과 함께 국가는 자국의 영역을 스스로 사용하는 경우는 물론 사인이 이용하는 경우에도 타국의 영역에 "중대한 환경손해"를 초래해서는 안 된다는 원칙의 존재를 분명히 하였다. 이 원칙을 「영역사용의 관리책임」이라 하며, 이 원칙은 오늘날 일반적으로 국제관습법으로 간주된다. 영역사용의 관리책임은 국제환경손해의 방지의무로서 중요한 의의를 가진다. 여기서는 다음과 같은 특색 있는 요소가 발견된다. ① "중대한 손해"를 초래하는 것이 금지되고 있는데 여기서 "중대한 손해"의 정의는 아직 명백하지 않다는 점, ② 명백하고 설득력 있는 증거에 의해 원인행위와 손해와의 인과관계가 증명될 필요가 있을 것, ③ 국가는 영역내 사인의 행위가 초국경적 손해를 야기하지 않게 상당한 주의를 기울여 방지할 의무를 부담할 것이다.

국제하천의 이용에 관해서는 1966년에 국제법률협회(ILA)가 「국제하천수의 이용에 관한 헬싱키규칙」을 작성하였다. 이에 따르면 국제하천의 연안국은 국제하천의 물을 합리적이고 형평하게 분배 및 이용할 권리를 갖는다(제4조). 무엇이 형평한 이용인가는 개별 사안마다 모든 관련요소를 고려하여 결정한다(제5조). 연안국은 형평한 이용에 반하고 다른 연안국에 중대한 손해를 초래하는 수질오염을 야기하는 것이 금지된다(제10조 1항). 따라서 오염손해의 중대성만으로는 의무위반에 해당하는 것인지를 판단할 수 없다. 헬싱키규칙은 국제적으로 권위 있는 학회가 채택한 선언이며 그 자체가 국제법규범은 아니지만, 기본적인 내용은 1997년 「국제수로의 비항행적 이용에 관한 협약」에 거의 그대로 승계되었다(제5조, 6조, 7조).

■ 공해자유의 원칙과 타국의 환경손해

전통 국제법상 국가의 영역관할권에서 벗어난 지역 즉, 국제공역(公域)의 환경보전을 어떻게 규율할 수 있을까. 우선, 일국의 공해이용으로 인하여 타국의 공해이용이 방해되는 등의 해양오염행위에 대해서는 "공해자유의 원칙"에서 일정한 제한이 도출된다. 즉, 공해는 모든 국가에 개방되어 있지만 그 자유는 무제한이 아니며 타국의 이익에 타당한 고려를 기울여야 한다(UN해양법협약 제87조 1-2항). 따라서 "타당한 고려", 즉 합리성을 결여하여 타국에게 손해나 불이익을 초래하는 오염은 금지된다. 그러나 "공해자유의 원칙"은 공해를 이용하는 국가 상호간의 이익조정을 목적으로 하고, 환경상의 이익도 다른 이익과 같은 위치에 있을 뿐이다. 또한, 타당한 고려의 기준은 일반적 · 추상적이며, 어떻게 해야 타당한 고려가 모두 이루어지는지를 명확히 하기 어렵다. "타당한 고려"의 개념은 비키니 환초에서의 미국의 수소폭탄실험에 의해 일본의 참치어선과 그 선원들이 방사능에 피폭된 1954년의 *제5후쿠류마루(第5福竜丸)* 사건에서도 쟁점이었지만, 이 사건은 미국정부가 법률상의 책임과는 관계없이 도의상(*ex gratia*) 일본정부에 200만 달러를 지불하는 것으로 해결되었다.

Ⅲ. 국제환경법 제도의 특징

■ 무과실배상책임을 정한 조약

사후배상책임의 강화를 위한 움직임 중에서도 주목할 것은 무과실배상책임(strict liability, absolute liability)과 관련한 조약의 발전이다. 무과실배상책임이라는 것은 ① 국제법상 위반이라고는 할 수 없는 행위로 인하여 특정 손해가 발생하고 ② 원인 행위와 손해 사이의 인과관계가 존재하면 일정한 배상책임이 발생하는 조약상의 제도이며, 과실배상책임을 기본으로 하는 국제관습법상 국가책임(state responsibility)과는 법적 성질이 다르다. 따라서 무과실배상책임이 발생하는 데는 국제위법행위의 존재 즉, 영역사용에 의한 중대한 손해의 발생이나 상당한 주의의무위반(과실)의 증명이 필요하지 않다. 과학기술을 이용한 "고도로 위험한 활동"에 기인한 손해의 경우, 피해자가 가해자의 과실을 입증하는 것이 일반적으로 어렵기 때문에 무과실배상책임은 그와 같은 손해의 구제를 목적으로 한다. "고도로 위험한 활동"이란 위험이 수반되긴 하나 그 유용성 때문에 금지되지 않는 활동이나, 산업상 충분히 관리되고 있기 때문에 손해발생의 개연성은 낮지만 만약 사고나 재해가 발생하면 대규모의 손해를 초래하는 활동을 말한다. 국제법상 위반이 되지 않는 행위에 기인한 손해배상책임에 관하여 2006년 ILC는 「위험활동으로 발생한 초국경적 손해에 관한 손실배분의 원칙안」을 채택하였다.

무과실배상책임을 정한 조약에는 다음의 3가지 종류가 있다. 첫 번째는 민사책임형의 조약이다. 유조선기름유출사고에 대해서는 상호 밀접한 관련이 있는 1969년의 「유류오염손해에 대한 민사책임에 관한 국제협약(이하 책임협약)」과 1971년의 「유류오염손해보상을 위한 국제기금의 설치에 관한 국제협약(이하 기금협약)」이 존재한다. 「책임협약」은 선박의 소유자에게 영해와 EEZ를 포함한 체약국의 영역에서 발생한 기름유출손해에 대한 사법상의 무과실손해배상책임을 부과하는 한편, 배상액의 상한을 정하여 그 범위 내에서 보험가입 등 금전상의 보증을 의무지우고 있다. 「기금협약」은 「책임협약」에 의한 배상으로는 불충분한 경우에 기금이 일정한 추가보상을 할 것을 정하고 있다. 이 기금은 유류해상수송의 수익자인 수입업자가 출자한 자금으로 구성된다. 이 두 조약은 1997년 1월에 동해 연안에서 원유유출피해를 초래한 러시아의 유조선 *나홋카 호* 사건에서도 적용되었다. 두 번째는 혼합책임형의 조약이다. 원자력 분야에서는 원자력활동의 사업자에게 일정 한도액의 무과실배상책임을 인정하는 동시에 부족분이 발생하는 경우 사업을 허가한 국가가 조약의 한도 내에서 보완하도록 하고 있다(국가의 잔여보충책임). 1960년 「OECD 원자력손해배상책임에 관한 파리협약」 및 1963년 「브뤼셀보충협약」, 1963년 「IAEA 원자력손해에 대한 민사책임에 관한 비엔나협약」 등이 이 부류에 속한다. 세 번째는 국가전속책임형의 조약이다. 1972년의 「우주물체에 의하여 발생한 손해에 대한 국제책임에 관한 협약」은 인공위성 등이 지표나 비행중의 항공기에 손해를 주는 경우 쏘아올린 사업자에게는 책임을 부과하지 않고, 그 우주물체를 쏘아올린 국가에 무과실의 배상책임을 집중시키고 있다(제2조).

■ **사전예방을 위한 절차적 의무**

사후적인 책임으로 환경손해를 구제하는 데는 한계가 있기 때문에, 보다 근본적인 대응방법인 사전예방 즉, 의무위반으로 인한 책임이 발생하기 전에 손해가 발생할 위험에 대처할 것이 요구된다. 그 한 가지로 국제환경보전을 위한 실체적 의무의 효과적인 실시를 위한 절차적 의무의 발전이 있다. 이를테면, 환경손해나 환경에 미치는 악영향을 사전에 방지 · 감소하는 것을 목적으로 하는 통보, 협의, 긴급시의 조기통보, 통상시의 정보교환, 환경영향평가가 있다. 이 분야에 관해서는 ILC가 2001년에 「위험활동으로 생기는 초국경적 손해의 방지」에 관한 조약초안을 채택하였다.

이와 관련된 절차적 의무의 중요성도 비교적 빠른 시기부터 인식되어 왔다. *Lac Lanoux Arbitration* 사건(본장 Case ②)에서도 1957년에 중재재판소는 국제하천의 이용에 대하여 상류국이 하류국의 이익을 성실히 배려할 의무가 있다고 하여, 양자의 합의형성을 위한 모든 통신과 접촉 즉, 통보·협의를 꾀할 필요가 있다고 지적하였다.

Case ② *Lac Lanoux Arbitration* 사건

(스페인·프랑스 중재재판소 판정, 1957년 11월 16일)

이 사건은 스페인과 프랑스 간의 국제하천의 물 이용에 관한 분쟁이다. 피레네 산 속 프랑스령에 있는 라누 호수(Lac Lanoux)로부터 흘러 나가는 강은 스페인 영내로 흐른다. 프랑스는 수력발전을 위해 라누 호의 물을 자국 내로 흐르는 강 쪽으로 물길을 바꾸는 동시에 자국 내에 있는 다른 하천에서 스페인으로 흘러 나가는 강으로 흐름이 바뀐 것과 같은 양의 물을 반환하는 계획을 세웠다. 스페인은 이 프랑스의 계획이 스페인의 동의를 얻지 않았다는 것을 이유로 계획에 반대하였다. 중재재판소는 프랑스의 계획에 따르면 물길을 바꾼 것과 같은 양의 물이 완전히 반환된다는 점과 물의 질적 변경에 대해서는 스페인이 다투고 있지 않다는 점을 이유로 스페인은 물길을 바꾼 것에 의해 침해를 받지 않는다고 하여 스페인의 청구를 받아들이지 않았다. 중재재판소는 국제하천의 물이용에 관하여 관련국의 사전동의가 필요하다는 규칙은 일반적으로 확립되지는 않았다고 하면서도, 한편으로 상류국은 신의성실의 원칙에 기초하여 자국의 이익과 다른 연안국의 이익을 조화시켜야 하며, 다른 연안국의 이익을 고려할 의무가 있다고 판시하였다.

국가 간의 일반적 협력의무를 기초로 타국에 악영향을 미칠 우려가 있는 사업활동을 계획하는 국가는 잠재적으로 영향을 받는 국가에 사전에 통보하거나 혹은 협의할 것을 정한 국제문서나 조약도 다수 존재한다. 오늘날 통보·협의는 국제관습법상의 의무로 보는 견해가 일반적이다. 환경영향평가는 1991년 UN유럽경제위원회

(UNECE) 초국경적 환경영향평가조약이나 1991년 환경보호에 관한 남극조약 의정서(부속서1) 등에 규정이 마련되어 있는데, 통보 · 협의 개시의 계기나 고려요소를 제공할 수 있는 점에서 통보 · 협의와 밀접한 관련이 있고, 그 연장선상에 위치하고 있는 제도로 파악된다.

ICJ는 긴급사태의 통보에 관하여 1949년의 *Corfu Channel* 사건(제6장 Case ②)에서 국가가 자국의 영역 내에 급박한 위험이 존재하는 것을 안 경우에는 위험이 임박한 타국에 대해 그 위험을 경고할 의무가 있다고 하였다. 1986년 체르노빌(Chernobyl) 원전 사고(본장 Column ①)에서는 당시 소련에게 방사능누출사고로 인한 위험을 인근 국가들에 신속히 통보할 의무가 있는지가 문제되었다. 이 사고가 계

〈Column ① 체르노빌 사고 (Chernobyl Disaster)〉

1986년 4월 26일 오전 1시 23분, 구(舊) 소련 우크라이나 공화국에 있는 체르노빌 원자력 발전소 제4호 원자로에서 화학폭발이 발생하여 원자로 및 건물이 파괴되고 원자로 중심에서 대량의 방사성물질이 대기 중에 방출되었다. 사고의 원인은 정전사태가 발생하였을 시 비상용발전으로 바뀌기까지 발전 터빈의 관성으로 발전소가 필요한 전력을 공급할 수 있는지 실험하던 중에 원자로가 제어불능에 빠진 것이었다. 현장에서 사고의 대응에 나선 31명의 직원과 대책반원은 방사능으로 곧 목숨을 잃었다. 이 사고에 의해 구 소련에 많은 인적, 물적 손해가 발생하였을 것으로 추측된다. 당시 인접한 유럽의 여러 국가에서도 건강상 피해가 우려되었다. 그러나 방사능에 대한 우려로 농산물 판매규제 등의 조치가 취해졌고, 이에 따른 피해가 발생하였다. 일본에서도 사고에서 발생한 것으로 보이는 미량의 방사능이 관측되었다.

세계를 뒤흔든 사고였지만, 방사능안전에 관한 국제적 기준의 미비, 지발성(遲發性) 건강피해에 대한 인과관계 입증의 어려움, 장래 자국의 사고가능성에 대한 염려 등 때문에 이 사고에 대하여 구소련의 책임을 추궁하는 국제법상의 청구를 제기한 나라는 없었다. 한편 구소련은 국제사회에 대한 통보를 사고로부터 수십 시간이 경과한 28일 저녁이 되어서야 비로소 IAEA에 하였는데, 이러한 통보의 지연이 국제사회에서 주로 문제가 되었다.

기가 되어 같은 해 가을에 「원자력사고 조기통보협약」 및 「원자력사고 상호원조협약」이 채택되었다. 「원자력사고 조기통보협약」은 체약국에서 원자력시설 및 활동에 관하여 타국에게 영향을 미치는 것과 같은 방사능의 초국경적 방출 혹은 그 우려가 있는 경우에는 당해 타국에게 사고의 사실, 종류 및 발생시각을 즉시 통보하는 것과 동시에 관련된 일정한 정보를 신속히 제공하도록 의무지우고 있다(제1조 · 제2조 · 제5조). 또한, 영향을 받는 체약국이 요구하는 경우에는 정보제공 체약국은 추가 정보를 제공하여 협의에 응해야 한다(제6조).

■ **지구환경보전의 보편적 의무**

지구환경에 대한 악영향을 특정 가해국과 피해국의 관계로 설명하는 것은 곤란하다. 이 때문에 지구온난화방지 등에 대한 최근의 다자조약은 지구환경 그 자체를 보전하는 국가의 의무를 다른 국가에 대한 상대적인 의무로서가 아닌 국제사회 전체에 대해서 지는 보편적 의무 즉, 대세적 의무(obligations *erga omnes*)로서 구성하여 왔다. ICJ는 1970년의 *Barcelona Traction Company* 사건 판결(제12장 Case ⑧)에서 보편적 의무의 존재를 긍정하였고, 또한 2001년의 UN국가책임초안도 보편적 의무에 대해서 규정하고 있다.

그런데, 한편 보편적 의무의 위반에 대해서는 UN국가책임초안(제48조 1항)에서처럼 피해를 받지 않은 국가도 의무위반국의 책임을 추궁할 수 있다고 하는 입장도 존재한다. 그러나 다른 한편으로는 현행 국제법 하에서는 민중소송(*actio popularis*) 제도가 존재하지 않고, 피해를 받지 않은 국가에는 원고적격이 인정되지 않는 점 등을 근거로 소극적으로 해석하는 것이 유력한 입장이다.

■ **골격조약(framework treaty)과 의정서**

주요한 환경조약에서는 독특한 구조가 발달되어 오고 있다. 즉, 조약이 골격조약

(framework treaty, 또는 기본조약)과 의정서라는 2단계로 구성되어 있는 점이다. 우선 골격조약에서 특정의 문제에 관한 대처와 일반적인 목표를 합의하고, 의정서에서 목표를 달성하기 위한 체약국의 구체적인 의무나 대응책을 과학진보에 따라 상세히 규정하고 있다. 이 방식은 조약의 기본적인 목적이 합의되어 있어도 구체적인 규제에 대한 합의에 이르지 못하면 조약의 성립이 불가능해지는 종래의 단일조약 형태보다 문제의 단계적인 해결이라는 점에서 우월하다. 게다가 이 방식은 의정서의 재검토 절차에도 중요한 의의가 있다. 즉, 당사국총회(COP) 혹은 체약국모임(MOP)을 통하여 ① 체약국의 의무준수나 달성상황이 계속적으로 보고되고 또 심의되는 국가보고제도와 함께, ② 최신의 과학지식에 기초하여 의정서의 내용이 더욱 개선되어 가는 장점이 있다. 여기에는 의정서의 준수를 감시하고 이행을 재촉하는 기능과 보다 나은 규범을 합리적으로 설정 · 수정해가는 기능이 고려되고 있다.

■ 이행의 확보

지구환경보전을 목적으로 하는 조약에서는 체약국의 조약의무의 이행을 확보하기 위한 독자적인 제도가 발달되어 오고 있다. 하나는 앞에서도 언급한 당사국총회 또는 체약국모임에서의 국가보고제도이며, 또 다른 하나는 준수확보절차라고 하는 제도이다. 후자는 조약이나 의정서에서 정한 규제조치가 준수되지 않는 경우 어떻게 할 것인가를 정한 것이다. 「오존층의 보호에 관련한 몬트리올 의정서」에 대해서는 체약국모임이 1992년에 준수확보절차를 채택하였다. 이 준수확보절차는 다음 3개의 방법으로 개시된다. ① 체약국이 다른 체약국의 비준수를 사무국에 통보하는 경우, ② 사무국이 체약국의 비준수를 알게 된 경우 및, ③ 체약국이 스스로 의무를 준수할 수 없다고 사무국에 신고한 경우이다. 이러한 모든 경우 체약국모임은 집행위원회의 검토를 거쳐 적절한 원조, 경고 및 의정서상의 권리 · 특권의 정지 중에서 위반체약국에 대하여 취해야 할 조치를 결정한다. 이 제도는 이행을 촉진 · 확보하기 위하여 우대와 제재라는 정반대 성격의 조치를 두고 있다. 세계 모든 나라가 오존층 파괴물질의 배출 감축을 추진해야 의미가 있고, 기술적 · 경제적 곤란을 안고 있는 나라에는 제재보다도 감축을 실현시키는 지원을 부여하는 것이 의의가 있다고 간주되기 때문이다. 온난화방지분야에서도 조약의 준수절차를 정하는 유사한 제도가 2001년 교토의정서 준수확보절차 및 메커니즘으로 존재한다.

Ⅳ. 대기권의 보전

■ 오존층보호

1985년의 「오존층 보호를 위한 비엔나협약」은 인간활동에 의한 오존층 변화가 초래하는 악영향에서 인간의 건강과 환경 그 자체를 보호하는 것을 목적으로 한다. 이 조약은 골격조약의 성격을 갖고, 체약국에게 ① 조약목적을 달성하기 위해 적절한 조치를 취하고, ② 그 조치에 관한 정보를 당사국총회에 송부하고, ③ 영향의 조식적 관측, 연구 및 정보교환에 협력할 일반적인 의무를 부과한다(제2조, 제5조).

체약국의 구체적인 의무는 1987년의 「몬트리올의정서」가 규정하고 있다. 동 의정서는 프레온가스 등 오존층파괴물질배출의 감축율과 달성계획을 마련하여 단계적으로 국내의 생산량 · 소비량을 감축하는 규제방법을 채택하였다(제2조). 1987년 의정서의 규제가 오존층을 보호하기에 불충분한 것으로 간주되자, 체약국모임은 규제를 강화하고 프레온가스 등 주요 오존층파괴물질을 1996년에 전부 폐기하도록 하였다(제2조 A-H). 이 과정은 체약국모임이 최신의 과학지식에 기초하여 의정서상의 규제를 엄격한 방향으로 개정한 예라고 할 수 있다.

오존층을 효과적으로 보호하려면 규제물질배출을 전 세계적으로 줄이는 것이 필수적이다. 의정서는 개도국들의 가입을 촉진하기 위하여 규제물질의 소비량이 적은 개도국에 규제조치의 실시에 10년간의 유예를 부여하였으며(제5조), 개도국을 위한 자금협력(다자기금)이나 기술협력제도를 마련하고 있다(제10조). 나아가 의정서는 체약국과 비체약국 간에 규제물질의 수출입을 금지하고 규제물질을 포함하는 제품이나 규제물질을 사용하여 생산된 제품의 수출입을 제한한다(제4조). 이와 같은 제한은 비체약국을 경유하여 체약국 간의 조약목적에 반하는 규제물질을 거래하는 것을 배제함과 동시에, 비체약국에 대하여도 의정서가입을 하도록 인센티브를 부여하는 성과가 있다. 그러나 비체약국과의 수출입제한은 한편으로는 GATT/WTO의 자유무역의 원칙과 저촉될 가능성이 지적된다.

■ 지구온난화 방지

지구온난화방지에 대해서는 1992년의 기후변화협약과 1997년의 교토의정서가 존재한다.

〈Column ② IPCC 제4차 평가보고서 (IPCC 제27회 총회 채택, 2007년 11월 17일)〉

지구온난화현상의 메커니즘은 복잡하고 오늘날에도 과학적으로 완전히 해명되지 않았다. 그러나 IPCC(기후변화에 관한 정부간 패널)가 2007년에 공표한 제4차 평가보고서는 기후온난화와 관련하여 최근 수십 년간의 세계평균기온 상승의 대부분이 의심할 여지없이 온실가스의 인위적 배출증가로 초래되었을 가능성이 높고, 화석연료에 의존하여 성장하는 회사들이 지속적으로 생겨난다면 21세기 말에는 지구전체의 평균기온이 4.0℃(2.4~6.0) 상승할 것이 예상된다고 한다.

기후변화협약은 인간활동이 기후계에 위험한 영향을 미치지 않는 수준에서 대기중 온실가스의 농도를 안정시키는 것을 궁극적 목적으로 한다. 나아가 이 안정화는 생태계 · 식량생산 및 경제개발의 지속가능성과 양립해야 한다(제2조). 협약은 이 목적을 달성하기 위한 원칙을 다음과 같이 들고 있다. ① 형평의 원칙, ② 체약국의 공통의 그러나 차별적 책임, ③ 현재 및 미래세대를 위한 기후계 보호, ④ 선진체약국이 솔선하여 행하는 온난화방지대책, ⑤ 개도국의 수요와 특별한 사정의 고려, ⑥

사전주의적 접근에 기초한 조치, 그리고 ⑦ 국제무역의 자의적 · 부당한 차별 혹은 위장된 제한의 회피이다(제3조).

이 조약은 체약국의 종류에 따라 그 의무에 차이를 두고 있다. 첫째, 모든 체약국은 온실효과가스의 배출 · 흡수에 관하여 목록을 작성하고 이를 당사국총회에 제출해야 하며, 자국의 온난화방지계획을 작성 및 공표하고 온난화방지를 위하여 조치를 촉진하고 협력할 의무를 진다(제4조 1항). 둘째, 선진체약국과 시장경제이행체약국(부속서I 국가)은 기후변화 완화를 위한 자국의 정책과 조치를 취하여 관련정보를 당사국총회에 제출할 의무를 진다(제4조 2항), 그러나 부속서I 국가는 이 협약상 온실가스의 구체적인 배출감축의무를 지고 있다고 해석되지 않는다. 셋째, 주요선진체약국(부속서II 국가)은 개도체약국에 대하여 추가자금의 신규 공여 및 재정적 · 기술적 지원을 할 의무가 있다(제4조 3-5항).

■ 교토의정서

교토의정서의 최대 의의는 개발도상체약국에는 감축의무를 부과하지 않고 선진체약국과 시장경제이행체약국(부속서I 국가)에 온실효과가스의 구체적인 감축의무를 부과한 점에 있다. 부속서I 국가는 2008년부터 2012년까지의 공약기간 5년간의 전체 평균치로 온실효과가스의 배출량을 1990년도 대비 5퍼센트 이상 감축해야 한다(제3조 1항). 또한 체약국의 능력이나 사정에 따른 차별화가 인정되어 국가별로 배출감축수치가 할당되었다.(부속서B) 예컨대, 일본은 -6%, 미국은 -7%, EU는 -8%로 하고, 오스트레일리아와 같이 +8%로 증가수치가 인정된 국가도 일부 존재한다.[6]

대상이 되는 온실가스는 이산화탄소(CO2), 메탄(CH4), 아산화질소(N2O) 등 6종류의 가스이다(부속서 A). 감축수치의 달성방법은 화석연료소비의 감축 등 다양하

6) 한국의 경우 개발도상국 지위를 인정받아 최소한 2020년 까지는 감축 비의무국가의 지위를 보장받고 있다. 그러나 한국은 2010년 기준으로 세계 7위의 온실가스 배출국이기 때문에 2020년부터는 감축 의무를 부과받기 시작할 전망이다.

며, 교토메커니즘이라는 유연성조치가 의정서에 포함되었다. 이를테면 ① 1990년 이후에 한하여, 새롭게 증가한 삼림을 온실효과가스의 흡수원으로, 감소분(벌채)을 배출원으로 계산한다(제3조 3항). ② 공약기간 내에 감축수치를 달성하여 배출할당량에 여분이 생기는 경우에는 남은 잉여분을 다음 기간으로 이월할 수 있다(뱅킹, 제3조 13항). ③ EU를 상정한 제도로 부속서I 국가가 사전의 합의에 의해 이들 체약국 전체의 배출량을 달성기준으로 하여 공동으로 배출량을 감축할 수 있다(공동달성, EU버블. 제4조). ④ 복수의 부속서I 체약국이 공동으로 배출감축사업을 실시하여 그 결과 발생한 감축량을 상대국과 나눌 수 있다(공동이행, JI. 제6조). ⑤ 부속서I 체약국이 개발도상 체약국의 배출감축을 지원하여 발생한 감축량의 일부를 지원한 체약국이 이용할 수 있다(청정개발메커니즘 CDM. 제12조). ⑥ 배출감축의무를 지는 체약국(의정서 부속서B 국가)은 상호간에 온실효과가스의 배출량을 거래할 수 있다(배출권거래. 제17조). 이 중에 공동이행, CDM, 배출권거래를 가리켜 교토메커니즘이라고 부른다. 유연성조치는 국내에서 실제로 온실가스 배출감축을 하지 않고 감축수치를 달성할 수 있는 방법으로, 배출감축이 엄격한 체약국에게는 이용가치가 높다. 반면 제한 없이 유연성조치를 허용하면 기후변화의 적극적인 방지라는 관점에서 문제가 있다는 비판이 존재한다. 이 때문에 교토의정서는 공동이행과 배출권거래가 국내적 행동에 대해서 보완적으로 이루어질 것을 요구하고 있다(제6조 1항, 제17조).

교토의정서의 공약달성방법이나 교토메커니즘 내용의 미확정부분을 명확히 하고자 교토의정서 운용규칙이 2001년 COP7(제7회 당사국총회)에서 법적 문서로 채택되었다(마라케시 합의). 이에 의하면, ① 개도국 지원을 위한 특별기후변화기금, 최빈국기금 및 적응기금 등 3개 기금의 설립, ② 교토메커니즘의 활용은 국내대책에 대하여 보완적으로 이루어질 것, 배출권 과다거래를 방지해야 할 것과 공동이행과 CDM의 배출감축에 원자력의 이용은 제외할 것, ③ 앞에서 서술한 새롭게 증가한 삼림 흡수원과는 별개로 기존의 삼림관리에 의한 흡수량이 인정되어 국가별로 상한을 설정할 것(일본은 3.86% 분을 획득하였지만 기존의 삼림관리를 흡수량으로 파악하는 과학적 근거가 부족하다), ④ 감축수치를 달성하지 못한 경우에는 초과배출량의 1.3배를 차기배출량에서 차감할 것 등이 정해졌다.

교토의정서는 2005년에 발효되었지만 주요배출국인 미국이 가입하지 않았다는 문제가 있다. 또 현재의 공약기간에 이은 2013년 이후의 체제구축이 과제로 되어있지만, 최근 배출량이 계속 증대하는 개도국에 대한 감축의무나 선진국의 보다 적극적인 감축의무를 둘러싼 대립이 존재한다.[7)]

V. 해양환경 및 남극환경의 보전

■ UN해양법협약과 해양환경보전

1982년 UN해양법협약은 제12부에서 해양환경의 보전에 대하여 규정하고 있다. 그 서두의 규정은 국가가 해양환경 그 자체를 보호·보전할 일반적인 의무를 진다고 한다(제192조). 이에 의해 이전처럼 국가가 해양환경을 오염시킬 자유는 더 이상 무제한의 것이 아니라 해양환경보전의 요청에 의해 제한되는 것을 볼 수 있다. 또한 자국 관할하의 활동이 타국이나 자국이 주권적 권리를 갖는 범위 밖의 환경에 오염을 초래하지 않도록 확보할 것을 요구한다(제194조 2항). 게다가 협약은 이를 기초로 하여 오염의 방지, 규제, 집행 등에 관한 규정 또는 오염의 종류별로 다양한 규정을 종합적으로 두고 있지만 그 내용은 일반적인 것이 많기 때문에, 구체적인 실체적 및 절차적 의무의 형성은 개별분야의 협약에 맡겨져 있다.

■ 해양환경보전에 관한 여러 조약

해양환경의 보전에 관한 조약제도는 크게 ① 유류유출손해, ② 선박에 기인한 오

7) 2011년 12월 개최된 더반회의에서는 2020년부터 모든 체약국에게 감축의무를 부과하는 새로운 조약체제를 협상하기로 합의하였다.

염 및 ③ 해양투기의 3분야에서 발달하고 있다.

유류유출손해에 대한 민사책임을 정한 조약에는 1969년 「유류오염손해에 대한 민사책임에 관한 국제협약」과 1971년 「유류오염손해보상을 위한 국제기금의 설치에 관한 국제협약」이 있다. 한편, 공해상에서 좌초된 유조선의 대량 유출로부터 자국의 연안을 보호하기 위하여 연안국인 영국이 타국의 유조선을 폭격하여 침몰시킨 사례가 있다(1967년 *The Torrey Canyon* 사건). 이 공해상 조치의 법적 근거로는 긴급피난이나 자위권 등이 제기되었으나 명확하지는 않았다. 이와 같은 중대하고 긴박한 위험을 방지하기 위하여 연안국이 일정한 조치를 취하는 것을 가능케 하는 1969년 「유류오염손해에 대한 공해상에서의 조치에 관한 국제협약」이 채택되었다.

선박에 기인한 오염에 대해서는 「MARPOL 73/78조약(1973년의 선박에서 기인한 오염방지를 위한 국제협약에 관한 1978년의 추가의정서)」이 있다. 이 조약은 유조선 및 그 외의 선박의 통상의 항행에 동반하는 유류의 배출을 상세하게 규제한다(부속서 I). 선박에는 일정한 검사를 행할 의무가 부과되고 검사가 완료된 선박에는 국제유류오염방지증서가 발급된다. 선박은 이 증서를 갖추고 있을 것이 요구된다. 또한 조약은 선박의 유류배출기준 및 선체의 구조기준을 정하고 있다. 구조기준으로는 예컨대, 유조선의 이중구조화(더블 헐) 등의 규정이 있다. 조약의 위반에 대해서는 위반장소를 불문하고 기국이 처벌을 행하고 또한 체약국도 자국 관할권 범위 내의 위반을 처벌할 수 있다(MARPOL 73/78조약 제4조).

해양투기에 의한 해양오염방지에 대해서는 1972년 「폐기물 및 기타 물질의 투기에 의한 해양오염방지에 관한 협약(런던협약)」이 작성되었다. 이 협약은 폐기물을 그 유해성에 따라 ① 해양투기가 금지되는 물질, ② 투기에 사전의 특별허가를 필요로 하는 물질 및 ③ 사전에 일반허가를 필요로 하는 물질의 3가지로 구분하여 투기를 규제하여 왔다(제4조, 부속서I, II, III). 그 후 1996년에 이 협약을 개정한 「런던협약의정서」가 채택되었다. 의정서는 사전주의적 접근을 도입하고(제3조 1항), 폐기물의 해양투기를 원칙적으로 금지하고 예외적으로 투기가 허용되는 경우를 정하는 역(reverse) 리스트 방식을 채용하였다(제4조, 부속서I). 즉, 의정서와 협약에서 각각

투기에 관한 원칙과 예외를 서로 바꿔 규정하고 있다. 또한 의정서는 투기가 허용된 경우에도 상세한 환경영향평가의 실시를 요구한다(부속서II). 의정서의 적용 지역은 체약국의 영해를 포함하는 해양이며, 체약국의 내수에도 실질적으로 동일한 규제가 미친다(제7조). 또한 투기규제의 적용 예외로 ① 악천후 시의 위험으로부터 인명·선박의 안전을 확보하기 위한 경우 ② 인간의 건강·안전 혹은 해양환경에 용인되기 어려운 위협이 있는 긴급의 경우를 들고 있다(제8조).

■ 환경보호에 관한 남극조약의정서

1959년의 남극조약에 의해 남극에 대한 국가의 영유권 설정이 제한되고 그 이용이 평화이용에 한정됨과 함께 과학조사의 자유와 국제협력이 규정되었다. 환경보호에 관해서는 1991년의 환경보호에 관한 남극조약의정서가 규율한다. 의정서는 남극의 환경과 생태계 및 이들 자연 그대로의 가치를 포괄적으로 보호하는 것을 목적으로 하고, 이러한 보호는 인류 전체의 이익이라고 평가한다(제3조, 전문). 또한 남극에서 과학조사를 제외한 광물자원탐사·개발활동은 금지된다(제7조). 의정서는 구체적인 환경보호규칙을 6개의 부속서에 규정하고 있다. 이는 ① 환경영향평가, ② 동식물상의 보존(동식물의 채집 또는 유해한 간섭을 허가제 하에 둔다) ③ 폐기물의 처분과 관리, ④ 선박에 기인한 해양오염의 방지와 규제, ⑤ 특별보호지역의 설정과 관리, ⑥ 환경상의 긴급사태에 대한 배상책임이다.

환경영향평가는 과학조사나 관광사업 등을 포함한 남극에서의 모든 활동을 대상으로 한다. 남극에서 발생한 환경영향이 ① 체약국의 국내절차에 기초하여 경미 또는 일시적인 영향조차 미치지 않는다고 판단되는 경우에 체약국은 직접 활동을 실시할 수 있고, ② 이를 초과하는 경우에 체약국의 초기환경평가서(IEE)의 절차에 기초하여 영향이 경미 혹은 일시적이라고 판단되면, 체약국은 영향의 평가·검증을 조건으로 활동을 실시할 수 있다. ③ 나아가 영향이 경미하거나 일시적인 것을 초과한다고 판단되는 경우 체약국의 절차에 기초하여 포괄적 환경평가서(CEE)가 작성되고,

그 포괄적 환경평가서가 남극조약 당사국총회의 검토를 거칠 때까지 체약국에 의한 해당활동실시의 결정이 허용되지 않는다(제8조, 부속서I).

2005년의 「환경상의 긴급사태에 대한 배상책임에 관한 부속서(미발효)」는 독특한 구조를 갖고 있다. 남극환경에 중대한 영향을 초래하는 사고 등이 발생한 경우에 체약국은 그 사태를 일으킨 자국의 사업자에게 오염의 정화 등 신속하고 효과적인 대응행동을 취하도록 요구한다. 원인을 제공한 사업자가 필요한 대응행동을 취하지 않는 경우에는 다른 체약국이 그 사업자 대신 대응행동을 취할 수 있다. 이 경우에 대응행동을 이행하지 않는 사업자는 대응행동을 취한 체약국에 대하여 그 비용을 지불할 책임을 진다(부속서VI). 이는 비용상환의무라는 법적 구성을 통하여 특정한 국가나 개인에게 귀속하지 않는 환경 그 자체의 이익의 보호, 회복을 꾀하는 선진적인 제도이며 오늘날 이러한 분야를 환경책임이라고 한다.

VI. 환경오염물질의 국제관리

■ 폐기물의 초국경적 이동

유해폐기물의 초국경적 이동의 예로는 1976년 이탈리아의 화학공장 폭발사고에 수반된 다이옥신 오염(Seveso 사건)과 관련하여 그 오염된 토양이 행방불명된 후 나중에 프랑스에서 발견된 사건이 있다. 최종적으로는 화학공장 모회사의 본국인 스위스 정부가 도의적으로 오염토양을 인수하는 형태로 수습이 되었다. 또한 1980년대 중반부터는 선진국에서 나온 폐기물이 개도국으로 대량 수출되어 개도국에 환경오염이 발생하는 사례가 명백히 드러났다. 개도국은 선진국의 폐기물이 초국경적으로 이동하는 것을 금지하여 달라는 요청을 하였으나, 선진국은 폐기물을 타국에 넘길 수 있는 선택지를 잃고 싶어 하지 않았다. 이러한 배경에서 1989년에 「유해폐기물의 국경을 넘는 이동 및 그 처분의 규제에 관한 바젤협약」이 채택되었다.

바젤협약은 체약국이 폐기물을 ① 수입을 금지하는 체약국에 수출하는 것, ② 남극지역으로 수출하는 것, ③ 비체약국과 거래를 하는 것을 금지한다(제4조 1항, 5항, 6항). 그러나 동 협약은 유해폐기물의 초국경적 이동을 전면적으로 금지하고 있는 것은 아니고, 오히려 사전통보동의(Prior Informed Consent : PIC)절차 하에 초국경적 이동을 용인하고 있다. 그 절차는 다음과 같다. ① 수출국(발생자, 수출자)은 수입국에게 유해폐기물의 수출계획을 서면으로 통고한다(제6조 1항). ② 수입국은 이를 동의할 것인지 여부를 통고자에게 서면으로 회답한다(제6조 2항). ③ 수출국은 수입국의 서면에 의한 동의와 환경상 적정한 처분계약의 존재를 확인하기까지 수출을 허가해서는 안 된다(제6조 3항). ④ 이동에는 유해폐기물에 이동서류(manifesto)가 첨부되고, 처분자는 유해폐기물의 수령과 처분의 완료를 수출자와 수출국에 통보한다(제6조 9항).

그러나 개도국을 향한 유해폐기물의 초국경적 이동을 규제하기에는 PIC절차로도 불충분하다고 인식되어, 1995년의 제3회 당사국총회에서 OECD국가들(선진국)로부터 비(非) OECD국가들(개도국)로 유해폐기물이 국경을 넘어 이동하는 것을 금지하는 개정안을 채택하였다(미발효).

1999년 제5회 당사국총회에서는 「바젤손해배상의정서」가 채택되었다(미발효). 이 의정서는 위법한 거래를 포함한 유해폐기물의 초국경적 이동과 그 처분에 수반하여 발생된 손해에 대한 배상책임과 그 보상을 위한 포괄적인 체제를 목표로 한다(제1조). 손해를 일으킨 수출업자 혹은 처분업자에게 무과실의 민사배상책임이 부과됨과 동시에(제4조) 의정서가 정한 일정액 이상의 배상능력을 우선 보험 등에 의해 확보할 의무가 부과된다(제14조, 부속서B).

■ 유해물질의 국제관리

1989년의 「특정 유해화학물질 및 농약의 국제교역시 사전통보승인절차에 관한 로테르담협약」은 유해한 화학물질의 수출을 규제하기 위하여 사전통보동의(PIC)절차를 마련하였다. 체약국은 조약의 대상이 되는 화학물질에 대해 수입에 동의하는지 여부를 조약사무국에 답변하고, 사무국은 그 정보를 체약국에 제공하며 다른 체약국은 수입체약국의 의사에 따라 수출을 확보한다(제10조, 11조, 부속서 III). 또한 자국 내에서 금지 또는 엄격하게 규제되는 화학물질의 수출시에는 수입국에 대하여 위험성 등의 조약이 정한 정보를 첨부한 사전통보를 해야 한다(제12조).

2001년에는 「잔류성유기오염물질에 관한 스톡홀름협약」이 채택되었다. 잔류성유기오염물질(Persistent Organic Pollutants, POPs)은 독성 · 생태독성, 난분해성(難分解性), 생물축적성 및 장거리이동성을 가진 화학물질이며, 농약, PCB, DDT, 다이옥신 등이 이에 해당한다. 협약은 리우선언 원칙15의 사전주의적 접근에 유의하여 POPs로부터 인간의 건강과 환경을 보호하는 것을 목적으로 하고(제1조), 부속서에 정한 POPs에 대해서 제조 · 사용 · 수출입의 금지 · 제한, 배출량 감축 및 폐기물의 적정관리를 규정하고 있다(제3조, 5조, 6조)

VII. 자연환경 및 생물다양성의 보전

■ 동식물 종(種)의 보전

야생동식물종에 대한 수출입 규제를 통하여 이를 멸종의 위기에서 보호하려는 것이 1973년의 「멸종 위기에 처한 야생 동 · 식물의 국제거래에 관한 협약(워싱턴협약)」이다. 협약은 수출국과 수입국에 대하여 다음의 세 가지 규제를 두고 있다. ① 국제거래의 결과 멸종의 우려가 있는 종(부속서I)은 종의 존속을 위해 특히 엄중하게 규제되고(제2조 1항), 이러한 종의 국제거래 시 사전에 수출허가서와 수입허가서를 발급받아야 하며, 상업목적의 수출입은 기본적으로 금지된다(제3조). ② 부속서I의 종에 준하는 종(제2조 2항, 부속서II)의 국제거래에는 사전에 수출허가서의 발급이 필요하다(제4조). 또한 부속서I 및 부속서II의 내용은 당사국총회가 결정한다. ③ 당사국이 그 영역 내에서 보호하려고 하는 종으로서 다른 체약국의 협력을 필요로 하는 종이 있을 수 있다(제2조 3항, 부속서III). 해당 체약국은 단독으로 그 종을 부속서III에 게재할 수 있다. 이러한 종의 국제거래시 부속서에 그 종을 게재한 체약국에서 사전에 수출허가서를 발급받거나 기타 국가의 원산지증명서를 제출하여야 한다(제5조).

조약의 규제대상은 부속서에 게재된 동식물종의 개체이고 그 생사는 불문하며 또한 개체의 일부분이나 파생물도 대상이 된다(제1조). 한편, 협약에서는 어느 정도의 예외를 인정하고 있다. 예를 들면, 소지품이나 가재(家財)에는 규정이 적용되지 않고(제7조 3항), 상업목적으로 인공 번식시킨 부속서I의 동식물종은 적용이 제외된다(제7조 4항). 또한 부속서의 개성은 당사국총회의 3분의 2의 다수결로 이루어지지만, 체약국은 유보를 할 수 있다(제15조, 제23조). 그 밖에 1997년에 아프리카 코끼리가 일부 부속서I에서 부속서II로 변경된 것처럼, 특정의 종의 규제를 완화하는 다운리스트의 기능성도 존재한다.

■ 야생동식물 서식지의 보전

1971년의 「물새의 서식지로서 특히 국제적으로 중요한 습지에 관한 협약(람사르협약)」은 습지의 국제적인 보호를 목적으로 한다. 습지는 천연 혹은 인공, 영구적 혹은 일시적, 담수 또는 해수인지를 불문하고 늪지와 연못, 습지, 이탄지(泥炭地), 수역, 수심 6m보다 얕은 해역을 말한다(제1조 1항). 따라서 하천, 논, 댐, 갯벌 등도 습지에 포함된다.

체약국은 우선 자국영역 내에 있는 습지를 조약의 등록부에 등록한다(제2조 1항). 체약국은 그 등록습지의 보전과 현명한 이용(wise use)을 촉진할 의무를 지고, 이를 위해 계획을 작성하여 실시한다(제3조). 체약국은 협약에 가입할 때 적어도 1개의 습지를 등록하여야 한다(제2조 4항). 일단 등록된 습지의 삭제나 축소는 긴급한 국가적 이익이 문제되지 않는 한 행할 수 없고(제2조 5항), 그러한 경우에도 철새에 대한 국제적 책임의 고려나 상실습지의 보완, 새로운 자연보호구역의 창설이 요구된다(제4조 2항).

당사국총회는 습지의 보전, 관리 및 현명한 이용에 관하여 체약국에 권고할 수 있다(제6조 2항(d)). 체약국은 습지의 관리책임자가 이 권고를 고려하도록 할 의무를 지고 있기 때문에 이 권고의 기능이 중요하게 여겨진다.

■ 생물다양성협약

1992년의 생물다양성협약은 ① 인간활동에 수반하는 생물종의 현저한 감소의 방지와 생물다양성의 보전, ② 생물자원이나 유전(遺傳)자원 등 생물다양성의 구성요소의 지속가능한 이용 및 ③ 유전(遺傳)자원의 이용에서 생기는 이익의 공정하고 형평한 분배를 목적으로 한다(제1조). 그러나 이러한 목적을 향한 협약의 접근은 단순하지 않다. 협약은 한편으로 사전주의적 접근의 필요성을 언급하고 생물다양성의 보전을 인류공통의 관심사로 하고 있지만, 다른 한편으로 국가는 자국의 생물자원에 주권적 권리를 갖고 그 지속가능한 이용에 책임을 진다고 한다(협약 전문).

조약은 체약국에게 다음과 같은 일반적인 의무를 부과한다. ① 생물다양성보전을 위한 국가적 전략이나 계획의 작성(제6조, 일본은 2007년에 제3차 생물다양성국가전략을 수립) ② 생물다양성의 중요한 구성요소나 그에 현저한 악영향을 주는 활동의 특정과 감시(제7조) ③ 생물을 서식영역에서 보전하기 위한 보호지역 등의 설치나 보완적인 서식영역 외 보전의 실시(제8조, 9조) ④ 생명공학(biotechnology)에 의해 유전자 변형된 생물의 이용 · 방출이나 외래종 이입(移入)의 규제 · 관리(제8조(g)(h)) ⑤ 가능한 경우 생물다양성에 현저한 악영향의 우려가 있는 사업계획에 대한 환경영향평가의 도입(제14조) 등이다.[8)]

---

8) 우리나라도 2012년 2월 생물다양성 보호에 관한 기본법을 제정하였으며, 이 법은 2013년 2월에 발효한다.

유전자원의 이용에 대해서는 유전자원이 존재하는 나라의 권한 및 그 국내법에 따른다. 타국이 유전자원을 이용하는 경우에는 유전자원 제공국에게 사전에 정보제공을 하여 당해국의 동의를 얻어야 한다. 반면, 체약국은 다른 체약국이 유전자원을 용이하게 이용할 수 있도록 노력하여야 한다(제15조).

■ 카타헤나 의정서 (Cartajena Protocol)

2000년의 「생물다양성협약 바이오안전성에 관한 카타헤나 의정서」는 유전자변형생물(living modified organisms, LMO)의 초국경적 이동시의 안전한 이송 · 취급 · 이용에 대하여 생물다양성의 보전, 지속가능한 이용 및 인간의 건강에 대한 위험이라는 관점에서 사전주의적 접근에 따라 적절한 보호수준의 확보를 목적으로 하고 있다(제1조). LMO는 현대의 생명공학(biotechnology)에 의해 획득한 신규 유전물질의 조합을 가진 생물이다(제3조(g)). 그 이용은 ① 재배용 종자와 같이 생물다양성에 대한 악영향이 염려되고 의도적으로 환경에 방출되는 이용, ② 식료 · 사료 · 가공원료용의 이용 및 ③ 공장 등의 폐쇄적 공간 안에서 봉입(封入)하는 이용으로 구별된다.

의도적으로 환경에 방출된 이용에는 수출입시의 사전통보합의(advance informed agreement, AIA)절차가 존재한다. 이에 의하면 ① 수출국 및 수출자는 수입국에게 서면으로 사전에 통고 · 정보제공을 행하고, ② 수입국은 수출국 및 수출자에게 서면으로 통고수령의 통지를 한다. ③ 수입국은 LMO의 안정성을 확인(risk assessment, 위험평가)한 다음에, ④ 수입에 동의할지 여부를 결정하여 수출국 및 수출자에게 서면으로 통지한다. 이상을 거쳐 동의가 있는 경우에 수출국에서 수입국으로의 LMO 수출이 가능하다. 이 절차에 의하면 위험평가 시 잠재적 악영향에 관한 과학적 증거가 부족한 경우에도 수입국은 LMO 수입금지의 결정을 내릴 수 있다(제7-10조). 또한 식료 · 사료 · 가공용의 재료(commodity)의 수출입에 대해서는 AIA절차만큼 엄격하지 않은 별개의 절차가 준비되어 있다(제11조).

VIII. 환경과 무역

■ 환경보전과 GATT/WTO 체제

최근 환경보전을 목적으로 하는 법규범이 GATT/WTO가 정한 자유무역의 원칙과 저촉되는지가 논의되고 있다. 여기에는 다음의 2가지 측면이 있다.

첫 번째는 어떤 국가의 환경법이나 환경보호조치가 자유무역원칙에 저촉되는지 여부의 측면이다. 환경보호 목적의 국내법이라고 해도 그것이 타국 상품의 수입을 제한하게 된다면 GATT 제11조 수량제한의 일반적 폐지나 제3조 내국민대우의 위반이 될 수 있다. 그러나 GATT 제20조에서 예외를 마련하여, 인간이나 동식물의 생명 · 건강의 보호를 위하여 필요한 조치(제20조 (b)) 및 유한천연자원의 보존에 관한 조치(제20조 (g))에 해당하는 경우에는 수입제한이 허용된다. 1990년대 전반까지 GATT 패널은 제20조 (b)혹은 (g)의 예외규정에 의한 적합성 자체를 엄격하게 해석하여 예외를 인정하지 않아 왔다(*US- Restrictions on Imports of Tuna* 사건 I · II, 1991년 · 1994년 GATT 패널보고서).

1995년 WTO설립 후의 분쟁해결기구는 이전과는 다른 해석의 입장에서 우선 ① 제20조 (b) 혹은 (g)의 원칙에 의해 잠정적으로 정당화되는지를 판단하고 그런 다음 ② 제20조 모두(chapeau)의 요건, 다시 말해 그 조치가 동일한 여건이 지배적인 국가 간에 자의적이거나 혹은 정당화될 수 없는 차별대우를 구성하거나 국제무역에 대한 위장된 제한을 구성하는 방식으로 적용되지 않는지를 엄격하게 판단하고 있다(*US – Import Prohibition of Certain Shrimp and Shrimp Product* 사건 [제10장 Case ④]).

두 번째는 다자간환경협정(MEA)이 자유무역원칙에 저촉되는가의 문제다. 「오존층파괴물질에 관한 몬트리올 의정서」가 비체약국과의 무역을 규제하고 있고(제4조), 「바젤협약」도 체약국과 비체약국 사이의 폐기물의 수출입을 금지하고 있다(제4조 5항). 이러한 경우 MEA의 비체약국이 이러한 규제에 의해 초래되는 간접적인 제약을 자유무역원칙에 대한 저촉으로 다툴 잠재적인 여지가 있다는 것이 지적되고 있다. 이 문제는 결국 조약 상호간의 문제로 귀착되는 것으로 보이며, WTO의 「환경과 무역위원회(CTE)」에서 다자간무역협정에 포함되는 무역조치와 다자간 무역시스템의 규제와 관계된 검토가 진행 중이다.

1994년 WTO협정 전문이 지속가능한 개발을 언급하고 있고 또한 지속가능한 개발의 이념이 환경보호와 개발의 불가분성을 강조하고 있는 것을 감안하면, 이상의 어느 경우에 대해서도 개발은 환경에 대해서 일정한 배려를 기울여야 한다는 관점으로 대응하는 것이 바람직한 것으로 보인다.

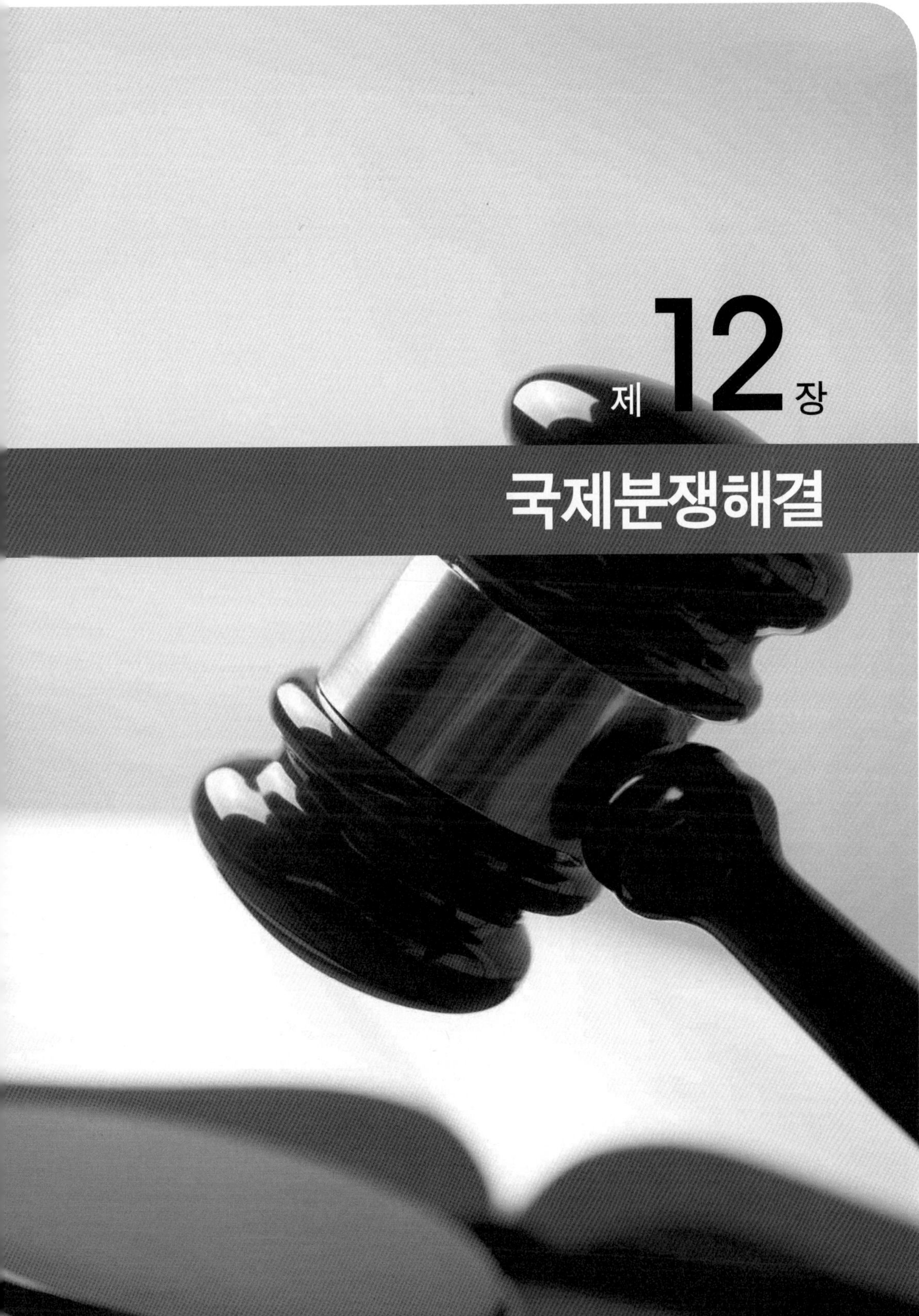

제 12 장

국제분쟁해결

UN헌장 제2조 3항은 「모든 회원국은 그들의 국제분쟁을 국제평화와 안전 그리고 정의를 위태롭게 하지 아니하는 방식으로 평화적 수단에 의하여 해결하여야 한다」고 규정하고 있다. 일찍이 켈젠은 영구적 평화를 위해서는 그 구성원이 모든 분쟁을 상설국제재판소에 제소하여 판결을 존중할 의무를 지는 국제협력기구의 확립이 필요하다고 주장한 바 있다. 그러나 국가는 오늘날까지도 국제분쟁을 국제재판을 통하여 해결할 일반적 의무를 지고 있지 않다. 이 때문에 국제분쟁을 평화적으로 해결함에 있어서는 판결에 의하지 않는 분쟁해결수단도 중요하다. 이번 장에서는 재판에 의한 것뿐만 아니라 재판절차에 의하지 않는 분쟁해결수단도 검토해 보고자 한다.

UN헌장 제33조 제1항은 「어떠한 분쟁도 그 계속이 국제평화와 안전의 유지를 위태롭게 할 우려가 있는 것일 경우, 그 분쟁의 당사자는 우선 교섭, 심사, 중개, 조정, 중재재판, 사법적 해결, 지역기구 또는 지역협정의 이용 또는 당사자가 선택하는 다른 평화적 수단에 의한 해결을 구한다」라고 규정하고 있지만, 여기에 열거되어 있는 각종 수단은 당사자 간의 외교교섭을 제외하면 제3자가 관여하는 것에 의해 분쟁의 해결을 꾀하는 것이다.

또한 최근에는 다양한 국제재판소가 설치되어 국제분쟁해결제도의 발전이 촉진되고 있다.

Ⅰ. 재판절차에 의하지 않는 분쟁해결

1. 분쟁의 평화적 해결방법

■ 교섭 (negotiation)

교섭, 심사, 중개, 조정과 같은 분쟁해결수단은 재판절차에 의하지 않는 분쟁해결수단으로서 법의 적용에만 의거하는 것이 아니라 분쟁원인으로 파악되는 정치적 그리고 경제적 조건도 고려하여 적절한 해결을 추구하는 것이다.

교섭은 분쟁당사국이 직접적으로 외교절차에 의한 대화를 통하여 합의에 이르려고 노력하는 것으로 국제분쟁해결을 위한 기본적인 수단이다. 실제로 대다수 국제분쟁은 교섭에 의해 해결되고 있다.

또한 교섭 자체가 최종적인 해결로 이어지지 않는 경우에도 교섭을 통하여 당사국 간의 쟁점이 명확해져서 분쟁해결의 단초가 되기도 한다. 재판을 통해 분쟁을 해결하는 경우에도 국제사회에서는 판결을 강제할 수단이 존재하지 않기 때문에 구체적인 최종처리는 교섭을 통해 이루어지게 되는 등 분쟁의 평화적 해결에 있어 교섭이 매우 중요한 지위를 점하고 있다.

■ 주선 (good-office) 및 중개 (mediation)

주선이나 중개의 경우 국제분쟁을 해결하기 위해서 제3자가 관여한다. 주선은 제3자가 분쟁당사국에 대하여 직접 교섭을 권하고, 이를 위한 장소 설정이나 통신 편의 등 사무적인 원조를 행하고 교섭의 내용에 개입하지는 않는다.

이에 반해 중개는 제3국이 분쟁당사국 간의 교섭내용에까지 개입하여 해결안을 제시하는 방식 등으로 쌍방의 주장이 조화되도록 노력한다.

헤이그 평화회의에서 채택된 「국제분쟁의 평화적 해결을 위한 협약(1899년, 1907년)」은 주선이나 중개에 대한 국가관행을 명문화한 것으로, 이 두 수단을 국제분쟁의 평화적 해결수단으로 법전화한 것이다.

■ 심사 (inquiry)

심사란 복수의 위원에 의해 구성되는 국제심사위원회를 설치하여 사실관계를 명확히 함으로써 분쟁해결을 용이하게 하려는 것이다. 이는 1904년의 도거 해협(Dogger Bank) 사건을 계기로 주목을 받은 분쟁해결방식이다. 이 사건은 러시아의 발틱 함대가 대서양 상의 도거 해협 부근에서 조업 중이던 영국 어선단을 오인포격하여 손해를 가한 것이다. 영국과 러시아는 프랑스의 중개에 의해 영국, 러시아, 프랑스, 미국, 오스트리아로 구성된 국제심사위원회에 회부하였고, 국제심사위원회는 러시아 측의 과실을 인정하는 판정을 내렸다.

국제분쟁의 평화적 해결을 위한 협약에서는 국제심사위원회를 분쟁당사국 간의 특별조약에 의해 구성하도록 하고(제10조), 심사는 대심(對審)으로 행하며(제19조), 필요에 따라 사실검증 및 실지검증도 행할 것을 예정하고 있다(제21조). 국제심사위원회의 보고는 사실인정만을 행하며, 국제재판의 판결처럼 분쟁을 근본적으로 해결하는 성질을 갖는 것은 아니다. 그러나 1962년의 *Red Crusader* 호 사건(본 장 Case ①)에서는 국제심사위원회의 보고가 법적 평가에까지 관여하고 있어, 사실인정에 그치지 않는 사건도 존재한다.

Case ① *Red Crusader* 호 사건

(덴마크 · 영국 국제심사위원회 보고서, 1962년 3월 23일)

Red Crusader호는 영국의 어선이다. 1961년 동 선박은 덴마크의 어업수역 안에서 위법조업을 하고 있다는 혐의로 덴마크 경비함에 의해 나포되었다. 호송을 위해 Red Crusader호 내에 덴마크 경비관이 승선하였는데, 동 선박은 그를 구금하여 도주하였다. 덴마크 경비함은 동 선박을 추적하였고 이 때 정선명령을 함과 동시에 동 선박에 대한 발포를 행하였다. 영국의 어선감시정이 공해상에서 이에 개입하여 구금되어 있던 경비관을 덴마크 측에 인도하고, 나중에 영국과 덴마크 사이의 교환문서를 통하여 본건은 사실심사에 회부되었다. 국제심사위원회는 네덜란드인, 벨기에인, 프랑스인의 3명으로 구성되었다. 국제심사위원회는 Red Crusader호에 대하여 덴마크 경비함이 행한 정선, 임검, 나포 등의 조치는 타당하다고 인정하였고, Red Crusader호의 도주를 비난하였다. 그러나 덴마크 경비함에 의한 경고 없는 발포는 타당하지 않다고 하여, 지근거리에서의 포격은 필요한 한도를 넘었다고 판정하였다.

■ 조정 (conciliation)

조정이란 중립적 입장의 국제조정위원회가 국제분쟁을 심사하여 분쟁당사국 주장의 상호 이해를 촉진하고, 해결조건의 제시나 권고를 통하여 평화적 해결을 도모하는 것이다. 시민적 및 정치적 권리에 관한 국제규약은 제42조에 특별조정위원회 제도를 규정하고 있고, 또한 UN해양법협약은 제15부 「분쟁의 해결」에서 조정절차에 관한 규정을 두고 있다.

조정은 사실문제에 한정하지 않고 법적 문제를 포함한 분쟁을 전반적으로 검토하는 것으로, 그 의미에 있어 심사와 중개의 양자의 요소를 포함하는 것이라고도 할 수 있다. 국제연맹은 1928년에 「국제분쟁의 평화적 해결에 관한 일반의정서」를 채택하였지만 이는 일반조약으로서 포괄적인 조성방법을 정한 것으로 1949년의 UN총회결의에 의해 개정되었다. 이 의정서는 두 국가 간의 조정조약에 의해 조정위원회를 설치할 것을 예정하고 있지만, 실제로 이와 같은 형태로 분쟁이 해결된 사례는 거의 없다.

2. 국제기구에 의한 분쟁해결

■ 국제기구에 의한 분쟁해결의 방식

국제기구를 통한 분쟁해결의 방식으로서는 UN에 의한 것 외에 지역적 기구에 의한 것이 있다. 유럽안보협력기구(OSCE), 미주기구(OAS), 아프리카연합(AU)과 같은 지역적 기구도 지역차원에서의 분쟁해결에 중요한 역할을 수행하고 있는데, 다음에서는 UN에 의한 분쟁해결에 대하여 살펴본다.

■ UN 안전보장이사회 (UN Security Council)

UN헌장 제6장은 분쟁의 평화적 해결에 대하여 규정하고 있다. 제33조 제2항에 의하면 안보리는 필요하다고 인정하는 경우 당사자에 대한 분쟁의 평화적 해결을 요청할 수 있고, 또한 제36조에 의하면 「적절한 조정절차 또는 조정방법」을 권고할 수 있다. 또한 제34조는 안보리가 「국제평화와 안전의 유지를 위태롭게 할 우려」가 있는지를 결정하기 위해 조사할 수 있다고 규정한다. 제37조는 당사자가 제33조에 규정된 수단에 의하여 분쟁을 해결하지 못하는 경우 이를 안보리에 회부해야 한다고 규정하고 있다. 안보리는 분쟁의 계속이 국제평화와 안전의 유지를 위태롭게 할 우려가 있다고 인정하는 경우, 제36조에 근거하여 행동을 취하거나 「적절하다고 인정되는 해결조건」을 권고할 수 있다(제37조).

■ UN 총회 (UN General Assembly)

UN헌장 제35조는 UN회원국이 분쟁에 대하여 안보리 또는 총회에 주의를 촉구할 수 있다고 규정하고 있다. 제10조에 의하면 총회는 「헌장의 범위 내에 있는 문제 또는 사항」을 토의하고, 회원국이나 안보리에 대한 권고를 할 수 있다. 또한 제11조 제2항에 의하면 총회는 「총회에 회부된 국제평화 및 안전의 유지에 관한 모든 문제」에 대하여 토의하고 권고를 행할 수 있다. 나아가 제14조는 총회가 「일반적 복지 또는 국가들 간의 우호관계를 해할 우려가 있다고 인정되는 모든 사태」에 대해서도 평화적으로 조정하기 위한 조치를 권고할 수 있다고 규정하고 있다. 단, 제11조 2항은 국제평화와 안전의 유지에 관한 문제로 「행동을 필요로 하는 것」에 대해서는 토의 전 또는 후에 총회에 의하여 안보리에 회부해야 한다는 취지를 규정하고 있다. 또한 제12조 1항에 의해 총회는 안보리가 분쟁 또는 사태에 대하여 임무를 수행하고 있는 동안에는 안보리가 요청하지 않는 한 권고를 행할 수 없다. 즉, UN의 활동을 통하여 분쟁을 해결하는 경우에는 안보리가 총회보다 우위에 서는 권한을 가지고 있는 것이다.

■ UN 사무총장 (UN Secretary General)

UN 사무총장은 분쟁의 평화적 해결에 있어 중요한 역할을 수행하여 왔다. 사무총장은 행정직원의 장으로서의 임무와 더불어 정치적 역할도 담당하고 있다. UN헌장 제98조는 「사무총장은 총회, 안전보장이사회, 경제사회이사회 및 신탁통치이사회의 모든 회의에 사무총장의 자격으로 활동하며, 또한 이들 기관에게 위임받은 다른 임무를 수행한다」고 규정하고 있는데, 실제로 총회나 안보리는 사무총장에 대하여 주선이나 중개 등의 활동을 위탁하여 왔다. 덧붙여 제99조는 「사무총장은 국제평화 및 안전의 유지를 위협한다고 인정되는 사항에 대해서 안전보장이사회에 주의를 환기할 수 있다」고도 규정하고 있다. 단, 실제로 제99조가 원용된 사례는 극히 적다. *Rainbow Warrior*호 사건(제4장 Case ①)에서는 UN사무총장의 중재판정이 이루어졌는데, 여기에 법적 구속력이 인정된 점에서 이것이 중개에 해당하는지 중재재판에 해당하는지에 대하여 견해가 갈리고 있다.

II. 중재재판

1. 국제재판제도의 발달

■ 중재재판방식과 사법재판방식

같은 재판이지만 중재재판(arbitration)과 사법재판(judical settlement) 간에는 차이가 있다. 중재재판은 당사국이 'compromis'라는 합의서를 작성하여(보통 '중재회부계약'으로 번역되지만 법적성질은 조약에 해당한다), 사건별로 중재인, 중재절차, 적용법규 등에 대하여 합의한다. 이에 반해 사법재판은 상설적인 조직이 이미 설치되어 있고, 재판준칙에 대해서도 보다 엄격한 국제법에 준거하여 재판을 진행한다.

중재재판은 국제상사분쟁에서 널리 활용되고 있고, 투자분쟁해결조약에 근거하여 설립된 국제기구인 국제투자분쟁해결센터(ICSID)에 의한 중재재판 등이 있다. 중재재판은 항상 당사자의 합의에 의해 제기되며, 재판소의 중재판정(award)이 분쟁당사국을 구속하는 점에서 조정과는 다르다. 중재재판에서는 판단기준이 당사국의 합의에 의해 결정되므로 당사국의 국내법 등 국제법 이외의 기준을 사용한 재판을 행하는 것도 가능하여 유연성이 높다. 중재재판은 비공개성이 특징이지만, 투자분쟁중재의 경우 반드시 비공개인 것은 아니다. ICSID의 경우 신청 자체는 반드시 공개되고 중재재판도 당사자의 합의에 의해 공개되는 예가 많다.

■ 중재재판방식의 발전과 일본

근대적인 중재재판으로는 1794년에 영미간의 Jay 조약에 의한 것을 최초로 본다. 이 조약에서는 국경획정이나 청구권 문제를 양국이 임명하는 중재인에 의해 구성되는 혼합위원회의 재판에 의해 해결하기로 규정하였는데, 이것이 중재재판의 발달을 촉진하였다고 평가된다. 또한 1872년의 *Alabama호* 사건(본장 Case ②)에 대한 미영 중재재판소에 의한 중재판정도 중재재판의 발전에 기여하였다.

일본은 1875년에 페루와의 *마리아 루스호* 사건(본장 Case ③)에서, 또한 1905년에는 영국 · 프랑스 · 독일과의 *가옥세(家屋稅)* 사건(본장 Case ④)에서 중재재판의 당사국이 되었다. 그 후 한동안 중재재판의 당사국이 되는 일은 없었지만, 1999년에 *Southern Bluefin Tuna* 사건(본장 Case ⑤)에서 중재재판을 경험하였다.

Case ② *Alabama호* 사건

(미국 · 영국 중재재판소 판정, 1872년 9월 14일)

1861년 남북전쟁 중에 미연방정부는 남부연합의 항구를 폐쇄하였다. 영국은 중립선언을 하고 있었지만, 남부연합이 영국에 있는 민간조선소에 건조를 위탁한 알라바마 호에 대하여 영국정부는 이를 금지하는 조치를 취하지 않았다. 알라바마호는 실제 전투에서 미연방정부군에 막대한 손해를 입혔다. 남북전쟁 후 미국은 영국에 의한 국제법상 중립의무위반을 주장하며 본건 분쟁을 미국, 영국, 이탈리아, 스위스, 브라질에 의해 선발된 5명의 재판관으로 구성된 중재재판소에 회부하였다. 영국은 국내법상 알라바마호의 건조 등을 금지할 권한이 없었다고 항변하였지만, 중재재판소는 국제법상 책임의 면책사유로 국내법령을 원용할 수는 없다고 판단하여, 판결에서 미국의 주장을 인정하고 영국이 상당한 주의를 결하였다고 하여 중립의무 불이행을 인정해 손해배상을 명하였다.

Case ③ *마리아 루스 호* 사건

(일본 · 페루 중재재판소 판정, 1875년 6월 10일)

1872년 페루선박 마리아 루스호가 요코하마에 기항하였는데, 좁은 선내에 갇혀 있던 중국인 노동자가 탈출하여 정박 중인 영국군함에 보호를 구하였다. 영국에 의해 신병을 인도받은 일본정부는 마리아 루스호를 노예선으로 간주하여 출항을 금지하고, 선장을 소추하여 유죄를 선고한 뒤 선박 안에 있던 중국인 노동자 전원을 석방하였다. 그 후 페루정부는 일본의 조치를 국제법위반이라 하여 손해배상을 청구하였다. 1873년 양국은 중재계약(compromis)을 체결하고 러시아 황제를 재판관으로 하는 중재재판에 회부하기로 합의하였다. 중재재판소는 일본 측의 조치에 국제법상 위법성은 없다고 하여 일본은 손해배상책임을 지지 않는다고 판결하였다.

Case ④ *가옥세* 사건

(상설중재재판소 판정, 1905년 5월 22일)

일본과 영국, 프랑스, 독일이 당사국이 된 중재재판이다. 치외법권론이 소멸하면서 일본정부는 영구조차지의 건물에 대하여 과세를 시작하였다. 이에 영국, 프랑스, 독일 등의 국가들은 개정조약에 의해 「영구조차지에 기재된 조건 이외의 조건을 부과할 수 없다」는 것이 보장되기 때문에 가옥세를 부과하는 것은 조약위반이라고 주장하였다. 판결은 영국, 프랑스, 독일의 주장을 인정하였고 일본은 패소하였다. 이 사건은 일본이 상설중재재판소의 재판당사국이 된 유일한 사례이다. 이 사건에서 패소한 후 일본은 중재재판에 소극적인 자세를 견지하고 있다.

Case ⑤ *Southern Bluefin Tuna* 사건

(일본 · 오스트레일리아 · 뉴질랜드 중재재판소 판정, 2000년 8월 4일)

남방참다랑어보존협약을 체결한 일본, 오스트레일리아, 뉴질랜드 간의 분쟁이다. 오스트레일리아와 뉴질랜드는 일본이 어획할당량을 넘어 조사어획을 실시한 것이 UN해양법협약에 위반하였다고 하여 UN해양법협약의 의무적 중재규정(제286조, 제287조 제3항)에 근거하여 중재재판소에 분쟁을 회부하였다. 일본은 이 사건이 남방참다랑어보존협약상의 분쟁이라는 점에서 중재재판소의 관할권을 다투었다. 중재재판소는 UN해양법협약 제281조 1항의 규정에 의해 일본의 주장을 인정하였고, 중재재판소에는 관할권이 없다고 판정하였다.

2. 상설중재재판소(PCA)

■ 상설중재재판소의 설립

상설중재재판소는 1899년 제1회 헤이그 평화회의에서 채택된 국제분쟁의 평화적 해결에 관한 협약에 근거하여 설립이 합의되었고 1901년에 발족하였다. 1913년에는 네덜란드 헤이그에 평화의 궁전이 설립되었고 그 안에 사무국을 두었다. 상설중재재판소는 재판소재판관명부 · 국제사무국 · 상설평의회로 구성된다.

국제분쟁의 평화적 해결에 관한 협약은 제44조에서 각 체약국이 4인 이하의 재판관을 임명한다고 규정하고 있으며, 제45조에서는 재판소 재판관명부로부터 분쟁당사국이 중재재판관을 선정한다고 규정하고 있다.

■ 상설중재재판소의 활동

국가만이 상설중재재판소에 분쟁을 회부할 수 있다. 새판소의 관할권은 중재회부계약에 의해 분쟁당사국 상호 간에 재판회부의 합의가 있는 경우 및 재판조약이나 재판조항을 삽입한 조약으로 일정한 분쟁을 중재재판에 회부한다는 합의가 있고 그 일방의 분쟁당사국이 제소한 경우에 발생한다.

상설중재재판소의 재판준칙으로는 국제법에 기초하여 분쟁을 해결하는 것이 원칙이지만, 분쟁해결에 필요한 법이 존재하지 않는 경우에는 형평의 원칙이나 선에 기초하여 해결하는 것도 인정되고 있다.

상설중재재판소에 대해서는 그 기구의 상설성과 국제성이 충분하지 못하다는 비판이 있다. 각 체약국에 의해 임명된 재판관은 재판소에 상주하는 것은 아니고, 분쟁당사국에 의해 선정된 경우에만 직무에 관하여 활동한다. 또한 중재재판의 특징으로서 재판관의 선정은 분쟁당사국의 의사에 기초하는 것이고, 다수국가의 의사를 반영하여 선정되는 것은 아니라는 점이 있다.

III. 국제사법재판소 (ICJ)

1. 국제사법재판소의 설립과 구성

■ 상설국제사법재판소 (PCIJ)

국제연맹은 안전보장시스템 속에 사법적 기능을 예정하여, 상설국제사법재판소(PCIJ)를 설치하기로 하였다. 국제연맹규약 제13조 3항은 분쟁을 회부하는 재판소의 하나로서 상설국제사법재판소를 규정하였고, 제14조는 연맹이사회가 상설국제사법재판소설치안을 작성하고 이를 연맹국의 채택에 부친다고 규정하였다. 이 규정에 근거하여 1920년 제2회 연맹이사회는 상설국제사법재판소규정을 제정하기 위한 위원회설치를 결정하고, 제1회 연맹이사회에 초안을 제출, 이것이 수정을 거쳐 상설국제사법재판소규정이 전원일치로 채택되었다. PCIJ는 네덜란드 헤이그에 설치되었다.

1921년 이사회와 총회는 11인의 재판관과 4인의 예비재판관을 선출하였다. 예비재판관 제도는 이후 없어지고, 재판소는 15인의 재판관으로 구성되었다. PCIJ는 1946년에 해산하기까지 23개의 판결과 27개의 권고적 의견을 내었다. PCIJ의 규정, 건물 등은 오늘날의 국제사법재판소로 대부분 승계되었다.

■ 국제사법재판소의 설립과 구성

국제사법재판소는 제2차 세계대전 후 UN의 주요한 사법기관으로서 설립되었다. UN헌장 제92조도 「국제사법재판소는 UN의 주요한 사법기관이다」라고 규정하고 있다.

ICJ는 UN총회와 안전보장이사회에 의해 선출된 15명의 재판관으로 구성된다. ICJ규정 제2조에 의하면 「재판소는 덕망이 높은 자로서 각 국가에서 최고법관으로 임명되는 데 필요한 자격을 가진 자 또는 국제법에 정통하다고 인정된 법률가 중에서 국적에 관계없이 선출되는 독립적 재판관의 일단으로 구성된다」고 한다. 또한 제3조는「그 중 2인 이상이 동일국의 국민이어서는 안 된다」고 규정하고 있다.

재판관의 선출방법은 다음과 같다. PCIJ 당사국이면 PCIJ 국가별 재판관단에 의해 후보자가 지명되고, 비당사국의 경우에는 PCIJ의 재판관에 관하여 국제분쟁의 평화적 해결을 위한 협약이 규정하고 있는 조건과 마찬가지 조건으로 정부에 의해 국가별 재판관단이 임명되어 후보자를 지명한다(제4조). 제7조는 지명된 모든 후보자의 명부를 UN사무총장이 UN총회와 안보리에 제출한다고 규정하고, 제8조는 UN총회와 안보리는 각각 독자적으로 재판관의 선거를 행한다고 규정한다. 또한 선거에서 선거인은「전체적으로 재판관단이 세계의 주요문명형태 및 주요법체계를 대표하여야 함」을 유념하여야 한다(제9조). 재판관은 9년의 임기로 선출되며 재선될 수 있다. 선거는 3년마다 이루어지며, 이때마다 5명씩 갱신된다(제13조).

분쟁을 ICJ에 회부한 당사국은 15인의 재판관 중에 자국 출신 재판관이 없는 경우 임시재판관을 선정할 수 있다(제31조). 재판관이 출신국정부의 입장을 당연히 옹호하는 것은 아니므로 이 제도에 대한 비판도 있다. 그러나 정치적 정당성을 확보하고 국제재판제도의 적극적 활용을 촉진하기 위하여 이 제도의 존재를 옹호하는 견해도 있다. 최근의 사례로는 1995년 *Application of the Convention on the Prevention and Punishment of the Crime of Genocide* 사건에서 보스니아-헤르체고비나가 엘리후 로터팍트(Elihu Lauterpact)를 임시재판관으로 선정한 예가 있다.

또한 ICJ규정 제26조는 특정 종류의 사건을 처리하기 위한 3인 이상의 재판관으로 구성되는 특별재판부를 설치할 수 있다는 취지를 규정하고 있고, 규정 제29조는 사무의 긴급한 처리를 위해 당사자의 요청에 의해 5인의 재판관으로 구성되는 간이재판부에 의한 재판이 가능하다고 규정한다.

2. 재판관할권과 수리가능성

■ 재판관할권 (jurisdiction)

ICJ규정 제34조 제1항은 당사자적격(재판의 당사자가 될 자격을 갖는 것)에 대하여 「국가만이 재판소에 제기되는 사건의 당사자가 될 수 있다」고 규정한다. ICJ의 관할권은 국내재판소의 경우와는 달리, 국가의 임의선택에 의한 것이며 국가 간의 동의를 기초로 하는 것으로 강제관할은 일반적으로는 인정되지 않는다. 즉, 제36조 1항이 「재판소의 관할은 당사자가 재판에 회부하는 모든 사건과 UN헌장 또는 현행 제 조약 및 협약에서 특별히 규정된 모든 사항에 미친다」고 하고 있듯이 재판소의 관할권은 분쟁당사국이 재판회부에 합의할 것을 조건으로 한다.

단, 국가가 사전에 재판소의 관할권을 받아들이는 것에 동의한 경우에도 재판소의 관할권이 발생한다. 이 경우, 분쟁은 상대국의 일방적인 제소로 재판소에 회부된다. 분쟁당사국의 동의가 있다고 인정되는 경우는 「일정한 분쟁을 재판소에 회부할 것을 규정한 재판조항 또는 재판조약에 의하는 경우」, 「규정 제36조 제2항의 선택조항을 수락하고 있는 경우」, 「분쟁의 발생 후에 분쟁당사국이 분쟁을 재판소에 회부한다는 특별한 합의를 한 경우」, 「한 당사국이 일방적으로 재판소에 청구를 제기한 후에 상대국이 이에 응하는 의사를 명시적 · 묵시적으로 나타낸 경우(확대관할권, *forum prorogatum*)」가 있다. 예를 들어 *Corfu Channel* 사건(제6장 Case②)에서 재판소는 확대관할권을 관할권의 기초로 하였다.

관할권에 대한 항변은 재판소의 관할권을 부인하는 것이지만, 그 중에는 인적 관할권, 물적 관할권, 시간적 관할권을 다투는 것도 있다. 인적 관할권이란 재판소의 관할권에 대하여 당사국 간의 합의의 결여를 다투는 것이고, 물적 관할권이란 분쟁의 부존재를 다투는 것이다. 또한 시간적 관할권이란 계쟁사건과의 관계에서 합의의 시간적인 유효성을 다투는 것이다.

■ 선택조항 수락선언

재판관할권은 국가 간의 합의를 전제로 하지만, 사전에 일정한 사건에 대하여 응소의 의무가 발생하는 경우가 있다. 그 중 하나가 선택조항 수락선언 제도이다.

이 제도는 규정당사국인 국가가 ICJ규정 제36조 2항에 따라 동일의무를 수락하는 다른 국가와의 관계에서 어떠한 경우라도 법률상의 분쟁에 대하여 「재판소의 관할권을 의무적인 것으로 인정한다」고 하는 일방적 선언(선택조항 수락선언)을 하는 것에 의해 재판소의 관할권이 발생하는 것이다. 일본을 포함한 67개국이 선택조항수락선언을 하고 있다.[1)]

선택조항수락선언에는 다양한 유보가 이루어지는 경우가 많고, 대상이 되는 분쟁을 수락선언일 이후에 발생한 것으로 한정하는 등의 「시간적 유보」나 특정사항에 관한 분쟁을 제외하는 「물적 유보」도 있다. 「물적 유보」에는 자국이 본질적으로 국내관할권 내에 있나고 결정하는 분쟁을 제외한다고 하는 이른바 「자동적 유보」도 있다. 그러나 이 자동적 유보에 대해서는 재판소 규정에 반하므로 무효로 해야 한다는 비판도 있다. 즉 ICJ규정 제36조 제6항이 「재판소가 관할권을 갖는지의 여부에 관하여 분쟁이 있는 경우에는 재판소의 판결로 결정한다」고 규정하고 있는데 반해 「자동적 유보」는 관할권의 유무에 대한 재판소의 결정권을 빼앗는 것이므로, 이와 같은 유보를 하는 선택조항수락선언은 그 자체가 무효라고 논하는 학자도 있다.

분쟁당사국 일방이 행한 유보는 상호주의 원칙에 의해 상대국도 이를 원용할 수 있다. 이 때 재판소의 관할권을 보다 넓게 수락한 국가가 보다 좁은 상대측의 유보를 원용할 수도 있다. *Norwegian Loans* 사건(본장 Case ⑥)에서는 프랑스가 선택조항수락선언을 한 「국내관할사항에 관한 분쟁」의 유보를 노르웨이가 원용하였고, 재판소도 이 주장을 인정하였다.

---

1) 2012년 7월 28일 현재, 모두 67개 국가가 ICJ의 관할권을 강제적인 것으로 수락하고 있다. 한국은 선택조항을 수락하고 있지 않으며, 67개 국가 중 UN안보리 상임이사국은 영국뿐이다.

Case ⑥ *Norwegian Loans* 사건

(ICJ 판결, 1957년 7월 6일)

노르웨이는 1885년부터 1909년에 걸쳐서 외국시장에서 공채를 모집하였는데, 노르웨이 은행권의 태환(금과의 교환)이 정지되었다. 프랑스는 노르웨이 국내법에 의해 취한 조치가 외국인 채권자에는 대항할 수 없는 것이라고 주장하며 ICJ에 노르웨이를 제소하였다.

양국 모두 ICJ규정 제36조 2항의 선택조항을 수락하고 있었는데, 프랑스는 「프랑스가 이해한 바에 따라 이 선언은 본질상 그 국내관할권에 속하는 사항에 관한 분쟁에는 적용되지 않는다」는 취지의 유보를 하고 있었다. 노르웨이는 상호주의에 근거하여 이 유보를 원용하였고, ICJ는 이를 인정하여 관할권을 부정하였다.

그러나 Hersch Lauterpact 재판관은 「자동적 유보는 관할권의 존부를 결정하는 권한이 재판소에 있다고 하는 ICJ규정 제36조 6항의 규정과 양립하지 않는다」고 하여, 자동적 유보는 무효이며 프랑스의 수락선언자체가 무효라는 취지의 개별의견을 내었다. 그 후 프랑스는 수락선언에서 자동적 유보를 삭제하였다.

■ 수리가능성 (admissibility)

수리가능성에 대한 항변이란 재판소에 제기된 사안을 재판소가 판단할 권한을 부인하는 항변의 한 형태로, 「국내구제완료의 원칙」이나 「당사자적격」 등의 쟁점이 있다.

당사자적격의 문제에 대해서는 *South West Africa* 사건(본장 Case ⑦), *Barcelona Traction Company* 사건(본장 Case ⑧)이 소의 이익의 문제를 포함하는 중요한 케이스이다. 특히 *Barcelona Traction Company* 사건에서 ICJ가 「대세적 의무」(obligation *erga omnes*)의 존재를 언급한 것은 *South West Africa* 사건 판결이 국제사회로부터 혹독한 비판을 받은 것에 대한 ICJ 자신의 자기비판의 표명이라고 보는 견해도 있다.

그런데 분쟁을 법의 해석 · 적용을 둘러싼 견해의 대립으로부터 발생하는 「법률적 분쟁」과 그 이외의 「비법률적 분쟁」으로 구별하여, 전자는 재판절차가, 후자는 재판에 의하지 않는 분쟁해결절차가 타당하다고 하는 견해가 지금까지 지배적이었다. 국제사법재판에서도 이 문제가 자주 수리가능성(admissibility)의 문제로서 다투어져 왔다.

Military and Paramilitary Activities in and Against Nicaragua 사건(제13장 Case)에서 ICJ가 관할권을 긍정하는 결정을 낸 후, 미국은 소송절차에 참가하지 않는다는 취지의 성명을 내었는데, 그 근거는 수리불능이라는 항변이었다. 미국은 「중앙아메리카의 분쟁은 좁은 의미에서의 법적 분쟁이 아니다. 이는 사법적 해결이 적절하지 않고 본질적으로 정치적 분쟁이다」라고 주장하였지만, ICJ는 이러한 미국의 항변을 인정하지 않았다. 또한 *United States Diplomatic and Consular Staff in Tehran* 사건(제5장 Case ①)에서는 이란 측이 관할권 및 수리가능성을 다투었지만, ICJ는 「법률적 분쟁이 정치적 측면을 가지고 있다고 해도 법률적 문제에 대하여 재판소가 관할권 행사를 삼가야 할 근거는 재판소규정 · UN헌장 어디에도 없고, 이란은 본건에서 분쟁의 법률적 측면을 분리하여 심리할 수 없다는 취지를 증명하지 못하고 있다」고 판시하였다.

Case ⑦ *South West Africa* 사건

(ICJ 본안판결, 1966년 7월 18일)

국제연맹에서 서남아프리카를 위임통치하고 있던 남아프리카는 제2차 세계대전 후 UN이 이 지역을 신탁통치로 전환하려는 것을 거부하고 동 지역의 병합을 주장하며 인종격리정책(apartheid)을 서남아프리카에 실시하였다. 이에 대하여 에티오피아와 라이베리아가 원고가 되어 ICJ규정 제37조에 근거하여 구 국제연맹회원국의 자격으로 ICJ에 제소하였다. ICJ는 선결적 문제로서 원고적격을 검토하여, 국제공동체에는 민중의 소(*actio popularis*) 같은 것이 없다는 이유로 양국이 본건에 관하여 양국에 속하는 법적 권리 또는 이익을 증명하지 못하였으므로 원고적격이 없다고 판단하였다.

Case ⑧ *Barcelona Traction Company* 사건

(ICJ 본안판결, 1970년 2월 5일)

캐나다에서 설립된 바르셀로나 트랙션 회사는 스페인에 자회사를 설립하고 있었는데, 그 주식 대부분은 벨기에 국민이 소유하고 있었다. 스페인 내전에 의해 이자지불이 정지된 것에 대해 스페인 채권자가 스페인의 국내재판소에 동 회사의 파산을 신청하였고 재판소가 파산절차를 밟았다. 이에 대하여 벨기에는 자국주주의 보호를 위해 스페인을 상대로 ICJ에 제소하였다. ICJ는 수리가능성에 관한 스페인의 항변을 인정하여, 벨기에에 의한 외교적 보호권의 행사(회사 주주의 본국에 의한 외교적 보호권의 행사)는 인정될 수 없다고 판단하였다. 그러나 이 판결 속에서 「국제공동체 전체에 대한 국가의 의무」의 존재를 인정하였고, 이는 「대응하는 권리의 중요성에 비추어 모든 국가가 이 권리의 보호에 법적 이익을 갖는」 것으로, 이를 만인에 대한 의무(대세적 의무, obligation *erga omnes*)라고 하였다.

---

3. 국제사법재판소의 활동

■ 재판절차

소송진행절차는 UN헌장과 불가분의 일체를 이루는 ICJ규정 및 ICJ규칙(ICJ규정 제30조에 근거하여 재판소가 제정)에 상세히 규정되어 있다. 절차가 개시된 후 당사자를 위한 모든 절차는 대리인에 의해 이루어진다. 심리절차에는 서면절차와 구두절차가 있다. 서면절차에는 양 당사국이 제출하는 2개의 답변서(진술서 · 답변서)가 있다. 구두절차는 재판소가 증인, 감정인, 대리인, 보좌인 및 변호인을 상대로 행하는 청취를 말한다. 서면절차 및 구두절차가 종료한 후, 재판소는 판결을 채택하기 위한 평의를 갖는다. 판결의 채택은 출석한 재판관의 다수결에 의하지만, 가부동수인 경우에는 재판소장 또는 재판소장이 없는 경우 그러한 자격이 있는 재판관이 결정투표를 한다. 다수의견에 대한 찬반여부를 불문하고 모든 재판관은 적절하다고 생각하는 경우 자기의 개별의견(경우에 따라서는 반대의견)을 판결에 첨부할 수 있다.

재판소의 관할권 또는 청구의 수리가능성에 대하여 다투는 선결적 항변이 이루어지는 경우가 있는데, 일방 당사국이 이러한 항변 신청을 한 경우 재판소는 즉시 각하해야 할 것이 아닌 한, 그 항변의 타당성에 관한 결정을 위하여 본안심리를 일시 중단하고 선결적 항변을 심리대상으로 해야 한다.

ICJ규정 제41조는 잠정조치(가보전조치)에 대하여 규정하고 있다. 잠정조치란 「당사자 각각의 권리를 보전하기 위하여 취해야 하는」 조치인데, 이는 국내법에서의 가처분에 상당한다. 잠정조치는 관할권에 대한 결정을 기다리지 않고 지시된다. 잠정조치의 요청은 1970년대 이후 증가하였다. ICJ규정 제74조에 근거하여 잠정조치를 지시해 줄 것을 요청하는 사건은 다른 모든 사건에 우선한다. *Nuclear Tests* 사건에서 재판소는 잠정조치를 지시할 재판소의 권한이 재판소의 판결이 있을 때까지 당사자의 권리를 보전하는 것을 목적으로 하는 것이며, 일응(*prima facie*) 관할권이 있다고 생각되면 지시할 수 있다는 취지로 서술하고 있다.

일방 당사국이 재판절차에 참가하지 않는 경우에도 소송절차는 중단되지 않는다. ICJ규정 제53조에 의하면 「일방 당사자가 재판소에 출석하지 아니하거나 또는 그 사건을 방어하지 아니하는 때에는 타방 당사자는 자기의 청구에 유리하게 결정할 것을 요청할 수 있다」고 규정하고 있다. 단 동조 제3항에서 재판소는 「그 청구가 사실상 및 법률상 충분한 근거를 가진 것이라는 사실을 확인해야 한다」고 규정하고 있다.

분쟁에 이해관계가 있는 제3국이 재판에 참가하는 것도 인정된다. ICJ규정 제62조에 의하면 재판에 의해 영향을 받는 법률적 성질의 이해관계를 갖는다고 인정되는 국가는 참가를 허가해 줄 것을 재판소에 요청할 수 있다. 참가요청에 대하여 재판소는 이 참가의 타당성을 결정해야 한다. 소송당사국 간의 분쟁이 제3국을 체약국으로 하는 조약의 적용과 관계가 있는 경우에는 그 제3국의 신청에 의해 재판에 참가할 수 있고, 판결의 효력은 참가국에 대해서도 구속력을 갖는다.

■ 재판준칙

회부된 사건은 ICJ규정 제38조에 따라 다음의 재판준칙에 따라 결정된다. 즉 ① 분쟁당사국에 의해 명확히 인정된 일반조약 또는 특별조약, ② 법으로서 인정된 일반관행의 증거로서의 국제관습, ③ 문명국이 인정한 법의 일반원칙이다. 또한 법칙 결정의 보조수단으로서 재판상의 판결 및 각국의 가장 우수한 국제법학자의 학설이 제시되어 있고, 그 밖에 분쟁당사국의 합의가 있는 경우 재판소는 「형평과 선」(*ex aequo et bono*)에 근거하여 재판하는 것도 가능하다.

■ 판결

ICJ규정 제60조는 「판결은 종국적이며 상소는 허용되지 않는다」고 규정하고 있다. 단 제61조에는 재심에 관한 규정이 있어, 「판결의 재심청구는 재판소 및 재심을 청구하는 당사자가 판결이 선고되었을 당시에는 알지 못하였던 결정적 요소로 될 성질을 가진 어떤 사실의 발견에 근거하는 때에 한하여 할 수 있다」고 하고 있다.

IC규정 제59조는 「재판소의 결정은 당사자 사이와 그 특정 사건에 관하여서만 구속력을 가진다」라고 규정하고 있어, 판결은 그 사건에 한하여 구속력을 갖는 것으로 하고 있다. PCIJ 이후의 판례에서 나타난 판단의 기초는 그 후의 재판 속에서 자주 언급되며 존중되고 있다. 또한 판례의 취지가 그 후의 국제법의 형성발전에 공헌한 예도 많다.

판결의 이행과 관련하여 ICJ의 판결은 국가에 의해 잘 지켜지고 있다. UN헌장 제94조는 일방 당사국이 재판소의 판결로부터 발생한 의무를 이행하지 않는 경우 타 당사국은 UN안보리에 판결불이행을 호소하고, 안보리는 필요하다고 생각되면 당해 당사국에 판결의 이행을 권고하고 기타 취해야 할 적절한 조치를 결정한다고 규정하고 있다.

■ **권고적 의견** (advisory opinion)

ICJ는 UN 등 특정한 국제기구로부터 요청을 받으면 그 자문에 응하여 법률상의 문제에 관해 필요한 권고적 의견을 부여할 수 있다. 권고적 의견의 내용으로는 *Certain Expenses of the UN* 사건(제9장 Case ②)처럼 국제기구의 권한에 관한 것이나 *Legality of the Threat or Use of Nuclear Weapons* 사건처럼 국가의 의무에 관한 것이 있다. UN헌장 제96조 제1항은 「총회 또는 안정보장이사회는 어떠한 법적 문제에 관하여도 권고적 의견을 부여할 것을 ICJ에 요청할 수 있다」고 규정하고 있고, 또한 동조 제2항은 「총회에 의하여 그러한 권한이 부여될 수 있는 UN의 다른 기관 및 전문기구도 언제든지 그 활동범위 안에서 발생하는 법적 문제에 관하여 재판소의 권고적 의견을 또한 요청할 수 있다」고 규정하고 있다.

권고적 의견의 요청이 있는 경우에 재판소는 문제가 되고 있는 사정의 사실관계에 대한 정보를 제공할 수 있다고 생각되는 국가나 국제기구에 그 자신의 견해를 서면 또는 구두로 제공하도록 요청할 수 있다. 재판소는 필요한 정보를 얻어 심리를 하고 권고적 의견을 낸다. 이는 권고적인 것이므로 법적 구속력을 갖는 것은 아니지만, 실제로는 권위 있는 재판소의 판단으로서 국가에 의해 존중되고 있다. 또한 UN이나 관계국제기구의 내부관계에서도 일반적으로 권고적 의견은 구속력을 갖는 것으로 다루어지고 있다.

Ⅳ. 지역적 재판소

1. 지역적 재판소의 발전

지역적 국제기구 중에는 경제적 · 사회적 국제협력을 진행해 가는데 있어 발생하는 문제의 사법적 해결을 위해 재판소를 설치하는 예가 많다. 본 절에서는 그 대표적인 예로서 유럽사법재판소와 유럽인권재판소에 대하여 개관하는데, 그 밖에도 미주기구(OAS) 회원국들의 인권보장 시스템으로서의 미주인권재판소, 아프리카연합(AU)국가들에 의한 아프리카 인권재판소 등이 존재한다.

2. 유럽사법재판소

■ 유럽사법재판소의 구성

유럽사법재판소는 유럽경제공동체(EEC)를 설립한 1957년의 로마조약에 근거하여 설립되었다. 이 재판소는 나중에 유럽경제공동체, 유럽석탄철강공동체(ECSC), 유럽원자력공동체(Euratom)의 3개 공동체 공통의 재판소가 되었다.

현재 유럽사법재판소는 각 구성국 1명의 재판관에 의해 구성되고, 11명의 법무관(advocate general)이 이를 보좌하고 있다. 재판소의 임무는 「조약의 해석 및 적용에 대한 법규의 준수를 확보할 것」이다.

유럽연합(EU)법은 설립조약이 1차법, EU에 의한 입법(규칙, 지침 등)이 2차법으로 존재하고, 나아가 EU를 구속하는 조약이 여기에 더해진다. 유럽사법재판소는 이들 EU법을 적용하여 재판한다.

■ 유럽사법재판소의 활동

유럽사법재판소에서의 제소주체와 관련하여 구성국에 의한 조약상의 의무위반에 대한 소송의 경우, 제소주체는 위원회 또는 다른 구성국이다. 또한 유럽이사회, 이사회, 위원회 등의 기관의 의결의 합법성을 심사하는 소송의 경우에 제소주체는 구성국, 유럽회의, 이사회, 위원회 또는 사인(자연인 또는 법인)이 된다.

ICJ 제도와 비교하면 유럽사법재판소의 재판관할권은 강제적이며, 또한 일정한 경우에 사인의 제소권이 인정되고 있다는 점에서 크게 다르다. 사인의 제소권이 인정되고 있는 것은 유럽이사회 · 이사회 · 위원회의 「의결의 위법성에 대한 호소」, 및 「부작위의 위법성확인의 호소」의 경우이며, 소송의 대상이 되는 기관의 의결이 당해 사인을 대상으로 하거나, 직접 개인적으로 관계가 있는 것이어야 할 필요가 있다. 사인이 소를 제기할 수 있는 상대는 EU 기관에 한정되어 있고 국가를 상대로 제소하는 것은 인정되지 않는다.

국내재판소와의 관계에서는 「선결적 판단」 제도가 중요하다. 이 제도는 EU설립 소약이나 EU입법의 해석이나 효력이 국내재판소에서 쟁점이 된 경우, 이들에 대해서는 유럽공동체재판소의 판단을 따르게 하는 것이다.

3. 유럽인권재판소

■ 유럽인권재판소의 구성

유럽인권재판소는 1950년에 스트라스부르(Strasbourg)에서 설립되었다. 유럽심의회(Council of Europe)의 체제 속에서 유럽인권협약의 준수를 확보하는 것이 그 목적이다. 유럽인권협약은 당초 유럽인권위원회와 유럽인권재판소를 설치하고 있었지만, 1998년에 유럽인권위원회가 폐지되어 그 기능이 유럽인권재판소에 흡수되었다. 유럽인권재판소는 유럽심의회 회원국과 동수의 재판관에 의해 구성되고 있고,

유럽심의회의 총회가 그 선임을 담당하고 있다.

유럽인권협약 제21조에 의하면 재판관은 덕망이 높고 고등재판관에 임명되는 데 필요한 자격을 가진 자 또는 유능하고 명성 있는 법률가이다. 유럽인권협약 제22조, 제23조에 의하면 재판관은 총회에 의해 각 체약국에 대하여 당해 체약국에 의해 지명된 3명의 후보자의 명부 중에서 다수득표에 의해 선출된다. 임기는 6년이다.

■ 유럽인권재판소의 활동

조약당사국만이 아니라 개인도 유럽인권재판소에 직접적으로 인권침해의 제소를 할 수 있다. 개인의 소 제기에 대해서 강제관할권을 갖는 인권재판소라는 것이 유럽인권재판소의 큰 특징이다. 또한 개인은 타국만이 아니라 자국을 상대로도 제소할 수 있다. 즉, 유럽인권협약 제33조는 모든 체약국은 다른 체약국에 의한 조약 및 그 의정서의 규정의 위반을 재판소에 회부할 수 있다고 규정하고 있고, 제34조는 재판소는 체약국에 의한 조약 또는 의정서에 규정된 권리 침해의 피해자라고 주장하는 자연인, 비정부단체 또는 어떤 집단이 제소를 수리할 수 있다고 규정하고 있다. 체약국은 이 권리의 효과적인 행사를 방해하지 않을 것을 약속한다고 규정한다.

재판소에 대한 제소가 수리 가능한 것인지에 관하여 개인이 행한 제소인 경우에는 3명의 재판관으로 구성되는 위원회 또는 7명의 재판관으로 구성되는 소법정이 행하며, 국가로부터의 제소인 경우에는 소법정이 이를 행한다. 유럽인권협약 제35조는 수리가능성의 기준에 대하여, 재판소는 일반적으로 인정되는 국제법의 원칙에 따라 모든 국내적인 구제조치를 거친 뒤이고 최종적인 결정이 이루어진 날로부터 6개월의 기간 내인 경우에만 사안을 다룰 수 있다고 규정하고 있다.

수리된 경우 재판소는 우호적 해결을 우선 시도하여 보고, 이를 달성할 수 없는 경우 소법정이 판결을 내린다. 소법정의 판결에 불복하는 당사자는 17명의 재판관으로 구성되는 대법정에 사건을 회부하도록 청구할 수 있다.

V. 국제형사재판소

■ 국제형사법정의 역사와 국제형사재판소(ICC)

국제인도법 위반으로 개인의 전쟁책임을 추궁하는 국제법정은 제2차 세계대전의 뉘른베르크재판소나 동경재판소의 사례가 있었다. 그 후 1948년에 채택된 제노사이드협약 제6조가 국제형사재판소의 설치를 예정하고 있었지만, 긴 세월 동안 이 구상은 실현되지 않았다. 냉전 이후 구 유고슬라비아와 르완다에서 행하여진 극단적인 국제인도법 위반행위를 처벌하기 위해 안보리결의에 근거하여 구유고슬라비아 국제형사법정(ICTY)과 르완다 국제형사법정(ICTR)이 설치되었다.

이와 같은 역사를 발판으로 국제인도법위반 등의 국제범죄행위를 처벌하기 위한 상설국제형사재판소(ICC)가 헤이그에 설립되었다. 1998년에 설립조약인 국제형사재판소규정(ICC규정, 로마 규정)이 채택되었고, 2002년에 발효하였다.

ICC규정 제1조는 재판소는 상설기관으로 하고, 국제적인 관심사로 가장 중대한 범죄를 행한 자에 대하여 관할권을 행사할 권한을 가지며, 또한 국가의 형사재판권을 보완하는 취지를 규정하고 있다. 이에 집단살해죄, 인도에 반하는 죄, 전쟁범죄에 대한 보편적인 관할권을 행사하는 재판소가 설립된 것이다. 동 제5조에는 침략전쟁도 대상범죄로서 제시되어 있지만, 이는 침략의 정의가 정해질 때까지는 적용되지 않는 것으로 되어 있다.[2)]

ICC규정 제6조, 제7조, 제8조는 각각 집단살해범죄, 인도에 반하는 범죄, 전쟁범죄에 대하여 규정하고 있다. 각각의 유형을 세분화하고 있다는 점, 범죄로 여겨지는 행위를 선례보다도 늘려가고 있는 점이 특징적이다. 특히 집단살해범죄와 인도에 반하는 범죄에 대해서는 재판소의 관할권이 반드시 무력분쟁의 경우로 한정되지 않았

2) 2010년 우간다 캄팔라에서 개최된 국제형사재판소 재검토 회의에서 침략의 정의가 제5조의 2 형태로 ICC규정에 포함되었다. 이 회의에서 삽입된 침략 관련 개정은 이것을 수락한 당사국에 대해서만 그 국가의 비준서가 기탁된 지 1년 후에 발효한다.

다는 점이 중요하다.

ICC규정 제34조에 의하면 재판소는「재판소장회의」,「상소재판부문」,「제1심재판부문」,「예비재판부문」,「검사국」,「서기국」으로 구성되어 있다. 제36조는 재판소의 재판관을 18명으로 규정하고, 재판관은 덕망이 높고 공평하며 성실한 자로서 각자의 국가에서 최고재판관에 임명되는 데 필요한 자격을 가지는 자 중에서 선출된다는 취지를 규정하고 있다. 재판관의 선출에 있어 그 구성에 있어서는「세계의 주요한 법체계가 대표될 것」,「지리적으로 공평하게 대표될 것」,「여성재판관과 남성재판관으로 공평하게 대표될 것」을 고려하여야 한다.

■ 국제형사재판소의 활동

소송제기 없이 소추개시의 요청이 가능한 것은「국제형사재판소규정의 당사국」,「안전보장이사회」,「국제형사재판소(검사에 의한 수사의 개시)」이다.

ICC규정 제13조(b)는 재판소가 제5조에 규정하는 범죄에 대하여 관할권을 행사할 수 있는 경우로「UN헌장 제7장의 규정에 근거하여 활동하는 안전보장이사회가 이들 범죄의 하나 또는 그 이상이 행하여졌다고 생각되는 사태를 검사에게 회부하는 경우」라고 규정하고 있는데, 이 절차에 의해 수단에서 발생한 국제인도법 위반사태가 안보리에 의해 국제형사재판소에 회부되었다. 수단은 로마규정의 당사국이 아니었고 또한 현직 대통령이었던 바시르에 대한 체포영장이 발부되지 않았기 때문에 국제형사재판소에 대한 반발이 강해지고 있다.

또한 ICC규정 제16조에 의하면 안보리는 다른 주체에 의해 개시된 소추라 해도 일정한 요건을 근거로 수사나 소추의 연기를 구할 수 있다고 하여, 안보리의 권한을 중시하고 있다.

ICC규정은 현재 114개국이 비준하고 있고, 국제사회에서의「비처벌(impunity)」을 회피하기 위한 제도적 장치로서 그 의의가 크다. 그러나 수사나 용의자의 체포, 판결의 집행 등에 대해서는 관계되는 주권국가의 협력을 필요로 하므로, 그 기능 행사의 한계가 지적되고 있다.

Case ⑨ *타지티* 사건

(구 유고슬라비아 국제형사법정 본안판결, 1997년 5월 7일)

세르비아계였던 피고인 타지티는 보스니아 헤르체고비나에 있는 수용소의 간수병이었는데, 1992년 무슬림계 및 크로아티아계인 구류자 및 주민에 대해 강간, 고문 등을 행하여 구 유고슬라비아국제형사법정(ICTY)에 제소되었다.

본건에서는 보스니아 헤르체고비나에서 발생한 분쟁이 국제무력분쟁에 해당하는지 여부가 쟁점이 되었는데, ICTY의 다수의견은 비국제적 무력분쟁이라고 판단하였다. 그러나 동 법정은 제네바 제(諸)조약 공통 제3조와 ICTY규정 제3조의「전쟁의 법규 또는 관례에 대한 위반」, ICTY규정 제5조의「인도에 반하는 죄」, ICTY규정 제7조의「개인의 형사책임」등을 근거로 타지티를 유죄라고 판단하여 금고 20년형의 판결을 내렸다.

제 13 장

무력분쟁과 국제법

국제법의 경우, 법이 법주체 간의 분쟁해결기준으로 유효하기 위해서는 전쟁을 어떻게 규제할 것인지가 가장 큰 과제가 된다. 그러나 국제법의 역사를 거슬러 올라가 그로티우스 이래 전쟁을 어떻게 규제할 것인지가 늘 국제법의 과제였음에도 불구하고, 실제로 전쟁의 규제가 시작된 것은 20세기부터이다. 오늘날 국제법은 UN헌장 제2조가 규정하고 있듯이 「무력에 의한 위협 또는 무력의 행사」를 일반적으로 금지하고 있다. 오늘날 이 무력사용금지원칙은 국제관습법상의 원칙이 되었다(*Military and Paramilitary Activities in and Against Nicaragua* 사건). 한편으로 20세기 말의 냉전종식 이후, 한 국가 내에서의 무력을 수반한 분쟁(국내분쟁 · 내전)이나 이에 대한 국제사회의 대응을 둘러싸고 새로운 문제가 발생하고 있다.

일반적으로 전쟁(war)은 일정기간 계속하여 이루어지는 국가 간의 무력을 수반한 분쟁(무력분쟁, armed conflict 또는 단순히 conflict)의 의미로 사용되고 있다. 예를 들어 일본어에서 '분쟁'에는 조약해석을 둘러싼 국가 간 견해차라는 의미가 있지만, 이 경우에 대해서는 'dispute'라는 별개의 영어 용어가 있다. 본장에서 '분쟁'이라는 용어는 원칙적으로 무력분쟁의 의미로 사용한다.

I. 국제법과 전쟁

■ 국제법상 전쟁의 지위

국제사회에서 전쟁은 국가 간 대립이나 분쟁의 최종적인 해결수단으로 일반적으로 이용되어 왔다. 물론 침략전쟁과 같이 자국의 이익에만 근거한 전쟁은 허용되지 않았다. 그러나 자국의 권리가 침해된 경우에 이를 회복하기 위한 전쟁 등 스스로에게 정당한 전쟁사유가 있는 경우에는 전쟁에 호소할 권리(開戰法規, *jus ad bellum*)가 있는 것으로 간주되었다. 이를 정전론(正戰論, just war theory)이라고 한다. 그러나 18세기 이후 주권국가체제가 확립되면서 전쟁의 정당성을 판단하는 상위권력이 부재하게 되어 정전론은 설득력을 잃었다.

정전론 대신 등장한 것이 무차별전쟁론이다. 교전국은 서로 자신에게 정당성이 있다고 믿고서 개전하며, 그 옳고 그름을 제3자가 결정하거나 평가할 수는 없다는 것이다. 무차별전쟁론에서 전쟁에 호소하는 것 그 자체는 국가의 권리 내지 자유이고, 국제법의 역할은 오히려 전투방법과 같은 교전규칙(*jus in bello*)을 정비하는 것이었다. 또한 국제사회의 법적 상태를 평시와 전시로 나누어, 일단 전쟁이 개시되면 교전국 이외의 국가들은 불가피하게 참전할 것인가 아니면 중립법규에 따라 중립을 유지할 것인가의 선택을 강요받는다는 전시국제법 우선의 국제법체제가 확립되었다.

이러한 상황에서 변화의 조짐이 보이기 시작한 때는 19세기 말 이후이다. 1899년 및 1907년 2회에 걸쳐 개최된 헤이그 평화회의를 통해, 개전법규와 교전법규에 대한 규제를 위한 조약안이 교섭된 것이다. 그 후 국제연맹규약이나 부전조약 등 조약이 작성되어 전쟁 규제에 일정한 진전이 보였다. 그러나 이러한 규제의 움직임으로도 제2차 세계대전의 발발을 방지하지는 못하였고, 1945년의 UN헌장에 이르러서야 간신히 일반적인 무력사용금지원칙이 확립되었다. 그러나 현실적으로는 이 무력사용금지원칙에 대해서도 실효성 · 허용되는 무력행사의 범위 등 여러 가지 문제가 지적되고 있다.

Case: *Military and Paramilitary Activities in and Against Nicaragua* 사건

(ICJ 판결, 1986년 6월 27일)

1980년대의 니카라과에서 미국이 반정부조직 콘트라(Contras)의 군사훈련을 행한 것과 미국 자신이 니카라과 영해에 기뢰를 부설한 것의 합법성이 다투어진 사건이다. 이런 활동이 UN헌장이나 미주기구(OAS)헌장에 위반하는 것이라는 니카라과의 주장에 대하여, 미국은 다자조약의 해석 · 적용에서 발생한 분쟁에 대한 ICJ의 관할권을 인정할 수 없다고 하는 이른바 「다자조약유보」를 근거로 ICJ의 관할권을 인정하지 않았다. ICJ는 미국의 주장을 긍정하면서도, 미국은 원래 니카라과의 영토보전이나 국내문제불간섭에 대하여 다자조약에 근거한 의무와는 별개로 국제관습법상의 무력사용금지의 의무를 부담한다고 보고, 이에 비추어 미국의 일련의 행위가 국제위법행위라고 인정하였다.

■ 전쟁위법화의 계보

일정한 전쟁을 금지하는 것을 규정한 최초의 조약이라 할 수 있는 것은 1907년 헤이그 평화회의에서 작성된 「계약상의 채무회수를 위한 무력사용의 제한에 관한 협약」(Drago-Porter 협약)이 있다. 이는 주로 유럽국가들이 중남미국가들에 대해 행하고 있던 채권의 회수를 목적으로 한 군사력의 사용을 규제하는 것을 목적으로 하는 것이었다. 구체적으로는 채권의 회수에 있어서는 우선 중재재판의 이용을 의무화하는 것으로, 군사력을 수반한 채권회수를 회피할 것을 노린 것이었다(Drago-Porter 협약 제1조). 그러나 중재재판에 응하지 않는 국가나 중재재판의 이행을 거부하는 국가에 대한 전쟁은 협약에서 규정한 규제의 대상에 해당하지 않았다. 나아가 이 협약의 대상이 되는 전쟁의 범위는 극히 한정적이어서, 역사적 의의는 있지만 실효성 측면에서 문제가 있는 것이었다.

보다 일반적이고 포괄적으로 전쟁규제를 시도한 최초의 조약에는 제1차 세계대전 후인 1919년에 발효된 국제연맹규약이 있다. 동 규약은 집단적 안전보장방식을 채택한 최초의 조약이기도 하다. 즉, 모든 국가는 「전쟁에 호소하지 않을 의무를 수락」(국제연맹규약 전문) 할 것을 전제로 국제연맹의 회원국이 된다. 그런 다음 회원국 간에 「국교단절에 이를 우려가 있는 분쟁」(동 제12조 제1항)이 발생한 경우에는 이를 평화적 해결수단에 맡길 것을 의무화한 것이다. 무엇보다 국제연맹규약 하에서 금지된 전쟁은 ① 평화적 해결수단을 거치지 않고 행해진 전쟁, ② 평화적 해결수단으로 해결된 지 3개월 이내에 개시된 전쟁 및 ③ 중재재판 · 사법재판의 판결에 따르는 국가나 국제연맹의 이사회 또는 총회의 전원일치(분쟁당사국은 결의에 참가하지 않음)에 의한 보고서에 기재된 권고에 따르는 국가에 대한 전쟁 세 종류에 그쳤다. 즉, 국제연맹규약에서는 전쟁 그 자체를 규제하는 것보다, 전쟁에 이르기 전에 평화적 해결수단을 두고, 전쟁개시까지 시간적 유예를 두는 절차적 규제가 주된 목적이었다(전쟁 모라토리엄).

1920년대에는 이와 같은 국제연맹규약의 한계를 극복하기 위한 시도가 이루어졌다. 그 중에서도 특히 중요한 것은 1928년의 부전조약(전쟁포기에 관한 조약, Kellogg-Briand Pact)이다. 부전조약 제1조는 「국가의 정책수단으로서의 전쟁」의 금지를 규정하고, 국가 간의 분쟁해결을 「평화적 해결수단 이외」(부전조약 제2조)의 방법에 맡기지 않기로 하였다. 이에 의해 국제연맹규약을 위반하는 사태가 발생하여도 동 규약을 통한 제재로써 수행되는 전쟁이나 자위권에 근거한 전쟁을 제외하면 일률적으로 전쟁을 금지할 수 있다고 간주되었다. 그러나 부전조약에는 조약 위반 인정을 위한 독자적인 절차나 기관이 존재하지 않았다. 나아가 실질적인 문제로서 개전선언을 수반하지 않고 개시되는 「사실상의 전쟁」에 대해서는 부전조약의 규제 밖이라는 해석이 가능하다는 새로운 문제가 발생하였다. 예를 들어 1931년 만주사변이나 1937년 중일전쟁과 같은 사태는 실제에 있어서는 전쟁이지만, 개전선언을 수반하지 않았기 때문에 부전조약위반이 아니라는 항변이 가능하게 되었다.

국가 간 분쟁을 해결하기 위한 수단으로써의 전쟁을 실효적으로 규제하기 위해서는 분쟁의 평화적 해결수단을 정비할 필요가 있다. 이를 위해 헤이그 평화회의에서는 교섭 · 심사 · 중개 · 중재재판에 관한 상세한 규정을 둔 「국제분쟁의 평화적 해결을 위한 협약」이 기초되었고, 이를 근거로 한 상설중재재판소도 설립되었다. 또한 국제연맹에서는 분쟁의 평화적 해결이 의무화되는 등, 전쟁의 위법화 과정에서 분쟁의 평화적 해결수단에 대해서도 일정한 진전이 있었다. 그러나 타국과 심각하게 대립중인 국가에 대하여 평화적 해결수단을 강제할 수 없는 국제사회의 구조적인 문제 등으로 인하여 결국 제2차 세계대전의 발발을 막지는 못하였다.

■ UN 헌장

국가에 의한 전쟁을 금지하고, 분쟁을 평화적 수단으로 해결할 것, 나아가 위법한 전쟁을 일으킨 국가에 대해 집단적인 제재로 대응할 것을 제도화한 점에서 UN헌장도 국제연맹규약과 동일한 구조를 채택하고 있다. UN헌장 하에서의 집단적 안전보장에 대해서는 나중에 상세하게 보기로 하고, 여기서는 UN헌장에서의 전쟁의 지위와 분쟁의 평화적 해결의무에 대해서 간단하게 보기로 한다.

UN헌장 제1조 1항은 UN의 목적을 「국제평화 및 안전을 유지하는 것」으로 규정하고 있다. 또한 앞에서도 다루었듯이 제2조 4항은 「모든 회원국은 그 국제관계에 있어서 다른 국가의 영토보전이나 정치적 독립에 대하여 또는 UN의 목적과 양립하지 아니하는 어떠한 기타 방식으로도 무력의 위협이나 무력의 행사를 삼가야 한다」고 하고 있다. 여기서 「전쟁」이라는 문언 대신 「무력에 의한 위협 또는 무력의 행사」라고 한 것은 국제연맹규약이나 부전조약이 안고 있던 문언상의 문제점을 극복하고, 개전선언을 수반하지 않는 사실상의 전쟁이나 그 전단계로서의 군사활동도 포함하여 광범위한 규제를 하려고 하는 의도가 발현된 것이다. 이 무력사용금지원칙은 그 이후의 총회결의를 통해 반복적으로 확인 · 강화되고 있다(1970년 우호관계원칙선언, 1982년 국제분쟁 평화적 해결에 관한 마닐라 선언 등).

이 무력사용금지원칙과 함께 UN헌장 제2조 3항은 「모든 회원국은 그들의 국제분쟁을 국제평화와 안전 그리고 정의를 위태롭게 하지 아니하는 방식으로 평화적 수단에 의하여 해결하여야 한다」고 하여, UN회원국에 분쟁을 평화적으로 해결할 의무를 부과하고 있다. 이 일반적 의무규정에 근거하여 분쟁의 평화적 해결수단에 대한 상세한 규정을 둔 것이 UN헌장 제6장이다. 제33조 1항은 「어떠한 분쟁도 그 계속이 국제평화와 안전의 유지를 위태롭게 할 우려가 있는 것일 경우, 그 분쟁의 당사자는 우선 교섭 · 심사 · 중개 · 조정 · 중재재판 · 사법적 해결 · 지역기구 또는 지역협정의 이용 또는 당사자가 선택하는 다른 평화적 수단에 의한 해결을 추구한다」고 하여, 회원국에게 분쟁의 평화적 해결의무를 부과하고 있다. 제33조 2항 이하는 안전보장이사회의 권한(제34조 · 제36조 이하)을 규정하고 있다.

UN헌장 제35조 1항은 「UN회원국은 어떠한 분쟁에 관하여도 또는 제34조에 규정된 성격의 어떠한 사태에 관하여도 안전보장이사회 또는 총회의 주의를 환기할 수 있다」고 하여, 분쟁당사국 이외의 회원국이 제6장에 근거하여 안전보장이사회(안보리)에 의한 분쟁의 평화적 해결을 구할 수 있는 길을 열어두고 있다. 나아가 제99조는 「사무총장은 국제평화와 안전의 유지를 위협한다고 그 자신이 인정하는 어떠한 사항에도 안전보장이사회의 주의를 환기할 수 있다」고 하여, UN사무총장 자신이 분쟁의 평화적 해결에 있어 일정한 역할을 수행하도록 하였다. 무엇보다도 이 조문은 그 후의 관행을 통해 확대해석되어 이제는 사무총장 자신이 스스로의 정치적 권위를 통하여 분쟁의 조정 · 중재를 행하고 있다.

또한 국제연맹시대의 상설국제사법재판소(PCIJ)를 승계하는 형태로 국제사법재판소(ICJ)가 UN헌장과 ICJ규정을 근거로 설치되어 사법적 해결을 맡고 있다.

II. UN의 집단적 안전보장과 평화유지활동(PKO)

앞에서도 본 것처럼 조약을 통하여 전쟁(무력행사)의 금지를 사전에 의무화하여, 이를 위반한 국가에 대하여 다른 체약국 모두가 집단적으로 제재를 행하는 것으로 상호안전보장을 꾀하는 방식을 집단적 안전보장이라고 한다. 이는 종래의 군사동맹을 통한 개별적 안전보장과는 달리 이념상 가상의 적국을 규정하지 않음으로써 국가의 안전을 보다 확실히 보장할 수 있다는 견해에 입각한 것이다. 국제연맹이나 UN은 집단적 안전보장체제를 구현화한 것이지만, 오늘날의 국제사회에 있어 이것만으로 모든 안전보장문제가 해결될 수는 없다. 일미안전보장조약과 같이 개별적 안전보장방식과 집단적 안전보장방식이 혼재하고 있는 것이 현실이다. 또한 1951년에 성립된 북대서양조약기구(NATO)는 냉전기간 중에는 서유럽국가들 및 미국 간에 형성된 군사동맹으로서 소련을 중심으로 하는 바르샤바 조약기구와 군사적으로 대치하는 것이었다. 그러나 냉전 종식 후 바르샤바조약기구가 해체된 것에 반하여, NATO는 회원국을 구 동유럽국가로 확대하는 한편 영내 · 영외에서 집단적 안전보장기구로서의 임무를 추가하여 구유고슬라비아 연방에서의 내전이나 아프가니스탄 분쟁 등에서 일정한 역할을 수행하는 등 냉전기와는 성격이 크게 바뀌었다.

■ UN 헌장 하의 집단적 안전보장

UN 헌장 제1조 1항은 국제평화와 안전의 유지를 위해 「평화에 대한 위협의 방지, 제거 그리고 침략행위 또는 기타 평화의 파괴를 진압하기 위한 유효한 집단적 조치를 취할 것」을 UN의 목적으로 제시하고 있다. UN이 이 집단적 조치를 취함에 있어 중심적인 역할을 수행하는 것이 안보리이다. 안보리는 상임이사국 5개국(미국, 영국, 프랑스, 중국, 러시아)과 2년마다 절반씩 선거로 선발되는 비상임이사국을 합하여 15개국으로 구성된다(제23조 1-2항).

헌장상 안보리는 국제평화 및 안전의 유지에 관한 주요한 책임을 지고(제24조 1항), 그 결정은 전 회원국을 구속하며(제25조), 안보리가 특정한 분쟁 또는 사태에 대해 임무를 수행하는 동안 총회는 어떠한 권고도 해서는 안 된다(제12조 1항)는 지극히 강력한 권한이 부여되어 있다. 이 안보리 자신이 갖는 우월적인 지위와 더불어, 안보리의 상임이사국에 부여되어 있는 특권이 이른바 거부권(veto)이다. UN헌장 제27조 2항이 절차사항과 관련한 안보리의 결정은 9개 이사국의 찬성을 필요로 한다고 규정하고 있는 반면, 그 이외의 사항(실질사항)은 「상임이사국의 동의투표를 포함한 9개 이사국의 찬성투표」를 요한다고 규정하고 있다(동조 제3항). 바꿔 말하면 상임이사국 중 1개국이라도 반대하면 안보리는 실질사항에 대해서 의사결정을 할 수 없다. 이것을 통상 거부권이라고 부르고 있는 것이다. 냉전 중에는 주로 소련에 의해 거부권이 행사되어 안보리가 필요한 의사결정을 하지 못하고, UN의 집단적 안전보장체제가 마비되는 상황도 발생하였다.

회원국이 UN헌장위반으로 의심받는 행위나 활동을 하면, 안보리는 그 사태가 「평화에 대한 위협, 평화의 파괴 또는 침략행위」에 해당하는지를 UN헌장 제39조에 따라 결정할 수 있다. 이 결정에 근거하여 안보리는 국제평화 및 안전의 유지나 회복을 위하여 필요한 조치를 관계당사국에 권고하거나, 제41조에 근거한 경제제재 등의 비군사적 조치나 제42조에 근거한 군사적 조치를 취할 것을 결정한다. 또한 이 권고나 제41조 및 제42조의 조치를 취하기 전에 사태의 악화를 방지하기 위한 잠정조치를 요청하는 것도 가능하다(제40조).

비군사적 조치에 관한 UN헌장 제41조의 규정은 문언상으로도 명백하듯이 「병력의 사용을 수반하지 않는……조치」를 취할 권한을 안보리에 부여한 것이다. 따라서 국제평화 및 안전의 유지나 회복에 필요하다고 안보리가 판단하면, 병력의 사용을 수반하지 않은 조치인 이상, 어떠한 조치라도 결정할 수 있다. 대표적인 것으로 무기금수(유고내전에서의 안보리결의 713[1991년] 등)를 들 수 있다. 또한 핵 · 미사일 실험을 행한 북한에 대한 관련물자의 금수조치(안보리결의 1695[2006년] 및 1874[2009년]) 등도 이에 해당한다. 한편 냉전 이후 제41조에 근거하여 안보리가 취한 조치는 확대경향을 보이고 있어, 비행기 폭파범에 대한 범인인도요청(748 [1992년]), 구 유고슬라비아와 르완다에서의 임시(*ad hoc*) 국제형사법정설치(827 [1993년], 955 [1994년]) 등 경제제재의 범주에 포함되지 않는 것도 찾아볼 수 있다. 이들 조치의 UN헌장 상의 합법성에 관해서는 때로 의문이 제기되기도 한다. 특히 국제형사법정의 설치에 관하여는 구유고슬라비아 국제형사법정에서 다투어져서 합법이라는 판단이 내려졌다(1996년의 *타지티* 사건에서 구유고슬라비아 국제형사법정 상소부 결정 [본안판결에 대하여는 제13장 Case ⑨ 참조]).

한편 군사적 조치는 본래 UN헌장 제43조에 근거한 안보리와 회원국 사이의 특별협정에 근거하여 안보리에 제공되는 병력을 통하여 실시될 예정이었다(이른바 UN헌장상의 UN군). 그러나 UN설립 직후, 제공해야 할 병력의 규모를 둘러싸고 미국과 소련의 교섭이 결렬되었기 때문에, 그 후 특별협정은 단 한 개도 체결되지 않았다. 1950년 한국전쟁에 파견된 한국UN군이나 1990~1991년에 걸친 걸프전쟁 때 파견된 걸프다국적군도 UN헌장이 상정한 본래 의미의 군사적 조치에는 해당하지 않는다.

한국 UN군은 안보리의 결정이 아니라 권고에 근거한 것이었기 때문이다. 또한 걸프 다국적군에 대해서도 안보리결의 678은 쿠웨이트를 지원하는 회원국에게 「필요한 모든 수단」을 사용할 것을 인정한 것에 불과하고, 여기에 군사적 수단이 포함된다는 해석이 채택된 것에 불과한 것이다. 이에 반하여 2003년 미국 및 영국에 의한 이라크 공격에 대해서 무력행사를 직접 허가하는 안보리결의는 채택되지 않았다. 이 점에 관하여 미영 양국은 이라크가 대량파괴무기의 폐기에 관한 일련의 안보리결의에 반하는 행동을 취하였기 때문에, 걸프전쟁의 정전결의인 안보리결의 687의 효력이 상실되었다고 주장하였지만, 설득력이 있다고는 생각되지 않는다.

냉전 이후 국내분쟁의 다발이라는 사태에 부응하여 UN은 안보리를 통해 이들 분쟁에 적극적으로 관여하게 되었다. 그 결과 UN헌장 제39조, 제41조 및 제42조도 헌장기초 당시의 상정을 넘어서 확대해석되어 왔다. 나중에 자세히 검토하겠지만, UN헌장 제7장과 평화유지활동(PKO)이 결부되는 새로운 상황도 발생하고 있다. 아무튼 냉전종결에 수반하여 UN의 집단적 안전보장체제가 일정 정도로 「활성화」된 것은 사실이다. 그러나 UN헌장의 해석 및 적용이라는 관점에서 보면, 국가 간 무력행사의 방지와 진압이 목적인 UN헌장의 집단적 안전보장체제가 국내분쟁 대응(평화구축으로 불리는 사후적 대응을 포함)에까지 확대 적용되고 있고, 그 결과 안보리의 재량도 확대되어 본래의 집단적 안보체제가 변질되었다는 논의가 있기도 한다. 안보리가 강대국 중심으로 구성된 것, 나아가 UN헌장상 안보리의 재량에 대한 제한을 두고 있지 않다는 것을 고려하면, 안보리의 활동에 정당성 · 객관성 · 투명성을 가져오는 것 또는 그것을 UN헌장의 해석상 어떻게 이해할 것인지가 오늘날의 과제라 할 수 있다.

UN 헌장은 집단적 안전보장체제와 병행하여 자위권에 대해서도 제51조에 규정을 두고 있다. 이론상 집단적 안전보장체제가 완전무결한 것이라면, 개별국가가 자위권에 근거하여 무력행사를 할 필요는 없다. 그러나 집단적 안전보장조치가 발동될 때까지의 보완적 수단으로 자위권을 인정할 필요가 현실적으로 여전히 존재한다. UN헌장 제51조는 「이 헌장의 어떠한 규정도 UN회원국에 대하여 무력공격이 발생한 경우 안전보장이사회가 국제평화와 안전을 유지하기 위하여 필요한 조치를 취할 때까지 개별적 또는 집단적 자위의 고유한 권리를 침해하지 아니한다」라고 규정하여, 집단적 안전보장제도를 기본으로 하고, 예외로서 자위권을 인정하고 있다. 여기서의 문제는 「무력공격의 발생」이란 무엇인가, 또한 이 문서와 국제관습법상의 권리라는 의미에서의 「고유한 권리」의 어느 쪽에 비중을 두어 이 조문을 해석할 것인가이다.

2001년 9월 11일의 이른바 9 · 11테러 당시에 미국은 아프가니스탄의 탈레반 정권을 타도하기 위한 공격을 자위권에 근거한 것으로 주장하였다. 안보리도 결의 1368의 전문에서 UN헌장 제51조를 언급하여, 미국의 행동이 UN헌장과 모순되지 않는다고 이해하는 듯한 표현을 하고 있다. 그러나 일련의 테러행위를 실행한 것은 알카에다이고 탈레반 정권 그 자체는 아니기 때문에, 동 조가 말하는 무력공격에는 해당하지 않는다는 반론도 있다. 또한 자위권은 긴박한 공격에 대한 것이어야 하므로, 미국에 의한 탈레반 정권 타도를 위한 군사행동은 9 · 11테러와는 무관한 새로운 무력행사라는 비판도 있다. 또한 이 군사행동은 안보리가 결정하고 허가한 것이 아니므로, UN헌장 위반이라고 하는 주장에도 일정한 설득력이 있다. 단, 미국이 자위권에 의거하여 작전을 개시한 것이나 「안보리 결의 1368」이 전문에서 개별적 및 집단적 자위권을 언급한 것에 대해 공개적으로 비난 · 불승인을 행한 국가가 극소수에 그쳤다는 점도 유의할 필요가 있다.

〈Column 9 · 11 테러〉

2001년 9월 11일 오전 미국의 국내선 여객기 4기가 납치당해 그 중 2기가 뉴욕의 세계무역센터빌딩에, 1기가 미 국방부(펜타곤) 건물에 충돌하여 불타올랐다. 남은 1기는 펜실바니아 주에 추락하였다. 이 일련의 테러행위에 의해 적어도 3000명이 희생되었다. 이들 여객기는 모두 오사마 빈 라덴(Osama bin Laden)을 따르는 테러조직 알카에다(Al Qaeda) 조직원이 납치한 것이었다. 미국은 알카에다가 거점을 둔 탈레반 정권 하의 아프가니스탄에 대하여 관계자의 인도를 요구하였지만 거부당하였고 이에 군사작전을 개시하였다.

■ **평화유지활동** (Peacekeeping Operation, PKO)

냉전 시기 UN의 집단적 안전보장체제가 미국과 소련의 대립에 의해 마비된 와중에도 UN헌장에 명문의 근거규정을 두지 않고 실시되는 국제평화 및 안전의 회복을 위한 활동이 고안되었다. 이것이 평화유지활동이다. 일반적으로는 1956년 수에즈 사태 즈음에 총회의 권고에 근거하여 파견된 UN긴급군(UNEF)이 최초인 것으로 간주된다. 실제로는 UN창설 직후인 1948년에 발생한 제1차 중동전쟁시 안보리결의에 의해 파견된 UN휴전감시기구(UNTSO)나 1949년 제1차 인도 · 파키스탄 전쟁 때 안보리결의에 의해 파견된 UN인도 · 파키스탄 군사감시단(UNMOGIP)도 오늘날에는 PKO로 인정되고 있다.

초기 PKO의 특징은 강제성이 배제된 것이다. PKO는 UN헌장을 위반하여 벌어진 사태나 분쟁에 대하여 안보리가 UN헌장 제7장에 근거한 권한 하에서 강제적으로 사태의 해결을 꾀하는(이를 위해 모든 회원국을 구속하는 결정을 내릴 수 있다) 집단적 안전보장과는 전혀 다른 원리에 근거하고 있다. 구체적으로는 ① 분쟁당사국 · 요원파견국 · 수입국의 동의를 필요로 한다는 것(동의의 원칙), ② 모든 국가에 대한 공평 · 중립과 국내문제불간섭의 원칙, ③ 자위 이외 목적을 위한 무기사용의 자제 원칙의 3가지로 집약할 수 있다. PKO는 군사요원이나 군사감시단으로 구성되지만 무력을 통한 전쟁종결이나 분쟁해결이 아니라, 휴전이나 정전 합의에 이른 분쟁당사자 사이에서 관련 합의의 실시를 촉진하거나 합의의 준수가 이루어지고 있는지를 감시하는 보조적 · 상징적 존재에 머무른다.

PKO의 법적 근거를 둘러싸고 UNEF와 1960년의 콩고(현 콩고민주공화국)에 파견된 콩고UN군(ONUC)의 헌장 적합성에 대하여 UN총회가 ICJ에 권고적 의견을 구한 적이 있다(*Certain Expenses of the UN* 사건 [제7장 Case ②]). ICJ는 권고적 의견에서 이들 활동은 모두 「국제평화 및 안전의 유지」라는 UN의 설립목적 달성을 위해 필요한 것으로, 관련 활동의 헌장 적합성을 추정할 수 있다고 판시하였다. 이 권고적 의견을 계기로 일반적으로 PKO의 헌장 적합성을 지지하는 국가들이 증가하여, 오늘날 PKO의 법적 근거 자체가 문제가 되는 일은 없다.

냉전기간 중에는 분쟁 그 자체의 해결에 있어 스스로 자제하여 극히 제한적인 역할만을 수행하였던 PKO지만, 냉전종결 전후부터 양상이 완전히 바뀌었다. 즉, 국내분쟁이 종결한 경우(평화협정이 체결된 때) PKO가 재발방지뿐만 아니라 국가·사회질서를 재건하는 역할도 수행하게 되었다. 그 시초라고 할 수 있는 것이 1992년에 파견된 UN 캄보디아 잠정통치기구(UNTAC)이다. 구체적으로 이 활동은 캄보디아 각 파벌 간의 정전·무장해제 감시라는 전통적인 임무와 더불어, 총선거의 준비 및 실시, 외교를 포함한 행정의 관리, 난민귀환 지원, 인권상황 감시, 기본적인 사회기반 복구지원 등 다방면에 걸쳐 있다. UNTAC나 UN 동티모르 잠정통치기구(UNTAET, 1999년~2002년)와 같이 국가·지역 전체의 통치를 전면 담당하는 PKO는 예외적이나. 그 이외에도 민정·민생분야에서의 임무를 수행하는 PKO가 다수 파견되고 있다. 이와 같은 PKO(다기능형 PKO 혹은 제2세대 PKO로도 불린다)도 전통적인 기본원칙에 기초를 두고 있다. 단, 현지 상황에 따라서는 PKO 설립에 있어 UN헌장 제7장을 원용하여 동의원칙이나 무기사용자제원칙에 일정한 수정을 가하고 있는 경우도 있다. 또한 국가 및 사회질서의 재건을 임무로 하는 이상, 공평·중립·국내문제불간섭원칙도 전통적인 의미와는 성격을 달리하고 있다.

■ 냉전 이후의 변용 : 인도적 간섭과 「보호할 책임」

주권국가에 의하여 대규모 인권침해가 발생한 경우 타국이 무력을 사용하여 이를 진압할 수 있는가(해야 하는가)라는 「인도적 간섭(humanitarian intervention)」을 둘러싼 문제는 전쟁의 위법화 과정에서 국제법상 허용되는 무력행사의 범주에 관한 문제로 논의되고 있다. 냉전기간 중 UN헌장의 무력사용금지원칙의 예외로서 몇 가지의 무력행사에 대하여 인도적 간섭을 근거로 정당화를 시도한 일이 있다(1971년 인도에 의한 동파키스탄(현 방글라데시) 개입 등).

이에 대하여 냉전 이후에는 아프리카 국가들이나 구유고슬라비아 등의 개입에 있어 UN에 의한 PKO 또는 다국적군에 의한 무력행사가 허용될 것인가라는 형태로 인도적 간섭(혹은 인도적 개입)이 다시 논의되었다. 주의할 것은 대규모 인권침해나 인도상의 위기 발생에 대하여 UN안보리가 이를 「평화에 대한 위협」으로 결정하고 UN헌장 제7장을 근거로 무력행사를 인정하는 경우 이는 UN의 집단적 안전보장체제 하의 활동이 되므로 이것을 인도적 간섭(개입)으로 부를 필요가 없다는 점이다. 문제는 안보리에서 결의에 실패하여 안보리가 행동하지 않는 경우이다. 이 때 UN헌장의 무력사용금지원칙의 예외로서 「인도적 간섭」을 인정할 여지가 있는지 문제된다.

인도적 간섭이 특히 문제된 것은 1999년에 코소보 사태 시 NATO가 행한 구(舊) 유고슬라비아 공격의 법적 평가에 관한 문제이다. 이 때 안보리에서는 미국 · 영국 · 프랑스와 러시아 · 중국이 대립하였기 때문에 NATO에 대하여 무력행사권한을 부여하는 결의채택에 실패하였다. 이 때문에 미국 등은 안보리결의 없이 NATO에 의한 폭격실시를 단행하였다. 이 폭격은 UN헌장 위반이라는 비판이 많다. 이후 학자들에 의한 보고서도 아무리 인도적 이유라고 해도 안보리결의나 UN총회의 「평화를 위한 단합결의(Uniting for Peace Resolution)」 하의 권고 등이 필요하다고 본다. 2001년의 「보호할 책임(Responsibility to Protect)」 보고서도 인도적 참사를 막기 위한 최종수단으로서의 무력행사 가능성을 인정하면서도, 역시 안보리결의 등이 필요함을 지적한다. 2005년의 UN총회가 채택한 「세계정상회의(World Summit) 최종문서」는 「대량학살, 전쟁범죄, 인종청소 및 인도에 대한 범죄로부터 그 국가의 사람들을 보호할 책임」이 각국에 있다고 인정한다. 무력행사에 대해서는 「안전보장이사회를 통하여 제7장을 포함한 UN헌장에 준거하여 개별 상황에 응하며, 적절한 경우 관계 지역기구와의 협력 하에 집단행동을 취한다」고 한다. 이러한 문구들을 고려하면 무력사용금지원칙은 포괄적인 것으로, 비록 인도적 목적이라 해도 안보리결의에 근거하지 않은 무력행사는 합법으로 인정될 여지가 극히 적다.

III. 군축·군비통제와 국제법

전쟁의 규제에 있어 전쟁 그 자체의 위법화도 중요하지만, 국제법을 통한 군비의 규제도 마찬가지로 중요하다. 구체적으로는 특정무기의 제조 및 보유를 규제·금지하거나 보유량을 규제하고자 하는 목적에서 무기 종류별로 여러 조약이나 제도가 마련되어 왔다.

■ 핵무기의 군축 및 군비통제

제2차 세계대전 중 히로시마와 나가사키에 처음으로 핵무기가 사용되었다. 제2차 세계대전 종전 직후 소련도 핵개발에 성공하여 미국과 소련에서 핵보유의 확장이 진행되어 핵무기에 의한 제3차 세계대전이 우려되었다. 또한 1964년에 이르러 영국·프랑스·중국이 핵실험에 성공하여 이들 5개국 이외의 국가로 핵무기가 확산되는 것을 방지할 필요성이 인식되었다.

1970년에 발효한 「핵확산금지조약」(Nuclear Non-Proliferation Treaty, NPT)은 NPT를 채택하기까지 핵실험에 성공한 5개국을 핵보유국으로 하고, 그 이외의 체약국에 대해서는 비핵보유국으로서 원자력의 평화적 이용만을 인정하였다. 비핵보유국의 원자력이용에 대해서는 국제원자력기구(IAEA)와의 협정에 근거하여 핵분열성물질 등 핵무기생산에 필요한 물질을 엄격한 관리 하에 두기로 하였다(NPT 제3조). 한편 핵보유국은 핵무기 기타 핵폭발장치 등의 확산방지에 관한 의무를 지지만(동 제1조), 핵군축의무가 아니라 핵군축을 위한 교섭의 의무만을 진다(동 제6조). 이 때문에 NPT가 애초부터 차별적이라는 비판도 있었고 인도, 파키스탄, 이스라엘은 아예 참가하지 않았다. 또한 북한도 1993년에 NPT로부터 탈퇴하였다.

또한 핵무기를 개발하려면 핵실험이 필요하므로, 핵실험을 규제하기 위하여 1963년에 「부분적 핵실험금지조약」(PTBT)이 발효되었다. 이는 우주공간을 포함, 지하 이외의 장소에서 핵실험을 금지하는 것이다(제1조). 나아가 지하핵실험도 포함하는 모든 핵실험을 금지하는 조약으로서 「포괄적 핵실험금지조약」(CTBT)도 1996년에 작성되었다. CTBT 하에서는 핵폭발을 수반하지 않는 미임계실험만이 허용되고 있어, 그 준수상황을 감시하기 위한 국제사무국(CTBTO)의 설립도 합의되었다. 그러나 발효에 필요한 비준국 수를 충족하지 못하고 있고 미국, 인도 등 핵무기보유국이나 핵보유를 의심받고 있는 국가의 비준을 조건으로 하고 있기 때문에 미발효인 채로 남아 있다. CTBTO는 잠정사무국으로서 활동을 개시하고 있다.

그 밖에 특정한 지역 내에서 핵무기의 수령 · 저장 · 설치 · 배치 · 소유를 금지하는 비핵무기지대조약도 존재한다. 현재 발효하고 있는 것은 1976년의 라틴 아메리카의 핵무기금지에 관한 조약(트라테라로코 조약), 1985년의 남태평양비핵지대조약(라로통가 조약), 1995년의 동남아시아비핵지대조약(방콕조약), 1996년의 아프리카비핵지대조약(펠린다바 조약)이다. 이들 조약은 제3국인 핵무기국에 대하여 비핵무기지대조약 당사국 각각에 핵무기를 사용하지 않을 법적 의무를 부속협정서 등으로 설정하고 있다. 이것을 소극적 안전보장(negative security assuarance : NSA)라고 한다.

■ 기타 무기의 군축 · 군비통제

핵무기와 함께 대량파괴무기(weapons of mass destruction ; WMD)라고 일컬어지는 생물무기(병원균을 사용)나 화학무기(유해화학물질을 사용)에 대해서도 각각 다자조약이 존재한다. 1972년의 생물무기금지조약(생물무기[독소무기]의 개발, 생산 및 저장의 금지와 폐기에 관한 조약)의 내용은 명칭이 가리키는 그대로이지만, 현재 조약의무의 준수여부에 대한 검증제도가 없다. 1994년 이후 검증조치를 규정하는 협정서 작성이 논의되었지만 현재 중단된 상태이다. 이에 반하여 1993년의 화학무기금지조약(화학무기의 개발, 생산, 저장 및 사용의 금지와 폐기에 관한 조약)은 화학무기금지기관(OPCW)을 통한 사찰제도를 두고 있다. 이 조약에 근거한 사찰제도의 특징은 조약의무의 불이행이 의심되고 있는 국가에 대하여 제3국의 신청에 의해 당해 국가의 합의를 얻지 않고 사찰을 행하는 제도(챌린지 사찰)를 두고 있다는 점이다.

이들 2개 조약에는 각각 162개국과 188개국의 체약국이 있지만, 이스라엘 및 그 주변국이나 아프리카 일부 국가 등 분쟁지역 국가들이 참가하지 않고 있다는 문제점이 있다.

대량파괴무기 이외의 무기를 재래식 무기라고 한다. 유럽에서는 1990년에 유럽 통상전력조약(CFE)이 발효하여 전차나 전투기 등 특정 재래식 무기에 대해 체약국에 의한 보유상한을 두고 있다. 또한 조약상의 제도는 아니지만 일본 등의 제안에 의해 1991년 이후 UN사무국에 대하여 통상무기의 이전을 등록하는 UN군비등록제도가 UN총회결의로 신설되었다. 이 제도는 통상무기의 이전의 투명화를 통하여 재래식 무기 확장을 간접적으로 감시한다.

냉전 이후의 국내분쟁에서 대인지뢰가 대량으로 사용되어 분쟁종결 후에 주민에게 피해를 입히거나, 농시 등의 복구에 방해가 되는 것에 대한 우려가 커져, 1996년 대인지뢰금지조약(대인지뢰의 사용, 저장, 생산 및 이양의 금지와 폐기에 관한 협약, 오타와조약)이 발효하였다. 동 협약은 대인지뢰의 개발, 생산, 저장 및 사용의 금지와 폐기를 체약국에게 의무로서 부과하는 것이다. 각국 NGO가 「대인지뢰근절 캠페인」(ICBL)이라는 네트워크를 만들어 국제적인 여론을 환기하고, 이에 응하는 형태로 조약이 작성되는 것이 이 협약의 특징이다. 또한 당초에는 군축회의(CD)로 논의되었지만 의견일치에 실패하여 호주 등이 UN총회에서 조약안을 제안하고 이에 대한 최종교섭을 통해 채택에 이른 것도 이 협약의 특징이다. 또한 민간인에 대인지뢰와 유사한 피해를 입히는 클러스터폭탄(집속폭탄)에 대해서도 각국 NGO의 강력한 활동이 있었고, 이에 노르웨이 등이 주창하여 「클러스터폭탄금지조약」(오슬로조약)이 2008년 체결되었다.

IV. 국제인도법

■ 국제인도법의 지위

무차별전쟁관이 유력하였던 시대에 전시국제법의 주요한 역할은 개전절차와 개전 이후 중립국의 의무설정 및 교전법규를 정비하는 것이었다. 그러나 UN이 설립되면서 앞의 두 가지는 실질적인 의미를 잃었다. UN헌장 하에서 합법적으로 전쟁을 개시할 여지가 없어진 이상 전통적인 의미에서의 중립은 UN헌장 제103조와 양립할 수 없기 때문이다. 한편 전쟁이 국제법적으로 금지되긴 했지만 무력분쟁은 없어지지 않았다. 또한 위법한 전쟁이나 혹은 UN헌장 제7장에 근거한 적법한 무력행사라고 하여도 전투행위에 대한 규율이 필요하다. 또한 부상자, 포로 등의 특정한 자나 문화재에 대해서는 전투 중에도 일정한 법적 보호가 필요하다.

이와 같은 목적에서 전통적인 교전법규를 기초로 하여 국제사회의 요청에 따라 무력분쟁이 발생한 경우 당사국이 준수해야 하는 일련의 법규칙이 형성되어 왔다. 이러한 법규체제를 국제인도법(international humanitarian law)이라고 한다. 이 명칭에서 분명히 알 수 있듯이 무력분쟁이 발생한 경우 고려해야 하는 가장 중요한 가치로 인도적 요청을 내세우고 있는 것이 오늘날 국제인도법의 특징이다. 또한 역사적 경위에 따라 전투행위의 규제에 관한 규칙을 헤이그법, 전쟁희생자의 보호에 관한 규칙을 제네바법으로 부르기도 한다. 광의로는 이 양자를 국제인도법이라고 한다. 일반적으로 제네바법이라 하면 1949년의 '육전에 있어서의 군대 부상자 및 병자의 상태개선에 관한 제네바협약(제1조약)', '해상에 있는 군대의 부상자 · 병자 및 난항자의 상태 개선에 관한 제네바협약(제2조약)', '포로의 대우에 관한 제네바협약(제3조약)' 및 '전시에서 민간인의 보호에 관한 제네바협약(제4조약)'이고 이들을 제네바 4조약이라고 총칭한다. 제네바 4조약에 더하여 1977년에 채택된 2개의 추가의정서가 있다.

무력분쟁에 관한 법은 무력분쟁의 당사자에게 평등하게 적용된다. 또한 제네바

4조약의 체약국과 비체약국 사이에 무력분쟁이 발생한 경우라 해도, 비체약국이 수락 · 적용을 선언하면 그 무력분쟁에 대하여 조약이 적용된다(총가입조항의 예외). 또한 식민지 해방투쟁을 국제적 무력분쟁에 포함시킨 1977년의 제네바협약 제1추가의정서는 식민지해방조직에 의한 선언에 의해 제네바 4조약과 동 협정서가 식민지해방조직에 대하여도 적용된다고 규정한다(제1조 제4항).

■ 무력행사수단의 규제

전통적인 견해 하에서 전쟁의 목적은 상대방의 군사력을 약화시키는 것이고(1868년 상 페테르부르크 선언 전문 등), 이와 같은 효력을 가지는 한 무력행사의 수단이나 방법은 긍정되어 왔다. 이에 반하여 오늘날의 국제인도법은 인도적 배려에 보다 중점을 두고 있다.

전투방법에 대한 규제 중 가장 중요한 것은 어디를 공격해도 되는가 하는 점이다. 이에 대해서는 군사목표주의를 취하고 있다. 즉, 적국에 의한 점령기도에 대항하는 도시(방수도시) 이외에 대한 무차별 공격은 금지된다. 이 군사목표주의가 오늘날의 국제분쟁(예를 들어 1999년의 NATO에 의한 구유고슬라비아 폭격이나 2003년의 대 이라크전쟁)에서 충분히 준수되고 있는지에 대해서는 의문도 존재한다. 그러나 학설은 물론이고 제네바협약 제1추가의정서에서도 군사목표주의의 의의가 확인 · 강화되는 추세에 있다는 것을 잊어서는 안 된다.

또한 불필요한 고통을 상대방에 가하는 무기의 사용도 금지된다(헤이그육전규칙 제23조, 제네바 조약 제1추가의정서 제35조 2). 개별 조약에 근거하여 사용이 금지되고 있는 특정 무기에 대해서는 III에서 다루었다. 이와 더불어 덤덤탄이나 자동촉발해저수뢰, 부비트랩 등 일정한 무기에 대하여도 개별적인 조약을 통해 사용을 금지하고 있다. 이에 반해 핵무기에 대해서는 사용을 금지하는 조약이 존재하지 않는다. 단, 1963년의 「*시모다* 사건(원폭판결)」(도쿄지방법원 판결, 1963년 12월 7일)은 핵무기가 불필요한 고통을 가하는 무기라고 판시하고 있다. 또한 1996년에 UN총회가 자문한 *Legality of the Threat or Use of Nuclear Weapons* 사건의 권고적 의견에서 ICJ는 핵무기의 사용 · 위하가 일반적으로 국제인도법의 규칙에 위반한다고 지적한 바 있다. 무엇보다 동 권고적 의견은 국가가 생존의 위기에 처하여 핵무기를 사용하는 것의 합법성을 현 단계에서는 확정할 수 없다고 하여 판단을 회피하였다.

■ 희생자의 보호와 국제인도법의 이행확보

제네바 4개 협약의 명칭에서도 알 수 있듯이 제2차 세계대전 이후 국제인도법의 주안점은 희생자 보호에 있다. 특히 전투원과 비전투원(민간인)의 구별을 염두에 두고 있다. 한편 냉전 이후의 국내분쟁에서는 일반주민들 사이의 살육이 발생하는 등 전투원과 비전투원을 명확히 구별하는 것이 어려운 상황도 발생하고 있다.

전통적으로 국제인도법의 위반행위에 대해서는 위반행위를 행한 자가 속하는 국가의 국내재판(군법회의를 포함)을 통하여 처벌하여 왔다. 그러나 제2차 세계대전 이후 제네바 4조약의 「중대한 위반행위」에 대해서는 위반을 수사한 각 체약국이 보편적 관할권을 행사할 길이 열렸다. 나아가 근년에는 안보리결의를 통하여 임시(ad-hoc) 국제형사법정이 설치된 예도 찾을 수 있다. 또한 2002년에는 국제형사재판소(ICC) 규정(로마규정)이 발효하여 전쟁범죄와 더불어 집단살해죄, 인도에 대한 죄 등에 대하여 개인의 형사책임을 국제적으로 추궁하는 장이 마련되었다. 단, ICC의 관할권은 규정당사국 자신이 형사재판권을 행사할 의사나 능력을 가지지 않는 경우에만 행사될 수 있는(보충성의 원칙) 것으로 하여, 국가의 형사관할권에 대한 전통적인 입장과 조화를 추구하고 있다.

제 14 장
국제법의 미래

제1장의 국제법의 형성과 발전의 경과 및 국제법상 기본문제 검토를 시작으로 제2장 이하에서 오늘날 존재하고 적용되는 국제법(실정국제법)을 분야별로 상세히 설명하였다. 마지막 장인 제14장에서는 국제법이 앞으로 어떻게 전개될 것인지, 또한 어떻게 진화하는 것이 바람직한 것인지에 대해서 살펴보기로 한다.

I. 국제법의 목적

■ 국제법의 목적을 검토하는 의의

가장 먼저 검토되어야 할 문제는 국제법의 목적이다. 그로티우스가 1625년에 「전쟁과 평화의 법」을 쓴 시기의 주요한 목적은 당시 유럽 대부분을 전란에 휘말리게 한 종교전쟁 즉, 30년 전쟁의 비참함에서 사람들을 해방시키는 것이었다. 또한 1609년에 그가 쓴 「자유해론」은 모국 네덜란드의 인도양 통상로를 확보하려는 목적성을 띤 것이었다. 국제법의 형성과 발전의 역사를 따라가면, 당시의 국제사회 정세를 반영한 사정이나 목적에 의해 국제법이 진화하여 온 것을 알 수 있다. 이러한 의미에서 국제법의 장래를 전망함에 있어 오늘날의 실정국제법이 어떠한 목적을 갖고 있는 것인지 그리고 그 목적 실현을 향해 어떤 과제가 남아 있는지를 확인하는 것은 큰 의의가 있다고 생각된다.

지금까지의 국제법의 족적과 오늘날의 실정국제법의 내용을 검토하면, 국제법의 주요한 목적으로 평화의 실현, 군축(軍縮) 및 군비(軍備)관리, 경제협력과 개발의 촉진, 인권의 촉진과 보호, 인도주의문제의 해결, 교통 및 통신의 발달, 환경의 보전, 과학기술 및 문화의 보호 · 촉진의 8개가 떠오른다. 이외에도 국제법의 목적이 있을 수 있지만, 주요한 목적은 이러한 8개로 집약되는 것으로 보인다.

■ 평화의 실현

국제법의 제1의 목적이 평화의 실현이라는 것은 국제법의 형성기인 16, 17세기에서부터 오늘날의 변용기인 20, 21세기에 이르기까지 변함없었다. 다만, 국제법의 발전기인 18, 19세기에는 유럽국가들이 해외로 진출하는 과정에서 식민지획득이나 자국의 경제적 이익, 그리고 자국민보호 등을 위하여 무력을 사용하는 것이 일반화되었다. 이에 전쟁을 정당한 전쟁(正戰)과 그렇지 않은 전쟁(不正戰)으로 나누어 논의한 그로티우스의 정전론이 후퇴하고, 무차별전쟁론, 즉 전쟁에 정당한 전쟁과 그렇지 않은 전쟁이라는 구별은 존재하지 않는다는 사고방식이 확대되었다. 다만 이 시대에서 전쟁을 가능한 한 한정하기 위하여 전시국제법이 발달되었고, 교전국의 전투의 방법에 제한을 가한 규칙인 교전법규나 중립국을 전쟁에 말려들지 않게 하기 위한 규칙인 중립법규가 형성되었다. 또한 나폴레옹 전쟁에 종지부를 찍은 비엔나회의나 크림전쟁을 종결시킨 파리회의에서는 전쟁 후에 평화적인 질서를 확립하기 위한 강화조약이 체결되었다. 따라서 발전기에도 평화의 실현이 국제법의 목적으로서 일정한 기능을 수행하고 있었다는 사실은 부정할 수 없다.

국제법은 변용기가 되어 평화의 실현을 목적으로 큰 발전을 이루었다. 특히 UN 체제 하에서 분쟁의 평화적 해결의무를 회원국에게 부과함과 더불어, 이 의무에 위반하는 전쟁을 일으킨 나라에 대해서는 UN헌장 제7장의 안전보장이사회를 중심으로 경제적 또는 군사적 제재가 가해지는 체제가 마련되었다. 또한 UN헌장은 UN의 활동을 통하여 여러 가지 새로운 대응이 이루어지도록 보장하였다. 평화유지활동(PKO)이나 평화구축활동(PBO)이 그 전형적인 예다. 또한 UN이 창설되기 전에는 국제관계에서의 안전보장은 당연히 「국가의 안전보장」을 가리키는 것으로 생각되었지만, 1994년에 UN개발계획(UNDP)이 간행한 「인간개발보고서」에서 「인간의 안전보장」이라는 새로운 개념이 제창된 이래, UN을 중심으로 「인간의 신체나 재산에 관한 안전보장」에도 주목하게 되었다. 그리고 인간의 안전보장에 대한 위협 중의 하나가 된 국제테러나 국제적 조직범죄의 규제를 위한 국제법이 차츰 형성되어 왔다.

이렇게 국제법은 UN을 중심으로 평화의 실현을 위하여 발전하여 왔다고 할 수 있다. 그러나 UN을 통한 평화의 실현에 중심적 역할을 수행한 안전보장이사회에는 5개 강대국(미국, 영국, 중국, 러시아 및 프랑스)의 거부권(right of veto) 때문에 제약이 있다. 또한 5대국은 그 거부권에 의해 분쟁의 평화적 해결의무를 위반할 시에도 그에 대한 제재가 사실상 면제되고 있다는 문제도 있다. 이러한 문제를 극복하는 것이 평화의 실현에 관하여 국제법에 부여된 미래의 과제이다.

그런데 분쟁의 평화적 해결수단 중에 가장 바람직한 방식은 분쟁을 국제법에 기초하여 해결하는 국제재판이다. 이런 점에서 ICJ가 큰 기대를 받고 있지만, ICJ에 사건을 회부하기 위해서는 회원국에 의한 사전 혹은 사후의 합의가 필요하다는 점이 족쇄가 되고 있다. ICJ에 강제적 관할권을 인정하는 것도 국제법에 부여된 미래과제이다.

■ 군축 및 군비통제의 추진

전쟁을 방지하고 전쟁의 비참함에서 인류를 구제하는 가장 효과적인 방법은 전쟁의 수단인 군비를 줄이는 것이다. 군축이나 군비통제에 국제법이 관여하게 된 것은 평화유지를 위한 군축의 필요성이 제기되면서 국제연맹이사회가 작성을 명령한 국제연맹규약 제8조가 최초이다. 실제 연맹의 시대에는 연맹의 체제 밖이기는 하지만 워싱턴 해군군축회의(1922년)와 런던 해군군축회의(1930년)가 개최되어 각각 합의에 기초한 조약이 체결되었다. 그러나 이들 조약은 일본, 미국, 영국 3개국의 당시 해군력을 증강하지 않겠다는 내용을 담은 것이어서, 일반적인 군축실현의 관점에서 보면 당사국 · 축소 대상 · 축소 규모 등 여러 면에서 제한적이었다.

제2차 세계대전 후의 UN체제에서는 UN헌장 제11조에 총회의 임무의 하나로 「군비축소 및 군비규제를 규율하는 원칙」의 심의가 규정되었다. 하지만 UN창설 직후부터 시작된 동서진영의 대립에 의해 군축분야의 국제법 발전은 정체되었다. 제2차 세계대전 후 군축문제의 새로운 주제는 핵무기나 생화학무기와 같이 공격대상을 구별하지 않고 무차별적으로 살상 · 파괴하는 대량파괴무기의 제한, 폐지 및 탄도미사일의 규제 문제였다. 냉전의 영향에 의해 이러한 분야의 발전도 정체되었다.

1960년대 이후, 미국과 소련의 교섭에 의해 사태가 진전될 조짐이 보이게 되었고, 부분적 핵실험금지조약(1963년), 생물독소무기금지협약(1975년), 중거리핵전력(INF)조약(1987년), 화학무기금지협약(1993년), 전략공격무기감축협정(2002년) 등이 체결되었다. 또한 남극조약(1959년), 우주조약(1966년), 해저비핵화조약(1971년)은 국가 영역 외의 특정 지역이나 공간의 평화적 이용을 추진함과 함께 동 지역 · 공간에서의 군사활동이나 실험을 금지하였다. 재래식 무기에 대해서는 필요이상의 고통이나 상해를 주거나, 무차별적 살상을 하는 재래식 무기의 사용을 제한 · 금지하는 특정재래식무기사용금지협약(1980년)이나 대인지뢰금지조약(1997년)이 체결되었다. 나아가 특정지역에서의 핵무기 제조, 실험, 사용, 배치를 금지하는 라틴아메리카핵무기금지조약(라틴아메리카 및 카리브해 지역대상, 1967년), 라로통가 조약(남태평양 지역대상, 1985년), 방콕조약(동아시아지역대상, 1995년), 펠린다바 조약(아프리카지역 대상, 1996년) 등이 체결되었다.

이와 같이 군축 및 군비관리의 추진을 위한 국제법은 최근 급속도로 발전하여 왔다. 그러나 모든 지역과 모든 국가를 포함하여 대량파괴무기나 재래식 무기의 효과적인 군축을 이루려면 아직 갈 길이 멀다. 특히 오랜 시간 현안이었던 포괄적핵실험금지조약(CTBT) 교섭의 경우 1996년 UN총회에서 제안되어 ICJ가 같은 해의 권고적 의견에서 핵군축교섭의 추진이 국제법상의 의무라고 지적하였음에도 불구하고 그 후 그다지 큰 진전이 보이지 않고 있다. 오히려 종래의 핵보유국이었던 미국, 영국, 프랑스, 러시아, 중국에 더하여 인도, 파키스탄이 핵보유국이 되었고 또 이스라엘, 이란, 북한 등이 핵보유국 또는 핵개발국 리스트에 추가되는 듯한 상황이다. 국제테러조직이나 범죄조직이 소형 핵무기를 보유할 가능성도 지적되고 있고, 이러한 대량파괴무기의 확산 위협을 제거하여 모든 대량파괴무기를 지상에서 전부 폐기하는 군축 · 군비관리의 최종목표를 향한 국제법의 발전의 길은 아직 멀고 험하다고 할 수 있다.

■ 경제협력과 개발의 촉진

그로티우스 시대부터 국제법이 국제통상문제에 관여하여 온 것은 이미 언급한 바 있다. 국제법의 발전기인 19세기에는 국가들 사이에서 양자조약으로 우호통상항해조약이 다수 체결되었다. 일본도 1858년의 미일우호통상조약을 비롯하여 영국, 프랑스, 러시아, 네덜란드 등과 우호통상항해조약을 체결하고 각국과의 관계에서 경제활동의 보호와 촉진을 꾀하였다. 국제법의 변용기에 들어서자 국제경제협력과 조직화의 시대가 시작되었고 다자간 경제협력과 개발원조가 추진되었다.

특히 제2차 세계대전 후에는 1929년에 시작된 세계대공황에 의한 경제혼란을 반성하고, 소수 국가나 특정 지역만의 경제협력제체를 극복한 세계적인 국제경제협력체제를 구축하는 것을 목표로 하였다. 그러한 방안으로 다자간 국제통화체제를 수립하기 위한 국제통화기금(IMF), 전후 경제부흥과 개발원조를 금융의 측면에서 지원하기 위한 세계은행, 그리고 무역의 측면에서 다자협력을 제도화하기 위한 국제무역기구(ITO)의 설립이 구상되었다. 그 중 IMF와 세계은행은 1944년에 브레튼우즈설립협정이 성립하여 1945년에 발족하였다. ITO는 1948년에 쿠바의 하바나에서 설립 기초가 된 헌장이 합의되었지만 미국을 비롯한 많은 국가들이 비준을 보류하였기 때문에 성립되지 못하였다. 그리고 1947년에 시작된 관세일괄인하교섭을 위한 국제합의인 「관세와 무역에 관한 일반협정」(GATT)이 ITO를 대체하여 다자적 국제무역제도로서 이후 50년 가까이 기능하였다.

이 GATT체제는 1995년에 세계무역기구(WTO)가 설립되어 보다 체계적으로 발전하였다. 냉전기에는 소련을 중심으로 한 사회주의국가들이 〈IMF=세계은행=GATT〉 체제가 미국 중심의 서구자본주의 국가에 유리한 제도라고 비판하고, 소련을 중심으로 한 「경제상호원조회의」(Communist Economic Conference)의 제도화로 대항하였다. 그러나 1990년대에 들어서서 냉전구조가 붕괴됨에 따라 구사회주의국가의 대다수도 〈IMF=세계은행=GATT/WTO〉 체제에 참가하게 되어 다자간 경제개발협력체가 일원화되었다.

한편, 1960년대에는 구식민지가 차례로 독립을 이루어 UN에 가입하였다. 이들 신흥독립국들은 정치적으로는 독립하였지만 경제적 자립을 이루지 못하여 발전을 위한 자금원조와 기술협력이 절실하였다. 개발자금은 세계은행의 융자로 조달하였지만 부족한 부분은 그 후 설립된 미주개발은행, 아시아개발은행, 아프리카개발은행, 유럽투자은행 등의 지역개발은행이 보충하였다. 한편 기술협력에서는 UNDP가 큰 역할을 하게 되었다.

이렇듯 국제경제협력과 개발원조의 추진에 관한 국제법은 다자간 제도의 틀 안에서 발전하여 왔다. 그러나 이들 제도에 대해서는 자유시장주의의 폐해가 지적되고 있고, 특히 출자액에 기초한 가중표결제도의 체제로 선진공업국에게 유리한 의사결정절차를 가진 IMF나 세계은행의 정책에 대한 비판이 강해지고 있다. 나아가 이들 국제경제발전제도는 그 제도 내에서 자기완비적으로 문제가 처리되어 이로부터 파생되는 인권침해나 환경파괴 등 다른 국제공공목적에 대한 배려를 결여하고 있다는 문제점도 지적된다. 이러한 과제를 극복하는 것이 오늘날의 국제경제개발문제의 해결을 향한 국제법의 과제이다.

■ 인권의 촉진과 보호

인권의 촉진과 보호도 오늘날 국제법의 주요한 목적으로 부각된다. 역사적으로는 형성기 국제법에서 소수민족의 보호나 종교의 자유 등을 조약에 규정한 것이 있었고, 발전기에도 노예무역의 금지 등이 국제법에 규정되어 있었지만, 소위 인권이 일반적으로 국제법에 의해 보장되기 시작한 것은 20세기의 변용기로, 특히 제2차 세계대전 후 UN이 성립된 이후부터였다. 그 이유는 발전기까지의 국제법이 원칙적으로 국가의 권리의무를 정하는 것이지 개인에 대해서 직접 규정하는 것이 아니었기 때문이다. 발전기에 프랑스혁명이나 미국의 독립전쟁을 통하여 인권개념이 정착되었지만, 이는 국내법상의 인권보호규정에 지나지 않았고 국제법 차원에서 다루어지는 것은 아니었다. 그때까지 인권에 관련한 국제법 규정으로는 소수민족의 보호, 종교의 자유, 노예매매의 금지 등을 개별 조약에 의해 규정한 것이 있었지만, 이는 직접 개인의 인권을 보호하는 것이라기보다는 국가의 보호나 보장의 의무를 규정하여 그 반사적 이익을 개인에게도 미치게 하려는 간접적인 것에 불과하였다.

이러한 상황이 일변한 것은 UN헌장에 인권보호를 목적의 하나로 명확하게 규정한 때부터이다. UN헌장은 전문에서 「기본적 인권과 인간의 존엄 및 가치...에 관한 신념을... 확인」한 다음, 계속하여 제1조 3항에서 「인종, 성별, 언어 또는 종교에 의한 차별 없이 모든 자를 위하여 인권 및 기본적 자유를 존중하도록 조장, 장려하는 것에 대해서 국제협력을 달성하는 것」을 UN의 목적의 하나로 제시하였다. 그리고 1946년의 제1회 UN총회에서 UN헌장 제68조에 기초한 「인권의 신장에 관한 위원회」(인권위원회)가 마련되고 인권선언의 기초작업이 이루어졌다. 다음 1947년에는 전문가로 구성된 차별방지소수자보호소위원회(이후의 「인권촉진보호소위원회」)가 인권위원회 하에 창설되었고, 1948년 12월 10일에는 인권위원회가 기초한 세계인권선언이 UN총회에서 채택되었다. 또한 같은 해 제노사이드협약이 총회에서 채택되었다. 이렇게 시작된 UN의 인권기준설정활동은 그 후 인종차별철폐협약, 국제인권규약(경제적 · 사회적 및 문화적 권리에 관한 국제규약과 시민적 및 정치적 권리에 관한 국제규약), 여성차별철폐협약, 고문방지협약, 아동의 권리협약 등, 다양한 국제인권조약의 기초가 되었다.

2006년에는 인권위원회 대신 인권이사회가 UN총회 체제 하에 창설되었고 또한 2008년에는 18인의 전문가로 구성된 인권이사회자문위원회도 설치되어 UN 인권분야의 제도가 한층 진화하였다.

이렇게 제2차 세계대전 후 UN을 중심으로 인권에 관한 국제법과 그것을 지지하는 체제는 큰 변화를 달성하여 왔다. 그러나 인권은 궁극적으로 각 국가에 의해 국내적으로 보호될 필요가 있고 이를 위한 국제적 인권기준의 확실한 이행을 확보하는 것이 이후의 과제이다.

■ 국제인도법상 문제의 해결

국제인도법 문제의 해결도 중요한 목적 중 하나이다. 국제법의 발전기에 전시국제법이 발달하였는데, 그 계기는 전쟁에서 일반시민을 지키고, 포로나 부상병 등을 보호하고, 불필요한 고통을 주는 무기의 사용을 금지하도록 하는 인도주의적인 고려가 작용하였기 때문이었다. 실제로 교전법규는 오늘날 국제인도법이라고 부르고 있다. 제2차 세계대전 후, 적십자국제위원회가 중심이 되어 추진한 교전법규의 법전화 작업은 1949년의 4개의 적십자 제네바협약이라는 형태로 결실을 맺었다. 즉, 전장(戰場)에 있는 병력 중의 부상자(負傷者)와 병자(病者)의 상태개선을 위한 제네바 제1조약, 해상에 있는 병력 중의 상병자 및 난항자(難航者)의 상태개선을 위한 제2조약, 포로의 대우에 관한 제3조약, 전시에 있어서의 민간인 보호에 관한 제4조약이 그것이다. 이들 국제인도법 조약은 당초에는 국가 간의 전쟁에 적용될 것을 상정하고 있었지만, 그 후 1977년의 비국제적 무력분쟁의 희생자의 보호에 관한 추가의정서에 의해 내진으로까지 적용범위가 넓어졌다.

그 밖에, 발전기에 노예무역이 금지되고 정치적 망명자를 보호하기 위한 비호제도가 창설되는 등의 인도적 간섭이 실행된 것도 국제법에서 인도적 고려가 기능하여 왔다는 것을 보여준다.

변용기에 들어서 국제연맹체제 하에서 난민의 보호가 대규모로 실시되었고, 난민고등판무관 난센((Fridtjof Nansen)은 본국의 보호를 받지 못하는 난민을 위하여 여권을 대체하는 국제연맹의 증명서인 난센여권을 발급하였다. 이것도 인도적 배려의 실례(實例)이다. 난민의 보호는 제2차 세계대전 및 전후에 걸쳐 UN구제부흥기구(UNRRA)나 국제난민기구(IRO)를 통하여 실시되었다. 1950년에는 UN난민고등판무관사무소(UNHCR)가 설치되었고 다음 1951년에는 난민협약이 체결되었다. 또한 1967년에는 1951년 난민협약의 시간적 · 지리적 제약을 제거한 난민의정서가 채택되었다. 난민협약은 본국 이외의 장소에 있는 사람을 보호의 대상으로 하였지만, UNHCR은 그 후 내전 등에 의해 발생한 국내피난민(IDPs)에게도 그 보호의 손을 내밀었다. 이러한 난민이나 국내피난민의 보호에 관한 국제법의 발전도 인도적 배려를 바탕으로 실현된 것이다.

이상의 것들 외에, UN을 중심으로 UNDP나 UN아동기금(UNICEF), UN인도주의문제조정관사무소(OCHA), 세계식량계획(WFP), 세계보건기구(WHO) 등의 기구가 전쟁이나 자연재해로 인한 피해자들을 구제하기 위하여 긴급인도지원을 행하고 있다.

이처럼, 인도적 문제의 해결을 향하여 국제법 및 국제법 하에서 만들어진 기구가 다양한 활동을 전개하고 있고, 인도적 문제의 해결도 국제법의 중요한 목적의 하나가 되고 있다. 문제는 대규모로 발생하고 있는 인도적 문제에 대응하기 위하여 필요한 자금과 인적자원이 부족하다는 것이다. 이와 같은 인도적 문제는 개개 국가에 이익/불이익을 초래하는지 여부가 중시되는 국가 차원의 문제로 파악해서는 해결될 수 없으므로, UN 등의 국제기구를 통한 집단적 대응이 요구된다.

■ 교통 및 통신의 발전

국제법의 형성기에 해양법이 발달한 것은 안전하고 확실하게 해상수송을 행하기 위해서였다. 발전기에 영해제도가 확립된 때에도 모든 나라의 선박에 안전하고 효율적인 항행을 보장하기 위하여 영해 내의 무해통항권 제도가 확립되었다. 국제해협이나 국제운하의 자유통행제도도 국제교통을 원활하게 하기 위한 국제법제도이다. 또한 공해자유원칙이나 해적의 단속도 행행의 자유를 보장하기 위한 것이었다. 오늘날에는 국제 해운의 안전성과 효율성을 더욱 확실히 하기 위하여 국제해사기구(IMO)가 UN의 전문기구로서 중요한 역할을 하고 있다.

19세기 전반에는 라인강이나 다뉴브강에 국제하천위원회가 창설되어 내륙의 하천항행을 원활하게 하는 국제제도가 확립되었다. 19세기 후반에는 유럽을 중심으로 철도망이 부설되어 국경을 넘는 철도수송을 위하여 국제철도운송연합이라는 국제행정연합이 설립되었다.

20세기에 들어서자 비행기가 실용화되어 1919년에 파리국제항공조약이 체결되었다. 그 후 항공기는 민간수송수단으로 발달하였고, 1944년에는 시카고조약에 기초하여 국제민간항공기구(ICAO)가 설립되어 민간항공의 안전운행을 확보하고 민간항공사업이 발전하기 위한 조건 정비를 꾀하였다.

우편에 대해서는 이미 19세기 후반에 일반우편연합이 국제행정연합으로서 설립되었고 그 후 만국우편연합(UPU)이라는 국제기구로 발전하여 UN의 전문기구가 되었다. 통신 분야에서도 19세기 후반 만국전신연합이 국제행정연합으로서 창설되어 국제기구로서 조직적으로 발전하여 오늘날의 국제전기통신연합(ITU)이 되었다.

이와 같이 국경을 넘어 사람, 상품, 정보 등의 이동을 확실하고 원활하게 보장하기 위한 국제법이 각각의 시대의 요청에 부응하여 형성되고 또한 발달하여 왔다. 국제교통 · 통신의 발전이 국제법의 목적이었던 것은 이러한 사실로부터도 명백하다.

■ 환경의 보전

변용기에 들어서서 환경의 보호에 관하여 국제법은 현저한 발전을 이루었다. 환경문제를 다루었던 초기의 국제법 사례인 *Trail Smelter* 사건(1938년, 제11장 Case ①)에서 미국-캐나다 중재재판소는 캐나다의 회사가 배출한 유독한 아황산가스가 국경을 넘어 미국의 삼림이나 농작물에 손해를 끼친 것에 관하여 캐나다 정부의 책임을 인정하는 판결을 내렸다. 이 사건에서 인정된 「국가는 타국의 영역이나 그 국민 · 재산에 중대한 손해를 끼치는 형태로 자국의 영역을 이용하거나 이용하게 해서는 안 된다」라는 원칙은 "Trail Smelter 원칙"으로 관습법화되었고, 1972년에 스톡홀름 선언의 제21원칙이나 제22원칙, 그리고 1992년의 환경과 개발에 관한 리우선언의 제2원칙에 포함되었다.

해양자원보호에 관해서는 1946년에 국제포경규제협약이 체결되어 고래라는 천연자원의 보호를 위하여 종류별로 최대포획두수의 제한 등을 정하고 있다. 1958년의 공해어업조약은 공해생물자원의 보호에 대해서 상세한 규정을 마련하였고, 이들 규정은 1982년 UN해양법협약에 계승되었다. 또한 폐기물 투기에 의한 해양오염을 방지하기 위한 조약으로서 1972년의 런던협약이 있고 이 협약은 1993년 및 1996년에 개정되어 차츰 규제가 강화되어 왔다.

그 외에 1980년대 이후 「오존층의 보호를 위한 비엔나협약」, 「몬트리올 의정서」, 「유해폐기물의 국경을 넘는 이동을 규제하는 바젤협약」, 「지구온난화를 방지하기 위한 기후변화협약 및 교토의정서」, 「생물다양성을 확보하기 위한 리우선언」, 「야생동식물 거래규제에 관한 워싱턴협약」, 「물새서식지인 습지보호에 관한 람사르협약」 등의 환경관련조약이 잇달아 체결되었다.

이처럼 지구환경보호도 오늘날 국제법의 주요한 목적 중 하나가 되었다.

■ 과학기술 및 문화의 보호와 촉진

과학기술 및 문화의 보호와 촉진에 관한 고전적인 국제법으로는 「문학작품이나 예술작품의 보호에 관한 1886년의 베른협약」, 기예나 학술상의 건물이나 역사상의 기념건조물에 대한 포격을 금지하는 1907년의 「육전 법규관례에 관한 헤이그조약」 제27조가 잘 알려져 있다. 그러나 이는 특정한 문학, 예술작품을 보호하려는 목적을 가진 것이어서 그 의의가 한정적이었다. 이러한 의미에서 과학기술이나 문화예술을 일반적으로 보호하기 위한 국제법이 발달한 것은 제2차 세계대전 후 UN의 전문기구인 유네스코가 설립되면서부터이다.

유네스코는 설립기본문서인 헌장에서 「교육, 과학 및 문화를 통하여 여러 국가 국민 사이의 협력을 촉진하는 것」 및 「세계의 유산인 도서, 예술작품, 역사 및 과학의 기념물의 보존 및 보호를 확보」하는 것을 들어(제1조) 과학문화의 보호촉진에 힘을 기울이고 있다. 구체적으로는 1972년의 「세계의 문화유산 및 자연유산의 보호에 관한 세계유산협약」, 1970년의 「문화재의 불법 수출입이나 소유권이전을 규제하는 문화재불법수출입금지조약」, 2003년의 무형문화유산보호에 관한 「무형문화유산협약」 등이 유네스코의 주도로 체결되었다.

이후로도 전쟁의 방지, 경제의 발전, 개발원조, 환경보전, 인권의 촉진과 보호, 인도적 문제의 해결 등 많은 관련분야에서 과학기술의 진보와 국제협혁의 추진이 필요하다. 이러한 의미에서 오늘날 이후 이 분야에 관한 국제법의 발전이 기대되고 있다.

■ 국제법의 최종 목적

이상, 국제법의 목적을 주요한 항목에 대해서 검토하였다. 이들 목적에서 도출되는 국제법의 궁극적 목적은 한마디로 「모든 사람의 생명, 신체, 재산의 안전과 건강하고 풍요로운 생활, 그리고 충실한 문화생활을 보장하는 것」이다. 분명 형성기・발전기의 국제법에서는 국가가 주체였고 개인은 객체로서 국제법의 직접적인 보호・규율대상이 되지 않았다. 그럼에도 국가의 안전보장, 국가의 경제적 이익, 국가 문화의 발전은 국가의 관할 하에 있는 개인의 안전, 경제적 이익, 문화적 풍요로움을 보장하기 위함이라는 궁극적 목표를 위한 것이었다고 볼 수 있다.

형성기 및 발전기의 국가를 주체로 하는 국제법에서 개인의 이익은 국가의 이익에 가려서 표면화되지 못하였지만, 변용기에 들어서서 조직화가 추진됨에 따라 개인이 차츰 국제법의 직접 규율대상으로서 떠오르게 되고, 국제법의 목적이 개인의 이익 증진에 있다는 것이 실제로 눈에 보이는 형태로 나타났다. 그 점에서 인권이나 인도적 과제는 으뜸가는 것으로 여겨져 경제협력이나 개발원조에 대해서도 「인간개발」이라는 시점이 두드러지고, 또한 안전보장에 대해서는 「인간의 안전보장」, 환경문제에 대해서는 「인간환경」이라고 말하듯이 인간에 주목하는 국제법의 발전이 진행되고 있다.

이렇게 오늘날 여전히 국가를 축으로 하는 국제법의 기본구조는 남아있지만, 국제법의 궁극적 목적이 「인간의 안전, 자유, 복지」 증진에 있다는 것은 실정국제법 규정이 변화하는 속에서도 명료한 형태로 보이기 시작하고 있다. 그것은 예를 들면 국제법에 국가의 합의에 의해서도 변경할 수 없는 국제법규범으로서 강행규범(jus cogens)이 있는 것, 국제사회전체의 이익을 전제로 하는 대세적 의무(obligation erga omnes) 개념이 계속 정착되고 있는 것, 그리고 최근에는 인도주의적 간섭의 개념에서 더 나아가 「보호할 책임(Responsibility to Protect)」 개념이 UN결의에서도 인정된 것 등 새로운 국제법의 움직임 속에 나타나고 있다.

II. 국제사회의 조직화와 국제법

■ 국제사회의 조직화와 국제법의 변용

전통적 국제사회는 웨스트팔리아 체제라는 단어에 의해 나타나듯이 주권국가가 병존하는 국가 간의 관계를 기축으로 하는 구조를 기본으로 해 왔다. 그러나 변용기에 들어서, 사람, 상품, 정보의 국경을 넘는 이동이 세계에 널리 퍼져, 종래의 양국간의 조약관계나 외교상의 조정에 의해서는 대응할 수 없는 상황이 나오게 되었다. 예를 들면, 안전보장 분야에서도 국제테러나 마약 등의 조직적 범죄집단, 더 나아가 해적 등에 대한 대응은 국제사회 전체에 대한 위협으로 국제사회 전체가 대처하지 않으면 효과적인 대응을 할 수 없다. 대규모의 인권침해, 난민발생, 자연재해, 경제위기, 지구온난화, 감염의 확대 등 세계적 규모의 문제는 개개 국가는 물론, 몇몇 국가들 간의 협력에 의해서도 해결하기 어려워 넓은 영토적 확장성을 가진 문제이다. 이 점에서 UN 등의 다자국제기구를 통한 대처의 필요성이 확인될 수 있다. 실제로 오늘날 국제법이 몰두하는 문제의 많은 부분은 UN 등의 국제기구의 장에서 다자간의 심의기구나 실시기구 혹은 사법기구를 통하여 해결의 길을 모색해오고 있다.

즉, 국제법은 전통적인 국가 간 관계에서부터 국제기구를 통한 조직적 협력관계로 그 발판을 이동해가고 있는 것이 오늘날의 상황이다. 이를 국제법의 정립, 이행, 적용의 3개의 과정으로 나누어 검토해보자.

■ 국제법 정립과정의 조직화

지금까지 국제법은 조약의 체결 및 관습법의 형성을 통하여 국제법을 정립하여 왔다. 그러나 국제사회의 조직화 과정에서 주목할 점은 단순히 국제기구가 설립된 회원국이 그 속에서 다자의 협력관계를 진전시키는 종래의 국가 간 관계의 연장(延長)뿐만 아니라, 국제법의 정립 그 자체의 본 모습이 조직화되도록 해왔다는 것이다.

예를 들면, 1919년에 설립된 ILO는 국가대표 중에 정부대표 외에 사용자대표와 노동자대표라는 민간대표를 포함한 총회에서 다수결로 ILO조약을 채택하였고, 각국에 의한 비준을 위하여 개방하였다. 종래의 조약기초방법이 크게 변경된 사례이다. UN 체제에서는 많은 인권조약이 인권위원회(현재는 인권이사회)에 의해 기초되어 UN총회에서 3분의 2의 다수결로 채택되고 있다. 이것도 종래의 조약의 기초절차를 변경한, 보다 조직화된 조약안의 작성방법이다. ICAO나 WHO에서는 더욱 진전된 국제입법절차가 채택되었다. 즉, ICAO의 민간항공안전기준이나 WHO의 국제적 보호기준은 각각의 총회에서 다수결로 채택되고, 일정기간 내에 이의를 신청하지 않는 한, 모든 회원국에 대하여 구속력을 가진다고 하는 소위 「contract out」(기간 내의 부동의 의사표시에 의해서만 의무를 회피할 수 있는) 방식의 입법절차에 의하고 있다.

나아가 UN총회는 UN헌장 제13조 1항(a)의 규정에 기초하여 「국제법의 점진적 발달 및 법전화를 장려한다」는 목적을 위하여, 전문가로 구성된 국제법위원회(ILC)를 설치하여 국제법의 법전화와 점진적 발전을 위한 조약안 기초작업을 하고 있다. 이 ILC에 의해 조약법에 관한 비엔나협약, 외교관계에 관한 비엔나협약, 국제형사재판소 규정 등 많은 중요한 조약안이 기초되어 왔다. ILC의 기초작업은 일반적으로는 현행의 국제관습법을 조사 · 확인하여 법전화하는 것이지만, 동시에 어느 정도 「점진적 발전」으로 표현되는 입법적 요소도 포함하려 한다. 이러한 의미로는 전문가가 국제법 정립에 관여하는 사례라고도 생각할 수 있다. 무엇보다 ILC의 조약초안은 많은 경우 국가의 전권대표가 모인 외교회의에 의해 한층 더 심의되어 필요한 수정을 한다. 나아가 외교회의에서 채택된 조약안은 필요한 수의 비준을 얻고 나서야 비로소 발효한다. 이러한 의미에서 전통적인 조약체결절차를 기본적으로 답습하고 있다. 그러나 초안작성의 단계에서 전문가가 큰 역할을 수행하는 것은 전통적 조약체결절차에서는 상정하고 있지 않은 것이다.

이와 같이 오늘날 다수의 조약은 관계되는 국제기구의 장(場)에서 조직적으로 진보한 기초 · 채택절차에 의해 작성된다. 이는 「국제입법의 조직화」라고 부르기에 걸맞는 현상이다. 이후에는 이 조직화된 국제입법과정에서 국가대표 이외의 시민사회 등의 참가를 확보하고, 보다 열린 국제법의 정립이 행하여지도록 제도적 발전(민주화)이 기대된다.

■ 국제법의 이행과정의 조직화

국제법도 법인 이상 준수되어야 한다. 그리고 위반이 있는 경우에는 일정한 강제력이 작동된다. 종래의 국제법은 주권국가 간의 병렬적 관계 속에서 상호 감시하는 형태로 강제성이 확보되었다. 강제성의 확보 방법으로는 전쟁이나 보복과 같이 군사력을 동반하는 극단적인 경우도 있었고, 대항조치처럼 보다 온화한 방법에 의한 것도 있었다. 그러나 조직화의 시대에 들어서서 국제법의 이행도 조직적으로 감시되고 또한 강제되어 왔다.

국제법이행과정의 조직화가 최초로 시도된 것은 제1차 세계대전 후의 국제연맹에서였다. 국제연맹은 회원국에 대하여 연맹이사회에 자문을 구하거나 상설국제사법재판소의 판결을 구하지 않고 전쟁을 일으키는 것을 금지하였다. 그리고 위반국에 대해서는 연맹회원국 모두에 의한 군사적 제재가 취해질 것을 규정하였다. 이것이 그때까지 기능하였던 개별국가에 의한 전쟁 또는 동맹국을 포함한 집단적 군사대항조치(집단적 자위권)에 의한 국제법의 이행확보방식을 대체하는 「집단적 안보보장」 체제의 최초의 시도였다.

그러나 연맹의 집단적 안전보장체제는 집단적이라고는 해도 동맹이사국에 의한 심의가 당사국을 제외한 이사국의 만장일치를 전제로 하였기 때문에 결론이 나오기 어려웠고, 또한 이사회의 결론을 얻었다고 하더라도 군사적 제재의 결정은 개개의 국가에 의해 결정되는 것이어서 그 조직화의 정도는 불완전한 것이었다. 또한 연맹 설립 초에는 소련, 미국, 독일 등 주요국이 비회원국이었고 그 후에 소련과 독일이 가입하였지만 이윽고 일본, 독일, 소련 등이 탈퇴하였기 때문에, 세계의 주요국 모두를 포함하여야 하는 집단안전보장체제로서는 보편성을 결여하고 있었다. 이런 흠결 때문에 연맹의 집단적 안전보장체제는 기능을 다하지 못하였고, 제2차 세계대전을 효과적으로 방지할 수 없었다.

이러한 연맹 시기의 경험을 토대로 UN은 안전보장이사회에 집단적 강제조치의 결정과 집단적 행동(군사적 조치 외에 경제제재라는 비군사적조치도 취할 수 있다)을 집중하였고, 그 결정은 조건부 다수결(설립 당초에는 11 이사국 중 7개의 나라, 현재는 15 이사국 중 9개의 나라의 찬성)로 이루어진다. 이에 의하면 제2차 세계대전 당시의 주요연합국인 미국, 소련, 영국, 프랑스, 중국의 5개 나라가 거부권을 갖고 있기 때문에, 경우에 따라서는 5대국의 이해가 관련된 사태에 대해서 결정할 수 없는 문제점이 존재한다. 그리고 실제로 미국과 소련의 이해가 정면으로 충돌하였던 냉전기의 베트남전쟁이나 제1차 아프가니스탄전쟁 등 강대국이 직접 당사국이 되었던 심각한 사태의 경우 UN의 한계가 드러났다.

그러나 한국전쟁이나 대(對)이라크 제재(걸프전)에서는 일정한 집단행동이 확보되었고 또한 수에즈사건, 콩고내란, 키프로스내전, 캄보디아내전, 구 유고슬라비아 등에 대해서는 총회 혹은 안전보장이사회에 의한 평화유지활동(PKO)이 전개되어 일정한 성과를 올렸다. 게다가 남아프리카의 인종분리정책(apartheid)에 대해서는 안전보장이사회의 경제적 제재가 발동되어, 시간이 걸리기는 하였지만 최종적으로는 이 대규모의 인권침해정책을 없애는 것에 성공하였다. 이렇게 UN체제 하의 집단적 안전보장체제는 어느 정도 문제점을 내포하고 있으면서도 일정한 성과를 올리며 실제로 기능해오고 있다.

전쟁금지와 이에 위반한 경우의 집단적 제재와는 별개로 국제법의 다양한 분야에서 조직화된 이행확보를 위한 집단적 대응절차가 만들어져왔다. 그 최초의 것은

ILO의 감시 시스템이다. 1919년에 국제연맹과 더불어 설립된 ILO는 노동자의 일할 권리, 단결권 · 단체교섭권 · 쟁의권의 확보, 적정한 노동조건 및 안전하고 건강한 노동환경의 실현, 노동에 관한 차별의 금지, 노동자의 생활과 안전이나 건강의 보장 등 노동자들의 인권과 생활을 지키기 위하여 다양한 조약(ILO조약)을 총회에서 채택하였고, 이를 회원국이 비준하도록 적극적으로 힘써왔다. 그리고 비준한 조약에 대해서는 그 이행상황을 약 20인의 전문가로 구성된 ILO조약권고적용전문가위원회(ILO전문가위원회)에게 감시시키고, 문제가 있는 사례에 대해서는 총회의 3자구성(정부 · 노동자 · 사용자 3자의 대표에 의한 구성) 체제가 총회위원회에 회부한다. 총회위원회의 심의와 결론은 총회에 제출되어 채택된다. 그 외, ILO에는 사용자단체 혹은 노동자단체로부터의 ILO조약위반의 고충신고를 이사회에 제기하는 절차나 다른 체약국의 고충을 접수하는 절차도 마련되어 있다. 이러한 감시활동은 공표, 권고 등을 통하여 위반국에 대한 정치적 압력을 가하는 효과가 있다. 실제로 회원국은 이러한 ILO조약위반의 사실이 ILO에 의해 인정되어 공표되고 권고를 받는 것에 대해 불명예스러운 것이라고 인식하여 가능한 한 그러한 조치가 취해지지 않게 행동하고 있다.

이 ILO의 감시 시스템은 제2차 세계대전 후 여러 인권조약의 감시 시스템에 채택되었고, 전문가위원회에 의한 정부보고서의 정기적 심사, 개인통보제도(수락한 나라에 대해서만 적용), 국가통보제도(수락한 나라에 대해서만 적용) 등을 통하여 이행확보를 위한 정치적 압력이 가해지도록 하였다. 또한 2006년에 설치된 UN인권이사회는 2008년부터 전(全) UN회원국을 대상으로 하는 인권상황의 정기조사(UPR)를 개시하였다. 이것도 회원국에게 인권존중을 요구하는 정치적 압력이 되고 있다. 이와 같은 준수감시의 체제는 최근 환경관계의 조약에도 채택되었다. 예를 들면 기후변화협약 체제의 교토의정서 제18조에는 준수에 관한 절차와 메커니즘이 규정되어 있고, 이를 집행하기 위한 구체적인 절차도 마련되어 있다.

이와 같이 오늘날 국제법의 이행에 관해서는 집단적인 강제 메커니즘과 감시절차가 존재하여 국제법의 이행이 조직적으로 확보되도록 하여 왔다. 그러나 이 집단적 이행확보의 메커니즘에는 안전보장이사회의 강제조치에서 볼 수 있듯이 강대국을 특별 취급하는 구조가 남아있다. 이 국제법의 이행확보에서 나타나는 이중기준을 해소하는 것이 오늘날 이후의 과제이다.

■ **국제법의 적용과정의 조직화**

실제의 적용을 확보하기 위하여 효과적이고 공정한 제도는 국제재판이다. 국제법의 형성기에는 재판이라고 부를 수 있는 제도가 전혀 존재하지 않았다. 그 후에 발전기에 들어서서 일부에서 중재재판이 행하여졌지만, 일반적으로 제도화된 것은 아니었다. 이런 의미의 재판이 상설화된 것은 1907년의 제2차 헤이그 평화회의에서 설립된 상설중재재판소(PCIJ)에서였다. 그러나 이 재판소는 상설이라고는 해도 사건마다 당사국이 중심이 되어 중재재판정을 설치하는 것이었다. 여기서 상설은 중재재판관 후보자의 명부를 항상 두고 있는 것과 그것을 관리하고 중재재판의 운영을 원활하게 하기 위한 사무국이 항상 존재하는 것을 의미한다.

국제사회에서 가장 일반적이고 상설적인 재판소가 설립된 것은 국제연맹 체제하의 상설국제사법재판소가 최초이다. 이 재판소는 많은 사건을 다루어 국제분쟁의 법적 해결에 공헌하였고, 제2차 세계대전 후에는 UN 체제하에 창설된 국제사법재판소(ICJ)로 계승되어 오늘날에 이르고 있다. 현재 국제사회에서는 이 ICJ 외에 국제해양법재판소, 국제형사재판소 등이 존재하고, 각각 특정의 국제법상 사건에 관여하여 객관적이고 공평한 법적 판단을 내리고 있다. 또한 재판소라는 명칭이 사용되지는 않지만, 세계무역기구(WTO)은 재판에 준하는 상설적 분쟁해결의 장을 마련하고 있고, 세계은행의 자매기구로서 투자분쟁을 중재재판으로 해결하는 것을 목적으로 하는 국제투자분쟁해결센터(ICSID)도 설치되어 있다.

이와 같은 보편적 재판소 외에 유럽연합(EU)재판소, 유럽인권재판소, 미주인권재판소, 아프리카인권재판소 등 인권과 같은 특정의 문제를 다루는 지역적인 상설재판소도 있다. 또한 UN, ILO, 세계은행, 아시아개발은행 등에는 각각의 기구와의 고용계약관계에서부터 발생하는 법적 문제를 해결하기 위한 행정재판소도 설치되어 유효하게 기능하고 있다.

이와 같이 오늘날 국제법의 적용에 관해서는 상설재판소가 다수 설치되어 법의 객관적이고 공평한 적용이 재판을 통하여 확보되는 장과 절차가 마련되어 있다. 국제재판에 관해서는 국가주권의 제약에 의해 아직 모든 국제분쟁을 재판소에 회부하여 해결할 수 있는 상황은 아니지만, 많은 사건이 국제재판에 의해 평화적으로 해결되는 것도 사실이다. 향후에는 특히 국제사법재판소가 강제적 관할권을 행사하여 모든 국제분쟁이 최종적으로 재판에 의해 해결되는 상황이 실현될 것으로 전망된다.

찾아보기

INDEX

(ㄱ)

(ㄴ)

(ㄷ)

(ㄹ)

(ㅈ)

(ㅊ)

(ㅋ)

(ㅌ)

(ㅍ)

(ㅎ)

(영문)

(기타)